LOCAL
TOURISM

주제여행포럼

지역관광

LOCAL
TOURISM

주제여행포럼

지역관광 콘텐츠 이해 및 접근의 길잡이

지역관광

고종원 · 김경한 · 주성열
박종하 · 조문식 · 전창록

(주)백산출판사

머리말

지역관광의 근본적인 성격은 인간이 만든 인공물을 포함하여 인간이 존재하는 모든 공간과 시간에서 일어나는 사건과 현상들을 예술적으로 인식하여 가치를 재발견하거나 의미를 부여하는 것입니다. 시역관광 콘텐츠는 시간의 흐름에 따라 새로운 개념을 수용해야 하는 유기적인 특성을 갖추어야 합니다. 지역의 특수성은 사회적인 변화에 민감하게 반응하기보다는 전통의 가치를 중요시하며, 이데올로기가 아닌 색다른 사회적 소통을 제공합니다. 다양성을 실험할 수 있는 데이터베이스인 지역 사회, 자연의 규칙을 따르는 문화 예술적 가치는 미래를 향하는 우리의 초상이 발견되는 장소입니다. 도시개발계획이나 도시재생 프로젝트는 시민들의 삶에 대한 배려가 우선시되어야 하며, 성스러운 전통을 지키는 것입니다. 만에 하나라도 세속적 권력과 시각을 강화하려는 수단과 방법이 되어서는 안 됩니다.

구글이 제공하는 인공지능(AI)에 '지역관광이란 무엇인가'라는 질문에 대한 답변을 얻었습니다. '특정 지역의 문화, 역사, 자연, 생활 등을 관광객에게 제공하고, 지역 경제 활성화 및 주민의 삶의 질 향상에 이바지하는 관광 형태이다. 지역관광은 대규모 관광객 유입보다는 지역의 독특한 매력을 살려 지속가능한 관광을 추구한다는 특징이 있다.'[1]라고 보편적인 답변을 제시하였습니다. 재생 프로젝트와 지역관광에 대한 인공지능의 내용이 부족함이 없어 보이지만 문제는 보편타당한 정답이 중요한 것이 아니라 지역마다 특별한 매력을 발굴하려는 구체적인 해결 방안이라는 점입니다. 물론 지역마다 잠재적인 콘텐츠를 발굴하고 지역관광 자원으로서 새로운 해결 방안을 찾기 위해 정부는 이미 도시재생뉴딜사업, 생활 SOC(복합화) 사업, 어촌 뉴딜 300 사업 등 다양한 형태로 지원하고 있습니다.

지역 사회 곳곳에 소외되거나 돌보지 않던 공간의 가치는 처음부터 폐허였던 것은 아닙니다. 나름의 지역적인 특성과 의미가 있고 창출한 삶의 공간이며, 생산적 가치를 구현하던 특정한 장소였습니다. '지역관광'에서의 '지역'은 본래의 능동적인 가치를 가지고 시간의 축적을 쌓아가고 있었을 장소입니다. 현재 지역 사회는 출산율과 산업 사회의 변화로 쇠퇴하고 있습니다. 변화하는 과정에서 용도를 잃고 사라져가던 장소들을 발굴하고 리뉴얼하여 매력적인 공간으로 재탄생한다는 점은 우선 지역민들의 품위 있는 삶과 쇠퇴하는 지역의 상황을 극복하려는 의지에서 시작됩니다. 지역관광도 '지속가능'한 여행이 우선시되어야 하겠지만 무관심했던 장소들이 방치되어 있기보다는 동시대와 소통하는 가치를 발굴하고 활용한다면 지역을 활성화하는 관광 콘텐츠가 될 것입니다.

국토부와 지자체의 지원으로 '도시재생 뉴딜 사업'이 전국 지자체마다 다양하게 추진 중입니다. 도시재생 뉴딜 사업의 대표적인 사례를 들자면 청주 '연초제조창'을 개축하여 복합 문화공간으로 탈바꿈한 것입니다. 연초 제조창의 기능을 잃었지만, 복합문화 공간으로 변신하여 청주시를 대표하는 문화 클러스터로 재탄생한 공간입니다. 필자의 거주지에서 가장 근접한 충북 음성군 감곡면 공용주차장과 오갑천이 흐르는 익금2교가 맞닿은 곳에 '감곡 어울림센터'가 얼마 전에 문을 열었습니다. '도시재생 뉴딜 사업' 목적으로 36억의 지원금으로 조성한 '감곡 어울림 센터'는 2024년 12월에 주민들의 거점시설로 청소년과 주민들이 함께 소통하며 힐링할 수 있는 공간으로 조성된 곳입니다.

2024년 12월 문체부는 13개 지역의 '대한민국 문화도시' 조성계획을 승인한 뒤 올해 총 26억 원(각 2억 원)의 예산을 지원해 예비사업을 추진했었습니다. 이후 두 차례의 컨설팅과 지자체 담당자 연수회 등을 통해 각 도시의 조성계획을 보완했으며, 13개 도시를 '대한민국 문화도시'로 최종 지정하기로 했습니다. '대한민국 문화도시'로 지정된 지자체는 2027년까지 각자의 조성계획을 바탕으로 사업을 추진한다는 계획입니다. 지자체는 지역별 200억 원, 총 2,600억 원(국비 1,300억 원, 지방비 1,300억 원)을 투입하고, 문체부는 전담 컨설팅과 연례 성과평가를 진행해 사업성과를 관리합니다.

문체부 장관은 "이번 최종 지정한 13곳은 지역의 문화자원을 바탕으로 현실적이고 구체적인 조성계획을 세웠는지, 향후 지원이 종료된 이후에도 사업을 이어갈 수 있는 지속가능성을 확보했는지, 지역을 넘어 인근 권역의 총체적 발전에 도움을 줄 수 있는지를 종합적으로 고려한 결과"라며 "문체부는 '대한민국 문화도시'가 계획대로 조성될 수 있도록 끝까지 책임질 계획이다. '문화로 도시 전체를 바꾸는 새로운 모델'을 제시하겠다"라고 발표했습니다.

본 교재는 주제여행포럼에서 출간한 현대여행상품, 국제관광, 호텔 관광마케팅, 주제여행상품, 관광자원이해와 해설, 해외여행안내에 이어 7번째로 출간하는 〈지역관광(Local Tourism)〉입니다. 본 저서는 주제여행포럼의 전신인 한국여행발전연구회에서의 연구와 세미나 등의 학문적 토대 및 현재의 주제여행포럼의 '지역관광'이라는 주제의 내부포럼 및 세미나 등을 통한 연구의 결과물이며 저자로 참여한 발제자 여섯 명의 토론을 거친 세계 지역관광의 발전 사례와 내용을 살펴보고 정리한 것입니다. 한편으로는 저자들의 내용이 주제와 적절했는지, 완성도라는 측면에서도 미흡함이 있지만, 지역관광 개요, 국내 지역관광정책 및 마케팅, 외국의 지역관광정책 및 마케팅, 국내 지역별 국내관광 발전사례, 해외 대륙별 지역관광 발전사례, 한국 지역관광의 문제점 사례 및 해결방안 그리고 관광거점도시 육성 등으로 주요 콘텐츠가 완성되었습니다. 필자를 포함하여 참여자는 고종원 교수님, 조문식 교수님, 김경한 교수님, 박종하 기조실장님과 영주비전경제연구원 전창록 원장님이 담당하였습니다.

본서 발간에 도움을 주신 백산출판사 진욱상 회장님, 진성원 대표님, 이종균 부장님과 편집부의 노고에 감사를 전합니다. 이 책이 지역관광 콘텐츠를 이해하고 접근하려는 학생들에게 길잡이가 되기를 바라며, 지역관광 관계자들에게 좋은 참고가 되기를 기대합니다. 마지막으로 지역관광 연구에 참여해 주신 주제여행포럼의 고종원 회장님과 학술회원분들에게 감사를 드립니다. 지속적인 연구와 세미나로 한국의 관광발전을 위한 주제여행포럼이 되기를 기원합니다. 미흡하지만 지역관광에 관한 출간이 현재 진행 중인 지역 리뉴얼 프로젝트에 도움이 되길 기원하며 독자분들에게 감사를 올립니다.

2025년 여름

저자를 대표하여 주성열

차례

주 · 제 · 여 · 행 · 포 ·럼 · 지 · 역 · 관 · 광

지역관광

CHAPTER 01

CHAPTER 1

지역관광

1. 지역관광의 개요

1) 지역관광의 정의

학자들은 지역관광에 대해 다양하게 정의하고 있다. 김철원(2003)은 "지역관광이란 일정한 지역 내에서 이루어지는 관광 활동으로, 그 지역이 가진 고유의 문화, 역사, 자연, 인적 자원을 활용하여 지역주민의 삶의 질 향상과 지역경제 활성화를 도모하는 활동이다."고 하였다. 이훈(2009)은 "지역관광은 지역주민이 주체가 되어 지역 고유의 관광자원을 발굴, 개발, 운영하는 관광 형태로, 지역 정체성과 지속가능한 관광 발전을 지향한다."고 하였고, 한경수 외(2014)는 "지역관광은 지역 차원에서 계획되고 실행되는 관광으로서, 지역자원의 효율적 활용과 주민참여를 통해 지역경제 및 사회의 균형발전을 추구한다."고 하였다. Hall & Page(1999)는 "지역관광은 특정 지리적 지역 내에서 이루어지는 여행 및 관광 활동을 말하며, 종종 지역 경제 개발을 목적으로 하며, 지역 사회 참여와 지역 자원의 지속가능한 이용에 중점을 둔다."고 하였다. Murphy(1985)는 "지역적 규모의 지역사회 기반 관광은 관광을 지역적 맥락에 통합하는 것을 목표로 하며, 관광 개발은 지역주민의 가치와 목표를 반영한다."라고 정의하였다.

연구자들의 정의를 다시 정리하면, 지역관광이란 지역 단위에서 계획되고 실행되며, 지역사회의 참여를 통해 이루어지는 지속가능한 관광 활동으로, 지역자원의 보전과 주민 복지 향상, 경제적 혜택의 지역 환원을 목표로 정의할 수 있다.

지역관광의 요소

요소	특징
지리적 범위	일정한 지역(지방자치단체, 농촌, 소도시 등) 내 관광 활동
자원 활용	자연, 문화, 역사, 생활양식 등 지역 고유 자원 활용
주민 참여	관광 기획, 운영, 수익 분배 등에 지역주민이 참여
지속가능성	환경 보전, 문화 존중, 지역경제 기여 등

출처 : 저자 정리

2) 지역관광의 특징

지역관광은 일반적인 관광과 달리, 지역 고유의 특성과 공동체 중심의 지속가능성을 중시하는 관광 형태이다. 지역관광의 주요 특징은 다음과 같다.

- 지역성(Locality)이 중심이다.
  지역 고유의 자연환경, 역사, 문화, 전통, 생활양식 등을 관광자원으로 활용하고, 획일화된 관광 콘텐츠가 아닌 지역만의 독창성과 정체성을 담아낸다. 전남 담양의 죽녹원, 전통 한옥체험, 경북 안동의 하회마을, 유교문화 체험 등이 있다.
- 주민이 직접 참여(Community Participation)한다.
  관광 기획, 운영, 홍보, 수익 배분 등 지역주민이 주체로 참여하여 관광으로 인한 이익이 지역사회에 환원되며, 주민의 자긍심과 소속감을 높인다. 농촌 체험마을의 주민 호스트 운영, 전통시장 관광해설사 등이 있다.
- 지속가능성(Sustainability)을 지향한다.
  환경보전, 문화유산 보존, 사회적 책임 등을 고려한 관광 개발을 추구하고,

무분별한 개발이나 대규모 관광으로 인한 부작용인 오버투어리즘(overtourism) 등을 지양한다.

❍ 소규모 · 분산형 관광을 추구한다.

대규모 리조트나 테마파크 중심이 아닌, 소규모 체험형 프로그램이 많고, 분산된 마을이나 소도시, 농촌 등에 적합한 관광 형태로 지역 간 균형 발전에 기여한다.

❍ 체험과 교류를 중시한다.

단순 관람보다는 지역주민과의 교류와 로컬 체험을 중시하고, 먹거리, 공예, 농사, 문화 등 실제 생활 기반의 체험을 통해 관광객의 몰입도를 높인다. 도자기 만들기 체험, 농산물 수확 체험, 지역 전통 음식 만들기 클래스 등이 있다.

❍ 지역 경제의 활성화에 기여한다.

관광을 통해 지역 내 소비가 촉진되고, 일자리 창출 및 소득 증대로 이어지고, 지역에서 발생한 수익이 외부로 유출되지 않고 지역에 순환되도록 유도한다.

3) 지역관광의 구성요소

관광이 지역 내에서 지속가능하게 작동하기 위해서는 다양한 요소들이 필요하다. 김철원(2003)은 "지역관광은 지역자원을 단순 소비 대상으로 보지 않고, 주민과의 협력을 통해 그 가치를 보전 · 재창조하는 과정에서 비로소 지속가능성을 확보한다"고 하였고, 이훈(2009)은 "효과적인 지역관광을 위해서는 '주민 · 지자체 · 전문가'가 함께 협의 · 의사결정하는 거버넌스 구조가 필수적이다. 이를 통해 자원 보전과 지역 이익 환원을 동시에 달성할 수 있다"고 하였다. 또한 UNWTO & UNEP(2005)는 "지역 차원의 관광은 환경적 안전장치가 마련되고, 문화유산이 존중되며, 경제적 혜택이 해당 지역 사회에 유지되도록 관리되어야 한다"고 하였다.

연구자들의 내용을 통해 볼 때 지역관광의 구성요소들은 관광의 주체(사람), 객체(자원), 과정(계획과 운영), 결과(효과와 지속성)를 포함한다.

지역관광의 구성요소

구성요소	특징
지역자원 (Local Resources)	지역 고유의 자연환경, 역사, 문화, 전통, 생활양식 등 관광 콘텐츠의 핵심 자산
지역주민 (Local Residents)	관광의 주체이자 수혜자로서, 관광기획 · 운영 · 해설 · 체험 제공에 참여
관광객 (Tourists)	지역의 특색 있는 콘텐츠를 경험하고, 지역경제에 기여하는 방문자
관광 인프라 (Infrastructure)	교통, 숙박, 식음료, 정보 시스템 등 관광 활동을 가능하게 하는 물리적 기반
관광상품 및 프로그램 (Tourism Products & Programs)	체험, 해설, 축제, 특산품 등 지역의 자원을 활용한 구체적인 관광 콘텐츠
지역관광 조직 및 거버넌스 (DMO, Governance)	지역관광을 기획 · 운영 · 관리하는 협의체(지자체, 주민, 기업, 전문가 등)
정책 및 제도 (Policy & Regulation)	지역관광 활성화를 위한 지원 정책, 법제도, 재정 지원, 지역 계획 등
지속가능성 요소 (Sustainability Dimensions)	환경 보전, 지역 경제 환원, 사회 · 문화적 영향 최소화 등 장기적 관점의 운영 원칙

출처 : 저자 정리

4) 지역관광의 중요성

지역관광은 단순히 특정 지역을 여행하는 활동을 넘어, 지역사회와 관광산업의 지속가능한 발전을 동시에 도모한다. 이를 좀더 살펴보면 다음과 같다.

- 지역경제를 활성화한다. 관광객의 소비가 지역 내 소상공인, 숙박업소, 전통시장, 음식점 등에 직접적으로 기여한다. 또한 일자리 창출과 소득 분산 효과로 지역주민의 삶의 질을 향상시킨다. 농촌체험마을, 지역 축제를 통한

특산물 판매 증가 등이 있다.

- ❍ 지역의 균형 발전에 기여한다. 수도권 · 도시 중심의 관광 집중을 완화한다. 낙후지역에 새로운 성장 동력을 제공하여 지역 간 사회 · 경제적 격차 해소에 기여한다.
- ❍ 지역의 정체성을 보존하고, 문화유산을 계승한다. 지역 고유의 역사, 문화, 전통, 생활양식을 관광자원화함으로써 지역 정체성을 보존한다. 이를 통해 주민과 방문객 모두에게 문화적 자긍심과 이해 증진의 기회를 제공한다. 안동 하회마을, 제주 돌문화, 남해 독일마을 등이 있다.
- ❍ 지속가능한 관광을 실현한다. 대규모 상업관광의 부작용인 환경 훼손, 오버투어리즘 등을 줄이고, 환경 · 사회 · 경제의 지속가능성을 고려한 관광개발이 가능하다.
- ❍ 주민의 참여와 공동체 활성화에 기여한다. 관광 기획과 운영에 지역주민이 직접 주체로 참여함으로써 공동체 의식이 강화되고, 지역민의 자율성이 증대된다.
- ❍ 관광의 다변화 및 체험 중심의 콘텐츠를 확산한다. 기존의 유명 관광지 및 매력물 중심 관광에서 벗어나, 체험 및 참여형 관광으로 패러다임이 전환된다. 관광객은 보다 심층적인 경험과 지역과의 교류를 통해 만족도를 높일 수 있다.

2. 지역축제

1) 축제의 정의와 의의

축제는 축하하여 벌이는 큰 규모의 행사로 문화축제, 거리축제, 개교기념축제 등이 가장 대표적이며, 축하와 제사를 통틀어 이르는 말로 정의되고 있다. 표준국어대사전에서는 “불특정의 사람들을 모아 놓고 개최하는 잔치, 기획행사, 행사”를 축제로 정의하고 있다. 영어사전에서는 festival, festivities, carnival로 정의된다. 거리축제, 이천 도자기 축제, 축제를 벌이다라고 예시하고 있다. 프랑스어로 축제를 보면 갈라(Gala)라는 용어를 사용하기도 한다. 갈라 콘서트는 축하하는 의미로 축제 콘서트라고 하겠다. 축제는 축하하여 벌이는 큰 규모의 행사를 말한다. 현대에 있어서도 축제는 많은 사람들이 모여서 축하하며 행사의 규모가 크게 진행되고 있다. 예전에는 축하와 제사를 통틀어 축제라고 하였다. 그래서 우리나라 전통 축제의 경우, 제사를 함께 병행하는 축제의 내용을 볼 수 있고 조선시대 선비의 복장으로 예를 갖추고 축제의 행사에 제사를 포함시키는 경우를 보게 된다. 개인 또는 공동체에 특별한 의미가 있거나 결속력을 주는 사건이나 시기에 기념하여 의식을 행사는 행위를 말한다. 축제를 의미하는 festival은 성일(聖日)을 뜻하는 fetivals라는 라틴어에서 유래한 말로, 축제의 뿌리는 종교의례에 있다는 것을 의미한다. 종교적 기원으로서의 축제는 강력한 사회통합력을 지니며 성스러운 존재나 힘과 만날 수 있는 의사소통 수단이 되기도 했다. 해당 국가나 지역의 같은 종교는 생활의 기반이며 정서의 기둥 역할을 하므로 지역공동체의 형성과 축제에 매우 중요한 역할과 구심점이 될 수 있는 것이다.

한편 뒤르켐(Durkheim)은 종교를 개인적이고 신비한 것이 아니라 사회적 사실로 보며, 축제를 사회적 통합을 위해 기능하는 일종의 종교적 행태라고 규정하고 있다. 즉 축제개념은 제의(祭儀)와 동일하다. 바흐친(Bakhtin)은 카니발을 축제의 가장 전형적인 예로 들로 있다. 카니발에서 보이는 전도적, 비일상적 성격을 축제의 가장 기본적인 성격으로 지적한다. 역사학자 호이징가(Huizinga)는 〈호모 루덴스(Homo Ludens)〉라는 저서에서 인간의 유희적 본성이 문화적으로 표현된 것이 축제라고 하였다. 그래서 축제를 보면 탈을 쓴다던가, 탈춤을 추는 등의 형식을 통해 보면 일상적이지 않고 이러한 동작과 행위는 유희적이며 복장과 음악, 노래 등의 소리를 통해 문화적인 형태로 나타나기도 한다고 하겠다.

지역축제를 이훈(2009)은 지역문화의 상징성과 경제적 파급효과를 동시에 추구하는 관광자원화된 문화이벤트로, 유창열 외(2013)는 주민 참여를 통한 공동체 활성화와 외래객 유입을 통한 지역 홍보 및 경제 활성화라는 이중적 목적을 가진다고 정의하였다. UNWTO(2005)는 문화축제가 지역 사회와 해외 방문객 간의 중요한 다리 역할을 하며, 이해와 경제적 교류를 증진하는 것으로 정의하였다. 따라서 지역축제는 특정 지역의 역사, 문화, 전통, 자연환경 등을 기념하거나 홍보하기 위해 지역주민과 지자체가 중심이 되어 기획 · 운영하는 축제이다. 일반적으로 계절성, 지역성, 공동체성을 띠며, 지역경제 활성화와 관광자원화를 동시에 추구하는 문화 이벤트이다.

2) 지역축제 개최현황

대한민국에서는 전국 각지에서 다양한 지역축제가 활발히 개최되고 있다. 계절별로 특색 있는 축제들이 진행 중이며, 각 지역의 문화와 전통을 체험할 수 있는 기회를 제공한다.

문화체육관광부와 한국관광공사에 따르면, 올해 예정된 지역축제는 다음의 표와 같이 확인할 수 있다. 경기도가 155건으로 가장 많이 개최되고 전남, 강원, 경남순이다. 약 1,214개에 달하며, 이는 코로나19 이후 축제 산업이 완전히 회복되었음을 보여준다.

2025년 지역축제 개최계획 현황

지역	서울	부산	대구	인천	광주	대전	울산	세종	경기	강원	충북	충남	전북	전남	경북	경남	제주	합계
건수	71	57	38	28	19	22	34	7	155	123	60	101	89	143	101	109	57	1,214

출처 : 문화관광체육부(https://www.mcst.go.kr)

문화관광 축제로 선정되면 해당 축제는 정부로부터 일정한 자금지원과 함께 국내외 홍보지원, 해외유명축제 연수, 관련 워크숍 참석 등의 혜택을 받게 된다. 그러나 자금지원은 정부의 예산범위 내에서 지원되는 관계로 부득이 문화관광 축제의 선정규모에 제한이 따를 수밖에 없다. 따라서 정부는 차기연도의 예산규모에 맞춰 매년 말 소정의 절차를 거쳐 일정 숫자의 문화관광 축제를 선정해 왔다.

그 선정방식은 다음과 같다. 우선 축제위원회에 당년도 개최실적 포함한 신청서를 작성하여 제출하면, 이를 기초자치단체에서 지원가능한 예산을 검토한 후 광역자치단체에 제출한다. 그러면 광역자치단체는 전체 신청축제에 대해 자체평가를 실시한 후 문화체육관광부에 추천하게 된다. 이러한 과정을 거쳐서 추천된 축제를 대상으로 문화체육관광부는 문화관광축제선정위원회를 구성한다. 먼저 선정위원을 위촉하고 추천된 축제를 심사한다. 그리고 그 결과를 종합하여 대표축제와 예비축제를 선정한 후 발표하는 절차를 거치게 되는 것이다.

특히, 차기연도 문화관광축제를 결정하는 선정위원회에서는 일차적으로 소정의 선정원칙에 의거, 문화관광축제에 부적합하다고 판단된 축제를 걸러낸 후 뒤이어 본격적으로 문화관광축제선정 심사기준을 적용하여 걸러내면서 후보축제를 압축시킨다. 그리고 마지막으로 당년도 축제개최실적에 대한 다면평가결과를 종합하여 익년도 문화관광 축제로서 전원등급(서열)을 결정하고 있다. 그리고 신규축제의 경우, 첫해에는 모두 예비축제에 포함시키고 그해의 공식 평가결과를 반영하여 이듬해 대표축제로 승격될 수 있는 자격을 주고 있다.

3) 문화관광축제의 평가

다면평가의 구성은 크게 축제전문가 참관평가, 문화관광 담당직원 참관평가, 시민단체 참관평가, 관광객 만족도 및 소비지출 설문조사, 외래관광객 유치실적 및 축제 개선실적 등으로 구성된다. 이렇게 다면평가를 통해 얻어진 평가결과를 취합하여 연말에 종합평가보고서를 발간하고 이를 해당 지자체(또는 축제주진위원회)에 전달하여 이듬해 축제를 개선하는 기초자료로 활동하도록 하고 있다. 또한 다음 해 문화관광축제를 선정하고 축제 간 등급화를 정하는 데에도 귀중한 자료로 활용하고 있다. 즉, 참관평가, 관광객 유치실적 등을 종합한 자료를 토대로 연말에 개최되는 선정위원회에서 최우수, 우수, 유망(또는 지역육성), 예비, 탈락 등으로 축제별로 등급화하고 예산지원도 차등을 둔다.

2024-2025년 문화관광축제 및 예비축제 목록

구분	문화관광축제(25개)	명예 문화관광축제[1](20개)	예비축제[2](20개)
서울			관악강감찬축제
부산	광안리어방축제		동래읍성역사축제, 부산국제록페스티벌
대구	대구치맥페스티벌		대구약령시한방문화축제
인천	인천펜타포트음악 부평풍물대축제		소래포구축제
광주		추억의 충장축제	광주김치축제
대전			대전효문화뿌리축제
울산	울산옹기축제		태화강마두희축제
세종			세종축제
경기	수원화성문화제, 시흥갯골축제, 안성맞춤남사당바우덕이축제, 연천구석기축제, 화성뱃놀이축제		여주오곡나루축제, 부천국제만화축제
강원	강릉커피축제, 정선아리랑제, 평창송어축제	화천산천어축제, 평창효석문화제, 춘천마임축제	한탄강얼음트레킹축제
충북	음성품바축제	영동난계국악축제	괴산고추축제
충남	한산모시문화제	보령머드축제, 천안흥타령축제, 금산인삼축제	서산해미읍성축제, 산딸기축제
전북	순창장류축제, 임실N치즈축제, 진안홍삼축제	김제지평선축제, 무주반딧불축제	장수한우랑사과랑축제
전남	보성다향대축제, 영암왕인문화축제, 정남진장흥물축제, 목포항구축제	진도신비의 바닷길축제, 함평나비축제, 담양대나무축제	곡성세계장미축제
경북	포항국제불빛축제, 고령대가야축제	안동탈춤축제, 문경찻사발축제, 영주풍기인삼축제	청송사과축제
경남	밀양아리랑대축제	진주유등축제, 하동야생차문화축제, 산청한방약초축제, 통영한산대첩축제	김해분청도자기축제
제주			탐라문화제

주 : 1) 누적 재정지원 기간이 10년을 초과하여 지원 일몰된 축제들을 명예 문화관광축제로 지정하여 홍보마케팅 등 후속 지원

2) 광역지자체별 성장 잠재력을 가진 축제들을 예비 축제로 지정하여 2년간 지원 및 평가, '26~'27 문화관광축제 지정 심사 시 문화관광축제 진입 여부 결정

출처 : 문화관광체육부(https://www.mcst.go.kr)

4) 지역축제의 영향

❍ 지역의 문화적 정체성을 확대한다.

각 지역들은 축제를 통해 문화적 정체성을 확대시킬 수 있다. 안동의 하회탈춤 축제를 통해 안동이 한국정신문화의 수도라는 자부심과 세계적인 탈춤 하외별신굿 탈놀이를 현대적으로 계승한 문화축제이다. 안동이 보유한 전통문화 유산을 창조적으로 계승하겠다는 취지로 안동 국제탈춤축제가 시작되었다. 이는 지역의 문화적 정체성을 통해 확대한 것으로 평가할 수 있다. 또한 베니스 가면 축제를 통해서는 이탈리아 북부도시 베네치아에 관련한 지역의 문화적 상황을 표현하고 계승하는 축제로 이해할 수 있다.

지역 축제의 대부분은 지역의 문화적 자원, 즉 지역 내에 산재되어 있는 다양한 자연생태자원특산물, 역사, 예술, 전통문화 등을 소재로 활용한다. 각 지역은 지역만이 가지고 있는 특성을 축제로 구체화함으로써 지역의 문화적 정체성을 구축하게 된다.

스페인 뿌욜 지방의 토마토 축제는 지역 특산물인 토마토를 통해 세계적인 축제로 발전된 것을 알 수 있다. 국내 화천의 토마토축제도 같은 맥락에서 이해하면 된다. 독일 뮌헨의 맥주축제, 프랑스의 망통축제, 경기도 이천의 도자기 축제도 가장 대표적인 특산물을 기반으로 한 축제라고 하겠다.

❍ 공공재적 특성과 공동체 의식의 함양이다.

축제는 일종의 공공재 특성을 지니게 되는데, 지역주민들이 축제 개최의 준비와 진행에 직간접적으로 참여함으로써 공동체 의식을 확인할 수 있기 때문이다. 축제는 지역에서의 문화유산을 전승하는 차원에서 공공재적인 문화재나 지역산업 관련 특산물을 기반으로 축제행사를 진행하게 된다. 즉 축제는 지역적으로 공공재적 특성과 지역주민의 참여를 통해 공동체 의식을 고양하는 성격을 지닌다고 하겠다. 특히 세계 3대 축제의 하나인 브라질의 삼바축제는 전 국민이 관심을 갖고 적극적으로 참여하는 축제로 공동체의식이 깊게 반영된 축제의 성격을 보게 된다.

○ 지역 경제의 활성화이다.

축제는 행사를 진행하는 과정 가운데 지역의 경제활성화에 기여하게 된다. 또한 축제의 개최를 통해 고용 창출 효과를 얻을 수 있게 된다. 축제에 관련된 인력을 필요로 함에 따라 취업률이 제고된다. 이는 단지 축제를 즐기기 위해 직접적으로 지불하는 관광지의 입장료와 부가 상품뿐만 아니라 관광객들이 지역 내에서 소비하는 재화와 연관되는 파급효과 그리고 지역의 이미지와 브랜드 제고를 통한 향후 지속될 부가적인 가치와 연관된다.

외국인이 가장 선호하는 국내의 축제 가운데 대표적인 것이 보령의 머드축제이다. 원래 대천해수욕장이라는 관광자원이 기존에 유명했고 현재는 축제의 발전과 함께 지역의 호텔 등 숙박시설과 음식점 등 많은 기반 시설이 확대된 것을 볼 수 있다. 이러한 점에서 지역 경제 활성화를 위한 축제의 기여도를 보게 된다. 축제는 특히 지역특산물과 관련이 깊다. 이는 지역의 꽃, 자연자원, 전통문화, 먹거리 등 지역 기반을 활용하여 경제를 활성화시키는 역할을 하게 된다는 점에서 매우 중요하다.

5) 지역축제의 트렌드

○ 체험 요구의 증가이다.

현대의 축제는 정적으로 보고, 느끼고, 관람하는 형태를 벗어나 참여자들의 참여형태로 진화하고 있다. 세계적인 축제의 기본 형태를 보더라도 이러한 참여형태가 각광을 받고 축제로서 발전하였다. 세계 최대 축제인 독일의 뮌헨맥주축제를 보면 맥주라는 지역특산물이라는 매개체를 통해 참여하는 형태이다. 스페인의 토마토축제와 소몰이축제(산페르민, San Fermín)를 보면 참가자들이 적극적으로 참여한다는 특색을 보인다. 우리나라 보령의 머드축제도 외국인과 내국인의 머드를 매개체로 적극적으로 참여하고 즐기는 모습을 볼 수 있다.

○ 지역의 특성을 반영한다.

축제는 지역의 특성을 반영하는 것이 가장 중요하다. 우리나라의 무주 반딧불축제는 청정한 자연을 반영하는 축제의 성격이 있다. 오염되지 않은 자연환경이 축제의 중심에 있다고 하겠다. 풍기 인삼축제는 전통적으로 경북 영주의 경쟁력 있는 인삼이라는 지역 특산물을 중심으로 한 축제로서 경쟁력을 갖는다. 금산 인삼축제도 같은 맥락으로 이해하면 된다. 일본의 세계 3대 축제인 삿포로 눈축제의 경우에도 많은 눈이 내리는 겨울철 홋카이도 지방의 눈이 지역의 특성을 반영하여 발전된 축제로 이해할 수 있다.

국내의 단양 철쭉축제는 지역의 봄철 꽃을 활용, 지역의 특성을 반영한 단양의 대표적인 축제이다. 담양의 대나무축제, 초정약수축제, 양양군의 연어축제, 인제의 빙어축제, 태백산의 눈축제도 지역의 특성을 반영하는 축제의 예이다.

○ 프로그램의 한계성이 있다.

최근 축제의 추세는 특성화된 축제 외에는 별도로 차별화하기가 쉽지 않다. 그만큼 비슷비슷한 축제들이 너무 많이 진행되고 있다는 점이 축제의 문제점이라고 할 수 있다. 특히 국내의 축제에 이러한 문제점이 많다. 다양한 프로그램을 강화한다고 하지만 차별적이고 독창적이지 않다는 점에서 한계성을 지니고 있다. 일반적으로 축제의 기본 콘텐츠나 퍼레이드, 가수공연, 행사장 운영 등으로 색다르지 않다는 점이다.

○ 축제의 오락성과 상업적 성향을 가진다.

축제가 지역의 경제적인 기여를 한다는 점이 긍정적인 요소이다. 그러나 축제들의 오락성과 상업성이 강한 모습을 보게 된다. 축제장에서 판매되는 음식과 기념품 그리고 여러 물품들의 판매는 상업적이다. 또한 축제의 지역성과 독창성 그리고 문화적인 성격을 보여주기보다는 인기 가수들의 공연이나 보여주기식의 오락적인 내용이 축제의 고유성과 특징을 희석시킬 수 있다는 점에서 우려스럽다. 그러나 오락성은 축제에 있어서 필요한 부문으로 중요성을 갖고 있다.

6) 지역축제의 유형

❍ 기분전환과 흥미 추구형 축제

가장 대표적인 축제가 세계 3대 축제 중 하나인 브라질의 삼바축제라 할 수 있다. 전 국민이 삼바축제에 참여하여 큰 비중을 차지할 만큼 기분전환과 흥미를 추구하는 축제로 관심받고 있는 세계 최대축제라 할 수 있다. 또한 태국의 송크란축제는 물을 뿌리면서 즐기고 기분을 전환시키며 흥미를 추구하는 대표적인 축제라 하겠다. 우리나라 도심에서 열리는 유사한 축제로는 신촌의 물총축제가 있으며 시민들도 즐겁게 참여한다.

❍ 공동체형에서 관람형으로 전환된 축제

국내 청도 소싸움 축제는 예전에는 지역에서 공동체 형태로 진행되고 참여하였으나 관심이 많아지고 내방객들이 늘어남에 따라 상설경기장을 만들 정도로 축제가 진행되어 낳은 관람객들을 유치하고 진행하는 축제로 변환되었다.

❍ 문화관광형 축제

일본의 축제들이 전통복장을 갖추고 지역의 문화를 보여주는 차원에서 문화관광형 성격의 축제가 많다. 우리나라의 안동 탈춤축제, 영주 선비문화축제는 지역의 전통적인 양반문화 등을 보여준다는 점에서 문화관광형 축제의 전형이라 하겠다.

❍ 가족중심형 축제

현대관광은 개인적인 비즈니스보다는 가족중심의 참여형태가 중심이 되고 있다. 그래서 가족형태의 참여가 대세라고 할 수 있다. 이러한 차원에서도 뮌헨의 맥주축제는 가족들이 함께 참여하는 축제로 자리 잡고 있다. 내방객이 800만 명으로 많은 방문자 중 가족들이 대세를 이루고 있다고 하겠다.

❍ 교육형 축제

축제의 성격에 따라 자연을 이해하거나 문화와 역사를 이해할 수 있다. 축제의 내용과 주제는 관광에 있어서 즐거움과 새로운 내용을 접하고 교육적으로 접근할 수 있다는 점에서 긍정적이다.

❍ 향토문화와 시민화합형 축제

몽골의 나담축제가 여기에 속한다. 나담축제는 전통적인 문화를 보고 즐길 수 있다. 몽골의 전통적인 씨름, 활쏘기, 말타기 등 용맹스럽고 세계를 제패했던 그들의 무예 등을 볼 수 있는 축제이다. 몽골의 많은 시민들이 자발적으로 참여하는 축제이다.

❍ 테마파크형 축제

시설이 강조되는 현대관광에서 축제가 테마파크에서 상설화되어 진행되는 경우가 많다. 상설화된 퍼레이드도 이러한 테마파크형 축제의 주요 내용이 된다. 에버랜드의 튤립축제, 롯데월드 내의 퍼레이드 등이 여기에 속한다.

❍ 유사한 주제의 축제

봄철 튤립에 관련한 축제로 태안 세계튤립축제, 고양 꽃 박람회, 울산 장미축제, 신안 튤립축제, 에버랜드 튤립축제 등 많은 유사한 축제들이 열리고 있다. 고인돌 축제도 강화와 화순 등에서 진행된다.

❍ 상업적인 이벤트형 축제

카지노의 도시인 마카오에서 매일 밤 열리는 카지노호텔의 야간 분수쇼나 실내의 쇼 등 카지노 고객을 유치하고 관광객을 유입하고자 하는 차원에서의 상업적이며 전략적인 이벤트 형태의 축제로 쇼 형식을 말한다. 방문객에게 즐거움을 준다는 측면에서 이벤트형 축제라고 할 수 있다.

주 · 제 · 여 · 행 · 포 · 럼 · 지 · 역 · 관 · 광

국내 지역관광 정책 및 마케팅

CHAPTER 02

CHAPTER

2 국내 지역관광정책 및 마케팅

1. 국내 지역관광정책

1) 지역관광 관련 법

(1) 관광기본법의 지역관광 관련 조항

「관광기본법」은 1975년 관광사업을 전략 사업으로 국가적 차원에서 적극적으로 진흥하는 데 필요한 사항을 정하기 위하여 제정되었다. 제정 이후 「관광기본법」은 5번의 일부 개정을 거쳐 현행 법령에 이르게 되었고, 총 16개조로 이루어져 있으며, 각 조항은 관광에 관한 기본적인 사항을 규정하고 있다.

명시적으로 지역관광과 관련된 것으로 해석할 수 있는 조항은 제6조(지방자치단체의 협조), 제12조(관광지의 지정 및 개발)가 대표적이다. 제6조는 지방자치단체가 관광에 관한 국가 시책에 필요한 시책을 강구하여야 함을 명시함으로써, 지역의 실정을 진단할 수 있는 지방자치단체의 의무를 밝힌 것으로 지역관광과 무관하지 않다. 제12조는 특정 지역을 지정하여 관광지로 개발한다고 규정하고 있는 점에서 지역관광과 관련이 있다. 그 외 제7조(외국 관광객의 유치), 제8조(관광 여건의 조성), 제9조(관광자원의 보호 등), 제10조(관광사업의 지도 육성), 제11조(관광 종사자의 자질 향상), 제13조(국민관광의 발전), 제14조(관광진흥개발기금) 등의 조항도 중앙정부가 관광진흥을 위한 정책 개발 등을 수행해야 함을 규정함으로써 지역관광 진흥의 근간을 마련하는 데 영향을 미친다고 볼 수 있다.

관광기본법 구성(법률 제17703호)

관광기본법 조항	
제1조 목적	제9조 관광자원의 보호 등
제2조 정부의 시책	제10조 관광사업의 지도 · 육성
제3조 관광진흥계획의 수립	제11조 관광 종사자의 자질 향상
제4조 연차보고	제12조 관광지의 지정 및 개발
제5조 법제상의 조치	제13조 국민관광의 발전
제6조 지방자치단체의 협조	제14조 관광진흥개발기금
제7조 외국 관광객의 유치	제15조 삭제 〈2000.1.12〉
제8조 관광 여건의 조성	제16조 국가관광전략회의

출처 : 김현주 · 윤주 · 이성빈(2024), 지방시대, 방한 외래관광객 지방관광 활성화 방안

(2) 관광진흥법의 지역관광 관련 조항

「관광진흥법」은 「(구)관광사업법」과 「(구)관광단지개발 촉진법」이 폐지 · 통합되면서 제정(1986.12.31)되었다. 현재 「관광진흥법」은 우리나라 관광사업 관리/육성과 관광의 진흥, 관광자원의 개발 등을 촉진하기 위한 내용으로 구성되어 있다. 「관광진흥법」은 실질적으로 관광산업을 진흥하고 필요한 경우에 규제하는 역할을 한다.

'지역관광의 활성화 또는 제고'와 관련한 조항은 「관광진흥법」 제4장에서 관광의 진흥과 홍보에 관하여 규정하고 있고, 그중에서 제48조는 시 · 도지사와 지방자치단체의 장이 추진할 수 있는 관광홍보 및 관광자원화 사업을 명시하고 있다. 그 외에 제3장 관광사업자 단체, 제5장 관광지 등의 개발 조항이 지역관광과 연관성이 높다. 보칙을 다루고 있는 제6장 제76조에서는 관광에 관한 사업을 하는 지방자치단체에 문화체육관광부장관이 보조금을 지급할 수 있다는 규정에 따라 지방자치단체가 그 관할 구역 안에서 관광에 관한 사업을 하는 관광사업자에게 조례로 정하는 바에 따라 보조금을 지급할 수 있다.

(3) 관련 제도

관광진흥법 제48조의9(지역관광협의회 설립) ① 관광사업자, 관광 관련 사업자, 관광 관련 단체, 주민 등은 공동으로 지역의 관광진흥을 위하여 광역 및 기초 지방자치단체 단위의 지역관광협의회(이하 "협의회"라 한다)를 설립할 수 있다.

② 협의회에는 지역 내 관광진흥을 위한 이해 관련자가 고루 참여하여야 하며, 협의회를 설립하려는 자는 해당 지방자치단체의 장의 허가를 받아야 한다.

③ 협의회는 법인으로 한다.

④ 협의회는 다음 각 호의 업무를 수행한다.

1. 지역의 관광수용태세 개선을 위한 업무
2. 지역관광 홍보 및 마케팅 지원 업무
3. 관광사업자, 관광 관련 사업자, 관광 관련 단체에 대한 지원
4. 제1호부터 제3호까지의 업무에 따르는 수익사업
5. 지방자치단체로부터 위탁받은 업무

⑤ 협의회의 운영 등에 필요한 경비는 회원이 납부하는 회비와 사업 수익금 등으로 충당하며, 지방자치단체의 장은 협의회의 운영 등에 필요한 경비의 일부를 예산의 범위에서 지원할 수 있다.

⑥ 협의회의 설립 및 지원 등에 필요한 사항은 해당 지방자치단체의 조례로 정한다.

⑦ 협의회에 관하여 이 법에 규정된 것 외에는 「민법」 중 사단법인에 관한 규정을 준용한다.

지역관광협의회는 각 지역이 보유하고 있는 관광자원을 연계하고 지역관광 수요를 창출할 수 있는 관광개발사업 등을 추진하며, 지역관광 발전 및 경쟁력을 강화하는 것을 목적으로 설립할 수 있다. 협의회의 이해관계자는 공공부문과 민간부문으로 구분되며 공공부문은 지방정부, 지방관광공사 및 컨벤션뷰로 등이 있고 민간부분은 「관광진흥법」에 규정된 사업을 운영하는 관광사업자를 비롯하여 관광사업자 단체, 지역관광 진흥의 주요 의사결정자인 지역시민단체, 주민

등을 포함한다.

지역관광협의회 업무는 법 제48조의9 제4항에 따라 지역의 관광수용태세 개선, 지역관광 홍보 및 마케팅 지원, 지방자치단체로부터 위탁받은 업무 등을 수행할 수 있다. 지역관광협의회는 지역관광 친절도 제고, 관광수용태세 개선, 지역관광 콘텐츠 육성 및 홍보, 관광사업자 등 관광 관련단체 지원, 지자체로부터 위탁받은 업무, 관광사업의 진흥을 위한 제도 개선 및 지원 방안 건의 등의 역할을 담당한다. 지역관광협의회는 관광산업 관련 이해관계자가 지역관광정책에 실질적으로 참여할 수 있도록 지역공동체 및 수요자 중심의 협력적 지역관광 거버넌스를 구축하는 것으로 광역과 기초지자체 단위 모두 설립이 가능하다.

(4) 지역관광추진조직(DMO)

지역관광추진조직(DMO, Destination Marketing & Management Organization)은 지역 기반 거버넌스를 구축하여 관광현안을 발굴하고 해결을 주도하는 기초지자체 단위 지역관광추진조직으로 지역관광 마케팅 및 관광산업 육성 기능을 수행한다. 지자체, LTO, 지역관광협(의)회, 주민협동조합, 관광사업체 등으로 구성된 협력 네트워크이다. 즉 지역 내 다양한 거버넌스(공공, 민간, 지역주민 등) 간의 협력과 연결을 통해 관광자원을 통합적으로 관리하고, 지역이 스스로 자생할 수 있는 지속가능한 관광생태계를 구축하는 역할을 수행하는 조직이다.

DMO의 핵심기능은 지역관광에 대한 합의 및 조정을 이끌어내는 지역관광 플랫폼이고, 중점기능은 지역 상황에 부합하는 DMO의 주요 기능을 설정하고 수행하는 관광리더이다. 주요 기능으로는 관광사업 기획 및 계획, 관광 홍보 마케팅, 관광자원관리, 관광산업 지원, 관광품질관리 등이다.

DMO의 역할은 지역 내 다양한 이해관계자를 포함하는 관광 네트워크를 구축하는 것으로 지자체 및 협력기관, 지역주민 및 외부전문가, 숙박식음 등의 사업체, 교통 및 운송사업체 등을 대상으로 한다. 또한 지역관광의 대표조직으로 지역관광을 경영하고 지역의 현안을 발굴하고 해결하며, 전문적 지역관광의 사업을 수행하는 조직으로 마케팅 등 지역관광 사업을 전문적으로 수행한다.

DMO의 주요 기능

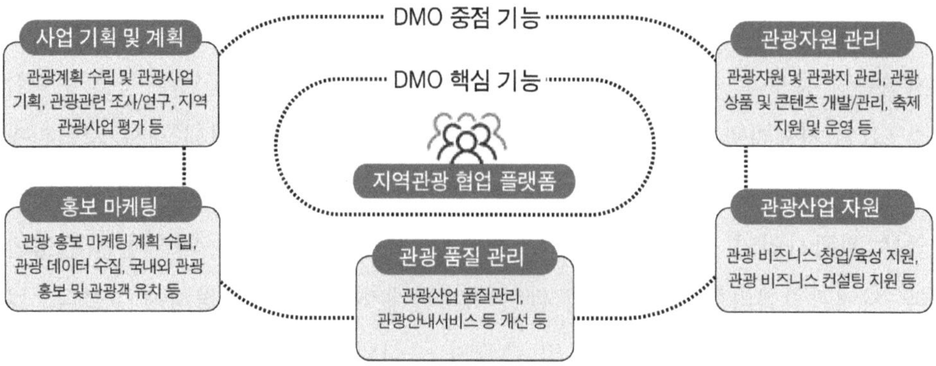

출처 : 한국관광공사(2024), 2024년도 지역관광추진조직(DMO)사업자 공모 계획(안)

DMO의 역할

구분	세부내용
포괄적 이해관계자 관리 강화	주민, 관광사업체, 지자체, 학계 등 지역 내 다양한 이해관계자를 포함하는 민관산학 협의체 구성 및 운영
지역관광 거버넌스 운영 강화	선순환 구조 확립, 주민과 사업체 간 합의 도출 및 효과적인 관광, 전략 수립 촉진
관광 사업기획 및 실행 전문성 강화	지역 맞춤형 관광사업을 전문적으로 기획하고 실행하며 지속가능한 관광생태계를 조성
지속적 소통 및 협력 기반 운영	정기적 모임을 통한 정보 공유 및 지속적인 협력체계 운영
지속가능한 관광 생태계 조성	관광사업 성과를 주민에게 환원하고 참여를 확대하여 다양한 이해관계자가 혜택을 누릴 수 있는 생태계 조성

출처 : 한국관광공사(2025), 2025년도 지역관광추진조직(DMO)사업자 공모 계획(안)

지역관광추진조직 육성 지원 사업은 관광매력 향상을 통한 체류형 관광 활성화 및 지역관광 대응력을 강화하며, 지역균형발전과 현안 해결을 위한 지역관광추진조직 육성을 목표로 추진하고 있다. 세부적으로 지역관광 조직이 주도적으로 관광사업 기획, 마케팅, 관광산업 지원 등을 추진할 수 있도록 지원하며, 관광

여건 개선과 변화하는 관광 트렌드에 대응할 수 있도록 지역 내 협력적 네트워크 및 거버넌스 구축을 지원하는 사업이다. 이를 통해 지역에서의 신규 관광 수요 창출과 더불어 지역경제 활성화를 기대할 수 있다

DMO사업 지원현황

구분	'20년	'21년	'22년	'23년	'24년
공모 선정지역	(경기)고양 (강원)평창 (경북)고령, 포항 (전남)강진, 여수 (전북)고창, 익산 (충남)보령, 홍성 (충북)제천, 단양	(경기)고양 (경남)남해, 통영 (경북)경주 (전남)광양, 강진 (전북)고창 (충남)보령, 홍성 (충북)단양, 영동, 제천	(경기)고양 (강원)평창, 동해 (경남)남해, 진주, 통영 (충남)공주, 금산, 홍성 (충북)영동 (전남)광양, 신안, 해남 (전북)고창	(강원)평창, 동해 (경남)하동, 거제, 김해, 밀양, 진주, 남해, 통영 (전남)해남, 신안 (전북)완주, 장수 (충남)금산, 공주, 홍성	(강원)평창, 동해, 영월, 횡성 (경북)영덕, 청도 (경남)김해, 남해, 밀양, 하동 (광주)동구 (전남)강진, 신안 (전북)완주, 김제 (충남)홍성 (충북)영동
	17개	17개	19개	21개	22개
거점도시 지자체 추천	(강원)강릉, (전북)전주, (전남)목포, (경북)안동, 부산				

출처 : 한국관광공사(2025), 2025년도 지역관광추진조직(DMO)사업자 공모 계획(안)

❍ DMO 사업 우수사례

지역관광 현안문제를 발굴하고 해결하여 지역관광 대응력을 강화하기 위해 다음과 같은 우수사례를 매년 발굴하고 있다.

DMO사업 우수사례(2024년)

〈강릉 '해피요금인증사업'〉		〈홍성 '차박나들이'〉	
	[현안] 바가지 요금으로 인한 소비자 피해 예방과 부정적 이미지 탈피		[현안] 지역 내 차박 시 발생하는 불법쓰레기 문제 개선
	[해결] 해피요금 인증서비스 실시로 사계절 요금표 게시, 주기적 점검 시행 및 관리		[해결] 안전여행 캠핑챌린지(캠페인 사업)를 통한 깨끗한 캠핑이미지 구축 및 올바른 캠핑문화 정착
〈남해 '쓰레기 없는 맥주축제'〉		**〈홍성 '어서와, 홍성은 처음이지'〉**	
	[현안] 지속가능한 여행 실천 및 청정남해 관광 브랜딩을 목표		[현안] 지역 내 생활인구 유입
	[해결] 지속가능한 여행 실천을 위한 맥주축제에 다회용기 이용 실천		[해결] 귀촌인이 홍성의 체류형 여행을 직접 기획 후 지인을 초대하여 생활인구로 유입, 실질적인 정착인구 발생
〈통영 '관광갤러리카페 및 아트페어'〉		**〈전주 '전주맛집 투어패스'〉**	
	[현안] 문화예술 도시 통영의 브랜딩 방안 필요		[현안] 유네스코 음식창의도시 전주의 음식 홍보마케팅
	[해결] 전망 좋은 카페를 활용하며 지역 예술인들의 작품 전시 및 공연 장소, 관광객 커뮤니티 장소로 운영		[해결] 합리적인 요금으로 지역 맛집에서 사용 가능한 전용 상품권을 출시, 시즌별 다양한 문화 프로그램과 결합한 복합 상품 제공

<table>
<tr><th colspan="2">〈동해 '어서와, 동해는 처음이지' 여행자식탁〉</th><th colspan="2">〈부산 '모두의 여행을 디자인하다' 모디하우스〉</th></tr>
<tr><td rowspan="2"></td><td>[현안] 지속가능한 관광 비즈니스 모델 발굴을 통한 생활인구 유입</td><td rowspan="2"></td><td>[현안] 부산의 인구감소 지역 중구의 생활인구 유입</td></tr>
<tr><td>[해결] 로컬 주민의 이야기가 담긴 레시피와 동해 식재료를 활용한 한끼 식사 프로그램</td><td>[해결] 중구의 산복도로 내 빈집을 발굴하여 숙박형 공간으로 조성, 모디 1, 2, 3호점 확대 운영</td></tr>
<tr><th colspan="2">〈완주 '별빛주막'〉</th><th colspan="2">〈영덕 '대게좋은 생활'〉</th></tr>
<tr><td rowspan="2"></td><td>[현안] 관광수용태세 개선과 체류형 관광사업 추진필요</td><td rowspan="2"></td><td>[현안] 영덕관광에 대한 인지도 제고 및 지속적 관계맺기를 통한 생활인구 정착</td></tr>
<tr><td>[해결] 지역의 정체성과 지속가능성을 반영한 민간중심 축제 운영</td><td>[해결] 농산어촌을 테마로 한 체류형 체험연계 생활관광 활성화 프로그램 운영</td></tr>
</table>

출처 : 한국관광공사(2025), 2025년도 지역관광추진조직(DMO)사업자 공모 계획(안)

2) 지역관광 관련 계획

(1) 제6차 관광진흥기본계획(2023~2027)

정부는 관광산업 경쟁력 강화를 위해 관광진흥기본계획(2023~2027)을 발표하고 시행 계획을 수립하여 추진하고 있다. '쉼표가 있는 삶, 사람이 있는 관광'이라는 비전 아래 국민 중심, 지역 주도 균형발전, 질적 성장, 산업 혁신, 민 · 관 · 지자체 협치의 정책 방향을 수립하고, 5대 추진 전략에 따른 9개 핵심 과제 이하 61개 세부 과제를 수립 및 추진하고 있다.

제6차 관광진흥기본계획 비전 체계도

비전	K-컬처와 함께하는 관광매력국가
방향	• '관광은 한국' K-관광의 국제관광 주도 • 헝클어진 관광생태계 회복과 확장을 통한 관광산업 혁신 • 누구나 어디든 여행할 수 있는 환경 조성으로 국내여행 촉진 • 독창적이고 매력적인 스토리텔링 기반 지역관광자원 발굴
목표	• 외국인 관광객 수 '19년 : 1,750만 명 → '27년 : 3,000만 명 • 관광수입 '19년 : 207억 달러 → '27년 : 300억 달러 • 1인당 국내 여행 일수 '19년 : 12.9일 → '27년 : 15일 • 국내여행 지출액 '19년 : 44.2조 원 → '27년 : 50조 원

전략	추진과제
세계인이 찾는 관광매력국가 실현	1. K-관광 매력의 대대적 확산으로 시장 다변화 2. 관광과 K-컬처의 독보적·매력적 융합 3. 입국부터 출국까지 편리한 서비스 제공
현장과 함께 만드는 관광산업 혁신	1. 규제 혁신을 통한 재도약 지원 2. 미래 관광산업 선도기반 구축 3. 고성장 융복합 시장으로 영역 확장
국민과 함께 성장하는 국내관광	1. 국내여행 수요 촉진 2. 누구나 누리는 지속가능한 관광환경 조성 3. 안심하고 즐길 수 있는 관광안전 확립
더 자주 더 오래 머무는 지역관광시대 구현	1. 체류형 관광모델 개발로 지역경제 활력 강화 2. 독창적 매력이 있는 지역관광자원 개발 3. 다양하고 특색 있는 관광콘텐츠 확충

출처 : 문화체육관광부(2022), 제6차 관광진흥기본계획

지역관광과 관련하여 더 자주 더 오래 머무는 지역관광 시대 구현을 위한 전략을 수립하였다. 이를 위해 여행친화형 근무제(워케이션), 살아보기형 관광 등 지역 체류형 관광 육성과 지역의 독보적 관광매력자원 개발을 위해 10년간 '한국(케이) 관광 휴양벨트' 조성을 추진하고 있다.

지역관광 추진전략 및 과제

<table>
<tr><td rowspan="2">체류형 관광모델 개발로 지역경제 활력 강화</td><td rowspan="2">워케이션, 살아보기형 관광 등 국내외 관광객의 지역 장기체류를 유도하여 소비 확대, 일자리 창출 등 '방문자 경제' 실현</td><td>• 체류형 여행모델 확산
- 워케이션
- 야간관광</td></tr>
<tr><td>• 지역관광 활성화로 지방인구감소 문제 대응
- 관광협의체 구성
- 인구감소지역 맞춤형 콘텐츠 지원
- 생활관광</td></tr>
<tr><td rowspan="4">독창적 매력이 있는 지역관광자원 개발</td><td rowspan="4">지역관광 개발 · 육성을 위한 단계적(지역소도시 ⇨ 거점도시 ⇨ 광역권) 관광개발전략과 균형발전을 위한 재정 투입(10년간)으로 지역관광 경쟁력 제고</td><td>• 지역 특화 광역관광개발로 '하루 더 쉼이 있는 여행환경' 조성
- K-관광 휴양벨트
- 글로벌 루트연계 광역개발</td></tr>
<tr><td>• 지역관광 활성화 거점 확대
- 관광거점도시 확대
- 지역 주도형 지역관광개발
- 노후 관광지 재생
- 국제기구 공인도시 지역관광 홍보</td></tr>
<tr><td>• 코리아 둘레길(총연장 4,544km) 걷기여행 활성화로 지역관광 견인
- 코리아 둘레길 완성
- 건강 · 자연에 특화
- 걷기여행 대표 브랜드화</td></tr>
<tr><td>• 교통체계 연계 관광자원 발굴 · 육성
- '관광도로' 지정 · 관리
- (가칭)사통팔달(四通八達)국도여행
- 팔도장터 관광열차 확대</td></tr>
</table>

다양하고 특색 있는 관광콘텐츠 확충	농촌, 해양, 산림, 문화재 등 다양하고 특색 있는 자원을 부처 협업을 바탕으로 육성, 지역의 독창적인 관광소재 개발	• 농촌관광 활성화로 지역 활력 강화 - 농촌관광 다변화 - 농촌관광 전문인력 확충 - 소비자 접근성 제고 - 제도개선
		• 생태관광을 통한 관광의 지속가능성 개선 - 생태관광 인프라 - 취약계층 프로그램 - 숲 관광 활성화
		• 모두가 함께 즐기고 지역에 활력이 되는 문화유산 관광 - 문화유산 방문코스 개발 · 보급 - 문화유산 미디어아트 - 유네스코 유산 활용 관광 - 템플스테이
		• 해양 · 연안 관광자원 개발 - 대표 관광인프라 육성 - 해양레저관광 기반시설 조성 - 섬 관광 활성화

출처 : 문화체육관광부(2022), 제6차 관광진흥기본계획

(2) 제4차 관광개발기본계획(2022~2031)

정부는 '제3차 관광개발기본계획'의 기간(2012~2021) 만료에 따라 '제4차 관광개발기본계획(2022~2031, 이하 '제4차 기본계획')'을 수립 · 발표하였다. 제4차 기본계획은 향후 10년간 관광개발의 바람직한 미래상을 제시하는 관광개발 분야 최상위 계획으로서 「관광진흥법」 제49조에 따라 수립되는 법정계획이다.

제4차 기본계획은 공급자에서 수요자 중심으로, 관광자원의 개발 중심에서 개발과 활용의 균형으로 정책 방향성을 전환하였고, 국민참여누리집과 청년참여단 운영, 정부 부처 및 지방자치단체 의견 수렴 등을 통해 다양한 관광 주체들과의 소통 기회를 확대하였으며, 국토계획평가, 전략환경영향평가 등 다른 분야 정부

계획과의 정합성을 높였다. 관광 여건과 동향을 분석한 결과, 삶의 질을 중시하는 경향에 따라 관광이 일상화되어 앞으로 여행 수요가 증가하고 온라인 여행플랫폼 등 정보통신기술을 기반으로 한 온라인의 영향력이 커지며, 관광 활성화를 통한 일자리 창출의 중요성이 높아져 변화된 관광 흐름에 맞게 지역관광의 체질 변화가 필요한 것으로 나타났다.

이에 제4차 기본계획은 '미래를 여는 관광한국, 관광으로 행복한 국민'이라는 비전 아래 '사람과 지역이 동반성장하는 상생 관광', '질적 발전을 추구하는 지능형(스마트)혁신 관광', '미래세대와 공존하는 지속가능 관광'을 목표로 설정했다.

제4차 관광개발기본계획 비전, 목표, 6대 추진전략

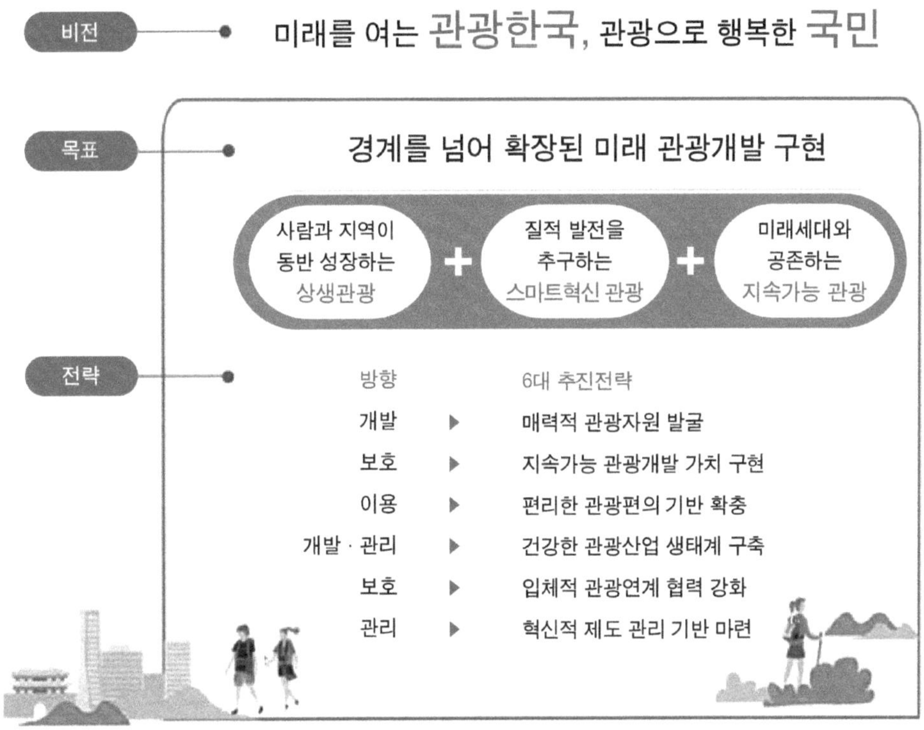

출처 : 문화체육관광부(2021), 제4차 관광개발기본계획

특히 제4차 기본계획은 지역관광의 국제 경쟁력을 높이고 수도권에 편중된 외래관광객을 지방으로 확산시키기 위해 관광 성숙 지역인 수도권 · 강원 · 제주

권과 관광 성장 지역인 나머지 4개 권역을 대전·세종·충청권, 광주·전라권, 대구·경북권, 부산·울산·경남권으로 구분해 설정하고, 권역별 맞춤형 발전 전략을 제시했다.

제4차 관광개발기본계획 관광협력대 권역별 개발방향

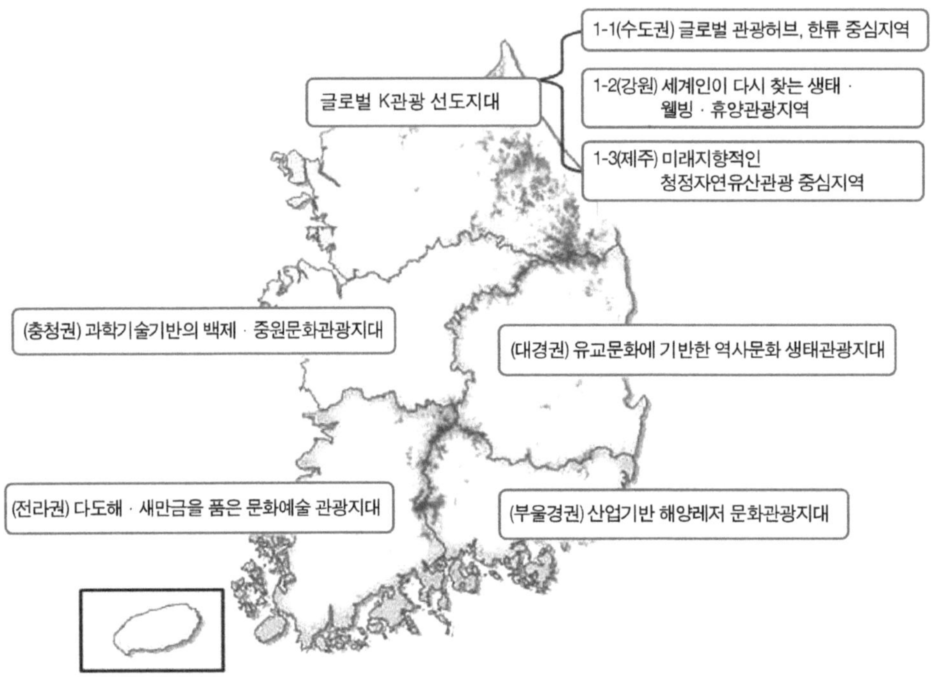

출처 : 문화체육관광부(2021), 제4차 관광개발기본계획

구체적 방안으로는 매력적인 관광자원 발굴, 지속가능 관광개발 가치 구현, 편리한 관광편의 기반 확충, 건강한 관광산업 생태계 구축, 입체적 관광 연계·협력 강화, 혁신적 제도·관리 기반 마련 등 6대 추진 전략과 17개 중점 추진 과제를 도출했다.

제4차 관광개발기본계획은 관광진흥법에서 정하고 있는 관광개발과 지역관광과 관련성이 높은 내용으로 구성되어 있다. 특기할 만한 사항으로 국제관광 경쟁력을 높이기 위해 미래 유망 기술이 집약된 신개념 관광자원을 발굴하고, 한국드라마 등 세계적 관심을 받고 있는 문화·예술 콘텐츠를 관광자원으로 개발하며,

관광의 일상화 현상에 따른 워케이션 관광지 조성 등 최신 관광 흐름에 맞는 지역관광 활성화 관련 내용 등을 포함하고 있다.

제4차 관광개발기본계획 주요 내용

구분	중점 추진과제	세부과제
매력적인 관광자원 발굴	미래유망기술이 집약된 관광자원 발굴	- 실감 콘텐츠 기술 고도화를 통해 접근성이 낮은 지역을 간접 체험하는 관광상품 개발 - 관광서비스 제공 및 지역관광 홍보를 위한 메타버스 관광지 조성 - 해저, 우주 등 미지의 공간을 활용한 신규 관광자원 발굴
	문화 · 예술콘텐츠 관광자원화	- 한류 콘텐츠를 활용한 공연 · 전시 · 체험을 즐길 수 있는 한류관광 테마공원 조성 - 비엔날레 등 국제적 인지도가 있는 도시 중심으로 문화예술관광도시 조성 - 궁궐, 사찰, 서원 등 역사적으로 중요한 건축문화유산 관광자원화
	관광트렌드 주도형 관광개발 추진	- '일(work)'과 '휴가(vacation)'의 시공간적 경계를 초월한 워케이션 관광지 조성 - 저밀도 · 청정 관광지 중심의 비대면 관광 활성화 및 웰니스관광거점 조성 - 반려견과 걷기 좋은 길 등 반려동물 친화 관광지 조성
지속가능 관광개발 가치구현	탄소중립을 실현하는 관광개발 추진	- 관광지 조성 시 탄소중립 인증제 도입 - 관광지 친환경 이동수단 도입 및 충전 인프라 조성 - 준공 후 10년 경과한 노후 관광지 그린 리모델링 추진
	보존과 활용이 조화된 생태관광 육성	- 생태관광자원 확충을 위한 생태복원형 관광개발 추진 - 유사한 테마를 중심으로 생태탐방로 등을 연계한 생태관광 광역루트 발굴 - 환경부, 산림청 등과 공동으로 자연친화적 관광모델 개발
	유휴자원 재생을 통한 관광자원화	- 디자인, 건축, 예술을 접목하여 지역관광 명소 재생 - 문화콘텐츠, 관광 프로그램이 결합된 유휴시설 관광자원화 - 스키장 등 비수기가 뚜렷한 관광지의 유휴시간 활용형 관광개발 추진

구분	중점 추진과제	세부과제
편리한 관광편의 기반 확충	정보통신기술 활용 관광교통 체계 구축	- 수요응답형 교통수단 도입 등 연계형 관광교통 체계 구축 - 드론 · 해상택시, 관광트램 등 신개념 교통서비스 확충
	안전 · 안심 · 안내 스마트관광 환경 구현	- 관광지 방역 및 안전관리체계 구축을 통한 안전 · 안심 관광환경 구현 - 스마트관광도시를 중심으로 스마트 관광안내체계 구축 - 장애인, 고령자 등의 이용편의시설 설치를 통한 무장애 관광환경 조성
	숙박 · 식음 · 쇼핑 시설 관광명소화	- 마을형 숙박, 요트숙박, 트리하우스 등 이색 숙박시설 확대 - 다양한 즐길거리 마련을 통해 식음 · 쇼핑시설 관광명소화
건강한 관광산업 생태계 구축	주민참여형 지역관광 추진 확대	- 주민사업체의 권역별 연계 · 협력을 강화하는 관광두레 2.0 추진 - 지역주민이 사업을 제안하고 직접 참여하는 '주민참여형 관광자원 개발' 추진 - 지역관광 전반에 대한 주민회의체계인 '마을관광전략회의' 구성
	자립형 지역관광주체 육성	- 청년층 중심의 지역관광 활동가 발굴 및 육성 - 다양한 지역활동가가 참여하는 지역관광추진조직 양성 - 지역관광 경쟁력 제고를 위한 연구개발 인프라 구축
	관광개발과 지역 산업 간 연계 강화	- 지역관광 성장허브로서 관광기업지원센터 확대설치 (4 → 17개소) - 음식 · 쇼핑 · 체험상품의 집적을 통한 지역관광 상권 활성화 추진 - 6차 산업 중심 지역특화 산업시설의 관광(단)지 내 제한적 도입
입체적 관광연계 협력강화	지역관광 거점 중심관광개발 확산	- 대도시권 중심으로 메가관광권(광역연합관광권) 개발 추진 - 매력적 관광지를 연결하는 지방관광축 구성
	남북한 및 다자간 연계협력 관광개발 추진	- 비무장지대 평화관광거점마을 조성 등 남북관광 연계 및 공동개발 추진 - 관광개발협력체계 구축을 통한 한 · 중 · 일 공동관광권 형성

구분	중점 추진과제	세부과제
	범부처 공유관광자원 개발 추진	- 범부처 관광협력사업을 위한 협의체 구성 및 정례화 - 체류형 관광자원 육성을 위한 생태 · 산림 · 해양 치유관광 활성화 - 부처 간 협력을 통한 육상, 수상, 항공 등 레저스포츠 관광 육성
혁신적 제도관리 기반마련	관광자원 개발 법 · 제도 정비	- 우수 관광지를 선정 · 지원하는 국가관광지 지정제 도입 - 관광 유관계획 검증을 위한 관광개발계획평가 제도 도입 - 체계적 개발체계 마련을 위한 독립적 관광개발 법률 마련 - 새로운 관광자원개발의 가이드라인인 관광개발 표준지침 보급 - 지역관광 개발의 체계적 관리를 위한 맞춤형 지역관광 컨설팅 추진
	데이터 기반 과학적 관광자원 관리	- 지역관광발전지수 등 지역관광 진단지표 고도화 - 빅데이터 공유시스템 구축 등을 통한 관광 분야 거대자료 활용 강화 - 맞춤형 정보 및 다양한 대국민서비스를 제공하는 관광자원 관리시스템 고도화

출처 : 문화체육관광부(2021), 제4차 관광개발기본계획

3) 지역관광사업체 현황

여행업 · 관광숙박업 · 관광객이용시설업 · 회의업 · 카지노업 · 유원시설업 · 관광편의시설업 7개 관광업종 전체의 사업체 수는 4만 5,159개로 2023년보다 4,612개 증가하였다. 카지노업을 제외한 6개 관광업종에서 2023년 증가를 기록했다. 전국 관광사업체 가운데 50% 이상의 비중을 차지해 오던 여행업은 2024년 4분기 기준 2만 2,124개로 비중이 50% 아래로 감소하였다. 2021년 9월 여행업 분류체계 변경 이후 국내여행업체의 이탈이 많았다.

지역별로 살펴보면, 서울이 14,286개(31.6%)로 가장 많이 분포해 있고, 경기 6,569개(14.5%), 부산 2,761개(6.1%), 경북 2,559개(5.6%) 등의 순으로 관광사업체가 많이 분포한 것으로 나타난다.

전국 관광사업체 현황(2024년 12월 31일 기준)

구분			서울	경기	부산	대구	인천	광주	대전	울산	세종	강원
여행업	종합여행업		4,633	1,102	484	214	408	195	142	69	38	179
	국내외여행업		3,343	1,477	798	452	281	298	249	146	39	234
	국내여행업		613	618	253	107	124	71	68	24	18	195
	소계		8,589	3,197	1,535	773	813	564	459	239	95	608
관광 숙박업	호텔업	관광호텔업	317	118	104	32	91	15	16	21	2	49
		수상관광호텔업	-	-	-	-	-	-	-	-	-	-
		한국전통호텔업	-	1	-	-	2	-	-	-	-	2
		가족호텔업	17	14	1	-	2	-	1	-	-	13
		호스텔업	139	72	176	9	100	2	-	5	-	98
		소형호텔업	8	11	6	-	3	-	-	-	-	6
		의료관광호텔업	1	-	-	-	-	-	-	-	-	-
	휴양콘도미니엄업		1	21	7	-	1	-	-	-	1	78
	소계		483	237	294	41	199	17	17	26	3	246
관광객 이용 시설업	전문휴양업		-	22	2	1	3	-	1	1	-	23
	종합 휴양업	제1종	1	4	1	1	-	-	1	-	-	5
		제2종	-	-	-	-	-	-	-	-	-	2
	야영장업	일반야영장업	13	907	12	29	90	6	11	22	7	677
		자동차야영장업	2	98	3	11	20	2	5	14	1	120
	관광 유람선업	일반관광유람선업	2	-	5	-	3	-	-	-	-	1
		크루즈업	-	-	-	-	-	-	-	-	-	-
	관광공연장업		2	-	1	1	-	-	-	-	-	1
	외국인관광 도시민박업		3,180	202	433	102	120	47	62	20	-	186
	한옥체험업		207	85	4	37	17	16	2	4	10	91
	소계		3,487	1,318	461	182	253	71	82	61	18	1,106
회의업	국제회의시설업		4	2	1	1	6	1	1	1	-	3
	국제회의기획업		924	125	115	47	27	36	51	12	4	24
	소계		928	127	116	48	33	37	52	13	4	27
카지노업			3	-	2	1	2	-	-	-	-	2
유원 시설업	종합유원시설업		3	10	2	2	-	1	1	-	-	11
	일반유원시설업		12	77	15	19	29	5	4	9	-	52
	기타유원시설업		222	777	88	87	152	52	47	57	30	130
	소계		237	864	105	108	181	58	52	66	30	193
관광 편의 시설업	관광유흥음식점업		-	1	1	-	-	-	-	1	-	-
	관광극장유흥업		18	19	3	1	12	2	5	2	-	4
	외국인전용유흥음식점업		3	155	16	15	2	1	-	17	-	2
	관광식당업		358	445	175	120	81	50	36	48	8	33
	관광순환버스업		2	4	1	2	3	-	-	1	1	14
	관광사진업		5	1	2	1	1	-	-	-	-	-
	여객자동차터미널시설업		-	-	-	-	-	-	-	-	-	-
	관광펜션업(휴양펜션업)		-	148	3	-	29	1	-	9	3	148
	관광궤도업		-	4	2	2	1	-	-	-	-	7
	관광면세업		17	5	10	1	10	-	-	1	-	17
	관광지원서비스업		156	44	35	9	14	3	8	8	4	35
	기타관광편의시설업(제주)		-	-	-	-	-	-	-	-	-	-
	소계		559	826	248	151	153	57	49	87	16	260
총계			14,286	6,569	2,761	1,304	1,634	804	711	492	166	2,442

충북	충남	전북	전남	경북	경남	제주	24년 4분기	전년 동기 대비		24년 4분기	전 분기 대비	
								23년 4분기	증감		24년 3분기	증감
117	106	191	169	146	204	389	8,786	7,862	924	8,786	8,635	151
244	310	403	348	357	465	179	9,623	9,375	248	9,623	9,608	15
80	196	274	251	182	131	510	3,715	3,905	-190	3,715	3,798	-83
441	612	868	768	685	800	1,078	22,124	21,142	982	22,124	22,041	83
15	16	30	44	44	52	117	1,083	1,078	5	1,083	1,083	-
-	-	-	-	-	-	-	-	-	-	-	-	-
-	-	2	2	1	-	1	11	10	1	11	10	1
2	4	7	10	4	20	60	155	158	-3	155	157	-2
11	8	28	348	44	41	164	1,245	1,106	139	1,245	1,210	35
-	1	5	2	4	5	5	56	57	-1	56	57	-1
-	-	-	-	-	-	-	1	1	-	1	1	-
6	12	5	12	15	17	65	241	249	-8	241	246	-5
34	41	77	418	112	135	412	2,792	2,659	133	2,792	2,764	28
14	11	14	7	18	11	43	171	155	16	171	169	2
1	-	-	-	1	2	1	18	19	-1	18	18	-
-	2	1	1	-	-	2	8	8	-	8	8	-
243	316	130	180	393	280	36	3,352	3,017	335	3,352	3,307	45
63	69	39	44	96	144	18	749	678	71	749	730	19
1	2	4	6	-	10	8	42	39	3	42	43	-1
-	-	-	-	-	-	-	-	-	-	-	-	-
-	-	2	1	-	-	-	8	11	-3	8	11	-3
17	20	277	94	118	80	-	4,958	2,802	2,156	4,958	4,021	937
39	69	352	356	653	93	1	2,116	1,935	181	2,116	2,064	52
378	489	819	689	1,279	620	109	11,422	8,664	2,758	11,422	10,371	1,051
-	1	1	-	1	1	1	25	33	-8	25	22	3
18	8	28	15	31	25	51	1,541	1,401	140	1,541	1,519	22
18	9	29	15	32	26	52	1,566	1,434	132	1,566	1,541	25
-	-	-	-	-	-	8	18	17	1	18	18	-
-	4	-	4	4	5	4	51	51	-	51	51	-
35	31	25	27	27	28	23	418	390	28	418	414	4
163	147	74	84	153	256	54	2,573	2,346	227	2,573	2,499	74
198	182	99	115	184	289	81	3,042	2,787	255	3,042	2,964	78
-	1	4	-	2	-	1	11	14	-3	11	12	-1
5	7	5	4	6	7	1	101	94	7	101	97	4
1	4	21	2	23	48	3	313	321	-8	313	323	-10
9	22	168	18	25	147	211	1,954	1,868	86	1,954	1,915	39
-	3	10	7	4	10	2	64	62	2	64	61	3
-	1	-	-	-	-	3	14	16	-2	14	14	-
1	-	-	-	-	-	-	1	1	-	1	2	-1
20	127	86	109	162	145	118	1,108	905	203	1,108	1,060	48
2	-	1	3	1	2	-	25	25	-	25	25	-
1	-	1	2	1	1	7	74	80	-6	74	76	-2
6	6	9	9	34	53	77	510	442	68	510	479	31
-	-	-	-	-	-	20	20	20	-	20	20	-
45	171	305	154	258	413	443	4,195	3,844	351	4,195	4,084	111
1,114	1,504	2,197	2,159	2,550	2,283	2,183	45,159	40,547	4,612	45,159	43,783	1,376

주 : ※ 〈전국 관광사업체 현황자료〉는 국가통계 분류 중 '보고통계'에 해당하며, 법령에 따른 개인이나 단체의 신고, 보고, 신청, 인허가 등의 행정업무에 수반하여 수집된 자료를 이용해 작성함.

- 문화체육관광부 연간 1회 실시되는 〈전국 관광숙박업 등록현황〉, 〈관광산업조사〉의 수치와 차이가 있을 수 있음.

※ 동 자료는 광역자치단체 및 기초자치단체, 전국시도관광협회 등 신고, 신청, 인허가기관을 통해 수집됨.

- 관광편의시설업(관광식당업, 관광사진업, 여객자동차터미널시설업 해당)은 전국시도관광협회에서 집계됨.

※ 여행업 종류 변경으로 국내 · 외 여행업, 국내여행업 겸업 사업장은 중복 집계될 수 있음.

- 관광진흥법 시행령 개정(2021.3.23. 개정, 2021.9.24. 시행)으로 명칭 변경 및 통폐합(일반여행업 → 종합여행업, 국외여행업 → 국내외여행업)

※ 군위군은 2023.7.1.부터 경상북도에서 대구광역시로 편입되었음.

출처 : 한국관광협회중앙회

4) 지역관광발전지수

2015년부터 2년 주기로 조사하여 동향분석을 진행하고 있는 '지역관광발전지수'는 지역관광발전 수준을 진단하는 기초자료로서, 지자체가 체계적이고 효율적인 관광정책을 수립하도록 지원하는 역할을 하고 있다. 도입배경으로는 관광이 지역경제에서 차지하는 비중은 증가하였으나, 지자체 스스로 지역의 관광발전 정도를 판단하는 기준이 존재하지 않아 체계적이고 효율적인 관광개발정책 수립에 한계가 있었다. 또한 관광기반시설이 잘 갖추어져 있는지, 관광객이 많이 방문하는지, 정책적 노력이 활발하게 진행되고 있는지 등을 종합적이고 객관적으로 진단하는 지역관광발전지수를 산출하기 위한 것이다.

지역관광발전지수 대상은 17개 광역지자체와 151개 기초지자체이다. 지역관광발전지수의 지표는 지역의 관광공급 능력, 관광소비 여건, 정책역량 등을 평가할 수 있는 복합지표로 구성하여 3개 대분류, 7개 중분류, 21개 소분류, 43개 세부지표이다.

지역관광발전지수 지표

대분류(3)	중분류(7)	소분류(21)	세부지표(43)
관광 수용력지수	관광자원분포	자연생태자원	산림 관광자원 수, 해양 관광자원 수
		역사문화자원	문화재 수, 박물관 · 미술관 수
		관광(단)지	관광(단)지 수, 관광특구 수
		관광시설	관광이용시설 수
		관광축제	관광축제 개최 일수, 스포츠 이벤트 개최 일수, 국제회의 개최 일수
	관광인프라	숙박	일반숙박업 객실 수, 관광숙박업 객실 수
		안내	관광안내소 수(디지털 포함), 관광안내인력 활동일 수
		음식 · 쇼핑	모범음식점 지정업체 수, 맛집 인증제 업체 수, 편의점 수, 대규모 점포 수
		교통	시티투어버스 운행 횟수, 광역 교통 인프라 수, (지역 내) 렌터카 업체 수
		안전	5대 범죄 발생률, 의료기관 인력 수

관광 소비력지수	관광객	관광객 수	주요 관광지점 입장객 수, 주요 관광지 검색 증가율
		관광만족도	관광만족도
		관광지출액	관광지출액
	관광산업	핵심산업	관광사업체 비율, 관광숙박업 객실 이용률
		연관산업	관광마을 매출액, 관광지원서비스업체 수, 지역특화업체 수
관광정책 역량지수	관광정책환경	관광정책사업	관광자원 개발사업 건수, 지역관광자원 개발사업 건수
		관광예산	재정자립도, 관광예산 비율
	인적역량	정책인력	관광공무원 비율, 지역관광추진조직(DMO) 직원 수
	지역홍보	관광교육	공무원 관광교육 프로그램 이수자 수, 관광종사원 교육프로그램 지출액
		홍보정책	관광홍보행사 참여 건수
		매체홍보	관광 관련 보도자료 건수, 추천 관광지 건수

출처 : TDSS 관광개발정보시스템(www.tdss.kr)

조사방법은 국가승인통계, 지자체 행정조사, 대국민 설문조사를 통해 지표값을 산출하며, 2015년도 최초 실시하여 2년 주기로 운영하고 있다.

지역관광발전지수의 의의는 관광객이 관광활동을 하기에 편리한 여건을 갖추고, 관광객 방문이 활발한 '관광발전지역'의 기준을 관광발전지수 100점으로 설정하고, 100점 이상 지역은 1등급, 100점 미만(발전을 위한 노력이 필요한) 지역은 발전정도에 따라 2~6등급으로 구분한다. 지자체별 서열화, 왜곡 해석 등에 따른 부작용을 우려하여 지수값은 비공개하고 등급화하여 광역과 기초를 별도 구분하여 발표한다. 따라서 1등급은 대외적으로 공개하고, 2~6등급은 지자체로 개별 통보하는 체제로 운영된다.

지역관광발전지수 조사방법

수집 경로	해당 지표
국가승인통계 및 기관 자료 (27개)	산림 관광자원 수, 해양 관광자원 수, 문화재 수, 박물관·미술관 수, 관광(단)지 수, 관광특구 수, 관광이용시설 수, 관광숙박업 객실 수, 모범음식점 지정 업체 수, 맛집 인증 업체 수, 편의점 수, 대규모 점포 수, 광역 교통 인프라 수, 렌터카 업체 수, 5대 범죄 발생률, 의료기관 인력 수, 주요 관광지점 입장객 수, 주요 관광지 검색 증가율, 관광사업체 비율, 관광숙박업 객실이용률, 관광지원서비스업체 수, 지역특화 업체 수, 관광자원개발 사업 건수, 지역관광자원개발 사업 건수, 재정자립도, 관광예산 비율, 추천 관광지 건수
지차체 행정조사 (14개)	관광축제 개최 일수, 스포츠 이벤트 개최 일수, 국제회의 개최 일수, 일반숙박업 객실 수, 관광안내소 수(디지털 포함), 관광안내인력 활동 일수, 시티투어버스 운행 횟수, 관광마을 매출액, 관광 공무원 비율, 지역관광추진조직 직원 수, 공무원 관광교육 프로그램 이수자 수, 관광종사원 교육프로그램 지출액, 관광홍보행사 참여 건수, 관광 관련 보도자료 건수
대국민조사 (2개)	관광만족도, 관광지출액

출처 : TDSS 관광개발정보시스템(www.tdss.kr)

2023년 지역관광발전지수 평균은 광역 86.21점(3.47% 증가), 기초 86.11점(3.38% 증가)으로 2021년 지수 대비 상승세로 코로나19 엔데믹 이후 국내 관광시장이 회복되고 있음을 나타내고 있다.

지역관광개발지수(2023년)

구분	광역자치단체(17)			기초자치단체(151)		
	2019	2021	2023	2019	2021	2023
1등급	5	2	2	9	10	6
	강원, 경기, 경북, 전남, 제주	강원, 제주	서울, 제주	거제, 경주, 속초, 순천, 여수, 울릉, 정선, 창원, 평창	경주, 고성, 단양, 무주, 속초, 양양, 여수, 울릉, 정선, 평창	강릉, 경주, 단양, 속초, 여수, 춘천
2등급	3	3	-	12	13	10
3등급	2	5	5	45	37	15
4등급	1	2	2	30	33	36
5등급	2	-	1	29	28	50
6등급	4	5	7	27	28	50

출처 : TDSS 관광개발정보시스템(www.tdss.kr)

지표별 1등급 현황(2023년)

분류	광역지자체	기초지자체
관광 수용력	경기도 1개 ☞ 21년 강원도 등 7개	강릉시, 경주시, 수원시, 안동시, 여수시, 전주시, 창원시, 청주시, 평창군 9개 ☞ 21년 경주시 등 30개
관광 소비력	서울시, 제주도 2개 ☞ 21년 제주도 1개	강릉시, 거제시, 거창군, 남해군, 단양군, 속초시, 여수시, 용인시, 울릉군, 춘천시, 통영시 11개 ☞ 21년 울릉군 등 3개
관광 정책 역량	제주도 1개 ☞ 21년 전라남도 등 4개	남해군, 단양군, 수원시, 여수시 4개 ☞ 21년 화천군 등 15개

출처 : TDSS 관광개발정보시스템(www.tdss.kr)

5) 지역관광사업

(1) 정부 주도 지역관광사업

가. 광역권 관광개발사업

광역권 관광개발사업은 행정구역의 경계를 넘는 관광권역의 개발 필요성에서 시작되어, 자원개발의 중복투자 방지 및 낙후지역의 잠재력 확대를 도모하기 위해 추진된 사업이다. 이러한 광역 관광개발사업은 유사 사업 간 중복투자를 방지하고 재정의 효율적 활용을 도모하기 위하여 추진되었다. 지방자치제도 도입 이후, 다수의 지자체에서 지역관광사업을 추진하고 있으나 유사한 자원의 중복투자로 비효율성 문제가 지적된 바 있다. 광역관광개발 사업을 통하여 지자체 간 자원개발 중복 방지를 위한 조정 역할이 가능하며 규모의 경제를 실현시킬 수 있다는 장점이 있다.

2000년 남해안관광벨트를 필두로 현재까지 광역 관광개발사업으로 12개 사업이 추진되어 9개 사업은 완료되었으며, 3개 사업이 진행 중이다. 사업예산으로 12조 109억 원(국비 3조 5,330억 원)이 투입되었으며, 유사한 관광자원의 연계를 통한 광역적 관점의 관광개발 사업이 공동으로 추진되었다. 완료된 9개 광역권 사업의 실 집행예산은 5조 8,850억 원, 계획수립 예산 기준 평균 35%, 최종평가 예산 기준 63%가 집행되었다(문화체육관광부, 2023). 2024년 기준 '서부내륙권', '충청유교문화권', '남부권 광역관광개발계획'이 추진 중에 있다.

주요 광역권 관광개발사업

관광개발사업명	사업연도
3대 문화권 문화생태관광기반	2010~2021년
한반도 생태평화벨트 조성	2013~2022년
중부내륙권 광역관광개발	2013~2022년
서부내륙권 광역관광개발	2017~2026년
충청 유교문화권 광역관광 개발	2019~2028년

❍ 3대 문화권 문화생태 관광기반사업

3대 문화권 문화생태 관광기반사업은 대구광역시와 경북지역에 있는 23개 시 · 군이 참여한 광역 관광개발사업으로, 2010~2021년까지 총 64개 사업이 추진되었으며, 총 2조 1,086억 원의 예산이 투입되었다.

3대 문화권 개발사업은 '역사와 자연, 인간이 빚어낸 한(韓)문화관광의 본향'을 비전으로 선정하여 지역 장소성의 구현, 관광의 지속성 제고를 주요 전략으로 제시하였다. 이를 구현하기 위해 대구 · 경북의 유교, 가야, 신라 등 역사문화자원과 낙동강 · 백두대간 등 친환경 녹색자원의 관광자원화를 위한 사업이 추진되었다. 원형보전 사업, 역사문화 계승사업, 생태문화 관광 활용사업이 실시되었다.

3대 문화권 문화생태 관광기반 사업구상도

출처 : 문화체육관광부(2014), 3대 문화권 문화생태 관광기본 조성사업 중간평가 연구

선비문화공원, 음식디미방, 금강송 에코리움, 숙박 브랜드 고택 개발 등 관광개발사업과 관광진흥사업이 함께 추진되었다. 환경부 · 산림청 사업과 연계하기도 하였으며 해당사업은 '광역경제권 30대 선도사업'의 하나로 선정되는 등 주요 성과를 이룩하였으나 사업 종료 후 지자체 등에서 시설 관리 운영비용 부담 문제를 제기한 바 있다.

❍ 한반도 생태 평화벨트 조성 및 중부내륙권 광역관광개발 사업

제3차 관광개발기본계획(2012~2021)은 내륙권을 중심으로 추진되어 크게 4가지 사업이 진행되었다. 한반도 생태 평화벨트 조성사업은 비무장지대(DMZ) 일원에 시행된 사업으로 비무장지대(DMZ)에 접해 있는 인천광역시, 경기도, 강원도에 있는 10개 시 · 군이 참여한 사업이다. 2013년부터 2022년까지 총 23개 사업이 추진되었으며, 총예산 2,391억 원이 투입되었다. 주요 사업내용으로는 광역연계사업, 생태관광자원의 관광활성화, 전적자원 및 평화기원자원의 특성화, 역사문화자원의 복원 및 테마화 사업이 추진되었다.

중부내륙권 광역관광개발 사업은 충북, 강원, 경북 등 3개의 도에서 17개 시 · 군이 참여한 사업으로, 2013~2022년까지 총 22개 사업이 시행되었으며 총예산 2,670억 원이 투입되었다. 주요 사업은 크게 3가지로 지역자원 개발, 지역 브랜딩, 중부내륙권 감성 네트워크 구축사업으로 구분할 수 있다.

중부내륙권 광역브랜드 구축사업으로 녹색관광, 치유관광을 대표하는 십승지 도출 사업, 소백산 정감록 명당체험 마을, 청풍 물길 100리 생태탐방로 조성사업 등이 추진되었다. 중부내륙권 감성 네트워크 구축사업으로 구길, 국도, 철도 연계한 교통네트워크 구축사업, 지역자원 및 스토리, 체험 연계한 네트워크 구축사업이 추진되었다. 중부내륙권 지역관광 경쟁력 강화 사업으로 기존 관광자원의 정비 및 콘텐츠 강화 사업이 추진되어 수안보 왕의 온천 역사공원, 섬강 감성 문화마을 사업 등의 사업이 추진되었다.

한반도 생태 평화벨트 조성사업 및 중부내륙권 광역관광개발의 공간체계

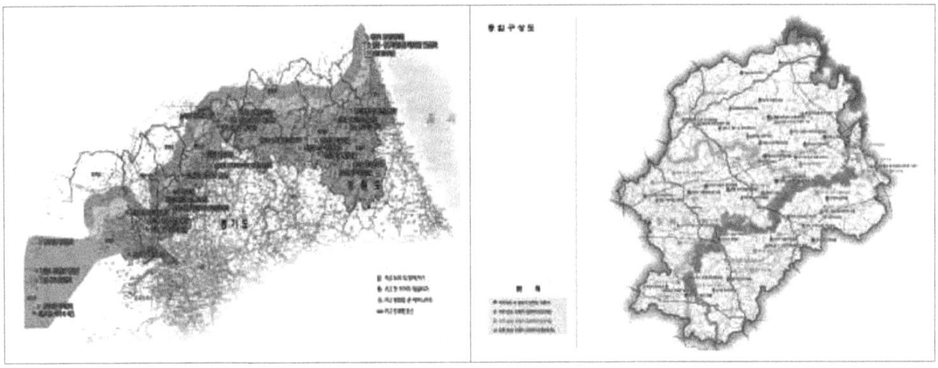

출처 : 한국관광공사(2009), 평화-생태지대(PLZ) 광역관광개발계획 수립; 한국관광공사(2010), 중부내륙권 광역관광개발 기본구상 및 계획수립, 문화체육관광부

❍ 서부 내륙권 광역관광개발 및 충청 유교문화권 광역관광개발

서부내륙권 광역관광개발사업은 세종시 및 충남, 전북 등 3개의 시 · 도에서 18개시 · 군이 참여한 사업으로, 2017~2026년까지 사업이 예정 중에 있으며 이에 따라 2025년 현재도 진행 중인 광역관광개발 프로젝트이다. 약 10년의 기간 동안 총 40개 사업이 추진되거나 추진될 예정이며, 2026년까지 6,176억 원의 예산을 투입할 예정이다.

주요 사업은 크게 4가지 축으로 구분하였는데 향토생활축, 자연관광축, 역사문화축, 정신문화축으로 유형화하여 사업이 추진되었다. 특히 해당사업의 경우 개발사업(하드웨어형)과 함께 진흥사업(소프트웨어형)이 추진되었으며, 지역 대표 자원의 클러스터화를 도모하였으며 기존자원을 활용하는 방안이 적극적으로 도입되었다. 충청 유교문화권 광역관광개발사업은 대전, 세종 및 충북, 충남 등 4개의 시 · 도에서 총 26개 시 · 군이 참여하고 있는 사업으로, 2019~2028년까지 사업이 예정 중에 있으며, 이에 따라 현재도 진행 중인 광역관광개발 프로젝트이다. 약 10년의 기간 동안 총 47개 사업이 추진되거나 추진될 예정이며, 2026년까지 7,947억 원의 예산을 투입할 예정이다.

주요 사업은 서부내륙권 사업과 마찬가지로 클러스터 공간 개념을 적용하여 사업을 크게 거점사업, 연계사업, 루트사업 등 3가지 유형으로 구분하여 추진하였다.

서부내륙권 광역관광개발사업 및 충청유교문화권 광역관광개발 사업의 공간체계

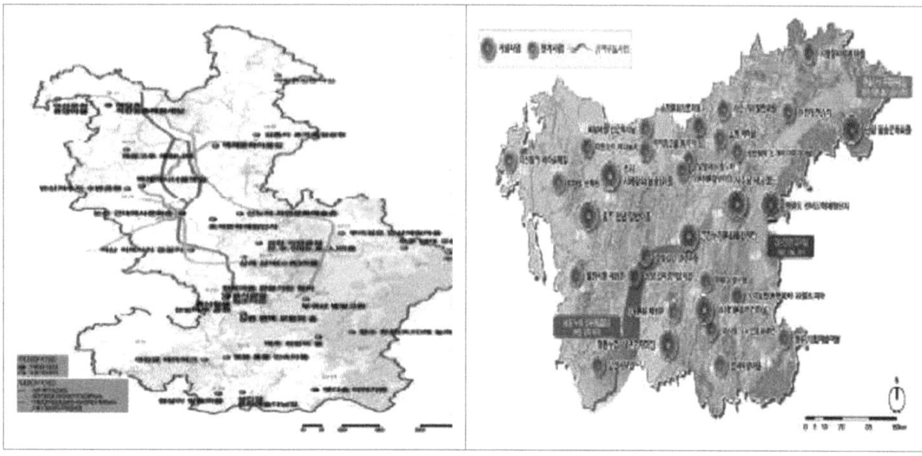

출처 : 문화체육관광부(2015), 서부내륙권 광역개발 기본구상 및 계획수립; 문화체육관광부(2016), 충청유교문화권 광역관광개발 기본구상 및 계획

나. 관광거점도시

관광거점도시사업은 크게 5개의 도시를 중심으로 운영되고 있는 관광개발계획으로 2020~2025년까지 6년간 국제관광도시 1곳(부산), 지역관광거점도시 4곳(강릉, 전주, 목포, 안동)에 대해 도시별로 500억 원 이내를 투입할 예정이다.

주요 비전은 '대한민국의 또 다른 매력, 관광거점도시'로 설정하였으며, 이러한 비전 아래 각 도시별로 별도의 추진방향을 설정하고 이를 통해 관광거점도시를 매력적인 관광명소로 만들어 인근지역으로 연계/파급효과를 창출하고자 하였다.

이에 따라 비전 및 도시별 추진방향 실현을 위한 주요 추진전략은 도시별 관광 인지도 강화, 도시 관광 접근성 강화, 특색 있고 매력적인 즐길거리 개발, 편리하고 안전한 여행환경 조성, 지속가능한 지역관광 생태계를 조성하는 방향으로 설정하였다. 시별 비전과 목표 달성을 위해 핵심, 전략, 연계협력 사업 등 사업유형에 따른 세부사업 계획을 수립하여 추진하고 있다.

관광거점도시 육성사업 기본계획

비전	대한민국의 또 다른 매력, 관광거점도시	
도시별 추진현황	부산	영화와 축제, 여행의 자유가 있는 해양문화도시, 부산
	강릉	한국적 풍류와 풍경이 있는 세계적인 관광도시, 강릉
	전주	가장 한국적인 한(韓) 문화관광거점도시 전주
	목포	시간을 걷는 도시, 낭만항구 목포
	안동	대한민국 대표 세계문화유산의 도시, 안동
추진전략	① 도시별 관광인지도 강화 ② 도시관광접근성 향상 ③ 특색있고 매력적인 즐길거리 개발 ④ 편리하고 안전한 여행환경 조성 ⑤ 지속가능한 지역관광 생태계 조성	
사업기관 및 규모	• 6년(2020-2025) • 도시별 국비 500억 원 이내 지원	

출처 : 한국문화관광연구원(2019), 관광거점도시 기본계획 수립 및 지정방안 연구, 문화체육관광부; 한국문화관광연구원(2022), 관광거점도시 육성사업 컨설팅 및 성과관리연구, 문화체육관광부

다. 계획공모형 지역관광개발사업

계획공모형 지역관광개발사업은 기존의 중앙정부 주도의 관광개발 방식에서 벗어나서 지자체가 주도하여 각 지자체의 지역특화 사업 발굴 및 산업을 창출하고, 이를 체계적으로 관리 및 운영하여 지역의 자립적 관광발전 생태계를 구축하도록 지원하는 사업이다. 지자체에서는 지역관광이 자립하여 성장할 수 있도록 공간단위 핵심시설뿐만 아니라 연계활용 및 관리운영사업을 종합적으로 계획·수립·시행하고, 정부에서는 이를 체계적으로 모니터링 및 지원하는 역할을 수행하여 운영되고 있다. 이러한 지자체의 계획공모형 지역관광개발사업 운영을 지원하기 위해 핵심사업, 연계활용사업, 관리운영사업 등으로 지역관광개발 사업을 구분하고, 지자체가 자율적으로 각 사업들을 균형 있게 조합하여 종합적인 형태로 운영할 수 있게 컨설팅 및 지원업무를 수행하였다.

계획공모형 지역관광개발사업의 사업구분은 유휴 노후시설 리모델링, 기존 조성 관광지 · 관광단지 재생, 기존 추진 생태관광자원개발 · 문화관광자원개발 활용, 지역대표 관광명소 조성 등으로 구성된 핵심사업과 이를 활용할 수 있는 프로그램인 기존 관광시설 연계코스개발, 관광상품 개발, 체험프로그램, 지역관광브랜딩, 홍보 · 마케팅 등으로 연계활용사업을 구분하였다. 마지막으로 관리운영사업은 관광창업시설, 창업인큐베이팅, 일자리 관련 사업, 주민사업체 육성, 관리운영 조직체계 구축, 지역관광 역량강화 지원 등으로 관광사업을 관리할 수 있는 사업들로 구분하였다.

계획공모형 지역관광개발사업 컨설팅 사업 현황

사업 주요 내용	선정 지역
• 사업선정: 2019-2021년 3개년 • 선정지역: 총 15개 지역 (2019년) 충청남도 서천군, 경상남도 합천군 (2020년) 경기도 수원시, 강원도 정선군, 충청북도 제천시, 충청남도 아산시, 전라북도 남원시, 전라남도 강진군, 경상북도 포항시, 경상남도 사천시 (2021년) 강원도 삼척시, 충청북도 단양군, 전라북도 진안군, 경상북도 영주시, 경상남도 남해군 • 사업기간 : 5개년 • 사업예산 2019년 200억 원(국비 100억 원) 2020년 120억 원(국비 60억 원) 2021년 120억 원(국비 60억 원)	

출처 : 한국문화관광연구원(2022), 2021년 계획공모형 지역관광개발사업 컨설팅 결과보고서

라. 관광특구

관광특구는 외국인 관광객의 방문이 집중되는 지역의 관광산업을 전략적으로 육성하기 위한 방안의 하나로 관광특구 내 사업체에 대한 야간영업시간의 제한을

완화함으로써 외국인 관광객의 야간 관광활동을 촉진하고자 1993년 「관광진흥법」에 도입되었다.

「관광진흥법」에 정의된 관광특구는 외국인 관광객의 유치 촉진 등을 위하여 관광활동과 관련된 관계법령의 적용이 배제되거나 완화되고, 관광활동과 관련된 서비스, 안내 체계 및 홍보 등 관광여건을 집중적으로 조성할 필요가 있는 지역으로서 「관광진흥법」에 의하여 지정된 곳이다.

문화관광부(현 문화체육관광부)에서는 2004년 10월 「관광진흥법」을 일부 개정하여 특구 지정권한을 시 · 도지사에게 이양하고 특구에 대한 국가 및 지방자치단체의 지원근거를 마련하였으며, 관광특구진흥계획의 수립 · 시행 및 평가를 의무화하는 등 특구제도의 실효성을 확보하기 위한 다양한 제도적 장치를 도입하였다. 또한 2005년 4월에는 「관광진흥법」 개성을 통해 관광특구 지역 안의 문화 · 체육시설, 숙박시설 등 관광객 유치를 위하여 문화관광부(현 문화체육관광부)장관이 필요하다고 인정하는 시설에 대하여 관광진흥개발기금의 보조 또는 융자가 가능하도록 하였다.

관광특구 지정 요건(시행령 제56조의2)은 문화체육관광부령이 정하는 상가 · 숙박 · 공공편익시설, 휴양 · 오락시설 등의 요건을 갖추고 외국인 관광객의 수요를 충족시킬 수 있는 지역으로 당해 지역의 최근 1년간 외국인 관광객이 10만 명(서울시는 50만 명) 이상(문화체육관광부 장관이 고시하는 통계전문기관의 통계)이어야 하며, 임야 · 농지 · 공업용지 · 택지 등 관광활동과 관련이 없는 토지가 관광특구 전체면적의 10%를 초과하지 않아야 한다.

1994년 제주도, 경주시, 설악, 유성, 해운대 등 5개소가 최초 지정된 이래 1999년 6월 「관광특구지정 및 관리 · 운영지침」을 제정하여 적정 대상지 및 선정에 한하여 관광특구 지정 신청을 유도하였다. 2024년에는 34개소가 지정되었다.

관광특구 지정 현황(2024년 5월)

지역	특구명	지정 지역(소재지)	최초지정일
서울(7)	명동 · 남대문 · 북창동 · 다동 · 무교동	명동, 회현동, 소공동, 무교동 · 다동 각 일부지역	2000.03.30
	이태원	용산구 이태원동 · 한남동 일원	1997.09.29
	동대문 패션타운	중구 광희동 · 을지로5~7가 · 신당1동 일원	2002.05.23
	종로 · 청계	종로구 종로1가~6가 · 서린동 · 관철동 · 관수동 · 예지동 일원, 창신동 일부 지역(광화문 빌딩~숭인동 4거리)	2006.03.30
	잠실	송파구 잠실동 · 신천동 · 석촌동 · 송파동 · 방이동	2012.03.15
	강남마이스	강남구 삼성동 무역센터 일대	2014.12.18
	홍대 문화예술	마포구 홍대 일대(서교동, 동교동, 합정동, 상수동 일원)	2021.12.02
부산(2)	해운대	해운대구 우동 · 중동 · 송정동 · 재송동 일원	1994.08.31
	용두산 · 자갈치	중구 부평동 · 광복동 · 남포동 전 지역, 중앙동 · 동광동 · 대청동 · 보수동 일부	2008.05.14
인천(1)	월미	중구 신포동 · 연안동 · 신흥동 · 북성동 · 동인천동 일원	2001.06.26
대전(1)	유성	유성구 봉명동 · 구암동 · 장대동 · 궁동 · 어은동 · 도룡동	1994.08.31
경기(5)	동두천	동두천시 중앙동 · 보산동 · 소요동 일원	1997.01.18
	평택시 송탄	평택시 서정동 · 신장1 · 2동 · 지산동 · 송북동 일원	1997.05.30
	고양	고양시 일산 서구, 동구 일부 지역	2015.08.06
	수원 화성	경기도 수원시 팔달구, 장안구 일대	2016.01.15
	통일동산	경기도 파주시 탄현면 성동리, 법흥리 일원	2019.04.30
강원(2)	설악	속초시 · 고성군 및 양양군 일부 지역	1994.08.31
	대관령	강릉시 · 동해시 · 평창군 · 횡성군 일원	1997.01.18
충북(3)	수안보온천	충주시 수안보면 온천리 · 안보리 일원	1997.01.18
	속리산	보은군 내속리면 사내리 · 상판리 · 중판리 · 갈목리 일원	1997.01.18
	단양	단양군 단양읍 · 매포읍 일원(2개읍 5개리)	2005.12.30
충남(2)	아산시온천	아산시 음봉면 신수리 일원	1997.01.18
	보령해수욕장	보령시 신흑동, 웅천읍 독산 · 관당리, 남포면 월전리 일원	1997.01.18
전북(2)	무주 구천동	무주군 설천면 · 무풍면	1997.01.18
	정읍 내장산	정읍시 내장지구 · 용산지구	1997.01.18
전남(2)	구례	구례군 토지면 · 마산면 · 광의면 · 산동면 일부	1997.01.18
	목포	북항 · 유달산 · 원도심 · 삼학도 · 갓바위 · 평화광장 일원	2007.09.28
경북(4)	경주시	경주 시내지구 · 보문지구 · 불국지구	1994.08.31
	백암온천	울진군 온정면 소태리 일원	1997.01.18
	문경	문경시 문경읍 · 가은읍 · 마성면 · 농암면 일원	2010.01.18
	포항 영일만	영일대해수욕장, 해안도로, 환호공원, 송도해수욕장, 송도송림, 운하관, 포항운하, 죽도시장, 시내 실개천 일대	2019.08.12
경남(2)	부곡온천	창녕군 부곡면 거문리 · 사창리 일원	1997.01.18
	미륵도	통영시 미수1 · 2동 · 봉평동 · 도남동 · 산양읍 일원	1997.01.18
제주(1)	제주도	제주도 전역(부속도서 제외)	1994.08.31
13개 시 · 도 34개소			

관광특구 지역

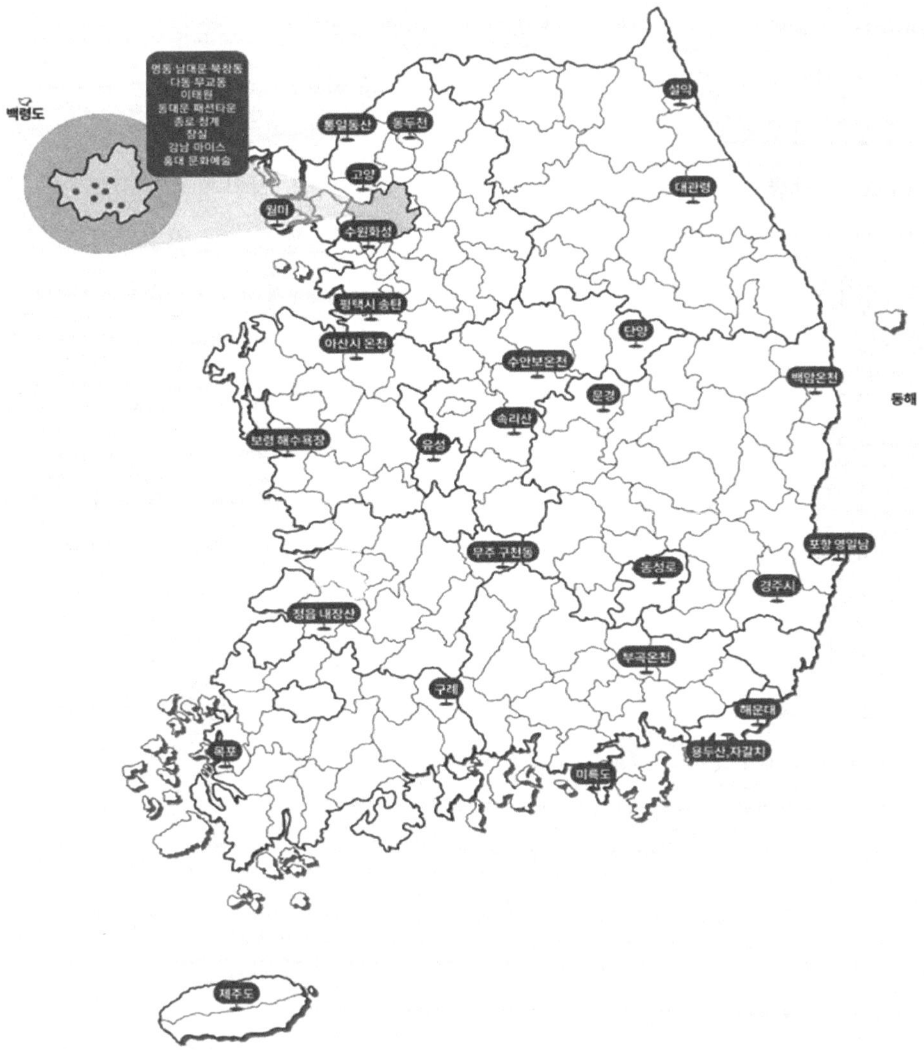

출처 : 관광개발정보시스템(www.tdss.kr)

(2) 지자체의 지역관광사업

가. 관광지

우리나라는 내국인 여가휴양의 기회 진작을 목적으로 관광기회를 제공하기 위해 지자체에서 사업을 시행할 수 있는 정부의 정책 수단인 관광지 정책을 마련하여 추진 중에 있다. 관광지는 관광자원이 풍부하고 관광객의 접근이 용이하며 개발이 가능한 지역과 관광정책상 관광지로 개발하는 것이 필요하다고 판단되는 지역을 대상으로 진흥법에 의해 지정된 곳을 말한다.

정부는 자연적 또는 문화적 관광자원을 갖추고 관광 및 휴식에 적합한 지역을 대상으로 관광지를 지정하여 공공 · 편의시설, 숙박시설, 상가시설, 관광휴양 · 오락시설 및 기타시설 등을 조성하고 있다. 관광객의 관광활동에 필수적인 진입도로, 주차장, 상 · 하수도, 공중 화장실, 오수처리시설, 관리사무소, 관광지 안내도 등 기반 시설과 야영장, 어린이 놀이시설, 청소년 수련시설, 체력 단련장, 물품보관소 등 편익시설을 공공사업으로 추진하고 그 외 이용관광객의 편의를 위한 관광휴양 · 오락시설(운동 · 오락시설, 휴양 · 문화시설), 숙박시설, 상가시설 등은 공공 또는 민간 투자를 통해 조성한다. 정부에서는 주 5일 근무제의 본격적인 시행과 국민소득 증가에 따른 관광수요 증가에 맞추어 관광지를 특화하여 개발함으로써 아름답고 쾌적한 환경을 주성함은 물론 관광을 통하여 국민의 삶의 질을 향상시키는 복지관광정책의 일환으로 제도를 추진하고 있다.

한편 21세기 관광개발에서 선택과 집중, 네트워크화, 지방분권형 개발의 중요성이 대두되면서 정부는 지역 특성을 살린 관광지 개발을 실행하기 위해 관광지 지정 및 조성계획의 승인권한을 2005년 4월 17일자로 시 · 도지사에 이양하였다. 동시에 관광지 지정 등의 실효성을 제고하기 위해 지정 후 2년 이내 조성계획 승인신청이 없거나 승인 후 2년 이내에 사업에 착수하지 않으면 관광지의 지정 또는 조성계획 승인효력이 상실되도록 하였다. 2024년 12월 말 기준 전국에 지정된 관광지 현황은 총 226개소이다.

특히, 관광지는 지자체에서만 사업시행을 할 수 있다는 점에서 관광지 지정 및 조성계획 승인 등 관광지의 토지(용지) 기반 조성 등은 지자체 업무 영역에서 추진하고 있다. 일반적으로 재원 및 운영의 문제로 인해서 관광지의 임의 시설인 숙박시설, 휴양문화시설, 운동오락시설의 개발은 민간사업자 혹은 투자자의 역할로 분화하여 관광개발사업을 추진 중에 있다.

2024년 12월 말 기준, 전국에 지정된 관광지는 226개소로 연도별 관광지 지정 현황은 다음과 같다.

관광지(2024년 12월 기준)

시 · 도	지정 개소	관광지명
부산	5	기장도예촌, 용호씨사이드, 금련산 청소년수련원, 태종대, 해운대
인천	2	마니산, 서포리
대구	2	비슬산, 화원
경기	14	대성, 산장, 수동, 장흥, 용문산, 신륵사, 한탄강, 공릉, 임진각, 내리, 백운계곡, 산정호수, 소요산, 궁평
강원	42	호반, 구곡폭포, 청평사, 간현, 옥계, 주문진, 연곡, 등명, 대관령 어흘리, 무릉계곡, 망상, 추암, 구문소, 속초해수욕장, 척산온천, 장호, 맹방, 삼척해수욕장, 초당, 팔봉산, 홍천온천, 어답산, 유현문화, 고씨동굴, 영월온천, 마차탄광문화촌, 미탄마하생태, 화암, 아우라지, 고석정, 직탕, 광덕계곡, 후곡약수터, 내설악 용대, 방동약수터, 스피디움, 송지호, 삼포 문암, 화진포, 오색, 지경, 통일전망대 생태안보교육
충북	22	세계무술공원, 충온온천, 능암온천, 충주호체험, 교리, 능강, 금월봉, 계산, 제천온천, 만남의 광장, 성내, 속리산레저, 구병산, 장계, 송호, 다리안, 수옥정, 괴강, 무극, 천동, 레인보우힐링, 온달
충남	23	천안종합휴양, 태조산, 곰나루, 마곡사, 마곡온천, 공주문화, 대천해수욕장, 무창포해수욕장, 죽도, 아산온천, 간월도, 삽교호, 왜목마을, 난지도, 구드레, 서동요역사, 금강하구둑, 춘장대해수욕장, 칠갑산도립온천, 예당, 덕산온천, 만리포해수욕장, 안면도
전북	21	석정온천, 금강호, 은파, 김제온천, 벽골제, 남원, 모항, 변산해수욕장, 위도, 모악산, 금마, 미륵사지, 왕궁보석테마, 웅포, 사선대, 오수의견, 방화동, 내장산리조트, 백제가요정읍사, 마이산회봉온천, 운일암반일암
전남	27	대구면도요지, 곡성 도림사, 지리산온천, 나주호, 담양호, 회산연꽃방죽, 율포해수욕장, 한국차소리 문화공원, 불갑사, 성기동, 마한문화, 영산호 쌀문화 테마공원, 신지명사십리, 장성호, 홍길동테마파크, 정남진우산도, 녹진, 아리랑마을, 해신장보고, 회동, 사포, 땅끝, 우수영, 도곡온천, 운주사, 화순온천, 대광해수욕장
경북	33	경산온천, 고령부례, 문경온천, 문경상리, 오전약수, 다덕약수, 경천대, 문장대온천, 회상나루, 안동하회, 예안현, 고래불, 장사해수욕장, 선바위, 문수, 부석사, 영주순흥, 풍기온천, 치산, 포리, 예천삼강, 개척사, 울릉도, 백암온천, 성류굴, 의성탑산온천, 신화랑, 청도온천, 청도용암온천, 주왕산, 가산산성, 호미곶, 성주호
경남	21	거가대교, 장목, 가조, 수승대, 당항포, 송정, 표충사, 실안, 금서, 전통한방휴양, 중산, 벽계, 오목내, 부곡온천, 마금산온천, 도남, 묵계, 농월정, 미숭산, 합천보조댐, 합천호
제주	14	제주남원, 돈내코, 수망, 미천굴, 토산, 표선, 곽지, 제주상상나라탐라공화국, 김녕해수욕장, 돌문화공원, 봉개휴양림, 용머리, 함덕 해안, 협재 해안
합계	226	전체 관광지 면적 합계 : 120,641,844㎡

출처 : 문화관광체육부(https://www.mcst.go.kr)

나. 관광단지

관광단지는 관광산업의 진흥을 실행하고, 국내 · 외 관광객의 다양한 관광 및 휴양을 위하여 각종 관광시설을 종합적으로 개발하는 관광거점 지역을 말한다. 「관광진흥법」 제52조에 의거하여 시 · 도지사가 지정한다. 2024년 12월 말 기준으로 전국에 지정된 관광단지 현황은 총 53개소이다.

정부는 관광단지 조성 활성화를 위해 관광단지를 「사회간접자본시설에 대한 민간투자법」상 사회간접자본시설로 포함하여 민간자본을 적극 유치하도록 하고 있다. 관광단지의 공공성과 공익성 등을 고려하여 관광단지로 지정될 경우 취득세(25%, 조례에 따라 추가로 50% 감면), 대체 산림조성비(준보전산지) 및 대체초지 조성비의 100% 면제 등 각종 세제 및 부담금의 감면 혜택을 주고 있다. 또한 관광단지 지정을 위한 면적 기준을 현행 100만㎡에서 50만㎡, 관광단지 설치시설 기준을 4종에서 3종으로 완화(공공편의시설, 숙박시설, 관광휴양 · 오락시설)하였다. 민간개발자가 관광단지를 개발할 경우 지방자치단체장과의 협약을 통해 지원이 필요하다고 인정하는 공공시설에 대해 지방비를 지원할 수 있도록 하고 있다.

최근 인구감소지역의 관광산업 활성화를 위하여 관광진흥법령을 개정해 소규모 관광단지를 신설하고 기존 관광단지와 비교해 지정기준과 지정절차를 대폭 완화하며 기초지자체의 자율권을 보장하는 등 민간이 참여하여 단지를 조성할 수 있는 기반을 마련하였다. 소규모 관광단지는 지정규모를 총면적 5만㎡ 이상 30만㎡ 미만으로 하고, 관광진흥법 시행규칙에 따른 공공 편익시설과 관광숙박시설을 필수시설로 갖추도록 하고 있다.

관광단지 공공성과 공익성 등을 고려하여 관광단지 내 전기시설을 설치하는 경우 설치비용은 전기를 공급하는 자가 부담하되, 땅속에 설치하는 경우에는 전기를 공급하는 자와 땅속에 설치할 것을 요청하는 자가 50:50의 비율로 정하는 등 관광단지 활성화를 위한 제도 개선을 추진하였다. 건강 · 교육 · 체험 등 다양한 관광수요를 특징으로 하는 관광 패러다임 변화에 맞춰 특성화하여 개발함으로써 지역관광산업의 동력으로 활성화시킬 계획이다. 다만, 관광단지의 당초 계획 대비 집행사업비의 비중은 54.2%에 그치고 있다. 특히, 총투자비 중 공공재원의

관광단지 : 53개소(2024년 12월 기준)

자치단체		명칭	위치	지정면적(㎡)	사업시행자	단지지정	조성계획
부산	기장군	오시리아	부산광역시 기장군 기장읍 당사리 542	3,662,486	부산도시공사	'05.03.	'22.12.
인천 (2)	강화군	강화종합리조트	강화군 길상면 선두리 산281-1번지 일원	652,369	㈜해강개발	'12.07.	'20.01.
	옹진군	선미테마아일랜드	옹진군 덕적면 북리 산187번지 일원	666,417	-	'24.09.	미수립
광주	광산구	어등산	광주광역시 광산구 운수동 500	2,736,219	광주광역시도시공사	'06.01.	'24.12.
울산 (2)	북구	강동	울산광역시 북구 정자동 산35-2	1,367,240	울산 북구	'09.11.	'20.04.
	울주군	울산 알프스	울산광역시 울주군 삼동면 조일리 산25-1번지 일원	1,499,978	-	'24.03.	미수립
경기 (3)	안성시	안성 죽산	안성시 죽산면 당목리 129	1,352,312	㈜송백개발 ㈜서해종합건설	'16.10.	'22.10.
	평택시	평택호	평택시 현덕면 권관리 301-1	663,013	평택도시공사	'77.03.	'20.02.
	화성시	화성 국제테마파크	화성시 남양읍 신외리, 문호리 일원	2,854,708	-	'24.12.	미수립
강원 (16)	고성군 (2)	델피노골프앤리조트	고성군 토성면 원암리 474-2	900,018	㈜대명레저산업	'12.05.	'20.10.
		고성 켄싱턴 설악밸리	고성군 토성면 신평리 471-60번지 일원	849,114	㈜이랜드파크	'23.02.	'23.02.
	속초시	설악한화리조트	속초시 장사동 24-1	1,332,578	한화호텔앤드리조트㈜	'10.08.	'21.06.
	양양군	양양국제공항	양양군 손양면 동호리 496-4	2,730,219	㈜새서울레저	'15.12.	'20.12.
	원주시 (3)	원주 오크밸리	원주시 지정면 월송리 1061	11,349,949	한솔개발㈜	'95.03.	'23.03.
		원주 더 네이처	원주시 문막읍 궁촌리 산121	1,444,086	경안개발㈜	'15.01.	'22.10.
		원주 루첸	원주시 문막읍 비두리 산239-1	2,644,254	㈜지프러스	'17.04.	'22.04.
	춘천시 (2)	라비에벨	춘천시 동산면 조양리 산163, 홍천군 북방면 전치곡리 산1	4,843,796	㈜코오롱글로벌	'09.09.	'17.10.
		신영	춘천시 동산면 군자리 산224	1,695,993	㈜신영종합개발	'10.02.	'20.12.
	평창군 (3)	휘닉스파크	평창군 봉평면 면온리 1095-1	4,233,039	㈜휘닉스중앙	'98.10.	'18.12.
		평창 용평	평창군 대관령면 용산리 130	16,219,204	㈜용평리조트	'01.02.	'19.04.
		대관령 알펜시아	평창군 대관령면 용산리 425	4,836,966	강원도개발공사	'05.09.	'23.07.
	홍천군 (2)	비발디파크	홍천군 서면 팔봉리 1290-14	7,052,479	㈜소노인터내셔널	'08.11.	'22.09.
		홍천 샤인데일	홍천군 서면 동막리 650번지 일원	2,421,331	-	'24.01.	미수립
	횡성군 (2)	웰리힐리파크	횡성군 둔내면 두원리 204	4,830,709	㈜신안종합리조트	'05.06.	'20.11.
		드림마운틴	횡성군 서원면 석화리 산261-1	1,796,574	케이앤드씨	'16.03.	'20.12.
경북 (7)	경주시 (4)	보문	경주시 보문로 446	8,515,243	경북관광공사	'75.04.	'20.11.
		감포해양	경주시 감포읍 동해안로 1748	1,804,215	경북관광공사	'93.12.	'19.02.
		마우나오션	경주시 양남면 동남로 982	6,419,256	㈜엠오디	'94.03.	'20.12.
		북경주 웰니스	경주시 안강읍 검단장골길 181-17	809,797	㈜월성종합개발	'21.07.	미수립
	김천시	김천 온천	김천시 부항면 부항로 1679-15	1,424,423	㈜우촌개발	'96.03.	'05.01.
	안동시	안동문화	안동시 관광단지로 346-69	1,655,181	경북관광공사	'03.12.	'20.05.
	칠곡군	웰빙-스테이 레포츠	경북 칠곡군 기산면 노석리 산73-3번지	998,192	㈜동화레져	'24.07.	'24.07.
경남 (3)	거제시	거제 남부	경남 거제시 남부면 탑포리 산24-11	3,693,875	㈜경동건설	'19.05.	미수립
	창원시	창원 구산해양	창원시 마산합포구 구산면 구복길 52-78	2,842,634	창원시장	'11.04.	'15.03.
		웅동복합레저	경남 창원시 진해구 제덕동 898-1	2,101,234	창원시장, 경남개발공사	'12.02.	'18.09.
전북	남원시	드래곤	전북 남원시 대산면 옥율리 산131	795,133	신한레저주식회사	'18.09.	'20.06.
전남 (5)	여수시 (3)	여수 화양	여수시 화양면 화양로 470-14	9,873,525	에이치제이매그놀리아 용평디오션호텔앤리조트	'03.10.	'20.12.
		여수경도 해양	여수시 대경도길 111	2,152,973	와이케이디벨롭먼트	'09.12.	'20.10.
		여수챌린지파크	전남 여수시 화양면 나진리 산333-2	510,424	여수챌린지파크관광(주)	'19.05.	'19.05.
	진도군	진도 대명리조트	진도군 의신면 송군길 31-28	559,089	소노호텔앤리조트	'16.12.	'19.11.
	해남군	해남 오시아노	해남군 화원면 한주광로 201	5,073,425	한국관광공사	'92.09.	'21.11.
충북	증평군	증평 에듀팜 특구	충북 증평군 도안면 연촌리 산59-21	2,622,825	블렉스톤에듀팜리조트	'17.12.	'20.08.
충남 (3)	부여군	백제문화	부여군 규암면 백제문로 374	3,024,905	㈜호텔롯데	'15.01.	'18.02.
	천안시	골드힐카운티리조트	천안시 입장면 기로리 8-6번지 일원	1,692,980	㈜버드우드	'11.12.	'22.06.
	보령시	원산도 대명리조트	보령시 원산도리 산219-2	966,748	㈜소노인터내셔널	'22.11.	'22.11.
제주 (8)	서귀포시 (5)	중문	서귀포시 색달동 2864-36	3,200,925	한국관광공사	'71.01.	'20.12.
		성산포해양	서귀포시 성산읍 고성리 127-2	746,939	휘닉스중앙제주	'06.01.	'20.10.
		신화역사공원	서귀포시 안덕면 서광리 산35-7	3,985,601	제주국제자유도시개발센터	'06.12.	'21.01.
		제주헬스케어타운	서귀포시 동홍동 2032	1,539,339	제주국제자유도시개발센터	'09.12.	'19.10.
		록인제주	서귀포시 표선면 가시리 600	523,766	㈜록인제주	'13.12.	'22.12.
	제주시 (3)	애월국제문화복합단지	제주시 애월읍 어음리 산70-11	587,726	이랜드테마파크제주	'18.05.	'19.07.
		프로젝트 ECO	제주 제주시 봉성리 산35	696,932	㈜제주대동	'18.05.	'22.12.
		묘산봉	제주 제주시 구좌읍 김녕리 5160-1	4,221,984	㈜제이제이 한라	'20.01.	'20.01.
		53개		157,674,340			

출처 : 문화관광체육부(https://www.mcst.go.kr)

관광지 · 관광단지(2024년 기준 226개소 · 53개소)

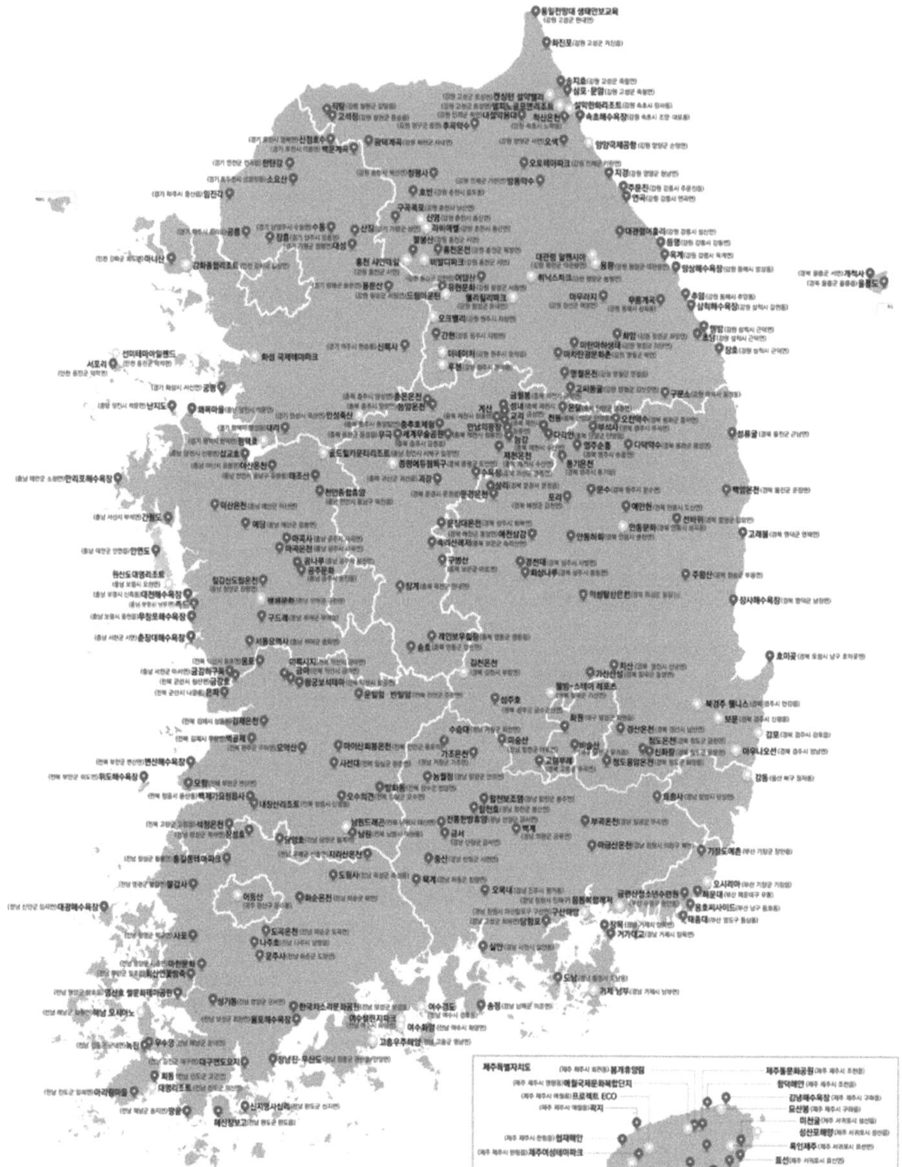

출처 : 문화관광체육부(https://www.mcst.go.kr)

경우 5조 7천억 원이 투자되어 계획대비 84.7%의 높은 집행비율을 나타내고 있는 반면, 민간재원의 경우 17조 6천억 원으로 계획대비 48.6%에 그치는 등의 한계를 보이고 있다. 민간투자의 집행률이 낮은 것은 50만㎡ 이상의 대규모 단지 조성사업에 시설을 설치하는 것에 소요되는 물리적인 한계와 더불어 민간자본의 투자 유치 시설의 한계(시설 종류, 비중 등 제약 요인)에 기인하는 것으로 판단된다.

다. 관광자원개발사업

관광자원개발사업은 지역의 특색 있는 문화 및 생태·녹색 관광자원을 관광자원화하여 다양한 관광수요에 부응하고 지역발전을 도모하기 위한 사업이다. "균특회계 포괄보조사업 가이드라인(2018)"에 따르면, 문화관광자원 개발사업은 지역에 소재하는 독특한 역사·문화·레저 스포츠 자원을 관광자원화함으로써 다양한 관광수요에 대응하기 위한 사업이다. 생태·녹색관광자원 개발사업은 생태 및 녹색 자원을 관광자원으로 개발·육성하여 생태자원을 보존하면서 환경친화적인 관광개발을 유도함으로써 생태·녹색관광을 정착하기 위한 사업이다.

문화 및 생태 녹색관광자원 개발사업 개요

구분	문화	생태·녹색
사업목적	지역에 소재하는 독특한 역사·문화·레저·스포츠 자원을 관광자원화하여 관광수요에 대응	생태 및 녹색자원을 관광자원으로 개발 육성하여 생태자원을 보존하면서 환경친화적인 관광개발을 유도함으로써 초보 단계에 있는 생태·녹색관광을 정착
사업내용	지역의 역사, 문화, 레저스포츠 자원 활용을 위한 관광시설 인프라 조성	갯벌, 동굴, 습지, 철새 등 생태계 우수지역의 자연과 관련 문화자원의 관찰 및 체험을 위한 보호, 체험시설, 생태공원, 탐방로 등을 조성
재원대상	전국 지자체	전국 지자체
지원부문	역사, 문화, 레저스포츠 자원개발을 위한 기반 시설 조성 등	각 지자체의 생태·녹색자원개발을 위한 관광인프라 시설 조성
지원형태	국고 50%, 지방비 50%(지방이양이전)	국고 50%, 지방비 50%(지방이양이전)

출처 : 문화체육관광부(2018), 균특회계 포괄보조사업 가이드라인

2. 국내 지역관광 마케팅

1) 국내 지역관광 마케팅 사업

(1) 여행의 달 캠페인

문화체육관광부는 국내 여행의 활성화로 인한 지역 경제 긍정 효과를 위해 여행의 달 캠페인을 실시하고 있다. 2024년에는 3월과 6월 두 차례 캠페인을 진행하였고, 2025년 역시 3월과 6월 연 2회 실시했다. 이번 2025년 여행의 달 슬로건은 '숨은 여행 찾기, 로컬 재발견'으로 결정되었다. 이때 관광활성화를 위한 주요 혜택을 정리하면, 교통 부문에서는 고속철도(KTX) 최대 50% 할인, 항공권 및 렌터카 할인이 있다.

숙박 부문에서는 전국 숙박시설 3~5만 원 할인권을 제공하고, 여행상품 부분에서는 지역특화 상품 할인 및 프로모션을 진행한다. 여행의 달에서 진행되는 특별 프로그램으로는 3만 원으로 즐기는 당일 기차여행 특별 행사, 각 지역 축제 및 문화 행사와 연계한 프로그램 외에도 관광 취약계층을 위한 나눔여행이 있다.

여행의 달로 인한 목표 및 효과를 살펴보면, 2025년에는 외래 관광객 1,850만 명, 관광사업체 매출액 30조 원, 국내 여행 지출 40조 원을 목표로 설정하고 있다.

여행가는 달 포스터	대한민국 숙박세일 페스타	야간관광 특화도시 사업

출처 : 대한민국구석구석 누리집	출처 : 문화체육관광부	출처 : 농민신문(2023.12.12)

이러한 외래 관광객의 방문, 관광 소비로 인해 지역 경제 활성화 및 내수 진작 효과를 기대하고 있다. 따라서 이 여행의 달 캠페인 정책은 정부, 지자체, 관광업계의 협력을 통해 다양한 할인 혜택과 특별 프로그램을 제공하여 국내 여행을 장려하고 지역관광의 매력을 알리는 데 중점을 두고 있다.

(2) 야간관광 특화도시 사업

야간관광 특화도시 사업은 문화체육관광부와 한국관광공사가 주도하는 지역관광 활성화 정책이다. 이 사업의 목적은 지역 야간관광 브랜드를 구축하고, 지역에 관광객 수요를 창출하여 체류형 관광도시로 조성하며, 나아가 지역 경제 활성화를 도모하는 데 있다. 2022년부터 매년 문화체육관광부와 한국관광공사에서 공모를 통해 선정하고 있으며, 크게 '국제명소형'과 '성장지원형' 두 가지 유형으로 나누어서 선정된다.

야간관광 특화도시는 야간에 즐길 수 있는 관광명소, 콘텐츠 및 관련 기반시설을 갖춘 도시로, 선정된 도시는 다음과 같다. 2022년에는 인천광역시와 통영시가, 2023년에는 대전광역시, 부산광역시, 강릉시, 전주시, 진주시가 선정되었으며, 2024년에는 공주시, 여수시, 성주군이 선정되었다. 선정된 도시는 최대 4년간 국비를 지원하는데, 국제명소형은 연간 7억 원을, 성장지원형은 연간 3억 원을 지원받는다. 지원 내용으로는 '야간관광 특화도시'에 특화된 홍보마케팅, 야간관광 콘텐츠와 야간경관 조성, 관광 여건 개선 등을 단계별로 컨설팅해 사업을 추진한다.

대표적으로 첫해에 선정된 인천광역시의 경우 1-2차연도인 2022~2023년도 동안 관광객 29만 2,034명 유치, 지역 소비 220억 원 창출, 간접일자리 751명을 창출한 것으로 보고된다. 이 같은 성과에 힘입어 한국 정부에서는 10개의 야간관광 특화도시가 대한민국 지역관광 거점 역할을 할 수 있도록 지원하고, 야간관광 특화 사업모델 구축 등 다양한 야간관광 콘텐츠를 확산할 계획을 갖고 있다. 또한, 야간관광 브랜드 '대한민국 밤밤곡곡'을 통해 전국 야간관광 명소를 지속적으로 홍보하여, 지역관광 활성화를 도모할 예정이다.

(3) 관광거점도시 사업

관광거점도시 사업은 대한민국 문화체육관광부가 지역관광 활성화를 위해 추진하는 전략적 사업이다. 이 사업의 추진 주요 목적은 외국인 관광객의 방문이 서울 및 수도권 등 일부 지역에만 집중되는 현상을 완화하고, 지역관광의 국제 경쟁력을 강화하여 분산하는 데 있다. 추진 배경으로는 방한 외국인 관광객 수는 지속적으로 증가하고 있으나, 방문 지역의 편중 현상이 두드러지는 것이 한국관광의 문제로 제기되었다. 이러한 문제를 해소하고자 국제적 경쟁력을 갖춘 지역 관광 거점을 육성하는 것이 필요하여 거점도시를 지정하게 되었다. 관광거점도시 사업은 크게 국제관광도시와 지역관광거점도시로 나누어지는데, 문화체육관광부는 2020년 1월 부산광역시를 국제관광도시로, 강릉시, 전주시, 목포시, 안동시를 지역관광거점도시로 선정하였다.

관광거점도시 육성사업 선정 결과

부문	선정도시	비전
국제관광도시	부산광역시	한국관광의 미래 원더풀 부산
지역관광거점도시	강원 강릉시	Go East! Beautiful City, 강릉
	전북 전주시	가장 한국적인 한(韓)문화 거점도시, 전주
	전남 목포시	대한민국 서남해안권 관광거점 목표 실현
	경북 안동시	글로벌 No.1 유교 중심의 전통문화 관광도시

출처 : 대한민국 구석구석(https://korean.visitkorea.or.kr)

관광거점도시 추진 사항은 다음과 같다. 첫째, 관광 브랜드 전략 수립이다. 각 도시의 고유한 특색을 반영한 관광 브랜드를 개발하여 국내외 관광객에게 매력적인 이미지로 다가갈 수 있는 방안 모색이다. 둘째, 특화 관광자원 및 콘텐츠 개발이다. 지역의 문화, 자연, 역사 등을 활용한 독특한 관광 콘텐츠를 발굴하고 육성하는 것이다. 셋째, 접근성 및 수용 태세 개선이다. 지역의 교통 인프라 개선, 숙박시설 확충 등 관광객의 편의를 높이기 위한 환경 조성이다. 마지막으로 글로벌 마케팅 및 홍보 강화이다. 해외 박람회 참가, 온라인 플랫폼 활용 등 다양한 채널을 통해 국제 관광객 유치를 위한 마케팅 전개이다. 관광거점도시 사업을 통해 선정된 각 지역은 관광인프라를 개선하고, 독자적인 관광콘텐츠를 개발하여 지역 경제 활성화와 일자리 창출에 기여할 것으로 기대된다. 또한, 외국인 관광객이 방문하는 지역의 편중됨을 해소하고 다변화를 통해 대한민국 전체 관광산업의 지역 균형발전을 도모할 수 있을 것으로 기대된다.

이러한 노력을 통해 지역관광의 국제 경쟁력을 강화하고, 지속가능한 관광 생태계를 구축하는 데 큰 전망을 갖고 있다. 하지만 아쉬운 점 하나는 추진목적과 추진사항이 지역관광 활성화를 위한 의미가 있었으나, 코로나-19라는 외부환경의 영향으로 추진 성과가 다소 아쉬운 점은 한계로 지적된다.

(4) 한국관광공사 관광트렌드

한국관광공사에서는 매년 국내 관광트렌드를 발표하고 있는데, 2025년 국내 관광 트렌드로 S.P.E.C.T.R.U.M.이 선정되었다. 구체적으로 살펴보면 아래 그림과 같이 S(Sustainable Regional Tourism Effort, 지방 소멸 위기와 지역의 관광산업 기반 구축 노력), P(Pet-Friendly Tourism, 반려동물 친화 관광 확장), E(Expansion of Hallyu Industry, K-컬처 시대: 한류산업 확장 및 다변화), C(Culinary & Gourmet Travel, 미식여행), T(Tech-Driven AI Advancements, 범용화된 AI 기술 활용), R(Revitalizing Wellness & Healing Travel, 웰니스 치유여행 개인 맞춤화), U(Unprecedented Digital Transformation, 디지털 전화에 따른 개인의 편리성 강화), M(Meaningful Local Experiences, 로컬리즘 추구)으로 현 시점에 주요한 이슈들을 담고 있다. 2025년 국내 관광 트렌드 가운데 로컬리즘은 여행경험에 대한 축적으로 사람들이 찾는 곳, 대중적인 관광지보다는 개인의 취향과 지역의 생활문화를 체험하려는 관광객들의 요구를 반영한 것이라고 할 수 있다.

특히, 이 중에서 글로컬 정책연구와 관련된 지방 소멸 위기와 지역의 관광산업 기반 구축 노력(S)이 선정되어 개선해야 할 과제로 등장함을 알 수 있다. 앞으로 지역관광 활성화를 통한 지방 소멸을 막고 인구를 증대할 수 있도록 국내외 성공적인 정책사례를 검토하고 시사점을 도출하고자 한다.

2025 국내 관광 트렌드

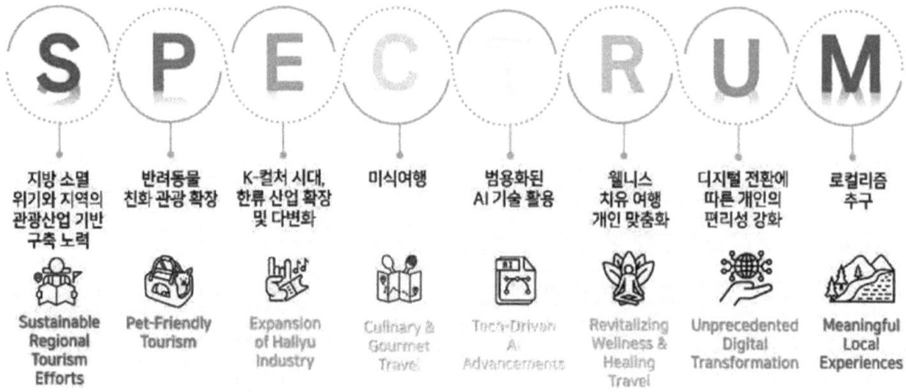

출처 : 한국관광 데이터랩(2025)

2) 지역관광 마케팅 사례

(1) 강원도 양양군의 서핑 관광

강원도 양양군은 2010년을 전후로 바다라는 자연환경에 기반하여 서핑업체가 하나둘 생기기 시작하였다. 2013년 해양레저활동 활성화 사업으로 시작하여, 2014년 양양서핑협회 창립 및 양양 서핑페스티벌 시작, 2019년 서핑해양레저 특화지구 조성사업 시작, 2021년 서핑해양레저 특화지구 조성 완료, 현재는 서핑비치로드 조성사업을 진행 중에 있으며, 서핑 외에도 2025년까지 스마트 관광도시 조성을 시행하고 있다. 위와 같은 다양한 서핑사업이 시행되면서, 서핑 축제, 비치클럽, 카페, 인스타그램 명소 등이 생겨나면서 젊은 관광객들의 방문이 증가하였다. 2016년에는 4만 8천 명 정도이던 서핑 관광객 수가 2023년 55만 8,900명으로 증가하였고, 경제적 효과도 2019년 228억 원에서 2022년 664억 원으로 급증하였다. 이처럼 양양군은 서핑을 통해 지역 경제 활성화와 관광객 유치에 성공하며, 소멸 위기에 처한 어촌 지역의 새로운 발전 모델을 제시하는 대표 사례가 되었다.

(2) 전라남도 함평군의 나비축제

전라남도 함평군의 나비축제는 '함평나비대축제'라는 이름으로 매년 4월 말부터 5월 초까지 개최되는 대표적인 봄축제이다. 1999년에 시작되어 지역 경제 활성화와 농산물 홍보를 위해 기획된 축제가 2025년까지 이어져 매년 꾸준히 개최되고 있다. 함평나비축제가 지역관광 활성화의 대표 사례로 언급되는 것은 1999년 시작된 이래로 지역 경제 활성화와 친환경 이미지 제고에 크게 기여해 왔기 때문이다. 문화체육관광부 지정 명예문화축제로 지정되어 대표 축제가 되었고, 생태환경에 대한 교육적 가치와 함께 관광객들에게 독특한 체험을 제공하고 있는 롤모델이다.

함평나비축제가 성공하게 된 요인과 차별점은 다음과 같다.

첫째, 생태환경 중심의 축제이다. 나비와 곤충을 주제로 한 독특한 생태 축제로 지속가능한 축제이며, 방문객에게 나비의 전 생애 주기를 관찰할 수 있는 교육적 경험을 제공한다. 박물관이 아니더라도 축제장소에서 세계 각국의 9,000여 종의 곤충 전시를 통해 생태계에 대한 이해를 높이는 교육적인 효과를 가져다 준다.

둘째, 환경 보존과 지역발전의 조화이다. 함평군의 청정 지역 이미지를 활용해 친환경 농업 홍보와 지역 경제 활성화를 동시에 추구할 수 있는 주제이다. 따라서 함평군은 나비를 지역 브랜드로 활용하여 다양한 상품 개발과 수익성 증대를 이루는 성과를 거두었다. 셋째, 지역 변화의 성공 모델이다. 함평군은 인구 4만의 작은 농촌 마을을 연간 100만 명 이상이 방문하는 관광지로 탈바꿈하여, 농촌 생태관광과 곤충 문화산업의 새로운 영역을 개척하였다. 마지막으로 지속적인 성장과 인정, 그리고 발전이다. 1999년 시작 이후 꾸준히 성장하여 2012년 문화체육관광부 선정 최우수 문화관광축제로 선정되었고, 축제로 인해 2013년 축제는 1,910개의 일자리를 창출했다고 보고된다. 2024년에는 18만 5,500명의 방문객과 16억 6,000만 원의 경제효과를 창출하였다.

(3) 강원도 정선군 나전역 카페와 맹글장 레일마켓

강원도 정선군의 나전역 카페와 맹글장 레일마켓은 지역의 특색을 살린 성공적인 관광 사례이다. 이 프로젝트는 한국관광공사의 '관광두레' 사업의 성공 사례

중 하나로 알려져 있다. 이와 같은 관광두레 사업은 지역주민 주도의 관광사업체를 육성하는 프로그램으로, 맹글장 레일마켓도 이러한 맥락에서 지역 특색을 살린 관광상품 중 하나이다.

나전역 카페는 폐역 직전이었던 나전역을 활용해 만든 한국 최초의 간이역 카페이다. 위치는 강원도 정선군 북평면 북평8길 38에 위치하고 있는데, 이 카페는 다음과 같은 특징이 있다. 사용되지 않는 옛 간이역의 모습을 그대로 살린 레트로 분위기, 기존 시설인 대합실을 카페로 개조, 기차표를 사듯 커피를 주문하는 이색적인 경험, 정선의 로컬 식재료를 활용한 메뉴 개발이다. 이처럼 나전역 카페는 지역의 역사와 문화를 살리면서 현대적인 관광 요소를 접목해 성공한 사례로, 카페 주변의 인근지역인 계곡수공원과 연계한 관광도 가능하다.

(4) 경상북도 안동시 외씨버선길 조성

경상북도 안동시의 외씨버선길은 안동시가 직접적으로 조성사업에 참여하지 않았으나, 인접지역인 봉화, 영양, 영월, 청송이 함께 조성하여 관광객 유치를 통한 지역 경제 활성화와 낙후된 지역의 발전을 위해 조성되었다. 이 길은 지자체 간의 연계협력을 통해 지역발전을 도모하고 관광객을 유치한 우수 사례로 이 사업으로 인해 지역주민들이 참여하여 일자리를 창출하고 소득을 증대시켰다. 외씨버선길은 총 길이 240km의 문화생태탐방로를 만들어 안동 지역뿐만 아니라 연계 지역의 문화와 자연을 연결하였다. 이로써 외씨버선길을 통해 지역의 브랜드 가치는 높아지고, 과거 지역주민들이 사용하던 길을 복원하여 새로운 관광자원으로 활용이 가능하였다. 즉, 외씨버선길은 지역발전과 관광 활성화를 동시에 추구하는 프로젝트의 우수사례라고 할 수 있다.

나전역 카페 실내	외씨버선길	양양국제서핑대회 포스터

출처 : 한국관광공사(2022)	출처 : 외씨버선길(2025)	출처 : 양양군 서핑협회 홈페이지

주 · 제 · 여 · 행 · 포 · 럼 · 지 · 역 · 관 · 광

외국의 지역관광 정책 및 마케팅

CHAPTER 03

CHAPTER 3

외국의 지역관광정책 및 마케팅

1. 일본

1) 일본의 지역관광정책

(1) 시대별 지역관광정책

일본 관광정책의 주요 특징은 지역관광을 강조한다는 데 있다. 이는 인바운드 관광뿐만 아니라 국내관광 영역에도 동일하게 적용된다. 따라서 방일 외래관광객 유치 정책도 일본의 지방자치제, 지방창생(地方創生) 등 지방 활성화 정책의 발전 단계를 고려해서 접근할 필요가 있다. 특히 일본은 2012년까지 외래관광객 수가 1천만 명에 미치지 못했으나, 2013년에 1천만 명을 달성한 이후 2018년 외래관광객 수가 3천만 명을 넘어서면서 급증세를 나타냈다. 2024년 외국인 관광객 수는 3,686만 9,900명으로 역대 최고치를 기록하였다.

❍ 1990년대

1990년대 방일 외래관광객 수는 약 300만 명에서 400만 명 내외의 규모를 나타낸다. 따라서 이 시기 일본의 관광정책 방향은 외래관광객의 지방관광보다는 중앙정부 차원에서 외래관광객 유치를 확대하는 데 주력한 것으로 분석된다.

이 시기에 파악되는 주요 정책은 1997년에 제정한 「외국인 관광여행 용이화법」이다. 동법 제정 당시 방일관광은 대도시권의 단체관광을 중심으로 이루어지던 시기로 인바운드 관광 수용태세 확충을 위한 법 제정을 한 데서 정책의 의의를 찾을 수 있다.

❍ 2000년대

이 시기 방일 외래관광객 수는 약 400만 명에서 600만 명 수준이다. 2000년대의 가장 특징적인 점은 일본 관광정책 추진을 위한 제도를 정비했다는 데 있다. 2006년에 「관광입국추진기본법」을 제정하고 동 법을 근거로 2007년에는 '제1차 관광입국추진기본계획'을 수립하였다. 또한 지방관광에서 교통 접근성의 중요성을 인식하고 2001년에 교통정책심의회 관광분과회의가 구성되었다. 이 시기의 지방관광 활성화를 위한 접근 방향은 관광권역을 중심으로 인바운드 수용태세를 확충하기 위한 관광권 정비를 중심으로 이루어졌다.

❍ 2010년대

2010년대는 일본 정책에서 '지방창생'이 중요한 정책으로 등장한 시기이다. 일본은 2014년에 마을 · 사람 · 일 창생법과 창생본부를 만들고, 5개년 종합전략(2015~2019)을 수립하였다. 지방창생은 도쿄권 일극 현상 해소와 소멸 위기에 있는 지방 회생을 근간으로 하며, 지방소멸 대응부터 외래관광객 유치까지 다양한 대책이 포함되어 있다. 지방창생 1기에 해당되는 이 시기에 관광분야에서는 2018년에 「외국인 관광 내방 촉진법」을 제정하고, 제2차 및 제3차 관광입국 추진계획을 수립하였다. 2016년에는 과제해결 지향적인 성격을 띤 '내일의 일본 관광비전'을 제시하였다.

이 시기 주요 정책으로는 2016년에 지역관광 조직 육성을 위한 '일본판 DMO' 사업을 추진하였고, 2015년에 광역관광 주유루트 형성 촉진사업, 2016년에는 관광입국 쇼케이스 형성사업을 추진하면서 지방관광 수용태세를 확충하고 관광목적지를 육성하기 위한 정책을 추진하였다.

2020년대 일본정부의 주요 관광정책

시기	정책명	주요 내용	비고
2023	「제4차 관광입국 추진 기본계획」	- 관광은 일본 성장전략의 핵심이며, 질적 향상을 중시하는 관광으로 전환 • 3대 전략 : 지속가능한 관광지 조성, 인바운드 회복, 국내 교류 확대 • '방일 외국인 여행 회복' 관련 목표 : 방일 외국인 여행소비액 - 5조 엔 조기 달성(4.8조 엔), 1인당 여행소비액 - 20만 엔(15.9만 엔), 지방 숙박 - 2박(1.4박), 방일 외국인 여행객 수 - 2019년 수준 이상 등	3월 발표 (계획기간: 2023~25년)
	「신시대 인바운드 확대 액션 플랜」	- 기존의 '외국인 관광객 유치'에서 관점을 확대해 '인바운드 수요를 보다 크게 효과적으로 뿌리내릴 수 있는' 방안을 정리 • 비즈니스, 교육 · 연구, 문화예술 · 스포츠 · 자연의 3대 분야에서 방일 외국인 수 및 여행소비액의 확대 추진	5월 발표
	「방일 마케팅 전략」	- 해외 각국 · 지역마다 1인당 여행소비액과 지역방문 의향 등을 고려한 후 타깃이 되는 여행객 유형을 선정하고, 각 타깃의 흥미 · 관심에 따른 프로모션의 방법과 관광콘텐츠를 제시. 기간은 2023~2025년으로 설정	6월 발표
	「오버투어리즘의 사전 방지 · 억제를 위한 대책 패키지」	- 관광수요의 급격한 회복에 따른 부작용에 대응하기 위해, '관광객 집중으로 인한 과도한 혼잡 및 매너 위반 대응', '지방에의 여행객 유치 추진', '지역주민과의 협동을 통한 관광진흥'의 3대 방향에서 추진	10월 발표

주 : * 괄호 내 수치는 2019년 실적임

출처 : 国土交通省観光庁(2023b, 2023c, 2023d)를 정리하여 저자 작성
이형근(2025), 2000년대 이후 일본 관광정책의 주요 내용과 시사점, 대외정책연구원

❍ 2020년대

코로나19 팬데믹이 발생한 2020년 이후 일본 관광청은 2030년 방일 외래관광객 소비액 15조 엔을 설정하고, 관광선진국을 실현시키기 위한 목표를 설정하였다. 이를 위해 방일 외래관광객의 장기체재와 소비확대를 목표로 기존과는 달리 부유층을 타깃으로 설정하고 고품격 서비스 상품 개발과 수용태세 정비를 위해 2020년 10월에 '고품격 인바운드 관광서비스 창출을 목표로 한 관광전략 검토위원회'를 개최하였다. 이후 관광청은 고품격 관광에 대한 관심과 소비 욕구가 높은 부유층 외래관광객을 지방으로 유치하기 위해서 '지방의 고부가가치 인바운드 관광지만들기 검토위원회'를 중심으로 지방관광 활성화를 도모하고 있다.

(2) 지역관광 활성화 정책

일본 관광청은 '방일 여행 1회당 총소비액 100만 엔 이상'을 고부가가치 관광객으로 정의하고 실태조사를 실시하였다. 2019년 유럽 · 아메리카 등 5개국과 중국을 포함한 6개국의 약 28.7만 명(방일 관광객 수 3,188만 중 0.9%)의 고부가가치 관광객이 약 5,523억 엔(방일외국인 여행 소비액 4.8조 엔의 11.5%)의 관광소비를 한 것으로 분석했다. 2020년 관광청 조사에 의하면 위의 6개국 외에도 홍콩, 싱가포르, 태국, 대만 등에서 비교적 많은 고부가가치 관광객이 방문했고, 고부가가치 관광객의 지역별 방문율은 도쿄(76.7%), 오사카(32.7%) 등 대도시권이 주를 이루고 이외 지역의 방문율은 10% 미만으로 낮은 수준인 것으로 나타났다.

일본은 코로나19 팬데믹 이후, 인바운드 시장을 회복하는 과정에서 다양한 외래관광객 유치를 통해 관광 소비 증가를 도모하고 방일 외래관광객의 지방 유치 촉진의 중요성을 강조하였다. 따라서 지방의 관광 수용태세를 확충하고 관광루트 등을 조성하는 방식에서 업그레이드하여 부유층 외래관광객을 타깃으로 지방관광의 고부가화를 실현하기 위한 목표를 설정했다는 점에서 의의가 있다.

고부가가치 관광객 유치에 의한 경제효과는 매우 높은 것으로 분석된다. 막강한 소비력을 가진 부유층 관광객은 지역관광산업뿐 아니라 지역 기반의 타 산업에 미치는 경제적 파급효과가 높고, 이는 지역경제 활성화로 이어진다. 특히 고부가가치 관광객의 지적 호기심을 동반한 자연체험과 문화 소비는 지역의 자연, 문화, 산업을 활성화하는 데 기여하며, 지역의 고용창출, 소득 증대 및 지역 내 순환이 이루어져 지속가능한 지역 실현 및 지방창생에 기여할 수 있기 때문이다.

현재 일본의 지방은 고부가가치 관광객에게 소구력 있는 매력적인 콘텐츠 발굴 및 상품화, 고품격 숙박시설 및 인재가 부족한 실정이다. 여기에서 인재는 고부가가치 관광객의 니즈를 만족시킬 수 있는 지역 내 송객 담당자, 가이드, 호스피탈리티 등으로 향후 이 정책을 통해 각 지역의 관광지 경영체제 정비를 목적으로 한 인재 역량 강화, 타 업종 인재 활용을 위한 방향을 설정하였다. 또한 해외의 유력한 고부가가치 관광객을 유치할 수 있는 기업 혹은 인맥과의 네트워크도 부족해 JNTO를 중심으로 해외 세일즈를 강화할 수 있는 정책적 지원의 필요성을 반영하여 2022년에 '지방의 고부가가치 인바운드 관광지만들기를 위한 액션 플랜'을 공표하였다.

일본은 방일 외래관광색 1회당 총소비액 100만 엔 이상의 관광객을 고부가가치 관광객으로 정의하고 이를 타깃으로 설정하였다. 또한 고부가가치 관광객을 세분화해서 방일관광 1회당 총소비액 300만 엔 이상의 지출 규모가 높은 하이엔드 관광객도 유치할 수 있도록 하였다.

가. 세일즈 포인트, 숙박, 인재 육성 방향

❍ 세일즈 포인트 발굴(핵심가치 창조)

기존 고부가가치 관광객의 방문동기, 관광행동, 특성 등의 클러스터 분석을 통해 핵심가치를 발굴하기 위한 전문성 있는 인재 파견지원, 외국 사례를 포함한 노하우 공유의 필요성을 인식하였다. 또한, 지역의 핵심 가치가 될 가능성이 높은 자원, 예를 들면 가스트로노미(음식, 술, 커틀러리 등), 예술(현대, 고전, 전통공예, 무형문화 등), 자연 및 경관(국립공원 등의 자연 및 경관, 역사적 경관, 정원 등)에 대해서 관계부처 간 연계를 통한 제공 방법과 세계관광시장에서 가치 창출 및 유통채널 확보, 고객을 지방에 유인할 수 있는 가치를 제공하기 위한 조직 만들기 등을 추진 중에 있다.

○ 지역 마스터플랜 책정 등에 관련된 활동

지역의 마스터플랜 책정, 지역 관계자와의 마스터플랜 공유 등을 위해 전문성 있는 인재파견 지원, 외국 사례를 포함한 우수한 노하우 공유 등을 중요한 요소로 인식한다. 또한 마스터플랜에 기초한 구체적인 사업계획 책정과 실행에 필요한 조직 구성을 위해 전문성 있는 인재 파견에 관한 계획 입안 지원, 계획을 실행하는 인재 확보를 위한 자금지원 등을 추진할 계획이다.

○ 소규모 거점 정비, 광역 네트워크화 등에 관련된 활동

면(面)적 정비(숙박을 포함한 마을만들기)를 위해 필요한 자금의 원활한 확보 및 사업성 높은 사업계획의 기획 및 실행, 자금조달 및 오퍼레이션 리스크, 설비투자·인재 양성 등 재투자를 위한 자금 확보에 대해서 지역 관계자 간 역할 분담과 인식을 공유하고 사업성을 확립하여 적설하게 평가한 후에 자금의 공급 및 융사 지원을 한다. 또한 면적 정비의 규제 완화 및 제도 활용을 목적으로 한 관계부처와의 협의가 필요한 경우 국가에서 필요한 조정을 한다.

나. 인재육성 방향

○ 고부가가치 관광객을 지방으로 송객하는 인재 관련 활동

고부가가치 관광객의 송객을 담당할 수 있는 인재에 대해서 해외 전문교육기관을 활용해서 전 세계의 고부가가치 여행시장에 관한 전문적 지식 및 노하우 습득을 지원할 필요성이 제기되었다. 따라서 고부가가치 관광객을 지방으로 송객할 수 있는 인재의 지역 파견을 통해서 지역에 정통한 인재 육성, 지역 인재의 식견 및 인적 네트워크 활용을 도모한다. 또한 고부가가치 관광객을 지방으로 송객하는 데 필요한 식견 및 노하우를 가진 인재라고 판단되면 외국인을 포함해서 타 업종의 인재도 적극적으로 활용한다.

○ 가이드 관련 활동

고부가가치 관광객에 대응할 수 있는 가이드의 지식과 스킬 등을 향상시키기 위해 연수 및 가이드에 관한 새로운 인증제도를 도입한다. 지역 가이드 및 스페셜

가이드 확보를 위해 지역의 가이드 육성지원을 위한 연수에 지역 세일즈 포인트 담당 인재의 참가를 촉진하는 등 지역 전문인재 육성을 위한 기반을 마련한다.

❍ 호스피탈리티 인재

지역 호스피탈리티 인재의 기능 향상을 위해 도시의 고품격 숙박시설 등에서 지역으로 스태프를 파견하거나 지방 호스피탈리티 인재의 해외 전문교육기관 및 호텔의 연수를 지원한다.

다. 모델관광지 선정 요건 및 지역

일본 관광청에서 추진하는 지방의 고부가가치 인바운드 모델관광지 선정을 위한 요건은 다음과 같다. 첫째, 세계적으로 평가받을 수 있는 지역 자원이 존재할 것 둘째, 고부가가치 인바운드 관광지 만들기를 목적으로 지역 관계자 간에 비전을 공유하고 있으며, 숙박시설 정비, 세일즈 포인트 발굴 · 지역의 잠재가치 향상 등의 고부가가치화 활동을 종합적으로 추진할 수 있는 조직 구축을 위한 준비가 되어 있는 지역일 것 셋째, 기존 관광지만들기 관련 정책이 실시된 지역(혹은 이러한 지역이 주변에 존재하는 지역)이면서 해당 정책 효과를 최대화할 수 있는 연계가 이루어질 수 있는 지역이다.

2022년 8월 18일에 「지방 고부가가치 인바운드 관광지만들기 모델관광지」에 관한 종합적인 정책을 집중적으로 추진하기 위해 모델관광지를 선정하고, 2023년 3월에 11개의 모델 관광지역을 선정하였다. 11개 선정지역은 다음과 같다.

고부가가치 인바운드 관광지 모델 지역 11개소 선정

구분	주요 내용	모델 지역
동 홋카이도	• 세계에서 인정받는 손닿지 않은 대자연 : 희소 동물과 인간의 공생	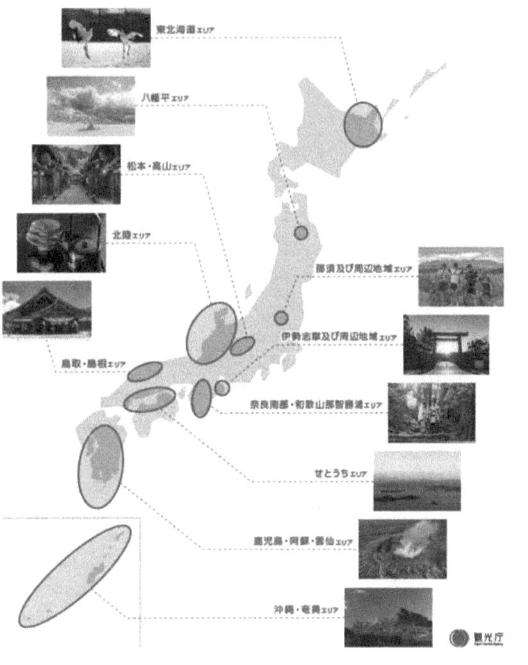
하치만타이(八幡平)	• 수천년 전의 일본문화가 남아 있는 땅	
나스(那須) 및 주변	• 일본 유수의 광대한 선상지, 가도(街道)가 키운 생활문화: 로열 리조트	
마쓰모토 · 다카야마(松本 · 高山)	• 일본의 능선이 안은 숲, 눈, 넘치는 물과 함께 있는 생활: 역사적 경관	
호쿠리쿠(北陸)	• 일본 유수의 영봉백산의 은혜로 자라난 다양한 문화(北前船/武家)	
이세시마(伊勢志摩) 및 주변	• 일본 신도의 성지 이세신궁을 중심으로 하는 참배문화와 자연, 생활	
나라 남부 · 와카야마 나치카츠우라(那智勝浦)	• 예부터의 순례와 생활이 공존하는 세계 유수의 지역	
세노우치	• 세계에 유례없는 다도해의 아름다움, 생활, 예술의 융합	
돗토리 시마네(鳥取 · 島根)	• 일본의 기원, 신화의 나라	
가고시마/아소/운젠(鹿児島/阿曾/雲仙)	• 세계 유수의 화산과 신앙이 조화를 이룬 순환, 재생의 구조, 무가의 정신성	
오키나와 아마미(沖縄 · 奄美)	• 류큐의 정신성, 자연환경, 역사적 경관에 접하는 세계 유수의 블루존, 웰빙의 섬	

출처 : 観光庁Press Relese(2023.3.28), 高付加価値旅行者の誘客に向けて集中的な支援なとを行うモデル 観光地11地域を選定しました

2) 지역관광 마케팅

(1) 일본의 오버투어리즘

2023년 10월 일본정부관광국이 발표한 관광통계에 의하면 2023년 9월 방일 외국인관광객은 2019년 동기 대비 -3.9%인 2,184,300명(추계치)로, 코로나 팬더믹 이전 수준을 거의 회복한 것으로 나타났다. 또한, 외국인관광객의 숙박지역이 3대 도시권인 수도권 43.5%, 오사카 17%, 교토 11%에 편중되고, 일본인의 국내여행도 증가하고 있다. 이와 같이 코로나 팬더믹 이후 급증한 관광객으로 인하여 일본 주요 관광지가 오버투어리즘으로 문제가 발생하고 있다.

일본 지역의 오버투어리즘 주요 사례

관광지명	내용
교토부 교토시 기요미즈데라 (清水寺)	교토의 중심부에 위치한 세계문화유산 기요미즈데라 인근 버스정류장에는 승차를 기다리는 관광객의 줄이 길게 늘어서 평소 버스를 이용하는 지역주민이 버스를 탈 수 없어 생활에 불편 초래
교토부 이네초 (伊根町)	교토 시내에서 130km 떨어진 인구 2천 명의 작은 마을이지만, 배를 수납하는 건축물(舟屋)이 약 230채 즐비한 경관이 유명세를 타면서 연간 40만 명의 관광객이 방문. 관광객이 도로 한복판을 걷거나 건축물에 무단 침입하는 문제 발생
가나가와현 가마쿠라시 (鎌倉市)	인기 만화 「슬램덩크」의 배경으로 알려진 철도 건널목 주변에 관광객이 쇄도하여 차도에 체류하며 사진을 찍는 등 교통 통행 방해 및 안전 우려 발생
홋카이도 비에이초 (美瑛町)	아름다운 자연경관을 자랑하는 비에이초는 연간 약 170만 명의 관광객이 방문. 사진을 찍기 위해 농지에 침입하거나 관광버스의 불법 주차 사례가 빈번하게 발생

출처 : 일본 NHK(2023.10.23) 및 국토교통성(2023.10.17) 홈페이지; 한국관광공사(2023.10.24), 10월 일본 지역관광시장동향일본의 오버투어리즘 주요 사례와 정부 대책

이에 제21회 관광입국추진 각료회의에서는 오버투어리즘 관련 대책이 논의·발표되어 「오버투어리즘 미연 방지·억제를 위한 정책 패키지」를 발표하였다. 대책은 크게 관광객 집중에 의한 과도한 혼잡 및 매너 위반에 대한 대응과 지방 관광지의 매력 향상 등을 통한 관광객 지방 유치 추진으로 구분되며, 주요 내용은 다음과 같다.

일본 정부의 오버투어리즘 대책

1. 관광객 집중에 의한 과도한 혼잡 및 매너 위반에 대한 대응	
1-1. 수용환경 정비·보강	**〈승하차 시 및 차량 내부 등의 혼잡 완화〉** • 관광객이 집중되는 노선버스 수요를 철도로 분산·환승 촉진·지원 • 핸즈프리 관광 실증(교토에서 올해 가을 실시), 각지 도입 지원 • Maas, 배차 앱 등의 도입·서비스 확충 지원 • 공항 업무 인재 확보 및 스마트레인 도입 등 생산성 향상 지원

	〈운송력 증강〉 • 여러 대를 연결한 LRT차량 · 연결버스 도입, 철도역 개량 지원 • 공급력의 철저한 회복, 관광객 대상 승합택시 도입, 혼잡 탑승장의 택시 안내원 배치, 「택시 부족 대응 긴급조치」 실시 〈관광객 집중 지역의 수용환경 충실〉 • 보행공간 확대, 교통 교차지점의 정비 등 도시 정비 지원 • 도로 · 보도 정비, 관광지의 전신주 지하매립 등 가속화, 공유차량 이용 가능 장소 증대 • 국립공원 중심 입장료 도입으로 수용환경 정비 활용 • ICT 활용 「스마트 분리수거대」 도입 지원 • 숙박업의 채용활동 지원, 기계화 · DX 추진 지원, 외국인재 활용 촉진 • 금년 중을 목표로 Visit Japan Web 등을 활용한 방일객 민간의료 보험 가입 촉진 강화
1-2. 수요의 적절한 관리	〈지역 출입과 교통의 관리 · 규제〉 • 에코투어리즘 추진법 및 자연공원법에 근거한 출입 규제와 가이드 동반 의무화 • 후지산의 적정한 입산관리, 가벼운 복장 등산과 쓰레기 투기 등에 대해 올해 가을부터 협의 개시 • 관광시설 · 주차장 예약시스템, 파크 앤드 라이드 주차장 정비 등 지원 • 지역 협의를 토대로 한 교통규제 실시 및 우수사례 공유 〈다양한 수요에 대응한 운임 · 요금의 유연한 설정(규제완화 등)〉 • 관광지까지 가는 급행버스 도입 촉진과 신청에 의한 운임설정 규제 완화 • 혼잡운임 설정이 가능토록 올해 가을 중 제도의 탄력적 운용, 도입 촉진
1-3. 수요의 분산 · 평준화	• 관광지와 주변지역의 혼잡상황 가시화 · 실시간 정보발신 도입 지원 • 혼잡상황을 고려하여 여유 있는 관광루트 등의 제안 유도 • 문화재 및 미술관, 박물관 등 조조 · 야간에 체험하는 특별 프로그램 실시 • 휴일과 평일의 균형 재검토 등 관광수요 분산 · 평준화를 위한 고속도로 요금 할인 재검토
1-4. 매너 위반행위 방지 · 억제	〈여행 전 · 여행 중의 의식계발〉 • 금년도 중을 목표로 통일된 픽토그램 책정, 세계적인 여행가이드북 게재 등을 통해 주지 • 금년도를 목표로 여행의식과 행동사례를 담은 「여행자 대상 지침」 책정 • 간판 · 디지털사이니지 등 설치 지원, 다언어 정보 제공

	〈매너 위반 억제〉 • 사유지 및 문화재 등에 방범카메라 등 설치 지원 • 관광객의 쓰레기 배출 삭감으로 이어지는 행동 촉진 등을 위한 모델사업을 금년도부터 개시 • 금년도 중을 목표로 조례에 기초한 벌칙 등 정비 사례집 작성, 공유
2. 관광객 지방 유치 추진	
	〈지방 관광지 매력 향상〉 • 11개 모델 지역의 고부가가치 인바운드 관광지 조성 실현 • 전국 각지에서 특별한 체험 및 기간 한정 사업 등을 자연, 문화, 음식, 스포츠 등의 다양한 분야에서 창출하고 전 세계에 정보 발신 • 중부산악국립공원 등 4개 국립공원의 매력 향상과 브랜드화 〈수용환경 정비〉 • 공항업무 인재 확보 및 시설정비 등 지원 • 크루즈선의 지방 기항 및 신규 지방 주유항로 조성 등 촉진 • 마이넘버카드를 활용하여 관광객의 디지털 포인트 부여 등 광역 주유를 촉진하는 사업 실시

출처 : 제21회 관광입국추진 각료회의 자료(2023.10.18); 한국관광공사(23.10.24), 10월 일본지역관광시장동향, 일본의 오버투어리즘 주요 사례와 정부 대책

(2) 제2의 고향 만들기 사업

2022년부터 일본 관광청 주도로 추진하는 사업이다. '여러 번 방문하고, 돌아오는 여행'이라는 새로운 여행 행태를 정착시켜, 지역 활성화 및 관계인구 확대를 목표로 하는 인구감소 지역에 특화한 프로젝트이다. 자연환경과의 접촉 기회를 원하고, 전원생활에 대한 관심이 증가하고, 자연 속에서 생활하는 사람들과의 관계 맺기를 희망하는 욕구가 증가한다는 도시민의 생활 패러다임 변화에서 착안하였다. 이러한 시민의 욕구를 지역, 시골이라는 공간에 접목하고, 그 공간에 거주하는 지역민과의 지속가능한 관계 유지를 위한 체계적이고 순환적인 대면 접근법을 적용하여 사업을 추진하고 있다. 제2의 고향 만들기 사업은 지역 활성화를 유도하고 특히, 지역주민과 관계인구(관광객) 간의 관계 형성을 목표로 하고 있다는 점에서 일반적인 관광객 유치 정책과 차별화된다.

(3) 이세시마(伊勢志摩) 지역의 지역마케팅

이세시마는 이세신궁을 비롯해 음식과 자연을 찾아 연간 약 1,000만 명의 관광객이 방문하는 지역이다. 이세시마 관광컨벤션기구 및 주변 시정(市町)에 의해 이세신궁 · 해녀문화 · 이세시마 국립공원 · 식문화 4개의 테마로 국내외 관광객 유치 활동을 진행하고 있다. 그러나 인바운드의 비율은 전체 1% 미만인 해가 있을 정도로 외래 관광객 유치 상황은 부정적이고, 관광객 소비액도 타 지역에 비해 적은 편이다.

일본 정부에서 외래관광객 유치를 목표로 다양한 활동을 하고 있지만 이세시마의 경우 고부가가치 관광객과 외래 관광객 모두를 유치하기 위해 전략을 세우고 예산을 투입하는 것은 일회성에 끝날 가능성이 크기 때문에 2024년부터 이세시마에서는 국내외 고부가가치 관광객이라는 세부시장을 타깃으로 설정한 후에 사업을 진행하고 있다. 이세시마는 방일 외래객이 원래 1% 정도이기 때문에 외래관광객뿐 아니라, 일본의 국내 시장도 범위에 포함하여 정책을 수립하였다. 즉 일본 부유층 유입을 통해서 그들의 네트워크를 활용해 해외 부유층을 유치하고자 하는 전략이다. 주요 타깃과 시장의 특성은 다음과 같다.

이세시마 고부가가치 관광객 시장 타깃 및 특성

구분	고부가가치 시장가능성	이세시마의 핵심가치와 시장 특성	최근 실적 (미에현 · 이세시마)
미국	고부가가치 관광객은 270만 명. 2019년 방일관광객 수는 약 172만 명이고 타깃 시장 중 가장 많다.	• 긴 역사 · 문화를 향유할 수 있는 지역에 대한 동경심이 강함 • 지식과 엔터테인먼트의 균형을 원함	• 2019년(県) : 타깃시장 중 12,250명이 방문해서 가장 방문객이 많은 나라 • 2022 · 23년(이세시마) : 현과 같이 타깃시장 중 방문객이 가장 많은 나라
영국	고부가가치 관광객 수는 55만 명. 2019년 방일 관광객 수는 약 42만 명이고, 타깃시장 중 3위	동양적 이국정서를 원해서 방문하고 역사와 문화(공예 및 아트)에 대한 관심이 높다. 또 자연도 추구함	• 2019년(県) : 방문객 수 5,990명으로 미국 다음으로 많음 • 2023년(이세시마) : 미국, 프랑스, 호주, 독일 다음으로 숙박객 수가 많음

프랑스	고부가가치 관광객 수는 11만 명, 2019년 방일 관광객 수는 약 33만 명 이고, 타깃시장 중 제4위	지적 욕구가 강하고 「고유의 전통문화」와 「강한 경제를 뒷받침하는 현대성」의 양면을 모두 체험하고 싶어함	• 2019년(県) : 방문객 수가 증가하고 있어 5,650명이 방문해 영국과 비슷 • 2022 · 23년(이세시마) : 타깃시장에서 미국 다음으로 유럽에서는 가장 많이 방문
일본	• 부유층을 조사하는 여러 기관의 조사에서 일본은 미국과 중국 다음으로 세계 3위의 부유층을 보유하고 있음 • 이세시마 외래관광객이 1% 정도밖에 되지 않는 상황에서 고부가가치 관광객에만 초첨을 맞추는 정책이 아닌 국내 부유층도 타깃의 상품 개발이 필요함		

출처 : 伊勢志摩観光コンベンション機構(2024.2.29), 伊勢志摩及び周辺地域マスタープラン

이세시마 고부가가치 관광객 인프라 구축의 과제 및 방향

구분	과제	향후 방향
세일즈 포인트	• 상징이 되는 체험은 있지만 그것을 통해서 이세시마의 가치를 이해시키거나 각 체험을 유기적으로 연계해야 함	• 세일즈포인트의 소재를 발굴하고 이세시마의 가치를 가시화시킬 수 있는 정책 수립 • 지역 전체 스토리텔링과 서브 콘텐츠도 포함해서 상품 발굴
숙박	• 고부가가치 관광객의 수용이 가능한 숙박시설은 잠재력을 포함해서 복수 존재 • 관광객의 수용환경, 품질제고 등에 대해서 조사하고, 방향을 검토해야 함	• 조사를 지속적으로 실시하고, 액션플랜을 책정(기존 사업자의 가동률 및 레벨향상을 위한 정책, 품질관리를 위한 가이드라인 정책 등)
인재	• 높은 전문성 · 호스피탈리티 등이 필요하지만, 어느 쪽도 충분하다고 말하기 어렵고, 다차원적으로 대응할 수 있는 역량을 갖춘 인재 육성이 필요	• 전문가이드, 통역안내사, 컨시어지의 역할을 분담해 지속적으로 조사 • 전문 가이드 · 통역안내사의 발굴 · 육성, 컨시어지 기능의 강화, 워킹그룹 등을 발족해서 과제 공유, 품질 담보 • 지역 일체로 호스피탈리티 향상을 위한 방안, 관광산업을 지탱하는 인재의 시야를 넓히는 방안 모색

교통	• 도심에서의 접근성 문제, 지역 내 2차 교통사업자의 부족 및 헬리콥터 활용 과제	• 기존 사업자에 설문조사를 거쳐 고부가가치화 대응의 가부와 대체안 검토 • 콜택시 및 헬리콥터 수용 검토
연계	• 아마네무호텔 등 이미 개별적으로 네트워크를 가지고 있지만 지역 전체를 연계해서 체험을 제공할 수 있는 지역사업자는 부재. 고부가가치 관광객 대응 식견 · 노하우 부족	• DMC 기능을 포함해서 지역 연계로 수배할 수 있는 체제 정비 • 고부가가치 관광객에게 정통한 플레이어 등과 연계

출처 : 伊勢志摩観光コンベンション機構(2024.2.29), 伊勢志摩及び周辺地域マスタープラン

(4) 게로온천관광협회

게로온천관광협회는 일본 게로시에 위치하였으며, 게로온천을 중심으로 한 지역관광의 활성화와 발전을 목표로 하고 있다. 이 조직은 혁신적인 관광 전략을 통해 지역 경제에 새로운 활력을 불어넣으며, 지속가능한 관광 개발에 주력하고 있다.

게로온천관광협회는 전통적인 관광 마케팅 방식에 머무르지 않고, 최신 데이터 분석 기법과 디지털 마케팅 전략을 적극적으로 도입하고 있다는 점에서 특징이 있다. 이러한 접근 방식은 방문객들의 행동 패턴, 선호도, 지역 내에서의 소비 경향 등을 정확하게 분석하여, 맞춤형 프로모션을 실시하고 효과적인 관광상품을 개발하는 데 큰 도움이 되고 있다. 데이터 분석을 통해 관광객들이 게로온천 지역에서 더 오랜 시간을 보내도록 유도하며, 이를 통해 지역 경제에 긍정적인 영향을 미치고 있다.

특히, 게로시는 입욕세 등 재원이 확보되어 있어 연간 2,700만 엔의 프로모션을 매년 실시할 수 있는 체제를 갖추고 있으며, 구체적으로 아래와 같은 프로모션을 실시하고 있다.

- 캠페인 · 이벤트 참가 연간 약 40회
- 팸투어 연간 약 280건
- 웹사이트 방문자 분석 기반 디지털 프로모션 실시

뿐만 아니라, 게로온천관광협회는 지속가능한 관광 개발을 위해 생태관광과 SDGs(지속가능한 개발 목표)를 추진하고 있다. 이는 관광자원의 보전과 보호를 중요시하며, 동시에 지역 사회의 발전과 경제적 번영을 도모한다.

디지털 기술의 발전과 함께, 게로온천관광협회는 디지털 전환을 적극적으로 추진하며, 이를 위한 마케터 인재 육성에도 힘쓰고 있다. 새로운 디지털 마케팅 기법을 활용하여 관광 진흥에 필요한 인재를 양성하고, 지역 내 다양한 사업체와의 협력을 통해 디지털 마케팅 역량을 강화하고 있다. 이는 게로온천 지역의 관광 홍보뿐만 아니라, 관광객과의 소통방식을 혁신하고, 관광 경험을 풍부하게 만드는 데 큰 역할을 하고 있다.

게로온천관광협회의 이러한 다각도의 노력은 게로온천뿐만 아니라, 게로시 전체의 관광산업을 새로운 차원으로 이끌고 있다. 데이터 기반의 전략적 접근 방식, 지속가능한 관광 개발, 그리고 디지털 전환을 통한 마케팅 혁신은 관광객에게 더 나은 경험을 제공하며, 동시에 지역 경제에 지속가능한 발전을 가져오는 성공적인 모델을 제시하고 있다.

2. 프랑스

1) 지역관광정책

(1) 지방관광 현황

프랑스 지방관광의 경우, 산간 및 해안 지역이 동절기 휴가 및 방학 기간 여행지로 각광받고 있다. 2023년 12월을 기준으로 에어비앤비 등 공유 숙박 플랫폼의 이용률을 살펴보면, 산간 지역 중에는 북알프스 지역이 2019년 대비 17%p, 피레네 지역이 9%p 상승한 것으로 나타났다. 같은 기간, 해안 지역은 서지중해 연안은 10%p, 대서양 남서부 연안은 8%p 상승하였다. 산간과 해안 지역의 경우에는 공유 숙박 공급이 2019년에 비하여 월등히 증가하여, 해당 지역의 관광 수요가 유의미하게 늘어나고 있음을 보여준다. 예를 들어 피레네 지역의 공유 숙박 공급은 2019년 대비 126%p 증가하였으며, 쥐라 산맥 지역은 147%p에 달한다.

반면 도시 지역을 찾는 관광객은 감소하고 있는 것으로 파악된다. 특히 파리 지역은 2022년에 비하여 공유 숙박 플랫폼 이용률이 8% 감소하였다. 그 결과 2023년 12월, 에어비앤비 등 공유 숙박 플랫폼 이용률은 45%로 2019년 대비 3%p 증가하였으나, 2022년에 비해서는 3%p 감소하였다. 외래관광객의 파리 및 주요 도시 선호도는 기존의 수준을 유지하고 있으며, 파리, 니스, 보르도, 리옹, 마르세유, 스트라스부르, 몽펠리에, 액상프로방스 순으로 파악된다. 특히 넷플릭스 시리즈 '뤼팽'의 촬영지였던 에트르타(Etretat)의 방문객이 증가하여, 2023년에는 인구수 1천2백 명 거주 도시인 에트르타에 매일 만 명 이상의 관광객이 방문하였다. 프랑스 관광청에서는 넷플릭스 시리즈와 연계한 관광 홍보를 통해서 지방 주요 도시에 대한 인지도를 제고하고 있다.

(2) 지방관광 활성화 정책

'데스티네이션 프랑스' 계획은(Plan Destination France)는 '프랑스를 관광목적지로'를 슬로건으로 하는 계획이다. 외래 관광객만을 대상으로 하는 정책을 독자적으로 시행하기보다는 '데스티네이션 프랑스' 계획이라는 종합적이고 대규모의 정책을 통해서 외래관광객을 대상으로 하는 정책이 포함되어 있는 구조이다.

'데스티네이션 프랑스' 계획은 지방관광 활성화 방안에 특히 초점을 맞추고 있다. 이 계획은 2021년 11월 프랑스 국무총리가 발표한 정책으로, 코로나 팬데믹으로 인하여 큰 타격을 입은 프랑스 관광 부문의 회복과 발전을 위한 10년간의 로드맵을 제시하고 있다. 따라서 프랑스 관광산업을 지원하고, 글로벌 관광 목적지로서 프랑스의 입지를 보다 강화하기 위한 정책이다.

이 계획은 크게 관광산업 인재 확보, 관광산업 회복력 강화 및 품질 개선, 프랑스 관광가치 개발, 관광산업 변혁을 위한 과제 대응, 프랑스 홍보 및 점유율 안정화 등으로 구성된다. 이 중 지방의 인바운드 관광 활성화와 관련한 주요 내용을 살펴보면, 첫째, 관광산업 인재 확보를 위하여 관광분야 우수 네트워크 구축을 통하여 관련 교육의 양적 · 질적 수준을 향상시키며, 관광지에 계절 노동자를 위한 안내 및 지원 창구를 구축한다. 둘째, 관광산업의 품질 개선 측면에서 야외 숙박시설을 포함한 관광숙박시설의 투자 촉진을 위한 규제를 간소화한다. 또한 관광데이터 확충 및 구조화를 위해서 프랑스 투어리즘 옵세르바시옹(France Tourisme Observation)을 통해서 관광 데이터를 체계화한다. 셋째, 프랑스의 관광 가치를 개발하기 위한 관점에서 데스티네이션 프랑스 기금을 조성하고 기금 내에서 프랑스 관광자원의 지원과 발전에 5,100만 유로, 지역관광 가치 향상 및 산업 강화에 5,500만 유로를 배정하였다. 이처럼 정부가 지자체 지원을 통해서 문화유산을 보존하고 가치를 향상시키기 위한 정책을 추진한다.

가. 관광산업 인재 및 역량 강화

가) 프랑스 전역에서 관광분야 직업 캠페인 실시

국가 규모 및 지역 수준의 캠페인인 '관광 분야 직업 캠페인'을 통해서 대중과 젊은 세대에 관광 분야의 다양한 교육 및 직업을 홍보하며, 2021년 11월 '데스티네이션 프랑스' 계획 발표 당시, 2022년부터 매년 '관광 분야 직업 주간'을 실시하도록 함에 따라 중앙 및 지방 정부의 모든 관광 관련 서비스 및 운영 기관, 관광 분야 기업이 참여하여, 중학생부터 대학생 및 구직자 등 일반 대중을 대상으로 관광 분야 직업에 관한 정보를 제공한다. 특히 젊은이들에게 관광 분야의 직업 다양성과 풍부함을 알려, 해당 분야 직업에 대한 관심을 유발하는 것을 목표로 한다.

또한 프랑스 고용지원청과 협업을 통하여 취업 희망자들에게 취업을 위한 교육의 기회를 제공 및 홍보한다. '관광 분야 직업 주간'을 맞아 해외령을 포함한 프랑스 전역에서 기업 방문, 취업 설명회, 관광 분야 직업 종사자들과의 만남 등 총 1,339개에 달하는 행사가 기획 및 진행되었다. '관광 분야 직업 주간' 동안 각 지역에서 진행되는 행사에 대한 정보는 'monemploitourisme.fr' 플랫폼을 통하여 제공한다.

나) 지방 관광지 계절 노동자를 위한 안내 및 지원창구 구축

관광산업은 대체로 계절성을 가지고 있는 경우가 많기 때문에 계절 노동자의 공급이 중요하며, 따라서 계절 노동자들의 복지 또한 중요하게 다루어져야 한다. 계절 노동자들은 주거 등 기본적인 분야의 문제에 직면하는 경우가 많은데도 산업 차원에서는 적절히 대처하지 못하는 양상을 보여 왔다. 이러한 문제 해결을 위하여 이전부터 지방 정부에서 여러 조치를 취해 왔다.

대표적인 사례가 코르시카의 '정규직 계절 노동자(CDI Saisonnier)' 정책이다. 코르시카에서는 5개의 일자리 중 1개가 계절직이며, 2019년 기준 2만 7천7백여 개의 일자리가 이에 해당하고, 주로 숙박, 음식점, 소매업 분야에 집중되어 있다. 코르시카의 계절직 노동자들은 대체로 4개월 이하의 단기 계약을 하며, 비계절직 노동자에 비하여 시간당 임금이 20%가량 낮으며, 이들 중 3분의 1은 코르시카 외부 거주자이다. 정규직 계절 노동자 정책은 이러한 계절 노동자에게 더 안정적인 고용을 제공하기 위하여 고안되었으며, 무기한 계약에 활동 기간과 부분적으로 실업 기간이 포함되는 형태이다.

나. 관광산업의 품질 개선

'데스티네이션 프랑스' 정책 발표 이전인 2020년 5월, 정부가 발표한 프랑스 관광산업 재건 계획의 일환으로 30억 유로 이상의 조치들이 관광 분야 기업들과 지방자치단체를 지원하기 위하여 국가 예탁원의 주도로 시행된 바 있다. 2021년 9월 30일까지 지방투자은행은 3억 5,300만 유로의 대출과 상환 가능한 선수금을 동원했으며, 5억 4,800만 유로의 자본을 투입하여 숙박시설 및 온천시설과 같은 부대시설을 포함한 관광 분야의 부동산 시설 투자를 지원하였다.

가) 프랑스 지방 투자은행의 지역 자금 대출 프로그램

프랑스 지방 투자은행의 지역 자금 대출 프로그램(Relance Tourisme)이 가동되어 2023년까지 약 5억 유로의 자금을 유치하였다. 이는 관광, 여가 및 문화 분야의 인프라 및 부동산 자금 지원을 목적으로 하는 25년에서 50년에 달하는 최장기 대출이며, 기존의 은행 대출과 동시에 적용될 수 있도록 하였다. 예를 들어 중소도시의 경우, 숙박 및 음식점 서비스가 관광지로의 매력도에 크게 영향을 미친 프랑스의 중소도시에서 이러한 서비스의 수가 감소되는 양상을 보이고 있다. 따라서 아투 프랑스와 프랑스 지방투자은행은 해당 분야 프로젝트에 '프랑스 관광 엔지니어링' 프로그램의 일환으로 2억 5천만 유로의 자금을 투입하였다. 이러한 접근 방식을 통하여 중소도시 관광산업 생태계의 유지 및 발전을 도모한다.

나) 중소도시 대상 특별 투자 프로그램

프랑스 지방 투자은행은 또한 중소도시에서 중급 호텔과 식당을 인수, 리노베이션 또는 확장을 목적으로 6천만 유로의 특별 투자 프로그램을 통하여 숙박 및 음식점 업종의 재품질화를 지원한다.

다) 관광숙박시설의 투자 촉진을 위한 규제 간소화

프랑스의 주요 상업적 숙박시설인 야외 숙박시설(HPA, hôtellerie de plein-air)의 품질 향상 지원을 위하여 현재의 규제를 간소화하고자 한다. 동나무집이나 방갈로 같은 레저 숙박시설의 법적 최소 비율을 조정하였다. 또한 레지던스 등 관광숙박시설 투자자를 대상으로 보다 수월하게 관련 정보를 제공하기 위한 정책을 마련하였다.

라) 관광데이터 확충 및 구조화

관광 데이터의 질을 높이고 활용함으로써 관광산업의 새로운 서비스를 창출하고 독립성을 확보하는 것이 주요 현안으로 부각되고 있다. 관광 데이터 관련 여러 플랫폼의 난립은 현재까지 프랑스 관광 데이터의 공유와 활용에 부정적인 영향을 미친 것으로 판단하게 되었다. 특히 코로나19 팬데믹을 거치며, 짧은 기간 동안의 신속한 의사결정을 지원하고, 관광 경제의 회복을 이끌어내기 위하여 정확하고 효과적인 데이터의 필요성이 강조되었다. 따라서 관광 예측 기구인 '프랑스 투어리즘 옵세르바시옹(France Tourisme Observation)'의 구축 필요성이 제기되었다.

프랑스 전국 관광기관 연합(ADN Tourisme)은 2020년 3월, 프랑스 관광안내소, 관광과 지역(Tourisme & Territoires), 지방관광 홍보센터(Destination Régions)와 같은 3개

의 관광기관 연합체가 통합되어 설립한 조직이다. 전국 단위에서 지역관광청, 도 관광청, 시 관광청을 아우르는 프랑스 전역의 관광 기관을 대표한다. 정부, 정부 기관, 민간 부분과의 강력한 파트너십을 통하여 혁신적이고 지역 존중적인 관광 증진을 목표로 하고 있다. 특히 2021년 9월 첫 번째 대회에서 해당 연합은 '책임 있는 관광을 위한 선언문'을 발표했는데, 이는 지속가능하고 책임감 있는 관광 실천을 위한 10개로 구성되어 있다.

다. 프랑스 관광의 가치 개발

프랑스 전역의 다양한 문화유산과 문화를 존중하고 지속가능한 관광을 촉진하는 관광 목적지 및 상품의 발전을 위하여 효과적인 지원책을 마련하였다. 특히 프랑스에서 제공되는 다양한 형태의 관광상품들이 시너지를 발휘하여 다양하고 혁신적인 상품을 제공하는 데 주안점을 두고 있다.

가) 프랑스 문화 수도 인증 제도

2019년 5월 문화가 프랑스를 여행 및 관광지로 선택하는 가장 큰 동기 중 하나로 인식하고, 정부의 관광 부처에서 발표한 후 2020년에 시행하였다. 지역 활성화를 위한 수단으로 문화를 선택한 지방자치단체를 장려, 홍보 및 지원함으로써 프랑스와 프랑스의 풍부한 문화 네트워크의 위상을 높이는 데 목적을 두고 있다.

나) 문화유산 재창조 프로그램

프랑스 정부가 주도하는 문화관광 유산 활성화 프로그램으로, 역사 문화유적지에 새로운 용도를 부여하고, 더 많은 대중이 이를 이용할 수 있게 하는 데 있다. 지방 투자 은행, 국가영토통합청과 아투 프랑스가 문화부의 지원 아래 운영하고 있다. 해당 프로그램의 주요 목표는 다음과 같다. 첫째, 문화유산 건축물 보수를 통하여 지역주민과 관광객을 위한 혁신적 생활 및 문화 공간을 조성한다. 둘째, 문화유산의 공공 및 민간 소유주들의 활용 프로젝트 수립 지원 및 민간 운영사 참여 모델을 개발한다. 셋째, 소유주와 민간 운영사, 투자자 간 연계를 촉진한다. 넷째, 문화유산 건축물의 특성을 고려한 혁신적이고 균형 잡힌 지속가능한 사업 모델을 제시한다.

다) 관광 특성화 지역 인증

관광 서비스 구축에 대한 노력이 인정되는 우수 지자체를 '관광 특성화 지역'으로 인증하는 제도이다. 관광 특성화 지역 선정은 '관광지 지방자치단체 협회'와 협력으로 이루어지며, 매년 관광 담당 장관이 참석하는 행사와 같은 홍보 활동을 통하여 새로 지정된 지자체 및 지정이 연장된 지자체를 홍보한다. 해당 지역 관광상품의 질을 향상시키기 위하여 한번 지정되면 도지사령에 의해 12년 동안 유효한 사업으로 지정 기간이 길다. 이를 위해서는 적절한 관광상품 제공 및 탁월한 환대 서비스 제공 기준을 충족해야 한다.

라. 데스티네이션 프랑스 계획의 지역 특성별 실행 및 거버넌스

'데스티네이션 프랑스' 계획의 이행은 각 지역의 특성과 요구사항에 부합해야 하며, 프랑스 관광부와 중소기업부 장관이 주도하며, 총리가 주재하는 관광관련 부처간위원회(Comité interministériel du tourisme, CIT)에서 정기적으로 점검하는 체계이다.

가) 재정 지원의 지역화

2021년부터 3년간 '데스티네이션 프랑스' 기금을 통하여 투입될 국가 재정 지원은 도지사에 위임하고 있다.

나) 지역 단위 협력체 구성

각 지역에 국가-지역 '데스티네이션 프랑스' 위원회를 신설하여 중앙정부와 지자체가 함께 '데스티네이션 프랑스' 계획의 지역별 실행 방안을 논의하도록 한다. 2022년 2월 15일, 프랑스 레지옹 관광 위원회, 프랑스 관광부 대표가 해당 위원회 설치에 합의하였다. 국가-지역 '데스티네이션 프랑스' 위원회는 각 지역 지사와 지역 대표(지역 의장 또는 관광 담당 부의장)가 공동 의장을 맡고 있다.

(가) 주요 임무

국가-지역 '데스티네이션 프랑스' 위원회의 주요 임무는 첫째, 재정 공동 지원이 이루어지는 관광 재건 및 변혁 계획의 지역화된 이행을 담당한다. 둘째, 지역의 특성과 잠재력을 고려하여 국가의 노력을 지역화하고 효과적인 방향성을 제공한다. 셋째, 관광 기관과 전문가(지방당국, 기업, 관련 협회, 노동조합, 각종 기관 등) 사이의 심도 있는 협의를 보장함으로써 조정 역할을 수행한다.

(나) 위원회의 구성

위원회의 구성은 각 지역 수준에서 결정되므로, 지역마다 상이할 수 있다. 계획 실행에 재정적으로 기여하는 주체 외에도 지역관광 생태계에 참여하는 지방 당국, 공공 및 민간 주체(예: 지방투자은행, 공공투자은행, 환경에너지관리청, 프랑스 전국관광기관연합 등) 등이 위원회의 구성원이 될 수 있다. 지방자치단체와 관광산업 분야의 다양한 참여자들로 구성함으로써 국가와 지역 간의 협력을 강화한다. 위원회 활동 기간은 공동의장이 각 지역의 세부 계획에 따라 일정과 위원회 운영의 세부 방안을 결정한다.

2) 지역관광마케팅

(1) 관광인증제도

프랑스는 관광 · 숙박 · 레스토랑 업계 전반에 Clé verte(초록 열쇠), Ecolabel Européen(유럽 친환경 라벨), Green Globe(초록지구) 등 다양한 종류의 라벨을 부여해 품질을 관리해 오고 있다. 유럽 친환경 라벨(Ecolabel Européen)의 경우 2019년 기준 179개의 관광시설이 동 라벨을 획득한 바 있으며, 설문조사 기관 Globaldata에 따르면 전 세계 소비자의 75%가 지속가능한 관광을 위한 라벨 의무 도입에 찬성하는 등 라벨 제도로 관광사업체의 투명성을 높이고 여행객에게 환경에 대한 책임 의식을 강화하는 역할을 하고 있는 것으로 나타났다.

대표적인 라벨의 종류

라벨의 종류	특징
유럽 에코라벨 (Ecolabel européen)	1992년 유럽위원회에서 만든 유럽 에코라벨(European Ecolabel)은 환경에 미치는 영향을 최소화하려는 호텔과 캠핑장에 수여된다. 친환경 제품 사용, 물 및 에너지 절약, 폐기물 생산 감소, 환경 관리 개선까지 다양한 기준이 마련되어 있다. 이를 획득하기 위해서는 29가지 필수 기준과 61가지 선택 기준을 충족해야 한다.
클레프 베르트 (Clef Verte)	지속가능한 관광을 대표하는 이 라벨은 호텔, 관광 숙박시설, B&B, 휴양지 마을, 캠프장 및 유스 호스텔에 부여된다. 위 숙박시설들의 환경 친화적인 노력을 장려하기 위하여 100가지 기준(필수 및 선택 사항)을 정의하였다. 프랑스에서는 855개의 관광 시설이 클레프 베르트 라벨을 획득했다.
그린 글로브 (Green Globe)	1999년 처음 만들어진 이래 약 90개국에서 500개 이상의 시설에 부여된 이 라벨은 가장 큰 국제적 규모를 자랑하는 큰 환경 라벨이다. 프랑스에서는 클럽메드를 시작으로 몇몇 유명 관광 시설이 이 라벨을 획득했다. 마르티네즈(Martinez) 호텔, 칸의 마제스티 바리에르(Majestic Barriere) 및 인터컨티넨탈 칼튼(Intercontinental Carlton), 카르낙 탈라소 & 스파 리조트(Carnac Thalasso & Spa Resort), 브르타뉴에서는 이브 로쉐(Yves Rocher)가 운영하는 그레 데 랑드 에코 호텔 & 스파(Grée des Landes Eco-Hotel & Spa), 알프스의 쿠르슈벨(Courchevel)에 위치한 라포제(l'Apogée) 등도 이 라벨을 가지고 있다.
미슐랭 그린 스타 (Etoiles Vertes Michelin)	'미식계의 바이블'이라 할 수 있는 미슐랭 가이드는 매년 전 세계 최고의 레스토랑을 선정하여 발표한다. 익명의 전문가들에 의해 평가가 이루어지므로 많은 셰프들은 자신들의 운명을 거머쥔 그들의 방문을 손꼽아 기다리기도 혹은 두려워하기도 한다. 미슐랭은 2020년부터 '레드 가이드'라는 새로운 가이드를 통해 지속가능한 미식을 위해 노력하는 친환경 레스토랑에게 그린 스타를 부여하고 있다. 주요 평가 기준은 제철 지역 농산물 이용, 건강한 메뉴 개발, 음식물 쓰레기 관리, 고객에 대한 친환경 홍보 등이다. 2023년 프랑스에서는 90개 레스토랑이 미슐랭 그린 스타를 획득했다.
ATR	친환경 관광에 대한 의지를 보여주고자 하는 여행사라면 ATR(책임있는 관광을 위한 활동) 친환경 라벨 획득에 도전해 볼 수 있다. 이 라벨을 얻으려면 여행사의 모든 활동을 특정 기준 및 지표로 평가해야 한다. 평가 데이터를 독립 기관인 Ecocert로 보내고 기준을 충족하는 경우 이 라벨을 수여한다.

출처 : 프랑스 관광청(www.france.fr)

최근 정부의 지속가능한 관광(Tourisme durable) 기조에 따라 프랑스 행사협회(France Congrès Evénement) 또한 새 라벨 '지속가능한 혁신적 목적지(Destination Innovante Durable)'를 출시해 프랑스 지역도시 보르도(Bordeaux), 도빌(Deauville), 마르세유(Marseille), 낭시(Nancy), 렌(Rennes) 등의 5개 도시에 부여하였으며 2025년까지 25개 도시 대상 라벨 부여를 목표로 하고 있다. 이 라벨을 획득한 도시는 지속가능한 목적지 개발을 위해 개방적이고 투명한 거버넌스 구현, 2050년까지 탄소 중립 방안 마련, 책임 있는 소비 촉진 및 폐기물 퇴치, 문화유산 보호, 지속가능 및 혁신을 위한 자원 활용 등의 목적을 가지고 노력해야 한다.

프랑스 도시 도빌(Deauville)에서는 친환경 행사 개최 권장 조항, 마르세유(Marseille)에서는 호텔 분야 대상 친환경 라벨 Clef Vertes 획득 지원, 렌(Rennes)에서는 케이터링 분야에서 음식물 쓰레기와 관련한 조항을 마련하는 등 구체적인 변화 움직임을 볼 수 있다. 한편, 생태관광업계에서는 환경과 생태다양성을 동시에 고려한 동물생태관광 조성 기반을 마련하기 위해, 인간과 야생동물 사이에 상호작용을 존중하고 동물복지 및 생물다양성을 존중하는 헌장을 마련하는 등의 노력을 기울이고 있으며 동 헌장에는 여행객에게 야생동물보호 의식을 고취시키고 야생동물 사냥 허가를 엄격히 제한하는 등 생물다양성 보존을 위한 조항이 포함되어 있다.

(2) 지역의 수공예 관광 개요

프랑스는 2024년 하반기 정부 조직 개편 전까지 경제재정산업디지털주권부(이하 재정경제부)의 관광 담당 장관이 관광과 수공예/장인(artisanat), 중소기업(PME : Petites et Moyennes Entreprises) 업무를 함께 관할하였다. 이에 따라 지난 2021년부터 적용되고 있는 최신 프랑스 관광 정책에는 지역의 장인, 명인을 활용한 지역관광 활성화 관련 정책이 하나의 카테고리로 마련되었다. 이에 따라 '23년 광역 지자체를 대상으로 하는 노하우 관광(Tourisme Savoir-Faire) 공모를 통해 지역의 색채가 잘 드러나는 전문 수공예 활동을 관광자원화하고, 이를 활성화하기 위해 재정경제부에서 지자체와 기업체를 지원하는 사업을 진행하고 있다. '23년 7월에는 각 지역(Région)

과의 MOU를 체결하여 50만 유로(한화 약 6억 9,700만 원)를 10개 지역에 지원, 지역별 10~20개 기업을 키우기 위해 노력 중이다.

프랑스의 여러 지역에서 오래전부터 전해 내려오는 기술과 노하우로 완성된 각종 공예품 역시 즐길 수 있는 방법이 있다. "유럽 공예 직업의 날(Journées Européennes des Métiers d'art – JEMA)"이 열리는 매년 3월에는 파리를 비롯한 여러 도시에서 공예 장인들의 워크숍, 공예 전문가의 교육 및 이벤트, 독창적인 컨퍼런스와 전시회가 열린다. 유럽 공예 직업의 날(Les Journées Européennes des Métiers d'Art)은 2002년 공예 전문가들이 대중과 만날 수 있는 특별한 기회를 제공하고자 프랑스 공예 연구소(L'institut Pour les Savoir Faire Français)에서 처음 개최하였다. 당시 소규모 공방과 기술은 널리 알려지지 않은 경우가 많아 이를 일반인들에게 널리 알리자는 취지로 시행되었으며, 2012년부터는 '유럽 공예 직업의 날'로 확대하여 현재는 20개국 이상에서 약 1만여 개의 행사가 개최되고 있다.

프랑스에시 체험할 수 있는 수공예 관광 아뜰리에는 식음, 식물, 나무, 금속, 직물, 가죽, 유리, 종이, 보석, 화장품과 웰빙, 도자, 농업 등 그 분야가 매우 넓다.

프랑스 수공예 협회(Chambre des Métiers Artisanat : CMA)에서도 수공예 공방 등 정보를 찾을 수 있으나, 관광/체험과 연계하여 제공하는 포털은 Wecandoo(www.wecandoo.fr)이다. 이 포털을 통해 등록된 수공예 전문가는 3,067명 이상이며, 다양한 분야의 수공예 아뜰리에를 통해 관광객 및 고객과 수공예 전문가 사이를 이어주며, 다양한 회의 및 팀빌딩 등 교류 활동을 원활하게 진행할 수 있도록 한다. 공방에서의 도자기 체험, 실용품인 허리띠 만들기부터, 지역 음식 만들기와 한식인 비빔밥, 김치 만들기까지 다양한 프로그램이 있다. 이 중 프랑스의 지역과 연계된 수공예 체험은 다음과 같다.

❍ 그라스(Grasse) – 향수 만들기

향수의 본고장 프랑스 남부 그라스(Grasse)에서는 프라고나르(Fragonard), 몰리나르(Molinard) 같은 전통적인 향수 브랜드에서 관광객 대상 맞춤 향수를 제작하는 클래스를 지역 특성과 연계하여 진행한다.

○ 릴(Lille) – 맥주 양조 체험

벨기에와 국경이 맞닿아 있는 프랑스 도시 릴(Lille)은 벨기에 북부 플랑드르 지역의 영향을 받아 비에르 드 가르드(Bière de Garde) 등 전통 맥주 문화가 발달하였다. 매년 9월에 열리는 맥주와 홍합요리를 먹는 "브라드리 드 릴(Braderie de Lille)" 축제뿐만 아니라 맥주 제조 과정 및 시음이 가능한 양조장 체험을 상시 운영하고 있으며, 관광객들 사이에서 매우 유명세를 떨치고 있다.

○ 생떼밀리옹(Saint-Emillion) – 와인 블렌딩 체험

와인으로 유명한 보르도(Bordeaux) 인근 생떼밀리옹에서는 와인을 생산하는 샤토(Château)에서 레드 와인 블렌딩 아뜰리에를 운영하고 있다. 다양한 맛의 와인 샘플을 조합하여 자신만의 와인을 완성하여 기념품으로 가져갈 수 있다.

○ 리모주(Limoges) – 도자기 체험

프랑스 리모주(Limoges)는 18세기부터 도자기의 원료가 되는 카올린(Kaolin)이 채굴되어 유럽 최고의 도자기 생산지로 명맥을 이어오고 있다. 도자기 체험에서는 지역 장인과 함께 도자기 모델링 기술을 익히고, 접시, 그릇, 꽃병 등의 제작 방법을 체험하여 여행지에서 나만의 기념품을 만들 수 있다.

○ 빌리르반(Villeubanne) – 파테 쿠킹체험

미식으로 유명한 프랑스 동남부 리옹(Lyon) 인근에 위치한 빌뢰르반(Villeurbanne)에서는 지역 특산품인 "파테 앙 크루트(pâté en croûte)" 만드는 법을 배우고 완성된 요리를 맛보고 가져갈 수 있다. 파테 앙 크루트는 빵 속에 다진 고기를 채워 넣은 프랑스 전통 요리로 계절별 재료의 다른 조합이 가능한 음식이다.

메이드 인 프랑스 박스(Made in France Box) 혹은 La Box Française는 프랑스에서 생산된 고품질의 제품들을 큐레이션하여 제공하는 구독 서비스 또는 기프트 박스 브랜드이다(www.madeinfrancebox.com).

이 박스는 프랑스 각 지역의 특산품(예: 전통 식료품, 와인, 공예품, 화장품 등)을 엄선, 현지 장인들과 소규모 생산자들의 제품을 소개하는 데 중점을 둔 서비스로, 프랑스는 문화유산인 수공예 과정 및 산물인 특산품을 활용하여 관광에 접목시키

고, 이를 관광자원으로 아뜰리에로서 관광객들에게 진정성 있는 체험으로 다가갈 뿐만 아니라 체험 후 제품을 기념품으로 구매하도록 유인하고 있다. 이에 머물지 않고 이러한 특산품을 한곳에 모아 선물용품으로 판매함으로써 프랑스 전통 수공예와 지역별 특산품에 가치를 더하고 있다.

3. 호주(오스트레일리아)

1) 지방관광 정책

호주의 Ministry of Trade and Tourism에서는 관광산업이 국가 핵심 산업임을 인지하고 이를 재활성화하기 위한 목적으로 2023년 'THRIVE 2030' 계획을 발표하였다. THRIVE(THe Re-Imagined Visitor Economy)는 지역 방문자 경제를 활성화하는 데 초점을 맞추고 있다. 호주 정부는 기존 관광정책의 대상이 되어온 전통적 관광객 개념은 현재의 지역관광산업을 논의하는 데 제약으로 작용하고 있다고 판단하였다. 이에 관광정책 대상의 범위를 관광객에서 방문자로 개념을 확장했다. 방문자의 개념은 관광을 목적으로 하는 관광객뿐만 아니라, 업무, 교육, 서비스 등 다양한 목적으로 방문하는 모든 사람들을 포괄한다.

방문자 경제는 이 같은 모든 방문자를 포괄함으로써 보다 넓은 영역에서 지역경제 활성화에 기여할 수 있을 것으로 보았다. 전체 호주의 방문자 소비 중 관광을 목적으로 하는 관광객의 소비 규모는 전체의 절반이 채 되지 않기 때문에 관광객에서 방문자로의 관점 전환은 지방관광 활성화 정책의 새로운 방향성을 결정하는 중요한 판단이라고 볼 수 있다.

'THRIVE 2030'은 2030년 12월까지 총 방문자 지출 2,300억 달러를 목표로 하며, 이 중 1,000억 달러는 지방에서 지출되는 것을 목표로 설정했다. 2022년에서 2024년까지를 1단계인 회복단계, 2025년부터 2027년까지를 2단계인 통합단계, 2028년부터 2030년까지를 3단계인 가속단계로 설정하고 각 단계별 목표를 제시했다. 예컨대 1단계에서는 코로나 팬더믹 이전의 상태로 방문자 경제를 회복하는 것, 2단계에서는 새로운 관광 목적지와 상품을 기획하고 역량을 증진시키는 것, 3단계에서는 관광성장을 가속화하여 2,300억 달러의 방문자 지출 목표를 달성하는 것으로 설정하였다.

THRIVE 2030 3단계 전략

구분	목표기간	주요 내용
회복 단계	2022-2024	• 호주 경제의 지속적인 개방과 국제 시장 회복세 전환에 따른 회복을 위한 노력 유지 - 국내 및 타기팅된 외래 관광객의 방문을 유도하고 인력난 등 공급 문제를 해결하여 방문객 경제 재건에 중점 - 2024년까지 펜데믹 이전 수준인 1,660억 달러까지 회복이 목표
강화 단계	2025-2027	• 하기 전략을 토대로 일관된 성장 궤도 유지 1) 데이터 및 시장 회복세를 기반으로 다양하고 표적화된 시장 포트폴리오 구축 2) 신규 관광상품 및 관광 목적지에 투자 3) 비즈니스 관행 개선 및 서비스 품질 향상을 위해 종사자의 역량 강화 4) 신규 방문객 경제에 관한 인력 및 기술 전략 활용
도약 단계	2028-2030	• 신규 상품, 인프라, 비즈니스 프로세스 및 기술 개선을 포함한 초기 단계 투자를 통해 서비스 품질 향상 및 신흥시장 외래객 방문 유도 • 2030년까지 총 방문객 지출액을 최소 1,950억 달러에서 최대 2,700억 달러까지 달성하는 것을 목표로 하고 있으며, 최소 목표 수치는 2,300억 달러임

출처 : Australian Government, THRIVE 2030: THe Re-Imagined Visitor Economy

이 같은 목표를 달성하기 위해, 3개 부문에 7개 정책을 우선 순위로 제시했다.

첫 번째 부문은 협업으로, 이에 해당하는 정책의 우선 순위는 방문자 경제 전반에서의 포괄적 협업을 통해 비전, 목표, 액션을 성공적으로 이행하는 것이다. 두 번째 정책 우선 순위는 데이터와 통찰력의 증진으로 보다 나은 의사결정을 지원하고 사회경제적 성과를 달성하는 것이다.

두 번째 부문은 현대화이며, 이에 해당하는 세 번째 정책 우선 순위는 안정적이고 탄력적인 인력 양성으로 방문자 경제 관련 비즈니스가 안정적으로 공급되고 고품질의 방문자 경험이 이뤄질 수 있도록 하는 것이다. 네 번째 정책 우선 순위는 최첨단 비즈니스 실행으로 방문자 경제 비즈니스가 수익성 있고 효율적이고 지속 가능하며 높은 수준의 방문자 만족을 가져올 수 있도록 하는 것이다. 다섯 번째 정책 우선 순위는 방문자 인프라의 증진으로 방문자와 로컬 커뮤니티의 요구에 부합하는 인프라를 제공하는 것이다. 세 번째 부문은 다양화이며, 이에 해당하는 여섯 번째 정책 우선 순위는 시장을 구축하고 방문자를 유치하는 것으로, 방문자의 수준을 예측하고 국내외 시장 수요에 기반한 방문자 소비를 창출하는 것이다. 마지막 일곱 번째 정책 우선 순위는 원주민을 포함한 특별하고 고품질의 관광상품을 만드는 것으로, 고품질의 다양한 상품을 통해 관광객을 유인하고 만족시키는 것이다.

본 계획에는 각각의 정책 우선 순위를 달성하기 위한 실행사업과 사업이행 주체들이 제시되어 있는데, 예컨대 첫 번째 정책 우선순위인 방문자경제 전반에서의 포괄적 협업을 위한 실행사업으로 자문단의 설치, 실무그룹의 설치, 관광장관회의 등 기존 협력 메커니즘의 강화 등이 포함되어 있으며, 두 번째 정책 우선순위인 데이터와 통찰력의 증진에는 세계 최고 수준의 데이터 분석 제공, 방문자 지출 목표의 구체적인 구현 등의 사항들이 포함되어 있다.

2) 지역관광 마케팅

호주에서는 코로나19 팬데믹 이후 국제관광이 제한되자 전 세계적인 팬데믹 유행이 지속되었던 2021년까지 호주관광공사 주관 'Holiday Here This Year', 뉴사우스웨일스주 관광청 주관 'Love NSW From Home', 퀸즐랜드주 관광청 주관 'Good to Go' 등 국내관광 활성화를 위한 캠페인을 중심으로 기획 및 운영해 왔다. 이후 2022년 2월 호주 정부의 해외관광객 입국 전면 허용과 2022년 3월 「THRIVE 2030」 중장기 계획 발표에 따라 호주관광공사, 뉴사우스웨일스주 관광청, 퀸즐랜드주 관광청 등 호주의 주요 관광 기관에서는 국내외 관광객 유치를 위한 다양한 프로모션 캠페인을 시행하여 호주 관광 진흥 및 회복에 힘쓰고 있다.

(1) 호주관광공사(Tourism Australia)

❍ 글로벌 캠페인 'Come and Say G'day' 론칭

2022년 10월, 호주관광공사는 무역관광투자부의 지원하에 코로나19로 전례 없는 위기를 겪은 관광산업의 회복을 돕고 방문자 경제 재건을 위해 외래관광객을 유치하고자 2016년 이후 첫 글로벌 캠페인으로 'Come and Say G'day'를 론칭하였다. 캠페인의 마스코트인 애니메이션 캐릭터 캥거루 '루비'가 호주의 다양한 장소를 경험하는 60초, 30초, 15초 등 여러 버전의 방송 광고 영상과 더불어 소셜미디어, 디지털 및 콘텐츠 마케팅, 옥외(Out-of- home)광고 등이 대거 포함된 캠페인이다. 미국 뉴욕, 일본 도쿄, 싱가포르, 독일 프랑크푸르트 및 베를린, 프랑스 파리 등 현지 시장에서 뷰잉 이벤트 개최 후 10월 20일부터 전 세계 관광시장에 홍보되고 있다.

(2) 뉴사우스웨일스주 관광청(Destination NSW)

가. 주민 대상 자연관광 독려를 위해 대규모 캠페인 'Find Your Path'

뉴사우스웨일스 관광청은 2022년 11월 국립공원과 야생동물 보호국(National Parks and Wildlife Service)과 최초로 'Find Your Path' 캠페인을 공동 론칭하였다. 동 캠페인의 목적은 빅토리아주, 퀸즐랜드주, 시드니 및 오스트레일리아 수도 준주(Australian Capital Territory) 내 만 18세 이상 거주자를 대상으로 뉴사우스웨일스주의 광범위한 자연 자원 기반의 관광을 독려하고, 장기적으로는 뉴사우스웨일스주를 유명한 국내 자연관광 목적지로 성장시키는 것이다. 텔레비전, 디지털 미디어, 옥외 광고 등을 통해 2022년 12월 14일까지 진행된다. 한편, 뉴사우스웨일스주 국립공원은 연간 74,000개의 일자리와 AUD 180억 달러(한화 약 16조원)의 방문자 수입 창출을 지원하고 있으며, 이를 통한 경제적 혜택의 75%는 뉴사우스웨일스주 농촌 및 지역에 제공되고 있다.

나. 캐러밴 관광 진흥 목적의 'Feel More, Live More' 캠페인

뉴사우스웨일스주는 캐러밴 캠핑지로 유명하며, 캐러밴 관광은 코로나19 팬데믹 전후로 호주 국내관광 수입의 주요한 동인 역할을 하였다. 뉴사우스웨일스주 관광청에서는 방문자 경제를 재건하고자 'Feel New' 캠페인의 4번째 회차로 캐러밴 및 캠핑 관광 진흥을 위한 'Feel More, Live More' 캠페인을 실시하고 있다. 유사한 시기에 캐러밴 산업협회(Caravan Industry Association of Australia)에서도 호주인을 대상으로 최소 1회 이상의 '캠핑 로드 트립' 동기 부여를 위해 1,420개 이상의 캐러밴 홀리데이 파크 및 렌트업체, 호주 7개 주 캐러밴 파크 협회와 함께 캐러밴 산업 최초로 'Road to a Million' 캠페인을 론칭한 바 있다.

(3) 퀸즐랜드주 관광청(Tourism and Events Queensland)

가. 트립닷컴과 글로벌 협업 캠페인 'A Beautiful Way to Be' 론칭

2022년 10월 25일, 트립닷컴과 퀸즐랜드주 관광청은 한국, 호주, 뉴질랜드, 영국, 일본, 싱가포르 등 전 세계 주요 6개국 시장의 연인 및 가족 단위 여행객을 대상으로 퀸즐랜드주 관광 홍보를 위한 'A Beautiful Way to Be' 글로벌 캠페인을 론칭하였다. 한 달간 진행된 캠페인 기간에 트립닷컴에서는 소비자가 트립닷컴을 통해 퀸즐랜드주 호텔을 예약할 때 사용할 수 있는 할인 쿠폰 발행과 퀸즐랜드주 관광 목적지 홍보 전용 페이지를 개설하였고, 소비자의 선호도에 따른 프로모션 콘텐츠를 제공하였다.

나. 국내 여행객 유치를 위한 'Seize the Days' 캠페인

퀸즐랜드주 관광청은 호주인들이 2022년 이내에 퀸즐랜드주로 휴가를 예약하도록 장려하는 'Seize the Days' 관광 캠페인을 벌이고 있다. 동 캠페인은 국내관광 독려를 위하여 2021년 여름 시즌에 론칭한 'Days Like This' 캠페인의 연장선으로, 주요 대상은 퀸즐랜드주, 뉴사우스웨일스주 및 빅토리아주에 거주하는 연인 · 부부 또는 가족 단위이며 소셜미디어, 옥외 광고 등을 통해 주 전역에 걸쳐 홍보되고 있다.

호주의 주요 관광 기관별 캠페인 포스터

'Come and Say G'day' 캠페인 포스터

'Find Your Path' 캠페인 포스터

'Seize the Days' 캠페인 포스터

'A Beautiful Way to Be' 캠페인 포스터

출처 : Tourism Australia(2022), Come and Say G'day Fact Sheet; Destination NSW(2022), Find Your Path Campaign Fact Sheet; Queensland Australia(2022), Seize the Days Campaign Fact Sheet; Queensland Australia Youtube Channel; 김현정(2022), 호주 방문자 경제 재건을 위한 전략, 한국관광정책, 90호, 겨울호

주 · 제 · 여 · 행 · 포 · 럼 · 지 · 역 · 관 · 광

국내 지역별 국내관광 발전사례

CHAPTER 04

CHAPTER 4

국내 지역별 국내관광 (도시관광) 발전사례

1. 지역관광의 개념

1) 지역관광의 필요성

지역관광은 산업 기반은 취약하지만 자연자원이나 문화자원이 우수한 지역을 대상으로 관광을 통한 지역 활성화를 기대할 수 있기에 산업적으로 낙후된 지역의 발전을 위해서 실효성 있는 지역발전 수단으로 인식되는 추세이다.

각 지자체에서 지역관광 개발에 관심이 높은 것은 지역경제의 활성화를 위한 측면이 강하다. 우선 경제적 측면에서는 관광객이 소비한 지출이 지역 경제에 투입돼 해당 지역주민 소득과 후생의 증대에 기여할 수 있도록 설계하는 것이 중요하다. 예를 들어 인천에서 배를 타고 밤에 출발해서 다음날 한라산을 등반하고 복귀하는 여행패키지의 경우 제주도 입장에서는 관광객들이 지불한 한라산 입장료과 도에서 부담할 쓰레기 처리비용의 비교 등

경제적 측면과 함께 사회 · 문화적 측면에서는 관광으로 인한 긍정적 영향뿐만 아니라 부정적인 측면도 같이 고려할 필요가 있다. 대규모 외부 자본의 투자가 지역에는 전혀 도움이 안 되는 경우가 발생할 수 있다. 과도한 관광(오버투어리즘)

으로 인해 지역주민의 생활에 불편을 초래할 수 있으며, 지역 고유성이 사라질 가능성도 고려해야 한다.

최근 문화체육관광부의 '가고 싶은 섬 시범사업'과 '슬로시티 인증'을 통한 청산도의 슬로시티 관광자원화 사업은 2017년 '한국관광 100선'에 선정되며 꼭 한번 가봐야 하는 명소로 부상했는데 동 사례는 관광 관련 사업의 체계적 추진으로 도서 지역이 활성화된 대표적 사례이다.

☞ 지역관광거점도시란 고유한 지역관광 브랜드를 지닌 도시로, 글로컬 관광도시로 도약할 수 있는 세계 수준의 관광자원과 수용태세를 갖춘 기초자치단체
- 관광인프라와 관광자원을 보유한 기초 도시를 지역관광거점도시로 육성
- 외래관광객이 가고 싶은 모델도시 육성, 외래관광객의 지역 편중 현상 해소

2) 국내 관광여건

❍ (지역소멸) 전남, 경북, 전북, 강원 등 4개 지역은 2020년 고령인구 비중이 20% 이상으로 초고령사회에 이미 진입하고 있으며 지역소멸에 대해 선제적으로 대응할 필요. 예를 들어 인프라 낙후 지역 정비, 거점도시 중심 발전 전략 수립 등이 시급한 과제로 대두되고 있는 상황

❍ (외래관광객 현황) 2019년 우리나라를 방문한 외래관광객은 1,750만 명으로 집계 전년 대비 14.0% 증가했으며 이는 방한 외래객 역대 최고 기록. 중국 및 일본과의 갈등에도 불구하고 정부의 비자 발급 편의 확대, 시장 다변화 정책 등이 긍정적 영향을 준 것으로 판단, 중동호흡기증후군(메르스) 여파로 관광객이 감소한 2015년, 사드 배치 이슈로 중국인 관광객이 급감한 2017년을 제외하면 전반적으로 방한 외래객 시장 규모가 커지고 있는 상황

❍ (지역관광 현황) 2019년 내국인 국내여행 횟수와 여행일수, 여행지출액은 전년 대비 모두 증가. 국내여행 경험률은 92.4%로 2018년보다 3.2% 증가,

국내여행 횟수 총량은 3억 4,475만 회로 2018년보다 3,359만 7천 회 증가 : 다만 숙박 여행에 있어 관광목적이 강한 숙박 여행이 증가

❍ (관광산업의 미래 일자리 전망) 4차 산업혁명, 저출산 및 고령화 등 기술, 사회경제적 변화에 직면해 있어 일자리, 일하는 방식의 변화 예상 : AI, 빅데이터, 플랫폼 등의 활용이 점차 증가되고 있으며, 키오스크 등의 무인화 서비스로 인해 관련 분야의 일자리가 감소될 것으로 전망

❍ (여행 트렌드) 스카이스캐너(Skyscanner)가 아시아 · 태평양 지역의 약 1억 명의 여행자들의 검색 정보를 분석해 2020년 여행 트렌드 조사 결과 발표 : 조사 결과를 바탕으로 느린 여행(Slow Travel)의 인기 증가와 해변여행지 선호 등 여행의 목적 중에서 휴식을 가장 중요하게 여기는 경향 확인

❍ (지역관광 활성화 방향) 관광시장에 긍정적인 변화가 나타나지만 그 효과가 아직 지역으로까지 확산하지 못하고 있음. 지역별 특화 콘텐츠, 교통, 숙박 등 관광인프라 확충 등을 통하여 지역관광 전략 거점 조성 필요, 스포츠, 웰니스 관광 클러스터 · 국제회의 복합지구 지정 등 고부가가치 산업과 지역관광자원을 연계해 지역관광 수익성 향상과 일자리 창출 도모할 필요

3) 지역관광의 긍정적 효과

❍ (정의) 관광객의 거주 국가 내에서 이루어지는 모든 여행을 포함하는 개념으로 휴식, 여가, 기분 전환, 지식 습득, 문화 체험, 비즈니스, 친지 방문 등 다양한 목적과 범위를 포괄적으로 의미

❍ (경제적 효과) 해당 지역의 경제 활성화에 크게 기여. 숙박, 음식, 쇼핑, 교통 등 관광산업을 발전시키고, 새로운 일자리를 창출, 지역주민들의 소득 증대에 긍정적인 영향 기대

❍ (문화 보존) 관광객이 지역의 고유한 문화, 역사, 전통을 접하고 경험하면서 해당 지역의 문화적 가치가 보존되고 발전하는 데 긍정적 효과 기대. 지역주민은 관광객과의 상호작용을 통해 문화적 자긍심 도취 가능

❍ (지역사회 활성화) 관광객 유치는 지역의 인프라 개선(도로, 숙박시설, 편의시설 등)을 유도하고, 지역주민의 삶의 질 향상에 기여. 지역주민들이 관광 활동에 참여하면서 공동체 의식 강화 효과도 기대

❍ (지속가능한 발전) 최근에는 환경 보호와 지역사회와의 상생을 고려하는 지속가능한 지역관광의 중요성이 더욱 강조되는 추세. 지역관광은 단순히 여행을 넘어서 지역 경제와 문화 등 지역사회 전체의 지속가능한 발전과 연계되는 중요한 요소로 부상하고 있음

☞ 국내 지역관광 성공사례의 공통적 요소

① 다른 지역과 차별화되는 지역 고유의 특색과 자원 활용
② 스토리텔링과 브랜드 구축 : 단순한 관광사이트의 제공이 아닌 다양한 의미와 가치를 부여하여 방문객의 흥미와 관심을 유도
③ 단순히 구경하고 가는 것이 아니라, 직접 참여하고 경험할 수 있는 체험형 콘텐츠와 프로그램 개발에 집중
④ 지역주민의 참여와 상생 : 지역주민들이 관광활동의 주체가 되어 소득을 창출하고, 관광객과 긍정적인 상호작용을 통해 지속가능한 발전 도모
⑤ 관광객의 접근성과 편의성을 높이는 지역관광 인프라 구축에도 투자

에세이 : 지역관광과 참을 수 없는 여행의 가벼움

만약에 우리가 강릉이라는 도시를 평생 오직 한 번만 갈 수 있다면 마음속에 강릉은 늘 아름다운 추억으로 남을 가능성이 높다. 따로 비교할 그 무엇도 없으니 강릉 여행에 대한 기억은 황홀한 가벼움으로 가득찰 것이다. 여행의 느낌은 가볍고 느리다. 우리는 살면서 수시로 남과 비교하다가 종종 마음이 무거워진다. 밥벌이의 일상은 늘 무겁다. 모든 비교는 불행하다. 그럼에도 남보다 가성비 좋은 여행을 꿈에 그리며 무거운 일상을 버티는 게 일반적이긴 하다. 혹독한 일상의 무거움을 일탈의 가벼움으로 바꿀 수 있다면 그게 여행의 묘미가 아닐까?

최근 방한 관광객 수가 코로나-19 발생 이전 수준으로 회복되는 중이라고 한다. 한국에 외국인이 가장 많이 들어온 해는 2019년으로 1,750만 명이었다. 하지만 인천공항을 통해 입국한 외국인 관광객의 대부분은 서울, 부산, 제주 등 특정 지역만을 선택한다. 그러니 제조업에 비해 고용 창출 효과가 높은 관광산업의 활성화를 통해 지역경제에 활력을 불어넣고 싶어도 마땅한 방법이 없다. 인구 소멸에 대비하기 위해 지역관광상품을 개발하려고 맘을 먹은 대부분의 지자체에서는 암울한 심정이다. 그 지역 고유의 매력적인 관광콘텐츠의 부족도 문제이지만 숙박, 교통 등 국제적 수준의 관광 인프라와 서비스 부족이 주요 원인으로 파악된다. 2024년도 지역관광발전지수 동향을 분석한 결과, 전반적으로 등급이 향상되기는 했으나 아직도 4등급(평균수준) 이하로 평가된 지자체가 여전히 96개로 지역관광의 역량 강화를 위해서는 가야 할 길이 멀기만 하다. 지역관광 인프라를 확충해야 하는 지자체장들의 어깨는 늘 무겁다.

물론 정부에서도 이미 2018년도에 지역관광 활성화 방안을 발표하고 지역이 스스로 관광사업을 주도할 수 있도록 한국형 DMO(Destination Marketing Organization)제도를 도입해 지역 주도형 관광개발로 전환했으며 교통, 숙박 등 지역관광 인프라 개선을 위한 노력을 기울이는 한편 해양 관광, 농촌 생태관광, 역사 · 문화 테마 관광상품 개발 등 매력적인 지역특화 관광콘텐츠 확충을 위해 매진해 왔다. 그 결과 지역관광 관련 일련의 사업에서 성과를 내고 있다고 발표하기도 했다. 예를 들어 하동군의 체류형 야간관광 활성화 사업인 '다달이 하동', 하동형 숙박모델인 '호텔 다숙' 등을 통해 관광객 유치를 증가시켰으며, 전주시는 전주를 대표하는 맛집과 문화 공연을 연계한 '전주맛집 투어패스' 사업을 통해 지역관광과 예술인들의 상생 발전에 기여하고 있다고 한다.

2019년도 대비 현재까지 관광시장의 질적 지표상으로는 성공한 내용도 꽤 보인다. 한국방문 외국 관광객의 체류 기간, 1인당 지출액, 장거리 관광객 비중이 소폭 증가했으며 기존 방한객 3만 이상 국가가 25개국에서 30개국으로 늘어나기도 했다. 하지만 외국 관광객의 최초 입국지점인 공·항만에서 직접 지역으로 연계되는 다양한 관광 서비스가 아직은 보이지 않는다. 공항에서부터 지역관광으로 연결되는 뭔가 특별한 서비스 개발은 여전히 진행 중인 것이다. 통계적으로 외래관광객의 10명 중 8명은 수도권에 집중되는 것으로 나타난다. 현재 상황에서 지역관광 활성화를 위해 부족한 것이 무엇이며 어떤 새로운 정책과 전략이 필요한 것일까? 우선 앞에서 언급한 것처럼 국제 경쟁력을 갖춘 콘텐츠 부족, 교통, 숙박 등 미흡한 관광인프라 그리고 지자체의 관광역량 등을 그 원인으로 들 수 있다. 지역 상생 발전을 위해 지역마다 관광전략 거점도시를 만들어 글로벌 관광대국을 만들겠다는 중앙정부의 지역관광 활성화 계획은 진즉부터 상처 난 깃발처럼 무겁게 가라앉아 있다. 글로벌 관광도시를 꿈꾸던 목포나 통영을 가보면 누구나 알 수 있는 사실이다. 답은 늘 현장에 있다.

다시 강릉으로 돌아가보자. 지난 5월 황금연휴 동안 강릉을 찾은 관광객 수가 무려 88만 명에 달했다고 한다. 도대체 무엇이 이토록 많은 이들을 강릉으로 이끈 것일까? 답은 바다와 산으로 어우러진 강릉이라는 도시만의 독특한 관광콘텐츠에 있을 것이다. 괜찮은 여행지는 두 번 이상 가는 경우가 많다고 한다. 역사에서 히틀러가 또다시 나타나는 것을 원하는 이는 없어도 베토벤이야 몇 명 더 되어도 좋지 않겠는가? 강릉이라는 도시에는 그런 황홀한 매력이 있는 것 같다. 한 가지 더 꼽는다면 서울에서 KTX를 타면 2시간 만에 도착할 수 있어서 접근성이 뛰어난 점도 들 수 있을 것이다. 교통, 숙박 등 지역관광인프라의 개선은 외국 관광객까지 증가케 만드는 주된 수단이다. 예를 들어 가덕도 신공항이 완공되면 부울경 등 지역에도 많은 외국인이 찾아와 인바운드 관광대국으로 갈 수 있는 길이 열릴 가능성이 높아질 것이다. 얼마 전에 동대구에서 강릉까지 누리로를 타고 아름다운 동해안을 따라 느리고 소박한 기차여행을 즐길 기회를 얻은 적이 있었다. 정차역마다 바다를 향해 늘어선 소나무 숲 사이로 희끗희끗 보이는 파랗고 빨간 지붕들이 인상적이었다. 그때 쾌적한 교통수단과 가벼운 여행의 상관관계를 새삼 따져보기도 했었다. 지방으로의 접근성을 높이기 위한 세심한 지원전략이 절실한 시점이다. 대규모 예산이 투입되는 철도나 공항 등 인프라 확충은 늘 우리의 머리를 무겁게 한다. 하지만 우린 그 무거움을 통해 참을 수 없는 여행의 가벼움을 느낄 수 있는 것이다.

2. 수도권

1) 서울

(1) 관광 여건

① 최근 서울시는 관광정책의 대상을 외래관광객 중심에서 국내외 관광객과 서울 시민으로 확대 중

- 외래관광객 중심의 서울 관광정책에서 벗어나 국내 여행수요 증가 및 내국인의 서울관광을 확대할 수 있는 정책 제시
- 서울시민의 여가 기회와 생활권 인접 지역으로의 여행 확대를 위해 서울의 관광상품과 자원의 다양화 방안 제시

② 관광객들이 다시 서울 내 명소에 관심을 가질 새로운 콘텐츠가 필요한 시점, 서울 여행명소로 검색 상위를 차지했던 강남, 홍대의 순위도 점차 내려가는 추세로, 국내 여행지 검색에서 강원도에 역전 우려

③ 서울 대표 산업과 관광을 연계한 '서울형' 고부가가치 관광상품 확대

- 융복합 관광을 통해 고부가가치를 확대, 관광객의 양적인 성장보다는 질적 성장으로 관광객 1인당 지출 비용과 관광객 만족도 증가 전략 필요
- 또한 MICE 산업을 확대하기 위해 기존 동남권의 잠실국제교류복합단지를 거점으로 MICE 클러스터를 육성하고 세계적 MICE 도시로 성장하기 위한 기반 마련

(2) 도시관광 발전 방향

① 관광상품의 고부가가치 향상을 위해 서울시 대표 산업과 관광을 접목하여 융복합관광상품 개발 확대, 지역산업 및 경제 활성화 유도

② MICE · 의료관광 등 분야의 고도화 및 K-뷰티 및 K-컬처 사업의 활용도 확대 등 신규 분야 발굴과 기반 조성

③ 서울 관광상품 품질 개선을 위해 관광객 세부 시장에 따른 프리미엄 지역관광 콘텐츠 및 코스 발굴, 서울시 대표 메가이벤트 발굴 및 유치

(3) 융 · 복합 관광상품 개발 사례

① 관광 MICE 산업 클러스터 구축

- 사업 지역 : 잠실, 마곡
- 주요 내용
  - MICE 행사의 지속적 유치를 위한 국내외 다양한 맞춤형 마케팅 활동을 수행하고 서울관광으로의 연결 방안 모색 - 해외 버추얼 MICE 전시회와 MICE 전문 국제 전시 · 상담회 또는 MICE 유관기관 총회 등 참가 확대를 통해 국제회의, 인센티브, 기업회의 등의 서울 유치 마케팅을 강화
  - 해외 바이어 및 미디어를 초청한 인센티브 팸투어 개최 등 뉴노멀 트렌드를 반영한 전략적 마케팅 및 홍보활동 실행
  - MICE 전문 인력 양성 및 MICE 행사에 참여 연결 등 서울 MICE 행사의 성공적인 개최를 지원하고 뉴딜일자리 사업의 일자리 창출
  - 전문 교육과 멘토링으로 MICE 글로벌 인재를 양성하는 등 고급 인력을 확보, 인력풀 등록을 통한 취업 매칭으로 이어질 수 있도록 지원
  - 홍보단, 서포터즈, 인턴십 등 운영으로 MICE 행사 지원구조 마련
  - 가상 서울 MICE 인프라 플랫폼(Virtual Seoul) 구축으로 서울 홍보 및 서울의 온라인 MICE 유치 경쟁력을 높이고, MICE 산업의 디지털 전환을 통한 뉴노멀 시대 준비
  - 공공 가상회의 플랫폼으로의 버추얼(virtual) MICE 베뉴를 업계에 배포하고 버추얼 서울을 활용한 MICE 행사 개최 지원

② 의료관광 및 웰니스 관광상품 개발

- 사업 지역 : 동대문, 중구, 강서, 영등포 중심 서울 전역

- 주요 내용
  • 서울시 의료관광의 시장 확대 전략 마련, 웰니스까지 사업영역을 확장하여 신규 시장개발 및 지원. 검진 · 치료의 협소한 의미에 국한되었던 '의료'를 건강관리 및 치유, 스파, 관광, 쇼핑, 슬로우푸드, 심신 안정과 정신수양이 포함된 '웰니스'로 개념을 확대 · 적용
  • 서울은 선진 의료기술과 수준 높은 의료진, 다양한 의료 인프라가 구축되어 있어 국내에서도 이미 의료관광 대표도시로 자리를 잡았으나, 힐링, 건강, 수양 등 웰니스 관광부문은 상대적으로 덜 알려진 상황

    * 전국 외국인 환자 유치 병 · 의원 1,467개소 중 서울 소재는 총 901개소로 전국의 61.4% 차지, 2019년 기준 외국 의료관광객 중 64.4%가 서울에서 진료

  • 중기부 지역특화발전특구로 지정된 4개 자치구(동대문구, 중구, 강서구, 영등포구)를 중심으로 특화된 우선 사업 추진 후 서울시 전역으로 확대

☞ 웰니스 트래블 인 서울 70선

• 서울시와 서울관광재단은 서울의 특성을 반영해 도심에서 즐길 수 있는 서울형 웰니스 70선과 테마코스 10선을 선정함–서울형 웰니스는 자연에서 즐기는 힐링 중심의 기존 웰니스 개념에서 벗어나 서울 도심에서 즐길 수 있는 도심형 웰니스로 개념을 확장해 정의–뷰티 · 스파/웰빙푸드/피트니스 · 요가/자연 · 숲치유/힐링 · 명상 등 총 5가지 테마의 70선을 제시–선정된 웰니스 관광자원을 중심으로 서울형 웰니스 테마 코스 10선을 구성하여 일반 관광객뿐만 아니라 2030 직장인이나 미식가 그룹, 개별 관광객 등 서울을 방문하는 내외국인들의 다양한 취향을 고려한 맞춤형 코스로 제시

• 서울시는 이외에도 포스트코로나에 대비한 의료관광 전문 인력의 양성, 의료관광 코디네이터 위촉, 온라인 국제트래블마트를 통한 약 62억 원 계약 협의 성과 도출 등 다방면에서 노력 중

출처 : 서울의료관광(https://medical.visitseoul.net/wellness)

웰니스 트래블 인 서울 : 서울 한방진흥센터

출처 : 서울시 의료관광 홈페이지

2) 경기도

(1) 관광 여건

① 유네스코 지정 한국 세계유산 중 수원화성, 조선왕릉, 남한산성이 경기도에 위치하며 송탄관광특구, 동두천관광특구, 고양관광특구, 수원화성특구, 파주 통일동산관광특구 등 5개 특구를 지정하여 운영 중

② 호텔업 현황으로는 전국 총 객실 수 211천 실(호텔 163천 실, 휴양콘도미니엄 49천 실)에서 경기도는 서울, 제주, 강원 다음으로 17천 실을 보유하고 있으며 인천공항, 서울 등과의 연접성 등으로 콘도미니엄보다는 관광호텔의 규모가 많은 특징을 지님

③ 경기도의 국내관광객들은 주로 당일여행의 형태(85.1%)로 진행되며 숙박하지 않은 이유는 '집에서 가까워서'가 58.4%로 경기도 국내관광객은 주로 서울 등 경기도 근교, 경기도 내 타 시 · 군에서 방문하는 경향

④ 경기도 방문 외국인의 도내 비(非)숙박 비율은 85.3%로 나타났으며, 이는 동년 국내관광객의 당일관광 비율인 85.5%와 매우 유사, 외국인 관광객들 역시 주요 숙박장소로 87.9%가 서울시로 응답, 주로 서울에 거점을 두고 경기도를 당일 관광하는 형태

⑤ 가장 마음에 들었던 경기도 관광 활동으로 놀이공원/테마파크(51.4%)가 가장 높은 비율로 응답되었으며, 다음으로 지역 음식 체험(14.3%), 공원/수목원/휴양림(13.9%), 안보 관광지 방문(13.6%) 순으로 나타남

⑥ 관광분야와 관련하여 동북부지역의 관광자원과 공해없는 친환경 산업을 새로운 지역발진 동력으로 활용해야 하는 필요성이 제기되고 있으며, 북부지역이 군사지역이라는 이미지로 인해 심리적인 거리감이 존재하여 관광목적지로서의 인식이 부족하다는 점은 극복해야 할 한계로 지적됨

⑦ 이에 당일관광 위주의 관광객규모 1위, 캠핑관광 1위, 숙박시설 광역 1위 등 강점 요인의 단절현상을 해소하여 관광자원의 결합 및 인프라 정비를 통한 다목적 숙박형 관광, 체류형 관광을 활성화시킬 필요

(2) 지역관광 발전사례

① DMZ 평화 관광

가. 배경 및 필요성

- DMZ · 접경지역은 역사 · 문화적으로 수많은 역사 · 문화 유산이 산재되어 있는 곳으로 세계적인 관심과 주목을 받을 수 있는 평화 · 생태 · 관광 자산을 활용하여 국제이벤트, 국제기구 등의 유치 등을 통해 한반도 평화 프로세스에 대한 국제사회의 공감대 확산 필요

- DMZ · 접경지역의 우수한 생태자원과 국제적 관심을 기반으로, 국제적인 평화관광지 조성 및 국제적인 평화협력 사업 추진

나. 세부사업

① 평화의 길 10선 조성사업

- 'DMZ 평화의 길' 사업은 2019~2022년까지 평화누리길을 제외한 접경지 10개 시군의 농로, 임로 등 기존 길을 연결하고 거점센터 조성 및 일부구간 확장을 통한 DMZ 도보여행길 조성
- DMZ가 품고 있는 생태 · 문화 · 역사 · 자원을 활용한 '도보 여행길' 조성을 통해 지역경제 활성화 및 한반도 대표 도보길로 브랜드화
- 도보 여행자들의 체류형 관광을 유도할 수 있는 시설 조성
  - 노선에 인접한 위치 중 폐교, 마을회관, 軍 폐막사 등 기존 유휴건물 등을 리모델링하여 식당, 카페, 게스트하우스 등으로 운영(4개소)
  - 농로, 임로 등 기존 길(평화누리길 제외)을 활용하여 단절된 구간 연결, 거점센터 조성 및 일부 구간 확장 등을 통한 DMZ 도보 여행길 조성
- 구간 : 애기봉~애기봉 평화생태공원, 신평막사(신평IC)~통일촌 막사(킨텍스IC), GOP 제2통문입구 ~ 516철거GP, 121침투로 ~ 승전OP~경순왕릉

② DMZ 농촌체험관광 특화단지 조성

- 접경지역 특성을 장점으로 새로운 농업 관광을 통해 청정지역을 브랜드화 하고, 농경지의 청정 환경을 유기농업이라는 주제를 통하여 새로운 관광으로 상품화
- 농업이 가지고 있는 콘텐츠를 이용한 다양한 농업체험 및 관광상품의 개발을 통한 지역사회의 발전과 함께 연천 지역의 다양성을 제시하고, 다양한 프로그램 수립을 통한 지역경제 활성화에 기여
- 사업개요
  - 위치 : 연천군 군남면 옥계리 768번지 일원

• 부지면적 : 823,965㎡(공공분야 638,225㎡, 민자분야 185,740㎡)
• 사업기간 : 2017~2022
• 사업내용 : 전망시설, 모노레일, 숲속놀이터 및 덴마크형 테마마을 조성

철원군 학마을 센터

출처 : 철원군 관광 홈페이지

3) 인천

(1) 일반현황

① 지정학적 위치

가. 인천공항, 인천항 등이 위치한 대한민국 관문으로서 교통 접근성이 높고 자연 · 역사 · 문화 · 해양, MICE 등 다양한 관광자원을 보유하여 관광도시로서 높은 잠재력을 갖추고 있어, 통합적 관광 개발계획 수립이 요구됨

나. 마이스 유치 건수, 해외의료관광객 증가 등 수요지표 개선에 따른 기반시설 확충 및 송도 · 영종 · 청라 국제도시의 주요 프로젝트로 인스파이어 IR, 의료

복합타운 등이 추진되고 있어 향후 조성되는 인프라를 활용하여 세계적 관광도시로 도약할 수 있도록 정책적 지원 필요

* 인천권 해외의료관광객 추이 : 2010년 2,898명 → 2019년 24,864명

② 교통수단

가. 인천공항, 인천항 등이 위치한 대한민국 관문으로서 교통 접근성이 높고 동북아 지역 허브 공항인 인천국제공항을 보유함으로써 한반도 전역뿐만 아니라 동북아 지역의 관문 도시 역할 수행 중

* 2019년 기준, 52개국 173개 도시 노선을 운항 중

나. 인천 국제 여객선 터미널에서는 중국 각 지역 도시로 향하는 10개 노선의 여객선이 운항되고 있으며, 백령도, 덕적도, 이작도, 연평도, 육 · 풍도 항로의 5개 항로가 개설 중

다. 철도 노선은 2016년에 개통한 인천도시철도 2호선을 포함해, 광역철도 3개 노선, 도시철도 4개 노선이 운영 중이며, 인천광역시 구간 총 연장은 135.28㎞, 총 역수는 94개 소로 나타남

* 경인선, 인천국제공항철도, 수인선, 인천도시철도 1호선 · 2호선, 지하철 7호선, 인천공항 자기부상철도

③ 관광여건 및 향후 발전방향

가. 관광여건

- 주요 관광지를 살펴보면, 상위는 차이나타운, 송월동 동화마을, 영종도 파라다이스시티, 월미문화의 거리, 현대아울렛, 센트럴파크, 강화루지, 인천국제공항, 강화도, 월미도로 나타남
- 동북아시아 및 대한민국 관문 도시로서 국내 · 외 지역의 연결성 강화(인천국제공항의 4단계 확장 사업 진행 중, 인천발 KTX 신설, 제2수도권 고속도로 등 국내 및 국외 지역을 연결하는 거점 지역으로서 접근성 개선
- 근대산업유산과 경제자유구역이 공존하는 문화적 환경. 개항장을 비롯한 근대유산과 영종, 송도, 청라 국제도시의 스마트한 첨단 건축물이 공존함으로 인해 젊은 세대의 소비 욕구를 충족시킬 잠재력 무한

- 수도권 유일 해양 및 도서 지역을 보유한 근거리 나들이 관광객을 위한 공간 보유, 근거리 관광객의 소비욕구에 부합하는 관광자원을 보유

나. 한계

- 외국관광객을 인천에 머무르게 할 핵심 관광 콘텐츠의 부재, 외국관광객 입장에서 서울 혹은 한국의 기타 지방으로 이동하기 위한 통로의 의미
- 경제자유구역 국제도시와 인천공항 등을 중심으로 뛰어난 관광수용태세와 달리 원도심 지역, 도서 지역 등은 수용 태세를 갖추고 있지 못함
- MICE 및 의료관광 관련 융복합 관광 인프라 또한 특정지역에 집중적으로 분포하고 있으나 인천다운 관광 콘텐츠의 부족으로 확장성에 한계 노출
- 인천 고유의 특성을 반영한 관광 콘텐츠 발굴 및 육성 필요 : 개항장 및 원도심지역 문화 유산을 활용한 복합 문화공간 조성, 투어 프로그램 개발 및 운영에 집중할 필요

(2) 지역관광 발전 사례

① 인천시 건축물 대상 스토리텔링 관광 프로그램

가. 사업배경

- 인천은 한국 근대역사 시작지로 다양한 시간대의 자원인 근대 건축물과 미래지향적인 송도의 초현대적 건축물이 공존하는 도시임
- 인천 중구를 중심으로 1883년 인천항 개항 이후 건축된 중구 개항장의 근대건축물과 송도국제도시의 초현대적 건축물을 연계하여 일일 관광 프로그램 개발 운영

나. 사업내용

- 개항장-송도국제도시 연계 건축물 투어 프로그램 개발 및 운영
- 중구 개항장의 근대 건축물들을 구경하며 근대로의 시간 여행을 테마로 한 건축물 투어 전문 해설사 양성
- 개항장-송도국제도시를 연계한 대중교통, 스마트 모빌리티 제공 등

- 인천 시 · 공간여행 AR · VR 콘텐츠 발굴, 개항장 일대의 건물과 공간을 활용하여 AR · VR이 가미된 매력적인 관광 콘텐츠 개발

다. 사업추진 주체 : 인천광역시 관광진흥과(인천관광공사)

라. 기대효과

- 과거와 미래가 공존하는 인천의 모습을 건축물로 살펴보는 스토리텔링형 관광 프로그램 개발로, 여행객들의 관심 제고
- AR 관광상품 개발사업을 통해 인천시의 숨은 역사에 대한 이해를 높이는 스마트관광 구현
- 인천 시 · 공간여행 AR · VR콘텐츠 발굴을 통해 체험형 콘텐츠로 만들어 전통 · 문화 관광에 대한 흥미 촉진 및 체험 관광지에서의 체류시간 증가

개항장과 근대역사 문화관광, 인천개항박물관

출처 : 인천광역시 홈페이지

② '인천 섬 도도하게 살아보기' 사업

가. 사업개요

- 사업목적 : 인천 섬만의 차별화된 관광상품 확대 운영을 통해 지속가능한 관광 도모 및 주민 소득 증대 기여

- 사업대상지 : 소이작도, 볼음도, 덕적도, 백령도, 대청도, 영흥도, 자월도, 문갑도, 선재도(9개섬, 2022년 기준)
  * 점진적 확대 : '22(9개) → '23(10개) → '24(11개) → '25(13개) → '26(14개)
- 사업내용 : 섬별 특색을 반영하여, 소규모 맞춤형으로 섬 생태 · 문화 · 로컬푸드를 즐기며 지역주민과 살아볼 수 있는 상품 개발 · 운영

나. 추진경과

- '21. 5월 : 「섬 관광 콘텐츠 발굴 및 상품개발」 사업 위 · 수탁 협약 체결
- '21. 5월 : 강진군 푸소(체류형 관광상품) 사례조사를 위한 현장 답사
- '21. 6월 : 시범운영 준비 및 숙박업체 지원 물품 구매
- '21. 7월 : '인천 섬 도도(島島)하게 살아보기'상품 시범운영

다. 세부사업내용

- 운영기간 : 2022.2.~12, 주중(날씨 영향에 따라 2, 12월 제외)
- 상품구성 : 섬별 2박 3일 또는 4박 5일 세미패키지 상품 형태
- 세미패키지 : 패키지 일정 중 반나절이나 하루 정도 자유 시간을 주는 것
- 상품별 판매가의 50~60% 예산 지원을 통한 고객 부담 완화
- 수익구조상 일자별 최소 모객인원 6인 충족해야만 운영 가능

☞ 세부프로그램 내용
- (예약) 여행사 및 OTA 홈페이지를 통한 선착순 사전 예약제
- (숙박) 섬별 주민 참여 모집을 통한 숙박 운영자 선정 및 교육
- (식사) 선정된 민박에서 조식 제공, 이외 자유식으로 추천 식당 안내
- (교통) 왕복 배편 및 섬 내 이동수단 제공
- (체험 프로그램) 섬별 특성에 따른 필수 체험 및 선택 프로그램 제공
  * 소이작도 : (필수) 쿠킹클래스, 풀등 관람/(선택) 바다낚시, 해변요가 등

라. 추진방안(추진 체계)

- 사업주체 : 인천관광공사 관광산업실 도서발전지원센터
- 사업기간 : 2022 ~ 2026

- 투자계획 : 6,200백만 원
- 재원조달 : 시비(위탁사업)

마. 기대효과

- 청정 섬 자원을 활용한 차별화된 관광상품 도입으로 섬 관광 경쟁력 강화
- 섬 체류형 관광상품의 단계적 확대 추진을 통한 지속가능한 관광 비즈니스 모델 기반구축 및 주민소득 증대 기여

옹진섬 도도하게 살아보기 광고포스터

출처 : 인천광역시 홈페이지

3. 강원권

1) 일반현황

(1) 교통

가. 철도

- 강원도를 통과하는 철도는 경춘선, 중앙선, 영동선, 삼척선, 태백선, 정선선, 경강선 총 7개 노선 - 2017년 2월에 강릉선이 개통함에 따라 수도권과 강원지역을 2시간 이내로 연결하여 동해권 관광 활성화에 기여
- 그러나 KTX 개통 효과는 강릉선이 지나는 원주시, 횡성군, 평창군에 고르게 분산되지 못하고 강릉시에만 집중
- 2019년에 집계된 강릉선 KTX 역별 여객승하차 실적을 살펴보면 만종~진부역에서의 승하차 인원 총합계보다도 강릉역의 승하차 인원이 2배가량 더 많은 상황

나. 공항

- 현재 도내에서 운영되고 있는 공항은 양양국제공항과 원주공항 2개소이며, 양양국제공항은 민간항공노선, 원주공항은 제주 노선 운영 중
- 양양국제공항은 강원도 관광의 항공관문으로서 설악 및 금강산 등 영동권 관광자원을 활용하여 외래관광객 유치 및 지역 균형 개발 등을 목적으로 영동권 중심의 거점공항으로 거듭나고자 항공교통서비스를 제공
- 원주공항은 중부권에 위치해 영서와 일부 경기·충북권의 수요를 충족할 수 있는 내륙 항공교통망 역할을 담당하는 소형공항으로 향후 내륙 노선의 지역거점 공항으로 발돋움할 발전 가능성 존재
- 2020년에 코로나19의 여파로 인한 항공업계의 침체 가운데서도 양양국제공항은 이용객 수가 늘었는데, 이는 플라이강원의 취항과 짧은 이동 시간, 그리고 청정지역으로 대표되는 동해안권의 이미지가 부각되어 관광객이

증가하면서 항공편이용객도 증가한 것으로 분석

다. 항만

- 국가가 관리하는 무역항 1개소(동해 · 묵호항), 강원도가 관리하는 무역항 4개소(속초항, 옥계항, 삼척항, 호산항), 연안항 1개소(주문진항)가 위치
- 해양수산부가 관리하는 국가어항 14개소, 도지사가 관리하는 지방어항 14개소, 시장 및 군수가 관리하는 어촌정주어항 23개소, 소규모어항 7개소
- 제4차(2021~2030) 전국 항만기본계획에 따르면 속초항은 동해권 관문항만으로의 기능 강화 및 항만을 기반으로 한 지역관광산업 활성화 지원, 주문진항은 동해권 어업 및 해양관광 중심항만으로 육성, 동해 · 묵호항의 묵호지구는 여객 및 관광기능 중심으로 기능 특화, 삼척항에는 주변 관광지와 조화된 친수시설 확대 계획

(2) 관광자원

가. 한국 관광의 별

- 강원도는 전라남도와 더불어 최근 5년간 한국 관광의 별에 등재된 관광지를 가장 많이 보유하고 있는 광역지방자치단체임 : 대관령(평창군), 남이섬(춘천시), 비무장지대(고성군), 서피비치(양양군), 와이파크(영월군)
- 특히 2020년에 선정된 관광자원들은 비교적 최신 관광지로서 신규 자원들이 한국의 대표 관광자원으로 인정받았다는 점에서 향후 발전 가능성 부여 필요

나. 한국관광 100선

- 문화체육관광부의 '2021/2022 한국관광 100선'에 따르면 강원도의 경우 10개소가 선정되었으며, 설악산국립공원과 남이섬은 5회 연속 선정되어 명실공히 한국의 대표 관광지로 자리매김
- 또한 강릉커피거리, 대관령, 뮤지엄산, 원대리 자작나무숲 등 관광객들의 수요가 끊임없이 많은 곳이 다수임

- 한국관광 100선에 선정된 국내 관광지는 모두 29개소이지만 이 중 강원도에는 한탄강 유네스코 세계지질공원 1개소가 선정
- 기존 관광지의 브랜딩 강화도 중요하지만 신규 관광지와의 연계를 통한 강원도 여행의 신선도를 유지하는 전략도 병행 필요

(3) 관광시장 현황

가. 국내여행 횟수

- 2019년 국내여행 횟수 총량이 가장 많은 Top 5개 시 · 도 자료를 살펴본 결과, 전체 국내여행 횟수는 경기도가 5,236만 5천 회로 가장 많았고 강원도가 4,043만 6천 회를 기록. 숙박여행의 경우 강원도(2,862만 7천 회)가 경기도의 2배이자 전국 최고 수준. 관광여행에 있어서는 강원도여행 횟수 총량이 경기도를 약간 상회. 관광목적성이 강한 여행의 경우 강원도가, 기타여행의 경우 경기도가 전국 최고. 2017년부터 3년간 추이를 살펴보면, 강원도는 경기도에 비해 비약적으로 성장

나. 국내여행 일수

- 2019년 국내여행 일수 총량이 가장 많은 Top 5개 시 · 도 자료를 살펴본 결과, 전체 국내여행 일수는 강원도가 8,067만 1천일로 가장 많았고 경기도가 7,149만 9천 일을 기록. 앞서 분석한 국내여행 횟수와 종합적으로 검토해 보면, 강원도의 여행횟수는 경기도에 밀리지만 1회당 체류일수가 경기도보다 많은 숙박여행 목적지로서의 특성을 뚜렷하게 보유. 관광여행에 있어서도 강원도여행 일수 총량(7,347만 5천 일)이 경기도의 약 1.5배가 되는 높은 수준. 관광여행 중 숙박일수 총량(6,328만 일)은 경기도의 약 2.8배 수준. 강원도의 당일 여행 일수 총량은 2018년과 2019년에 비슷한 수준

다. 국내여행 1인 평균 지출액

- 2019년 국내여행 1인 평균 지출액이 가장 많은 Top 5개 시 · 도 자료를 살펴본 결과, 평균 지출액은 강원도가 14만 4천 원으로 가장 많았고 제주

도가 12만 2천 원을 기록. 타 시 · 도에 비해 강원도를 방문하는 관광객의 소비가 매우 높은 수준. 2017년부터 3년간 추이를 살펴보면, 강원도에서의 1인 평균 지출액은 우상향하였으며 이는 전국 공통적인 현상. 강원도의 당일여행 1인 평균 지출액 역시 우상향하고 있으나 경기도에 비해 완만하게 상승

2) 강원도의 거점 관광권

(1) 춘천거점관광권

춘천시는 대표적인 축제나 이벤트가 부족하지만 낭만 도시라는 이미지를 바탕으로 상당한 관광시장을 형성. 용산-청량리-춘천을 잇는 ITX 철도 노선과 서울-양양고속도로를 통해 춘천시를 중심으로 내외국인 관광객의 안정적인 관광 수준을 유지 중. 춘천시와 밀접하게 연계된 시군은 화천군과 홍천군이며 차로 30분 거리 내에서 다양한 관광 활동 가능

☞ 춘천시의 도시 서비스를 바탕으로 한 외국인 개별관광객 수용도 향상, 2022년 레고랜드 개장을 앞둔 도심권 관광 재생, 춘천시-홍천군을 잇는 대규모 관광단지의 인기 확대 등

(2) 강릉거점관광권

2018평창동계올림픽 개최 이후 글로벌 서비스 기반의 관광 경쟁력이 확대된 상황에서 서울부터 강릉을 잇는 KTX 강릉선의 중요성이 부상 중으로 커피, 서핑, 문화예술 등 MZ세대를 기반으로 하는 새로운 문화관광 콘텐츠들이 도시관광을 더욱 돋보이게 만드는 역할 기대. 양양군과는 공항이 연결되고, 평창군과는 올림픽 레거시 차원의 협력이 전개되며, 동해시 · 삼척시와는 예전부터 동해안 시군 협력 추진 중

☞ 강릉역과 동해역, 양양공항, 동해크루즈항 등 교통기반시설들이 확충 · 개선되는 점을 감안하여 외국인 개별관광객을 위한 스마트관광 서비스를 확대하고 고급 레저스포츠 관광 활성화, 기존 관광지의 적극적인 개보수 등 추진 필요

(3) 원주거점관광권

원주시는 강원도 최대 인구 규모를 가진 도시이자 최근 간현 관광지, 소금산출

렁다리 등을 통해 내국인 관광객 방문이 급증. 인근 횡성군이나 영월군의 주요 관광지는 대부분 원주시민들이 수요자층을 형성하고 있는 특성 보유

☞ 원주시 도시 자체가 지닌 다양한 서비스 인프라와 여가 수요를 바탕으로 하여 다른 거점관광권에 비해서는 아직 시작 단계이지만 성장 가능성을 가진 공간적 위상을 확보해 나가는 전략 필요

(4) 속초거점관광권

도시 규모와 면적은 매우 약소하지만 속초시는 전국 단위의 대표적인 관광목적지이자 설악권 관광의 핵심 도시로 발전. 속초시를 비롯하여 고성군, 양양군, 인제군에 형성된 숙박 클러스터는 국내 최대의 규모를 자랑. 체류형 관광 기반 확보. 특히 설악권, 동해안, 남북관광 등 다양한 관광이슈들을 보유하고 있어 향후 발전 가능성이 매우 높은 지역

☞ 강릉거점관광권과 연계한 광역관광 실현, 인지도는 높으나 낙후된 기존 유명 관광지들의 변화 유도, 수도권 접근성이 강화된 양양군 일대 체류형 관광기반 강화

(5) 내륙 DMZ권

군사보호구역 등 과도한 규제, 인구 희박 및 소멸 가속화로 인해 구조적으로 민간인 생활 기반이 점차 취약해지는 현실에도 DMZ를 기반으로 한 외국인 관광객 중심의 시장 형성 중. 중앙부처의 지속적인 개발사업 추진 등이 지역관광 활성화의 불씨를 살려가고 있는 상황

☞ 대규모의 개발사업보다는 인지도가 확보된 주요 관광지들의 유휴화를 최소화하면서 친환경 시대에 맞는 자연관광 경쟁력 확보 추진 필요

(6) 탄광산업유산권

탄광유산뿐만 아니라 정선아리랑, 야생화, 정원, 유리, 고생대/자연사 등 해당 장소가 지닌 콘텐츠를 찾기 위해 고군분투하는 상황. 내륙 DMZ권과 마찬가지로 지방 소멸의 문제가 심각하기 때문에 관광개발사업만으로는 효과를 기대하기 어려운 상황

☞ 기존 문화 · 자연자원의 융복합적 활용, 독특한 라이프스타일 기반 목적지 육성, 지역 주도형의 맞춤형 체류 여건 강화

낙후된 폐광지역 새로운 관광 중심지로 재탄생

- 2016년, 강원도 폐광지역(4개 시군)에 139억 원 투자 계획 -

〈2015년 문화체육관광부 보도자료〉

1989년에 석탄산업 합리화 정책이 시행됨에 따라, 강원도 탄광지역의 대부분의 광산이 폐광되고 인구가 급격히 감소하였으며, 이로 인해 강원도 탄광지역의 정주기반이 황폐화되면서 지역경제가 많이 침체되었다.

이에 문화체육관광부(장관 김종덕, 이하 문체부)는 강원도 폐광지역(태백시, 삼척시, 영월군, 정선군)의 자연자원과 석탄산업 유산을 관광자원화하여 지역경제를 활성화하고, 해당 지역이 2018년 평창동계올림픽의 배후 관광지로서 기능할 수 있도록 하기 위해 '폐광지역의 관광자원화 사업'을 지속적으로 추진할 계획이라고 밝혔다.

폐광지역의 관광자원화 1단계('04~'13) 사업은 탄광지역의 생활 현장과 문화를 복원함으로써, 관광 기반시설을 구축하는 것을 목표로 진행됐으며, 태백의 '광산 역사 체험촌', 정선의 '삼탄 아트밸리', 영월의 '마차 탄광 문화촌' 등 7개 사업을 추진해 완료하였다. 폐허로 방치된 폐광지역은 1960~70년대 탄광촌 주민들의 생활상을 체험할 수 있는 관광자원 조성을 통해 관광객들에게 색다른 경험을 제공하는 공간으로 거듭나고 있다. 특히 영월의 '마차 탄광 문화촌'은 개장 이후 관광객이 매년 증가하면서 탄광지역의 생활상을 체험하는 관광상품으로 각광받고 있다.

또한, 문체부는 폐광지역의 관광자원화 2단계('15~'19) 사업으로 '탄광지역의 통합관광 지원센터', '심포리 뷰티스마켓', '슬로우 레스토랑' 등 13개 사업을 추진한다. 올해는 32억 원을 지원해 세부 사업별로 기본 · 실시설계를 진행하고 있으며, 2016년에는 139억 원을 투입해 본격적인 공사(건축 및 토목)를 착공해서 폐광지역에 활력을 불어넣을 수 있는 관광기반을 구축해 나갈 계획이다.

문체부 정책 담당자는 "폐광지역의 특수성을 고려한 관광기반이 조성되면 황폐화된 강원도 폐광지역에서의 일자리 창출과 경제 회생, 평창동계올림픽의 성공적 개최를 위한 관광인프라 구축 등에 큰 도움이 될 것으로 예상한다."라고 말했다.

☞ 폐광지역은 단순한 산업 유산을 넘어 관광자원으로 활용되며, 지역 경제 활성화와 문화적 가치를 높이는 방향으로 발전해 나갈 필요

3) 지역관광 발전사례

(1) (인제군) 국민치유숲 힐링센터 조성

가. 사업개요

- 추진배경
  - 유네스코 생물권보존지역, 산림청 산림유전자원보호구역 지정 등 보존 가치가 높은 천연 원시림을 보유

    ※ 점봉산 유네스코 생물권보전지역 지정(1993), 산림유전자원보호림 230.64㎢, 산림청지정 100대 명산 4개산(설악산 · 방태산 · 점봉산 · 대암산), 한국관광100선 '자작나무숲'
  - 산림치유 특성상 자연성이 우수한 백두대간 권역이면서 접근성이 좋은 서울양양고속도로 인제IC 주변을 대상지로 선정
  - 급변하는 기후변화 및 포스트코로나시대 패러다임에 발맞춰 인제군 청정자연 환경을 활용한 산림치유, 자연 친화적 생태체험 및 가족 단위 체류형 거점공간 조성을 위한 조건 최적화
- 추진 필요성
  - 전국 최대의 산림면적을 보유하고 있는 인제군의 효율적인 산림자원 이용 및 개발, 지역자원과 연계를 통해 지속가능한 지역산업 발전 도모 및 새로운 성장거점 조성
  - 하늘내린 곤충바이오센터와 연계한 친환경 생태체험 · 교육단지 조성으로 수도권 체험 · 방문객 유치를 통해 지역경제 활성화 도모
  - 한반도 핵심 생태축 백두대간의 우수한 산림자원을 활용하여 친환경 청정 생태도시 이미지 구축 및 지속가능한 산림생태환경 보전
- 부합성
  - 유네스코 생물권보존지역, 산림청 산림유전자원보호구역 지정 등 보존 가치가 높은 천연 원시림을 보유한 인제군의 특성을 활용한 치유 힐링 센터 조성

나. 사업내용

- (위치) 강원도 인제군 상남면 하남리
- (사업기간) 2022~2024년
- (사업주체) 인제군
- (사업내용) 국민치유숲 힐링센터 조성

다. 세부 프로그램 내용

- 힐링센터에는 한방건강체험관 및 숲속 명상치유센터 ▲친환경 목조 숙박시설(글램핑, 펜션), 곤충형 스토리하우스 ▲온수풀, 친환경 목재놀이터 등 가족형 휴식 · 여가공간 ▲힐링숲 베이커리 · 북카페 ▲의식동 저수지를 활용한 4계절 놀이터 등을 조성하여 자연치유 힐링 프로그램이 운영될 예정
- 백두대간 네이처스테이 힐링센터를 거점으로 곰배령, 아침가리계곡, 방태산, 약수숲길, 백두대간 트레일 등 지역의 힐링 관광자원을 연계해 경쟁력 있는 체류형 관광산업을 구축해 나갈 예정

인제군 힐링치유센터 조감도

출처 : 강원도 홈페이지

(2) 강릉시(커피 거리)

가. 강릉시의 지역관광 수용성

- 세계적 수준의 관광콘텐츠, 관광인프라를 갖춘 '글로벌관광도시'를 육성하는 데 있어서 적합한 도시 중 하나로 강릉의 잠재력이 돋보임
- 항만과 공항 그리고 KTX역이 있어 실제 외래관광객이 가고 싶은 모델도시로 육성하고 외래관광객의 수도권 편중 현상을 해소할 대안으로 부상

※ 지방공항 취항 직항노선 활용 지방관광상품, 환승관광프로그램 개발 확대 및 홍보 지원

- (양양/베트남) 양양공항 한시적 무비자 활용 춘천 · 강릉 방문 전세기 방한상품(4박 5일)

나. 강릉 커피 거리의 관광지로서 특징

- (역사적 전통) 강릉은 한국에서 커피 문화가 빠르게 자리 잡은 도시 중 하나로, 커피 거리가 형성된 안목해변은 1980~90년대만 해도 횟집이 즐비한 평범한 해변이었으나 택시 기사들이 이용하던 자판기 커피가 입소문이 나면서 인지도를 높였고, 1998년 최초로 원두커피 전문점이 입점
- (커피 명장들의 열정) 강릉은 한국에서 가장 먼저 핸드드립과 직접 로스팅을 시작한 도시 중 하나로, 수준 높은 커피를 맛볼 수 있으며 매년 열리는 강릉 커피 축제는 다양한 커피 브랜드와 바리스타들이 참여
- (바다와 근접한 해변) 바다와 함께 커피를 즐기기 위한 커피 애호가들이 자주 찾는 바닷가는 자연스럽게 커피를 즐길 수 있는 특별한 거리로 부상
- (다양한 개성 있는 카페들) 유명한 로스터리 카페부터 감성적인 인테리어를 갖춘 카페까지 다양한 선택지가 있어 관광객들의 취향과 감성에 부합

※ 유명 바리스타들의 강릉 입주 및 개점이 이어졌는데 대표적으로 박이추의 '보헤미안'과 김용덕의 '테라로사' 등 강릉 커피를 말할 때 빠지지 않을 유명한 커피 전문점

강릉 커피 거리

출처 : 강원도 관광 홈페이지

(3) 폐광 유산 스마트 에코뮤지엄

가. 사업개요

- 추진 배경
  - 단일 폐광지역 및 폐광 자원만으로는 관광 경쟁력이 다소 부족하므로 폐광지역을 통합적으로 아우를 수 있는 대표 자산을 하나의 공동 테마형 자원 · 상품으로 묶어 메가 관광자원 · 상품으로 육성
- 추진 필요성
  - 폐광지역 4개 시 · 군을 아우를 수 있는 자원 및 상품 개발을 통해 지역 간 연계 방문 유도 및 체류시간 확대를 통해 실질적인 지역경제 활성화에 이바지
- 부합성
  - 폐광지역 4개 시 · 군 연계 · 협력 기반으로 공동사업 추진을 통해 공동관광권 육성 및 경쟁력 있는 광역 관광자원 · 상품 개발

☞ 촐페라인(독일 폐광지 도시재생 성공사례) : 1847년부터 석탄을 생산한 독일 서부 촐페라인은 유럽 최대 탄광 단지였다. 석탄 고갈과 공해 문제 등으로 1986년 폐쇄되자 사람들이 떠나면서 지역은 폐허로 변했다. 정부는 촐페라인을 되살리기 위해 100만㎡ 규모의 전체 단지 디자인을 네덜란드 출신 세계적 건축가 '렘 콜하스'에게 맡겼다. 이후 이곳에는 '루르의 에펠탑'이라고 불리는 권양타워와 루르 · 레드닷디자인박물관 등이 건립되었고 2001년 유네스코 세계문화유산에도 등재된 촐페라인은 폐광지에서 연간 150여만 명이 방문하는 문화도시가 됐다.

나. 사업내용

- 위치 : 폐광지역 4개 시 · 군(태백시, 삼척시, 영월군, 정선군)
- 사업기간 : 2022～2025년
- 사업주체 : 강원도, 태백시, 삼척시, 영월군, 정선군, 강원도관광재단
- 사업내용
  - 에코뮤지엄 브랜드 개발 - 폐광지역의 다양한 역사 · 문화 자산을 활용한 스토리텔링을 바탕으로 폐광유산 스마트 에코뮤지엄의 정체성을 정립하고, 매력적인 관광지로 포지셔닝할 수 있도록 폐광지역만의 브랜드 기반 구축
  - 에코뮤지엄 스마트 가이드 시스템 개발(폐광지역의 역사적 자산을 스마트 기술로 구현하여 관광객들에게 편리하고 실감나는 체험 기회를 제공)
  - 에코뮤지엄 스마트 거점 공간 조성(지역주민과 방문객이 새롭게 만들어내는 스토리를 생산 · 저장 · 홍보하기 위한 거점 공간 조성. 폐광지역의 역사를 재미있고, 실감 나게 경험할 수 있도록 ICT 기술을 활용한 체험)
  - 에코뮤지엄 주민참여형 사업 - 지역주민이 주체가 되어 폐광지역 생태, 역사, 문화, 산업유산을 보전 및 육성할 수 있도록 주민참여형 사업 운영

☞ 에코뮤지엄은 작품 전시에 치중하는 기존의 전시관과는 다른 새로운 형태의 박물관을 의미한다. 마을 사람들이 능동적 주체로서 지역 고유의 문화, 건축유산, 생활방식, 자연환경 등을 있는 그대로 보존 계승하고 그 가치를 일반인들에게 알리는 형태다. 프랑스, 스웨덴, 이탈리아 등 유럽에서는 40여 년 전 산업화와 도시화에 문화유산 파괴 및 공동체 해체 현상 등의 문제를 해결할 대안으로 창안, 실행했다. 최근 우리나라도 마을만들기, 도시재생 등 지역 활성화 정책들의 연장선에서 적극 도입하고 있다.

강원권의 지역관광 성공사례

① 강원 동해시 무릉별유천지

- 과거 석회석 채광장이었던 폐광지를 에메랄드빛 호수와 웅장한 석회석 절개지 등 이색적인 자연경관을 활용하여 관광지로 재탄생시킨 사례
- 스카이글라이딩 등 액티비티 체험장, 드라마·방송 촬영지로도 활용되며 새로운 관광 모델 제시

② 동해 망상달빛 샌드마켓

- 지역 특색을 살린 야시장으로, 지역 청년 크리에이터와 로컬 업체들이 참여하여 큰 호응을 얻은 사례
- 지역주민과 관광객 모두에게 활기찬 경험을 제공하며 새로운 관광 콘텐츠로 자리매김

③ 강원 양양군 서핑 성지(인구해수욕장)

- 특정 레저 스포츠(서핑)를 중심으로 지역 이미지를 구축하고 관광객을 유치한 사례로 서핑의 메카로 등극하면서 전국적 핫플레이스로 자리매김
- 서핑 관련 상점, 숙박시설, 식당 등이 생겨나면서 지역 경제 활성화에 기여
- 서울/양양 고속도로 개통, 스마트 관광도시(사전예약 플랫폼), 맞춤형 숙박업소 운영 등으로 활성화되었음
- 환경복원문제, 지역주민의 소득증대와 연계방안, 숙박업소의 균형적인 조절 등 향후 지속가능성을 담보할 수 있는 양양군 차원에서의 규제와 조치도 필요

  * 최근 무분별한 난개발로 각종 건물이 기하급수적으로 늘었고, 인구 해변은 '서핑 성지'에서 '유흥 성지'로 이미지가 변질되고 있다는 비난을 받고 있음

  * 현지 주민들은 소음, 주차난, 쓰레기 등 3대 고통에 시달리고 있음

4. 충청권

1) 충북

(1) 지역관광 역량

가. 강점

- 행정중심복합도시 광역계획권역 확대를 추진하고 충청권 메가시티 광역 경제권이 성장하고 있음. 충북선 철도 고속화를 기반으로 한 강호축 완성, 청주국제공항의 성장으로 동북아 국제교류 중심 기반 마련
- 원도심, 경제자유구역, 중원문화권, 호수·백두대간, 농촌 등 다양한 관광 자원과 역사문화자원 보유, 충주호·대청호 등 웰니스 관광자원 풍부
- 주요 도시와 농촌을 배경으로 다양한 도시관광, 생태관광, 산업관광 등 관광정책 추진 잠재력 보유

나. 약점

- 충북의 관광사업체 수는 전국 33,452개 대비 2.2%로 매우 적은 비중을 차지, 관광산업 생태계의 취약성과 영세성이 지적됨

  * 관광종사자 수도 '18년 4,778명으로 전국 267,561명 대비 1.8%로 미흡

- 내국인 중심 관광시장에 대한 과도한 의존도 문제

  * 주요 관광지 관광객 중 내국인 비중이 97.8%(2014년 기준)

- 청주국제공항 및 오송역을 중심으로 IT·BT 분야와 관련된 다양한 산업 기반이 입지하고 있으나 고부가가치 융·복합 관광 분야에 대한 육성은 미흡한 실정
- 관광상품 기획 등 소프트웨어적 측면에서 관련 논의가 부족, 지역사회의 적극적인 참여를 바탕으로 관광과 연계된 미래 먹거리 창출 필요

☞ 대한민국 테마여행 10선(단양 · 제천 · 충주 · 영월), 생태관광지정 산막이옛길(괴산) 등의 대표 자원을 바탕으로 양적 · 질적 성장을 지속 추구
☞ 충청권 메가시티의 국제 규모 MICE 행사가 이루어지는 거점 지역의 육성(오송과 오창의 IT · BT 관련 국가산업단지 기반)
☞ 청남대, 대청호반 등 다양하고 우수한 자연자원 분포를 활용, 체류형 관광의 활성화를 통해 지역생태문화 체험 관광권으로 개발해 나갈 필요

(2) 지역관광사례(속리산 힐링 아카데미)

가. 배경 및 목적

- 충북 백두대간권(괴산-보은-옥천-영동)의 연계협력형 지역계획 수립을 통한 인구소멸, 산업위축 등 지방소멸 극복 및 지역경제 활성화를 도모
- 속리산 숲체험 휴양마을의 부족한 체험시설 및 문화시설의 기능을 보강, 시설 간의 연계를 통한 보은의 대표 숲체험 휴양콘텐츠 조성

나. 사업개요

- 사업위치 : 보은군 속리사면 갈목리 산 19-3 일원
- 사업규모 : 힐링아카데미단지 조성(전체 연면적: 2,522㎡)
- 총사업비 : 13,600백만 원
- 사업주체 : 보은군
- 사업내용 : (산림테라피센터) 건강치유실, 산림스파, 기타 공용시설, (산림문화센터) 강의실, 전시실, 문화체험실, 기타 공용시설, (야외시설) 스포츠 수련활동장, 보은 힐링숲, 기타시설 등

다. 기대효과

- 보은군의 관광자원인 속리산과 연계하여 충청북도의 대표적인 치유관광 거점으로 조성 및 관광객 증가로 인한 지역경제 활성화 도모
- 충북 동남부 4군의 연계협력을 통한 웰니스 관광거점 조성

(3) 지역관광사례(산막이옛길 순환형 생태휴양길)

가. 배경 및 목적

- 괴산군 대표 생태관광지역인 산막이옛길의 순환형 생태휴양길 조성으로 산막이옛길의 관광기반시설을 확충하고 명품화하여 생태휴양관광의 조성 및 지역경제 활성화 도모

나. 사업개요

- 사업위치 : 괴산군 칠성면 사은리 산 4-1번지(산막이옛길) 일원
- 사업규모 : 산책로 L=2,6㎞, 배 체험시설 1식, 보행교 1식
- 사업기간 : 2021~2022년
- 총사업비 : 7,000백만 원
- 사업주체 : 괴산군
- (연계자원) 산막이옛길, 생태휴양관광단지, 연하협구름다리, 군자산 선비길, 갈론마을, 쌍곡구곡, 자연드림파크 등

괴산 산막이옛길

출처 : 충청북도 관광 홈페이지

다. 기대효과

- 충청북도의 대표적인 호수와 숲이 어우러진 괴산 산막이옛길 생태 휴양단지조성사업을 통하여 지역관광 활성화 및 삶의 질을 향상
- 동남부 4군의 연계협력을 통하여 세계적인 생태관광의 랜드마크이며, 사계절 관광객 유치를 통한 지역상권의 활성화에 기여

2) 충남

(1) 지역관광 역량

가. 강점

- 봄에는 수목원, 휴양림, 여름에는 보령 머드축제 등 해수욕장과 가을에는 칠갑산, 계룡산 등 사계절 다양한 관광자원을 보유한 것이 장점
- 백제의 문화가 깃든 다양한 문화재가 존재하며 서해에 인접하여 해양자원을 활용한 종합적인 스포츠 레저 관광도 가능한 입지
- 서울에서 1시간 거리에 있으며 중국과 해상거리가 가까운 입지라 국내 주요 외국관광객인 중국인들 대상으로 관광 활성화 기대
- 백제문화단지, 향교와 서원 등 유교문화재가 많아 백제문화와 유교문화를 체험할 수 있는 관광자원의 활용 가능성 높음

나. 약점

- 온천시설이 대표 관광지인 전통적 관광지로서의 이미지가 퇴색해 가는 추세로 가족 단위로 방문하는 관광객들의 방문이 감소 추세
- 관광특구는 아산지 온천지구, 보령해수욕장 이외에 새로 지정된 특구가 없어 낡고 오래된 관광지라는 이미지가 강함
- 계절별로 즐길 수 있는 관광지가 다양한 반면에 사계절 변함없이 방문이 이루어질 수 있는 대표 관광지 역시 부재하여 한계 노출

충남 보령 삽시도 해변

출처 : 충청남도 관광 홈페이지

☞ MZ세대의 여행 취향이 장거리보다는 단거리 위주로 여행방식도 유명 관광지보다는 소소하고 일상적인 공간 체험의 형식으로 변화하는 점을 감안하여 체류형 관광을 집중적으로 지원하는 관광전략도 필요
☞ 14개의 해수욕장과 세계 5대 갯벌이 있는 안면도를 서해안의 관광거점으로 개발하기 위한 투자 유치가 현재 진행 중에 있음
☞ 서해안 간척에 의한 인공호수, 예당호, 탑정호 등 내수면 친수공간을 활용하여 수변레저관광 환경을 조성하고 이를 활성화시킴과 아울러 공주, 부여, 청양 등 백제 문화유산과 자연환경이 뛰어난 환경을 활용하여 지역관광을 유도해 나가는 방식이 유용해 보임
☞ 일상처럼 쉽고 편안하고 가벼운 관광을 지향하여 대규모가 소규모 시설과 숙박으로 힐링/웰빙/휴식의 공간으로 재창출하는 지자체와 지역사회의 연계 노력 필요

충남 아산 지역관광 특화사업 사례

① 추진배경

- 인구 고령화와 함께 건강에 대한 관심이 높아지면서 온천관광이 대표적인 웰빙 관광상품으로 부상하는 추세
- 아산의 고유자원인 온천 인프라를 활용하여 지역경제 소멸에 대응하고 온천산업의 부흥을 도모할 필요

② 주요 사업내용

- 온천도시 헤리티지 구축
  - 사업위치 : 온양온천, 도고온천, 아산온천
  - 총사업비 : 50억 원
  - 아산의 온천역사를 체계적으로 수집 · 조사하여 아카이브 구축을 통한 정통성 확립
- 아산온천 가족탕 모델하우스
  - 사업위치 : 도고온천, 아산온천
  - 총사업비 : 30억 원
  - 시 보유시설 또는 유휴시설 또는 기존 숙박업의 개보수를 통해 온천 객실로 가족탕 모델하우스를 조성하여 관광상품으로 운영
- 온양행궁 디지털센터 구축
  - 사업위치 : 온양행궁지(온양관광호텔 인근)
  - 총사업비 : 50억 원
  - 온양행궁 학술조사, 온양행궁 디지털 복원

삽시도 아트 아일랜드 조성 사례

① 추진배경

- 삽시도가 가지고 있는 관광자원(숲, 해변)을 활용한 해양관광 특화섬을 개발,
- 2021년 국도 77호(해저터널) 개통에 따른 원산도 연계사업 발굴 도모

② 사업내용

- 충남의 유명 관광지에 대한 관광약자를 위한 엑세스성 고도화 사업
  - 사업위치 : 보령시 오천면 삽시도리
  - 총사업비 : 390억 원
  - 해양레저 관광 거점지역 원산도와 연계한 도서 관광자원 발굴을 통해 관광객 유치 및 지역경제 활성화
- 예술인 마을(유리공예) 조성, 숲속 공연장, 치유의 숲, 호수정원, 해양레포츠 체험 시설 조성 등

3) 세종

(1) 지역관광 역량

가. 강점

- 세종특별자치시는 행정 · 유관기관이 이전한 행정중심복합도시(행정수도)로서 수도권의 개발집중 및 과밀현상을 개선하고자 조성된 계획도시
- 광역교통망을 활용한 편리한 접근성과 시민의 높은 소득수준은 특수목적 관광상품(SIT) 개발과 고부가가치를 창출할 수 있는 관광 콘텐츠 요구
- 회의 및 비즈니스 관광수요가 꾸준해서 일의 효율과 삶의 활력을 동시에 충족할 수 있는 워케이션(work+vacation) 적지로 충분한 잠재력을 갖춤

- 미래의 MICE 관광객 수요에 대비한 전시장 및 회의장, 쇼핑시설, 호텔 등이 집적된 MICE 국가산업 클러스터의 개발 필요

나. 약점

- 기존의 세종특별자치시 관광수요에 대한 저평가로 인해 숙박시설, 관광편의시설 등의 관광공급이 위축되고 대규모 관광개발사업 추진 및 민간재원 조달 등의 투자유치에 한계로 작용
- MICE 국가산업 클러스터와 의료관광복합 클러스터 내에 다양한 등급의 관광숙박시설 유치와 더불어 조치원읍의 도시재생 활성화 사업과 연계한 마을호텔 개발 등을 통해 부족한 관광숙박시설의 확충이 필요

☞ 전문적인 업무와 고소득층의 비즈니스 관광객의 방문을 확대함으로써 인센티브 투어와 연계한 고부가가치의 관광상품 개발이 가능

- 의료관광 항노화 클러스터와 박물관단지, 세종 예술의 전당 개발에 따른 다양한 관광자원은 비즈니스 관광객의 여가시간에 보다 많은 관광기회를 부여

(2) MICE 국가산업 클러스터

가. 개발 방향

- 국회 세종의사당 건립과 함께 행정수도로서의 관광 및 비즈니스 수요 급증에 따른 MICE 복합클러스터를 건설하여 연계 · 지원시설로 개발
- 비즈니스 및 MICE 관광객 수요 급증에 따른 회의장 및 전시장, 비즈니스 지원시설을 비롯하여 쇼핑시설, 호텔, 오피스 타워를 집적시켜 개발
- 국회 세종의사당과 함께 세종수목원, 대통령기록관, 금강보행교 등 MICE와 세종시의 랜드마크가 함께 어울리는 공간 개발

나. 사업개요

- 위치 : 세종특별자치시 내 LH 유보지 활용
- 규모 : 부지면적 99,000㎡, 연면적 148,500㎡

- 사업기간 : 2022~2026(5년간)
- 총사업비 : 7,942억(공공 41% 민간 59%)

☞ MICE 국가산업 클러스터의 조성 이후에는 관광특구 지정을 통해 세종시를 대표하는 관광자원으로 자리매김할 수 있도록 행정적, 재정적 지원 필요

※ 외국 사례 : 벨기에 브뤼셀

- MICE 주최기관인 국제기구 유치를 위해 적극적인 지원제도 도입과 인센티브를 제공하여 세계적인 국제회의 개최도시로 부각
- NATO본부 유치 경쟁 시에 200ha의 군사훈련 부지 제공, EU 본부 유치 경쟁 시에는 EU소속 공무원에게 면세혜택 부여 등의 인센티브를 제공하였으며 현재까지 1,600여 개의 국제기구본부 및 사무국을 유치하여 컨벤션 유치에서 우위를 차지하고 지속적인 MICE산업 성장기반으로 작용

세종특별자치시 정부세종청사 등 전경

출처 : 세종시 홈페이지

5. 경상권

1) 부산

(1) 지역관광 역량

가. 강점

- 우리나라 제2의 도시, 제1의 해양도시로서 높은 잠재력을 갖추고 국제적인 관문역할 수행
- 천혜의 자연환경(바다, 하천, 산 등), 다채롭고 풍부한 자연관광자원을 보유한 매력적인 관광지
- 해운대, 마린시티, 민락동 등의 동부산과 용두산공원, 자갈치, 태종대, 흰여울마을 등의 서부산 공간은 서울 · 경기권 방문객이 집중되는 현상으로 나타나 공간별 차별화된 마케팅 전략 필요

나. 약점

- 우수한 자연환경과 다양한 역사문화자원 등 권역 내 보유하고 있는 관광자원과 문화콘텐츠의 질적 수준과 규모에 비해 타 지역과 차별화되는 종합적인 관광홍보 전략 미흡
- 기존의 부산 도시이미지를 제고할 수 있는 도시브랜드 정체성의 재정립 필요, 저출산 · 고령화로 급변하는 인구구조 및 지역 내 정주인구 감소
- 청년인구 역외 유출이 확대되면서 부산의 성장 동력 약화
  ☞ 해양과 도심에 정주(定住)하면서 관광과 휴양을 동시에 경험할 수 있도록 정주형 테마 관광자원 및 관련 콘텐츠 개발
- 경제적 여유와 건강한 삶을 영위하기 위한 여가 활동에 관심이 높은 고령층을 부산 관광의 주력 타깃층으로 설정 필요
- 바다, 숲 등의 천혜의 자연자원과 도심의 선진 의료서비스를 연결, 의료(Medical)에서 치유(Wellness)까지 정주(定住)형 관광 기반 구축

(2) 지역관광 사례(흰여울문화마을)

가. 흰여울문화마을

- 도시재생 및 도시 재정비 사업을 통해 문화적 지역재생으로 낙후한 원도심의 관광 활성화에 성공한 사례
- 흰여울문화마을이 가진 역사·문화 자산을 토대로 독특한 지역문화 콘텐츠를 개발해 매력적인 '문화도시' 이미지를 구축

나. 흰여울문화마을 재생프로젝트

- 2014년 국토교통부 도시활력증진 지역개발사업에 선정
- 부산시 영도구에 위치한 흰여울문화마을은 기반 시설이 열악하고 무허가 불량건축물이 밀집한 노후 주거 지역이었으나 2015년부터 2020년까지 6년 동안 총사업비 37억을 투입하여 지역기반 정비 및 환경개선
- 지역주민의 공동체를 활성화하고 마을학교를 운영하고 폐공가를 활용한 마을쉼터와 커뮤니티 문화광장도 만드는 등 도시재생 역량 제고
- 테마형 담장, 친환경 골목길, 급경사 계단 정비, 흰여울 안내센터와 바다 전망대 설치 등 지역주민의 삶의 질을 높이는 투자 병행

흰여울문화마을 광고 이미지

출처 : VISIT BUSAN 홈페이지

2) 대구

(1) 지역관광 역량

가. 강점

- 대구시는 대구국제공항의 항공교통을 이용하여 국내외적으로 높은 접근성을 보유하였으며 동대구역과 동대구복합환승센터 등이 위치
- 자연, 먹거리, 스포츠, 공연예술 등 관광자원을 활용한 복합관광콘텐츠를 보유한 지역으로 관광자원개발과 산업육성을 위한 개발을 지속 추진 중

나. 약점

- 골목투어의 본고장으로 다수의 지역특화거리 및 테마골목이 조성되었지만 운영관리 및 홍보마케팅 미흡으로 인지도가 낮음
- 관광객이 집중되는 주요 관광지가 동성로, 서문시장, 김광석다시그리기길, 이월드 등으로 중구 등 도심 내에 집중되어 확장성에 한계 노출

☞ 국내외 관광객에게 영남권 환승거점으로써 관광객이 밀집한 권역 내 관광정보 및 서비스 제공을 위한 기능을 강화하고 지역 내 다양한 관광활동을 유도할 수 있는 방안 모색이 필요함

☞ 대구시는 쇼핑 · 패션 · 역사 · 문화 · 예술 등 젊은층부터 중장년층까지의 니즈를 수용할 수 있는 콘텐츠를 보유하고 있으며 동성로 김광석다시그리기길, 한방특화거리 등 골목과 거리에 특화된 지역관광자원을 보유

☞ 관광지가 중구와 달서구 등 도심에 집중되어 집중도 완화와 지역경제의 활성화를 위해 부도심 및 외곽지역의 개발과 즐길거리의 확보가 필요

(2) 지역관광 사례(대구시 야간관광 활성화)

- 야간관광은 침체된 관광산업 회복을 위해 한국관광공사에서 추진 중인 신규사업으로 국내 유망한 야간관광자원과 프로그램을 연계하여 선정
- 대구시는 앞산공원, 수성못, 아양기찻길, 김광석다시그리기길, 서문시장 및 야시장 등 총 5곳을 선정, 야간관광 콘텐츠 발굴을 통해 야간 시간대 관광객

유치 및 체류시간 증대를 통해 지역숙박 이용까지 활성화 도모

* 하절기 : 청라언덕역/김광석다시그리기길/앞산전망대/수성못
* 동절기 : 청라언덕역/김광석다시그리기길/청라언덕 타워

대구시티투어 광고 이미지

출처 : 대구시 관광 홈페이지

☞ 김광석다시그리기길

- 김광석의 출생지인 방천시장 인근 약 350m의 길에 김광석의 삶과 노래를 주제로 한 다양한 벽화와 작품들을 전시, 매년 관광객 150만 명 이상이 방문하는 관광 명소가 되어 도시재생의 모범 사례
- 골목 안에는 야외공연장도 있고 거리에서 버스킹도 자주 이루어지는데 매년 1월에는 김광석의 탄생과 추모 콘서트를 진행

김광석다시그리기길 골목 벽화모습

김광석 추모기념관 앞에서

3) 울산

(1) 지역관광 역량

가. 강점

- 태화강 국가정원은 울산의 도심에 위치한 우리나라 제2호 국가정원으로 산업도시에서 생태관광도시로의 변화를 상징하는 공간
- 가지산, 신불산, 천황산, 간월재 등은 영남알프스라 불리는 천혜의 자연환경을 지님과 동시에 간절곶, 대왕암 등 해양자원도 풍부

나. 약점

- 주차장 · 숙박시설 · 식음시설 등 관광객의 방문과 만족스러운 체류를 유도할 수 있는 관광인프라는 미흡
- KTX 및 항공편으로 인해 울산 당일 방문이 가능해져 체류형 방문객은 감소 예상되며 접근성 향상이 경유형 목적지로 전락할 가능성 상존

☞ 영남알프스, 장생포 고래문화특구 등 경쟁력 있는 자원에 울산만의 이야기가 담긴 새로운 관광상품 및 콘텐츠를 개발하고 MICE관광을 제고할 수 있는 MICE 인프라 확충 및 콘텐츠 개발을 통한 산업관광 활성화 도모

(2) 지역관광 사례(영남알프스 케이블카 개발)

가. 사업개요

- 위치 : 울주군 상북면 등억알프스리 신불산 군립공원 일원
- 사업내용 : 로프웨이, 상 · 하부 정류장 등 조성 등
- 사업기간 : 2019～2024년(총사업비 : 533억)

나. 사업필요성

- 영남알프스는 울산을 대표하는 자연자원으로 매년 많은 관광객들이 방문하고 있지만, 산세가 험하고 높아 사회적 약자의 접근에 어려움
- 산악관광 활성화를 위해 케이블카를 설치하고, 거점관광공간으로 활용함으로써 기존 영남알프스 탐방객을 케이블카 이용객으로 최대한 흡수

- 반구대 암각화, 장생포 등 주변 자원과의 연계를 통해 체류시간을 증대시킴으로써 지역관광 활성화 도모 필요

☞ 영남알프스
- 가지산을 중심으로 해발 1천m 이상의 9개의 산이 수려한 산세와 풍광을 자랑
- 영남알프스는 울산, 밀양, 양산, 청도, 경주의 접경지에 형성된 가지산을 중심으로 해발 1천m 이상의 9개의 산이 수려한 산세와 풍광을 자랑하며 유럽의 알프스와 견줄 만하다 하여 붙여진 이름

영남알프스 케이블카 개발사업 노선도

출처 : 울주군 홈페이지

4) 경북

(1) 지역관광 역량

가. 강점

- 경북은 한국 최초로 불국사와 석굴암이 유네스코 세계문화유산에 등재된 이후 경주역사유적지구, 한국의 역사마을(하회, 양동)이 연이어 등재

- 최근에는 '한국의 서원(소수서원, 옥산서원, 도산서원, 병산서원)'과 '산사, 한국의 산지 승원(부석사, 봉정사)'의 등재에 성공
- 경주, 안동 · 영주, 고령 등지는 역사문화 관련 체험프로그램과 주민사업체 발굴과 협력 등을 통해 지역관광에 적합한 관광생태계 조성에 적합

나. 약점

- 대부분의 숙박관광객은 도심에 위치한 일반숙박시설과 명소 주변의 공공형 숙박시설(캠핑장, 휴양림, 한옥)을 이용
- 경북 내 대규모 관광사업체 부족과 수도권으로의 청년인구 유출 등으로 지역 내에서 필요한 관광추진기업과 일자리 창출에 한계

☞ 최근 힐링과 웰니스 관광이 주목받는 점을 고려 시 이에 부응할 수 있는 문화, 생태, 산림자원을 많이 보유한 지역으로 잠재력은 충분

- 백두대간을 중심으로 국립산림치유원과 숲체험원, 명상센터, 문화 · 생태 탐방로, 임산물 등을 보유
- 영주, 봉화, 울진, 영양, 영덕을 연결하는 '웰니스 관광 예비 협력지구' 사업의 선정 등으로 지역관광 활성화 기대
- 고속 광역철도망 개통과 국제크루즈 입항에 대비한 연계협력사업 발굴과 통합브랜드 확립이 필요하며, 지역관광 생태계 구축도 시급

(2) 지역관광 사례

가. 안동 관광거점도시 조성

- 안동은 경북 북부권의 관광 허브이자 유교문화를 대표하는 역사 도시로 인근 지자체와의 협업 체계 구축을 통해 거점도시의 위상을 재정립하고 내외국인 관광객이 즐겨찾는 내륙 관광도시로 도약 필요
- 안동 관광거점 대표 콘텐츠 발굴 및 도시디자인 사업, 원도심 관광콘텐츠 강화, 도산서원 유교 콘텐츠 활성화, 안동하회마을 관광 활성화를 위한 개선 사업과 외국인 유치를 위한 전략적 홍보마케팅사업 등을 추진

나. 구룡포 일본인 가옥거리 일원 활성화 프로젝트

- 구룡포 일본인 가옥거리 일원을 새로운 문화관광 콘텐츠로 리뉴얼하고 주변관광지와 연계한 관광상품 개발과 민관 합동 관광자원 개발을 통해 관광활성화 및 지속가능한 관광지로 육성 추진
- 핵심사업으로 일본인 가옥거리 테마형 콘텐츠 개발, 구룡포 예술공장 활성화, 구룡포 해양먹거리 개발, 호미반도권 관광지 연계 상품 개발 추진
- 청년창업 및 정착유도, 관광 인력 성장 지원, 지역관광 개발사업 운영 플랫폼 구축 등 관리운영사업과 다목적 복합문화공간, 테마형 특화거리, Night-Light 경관 조성, 관광안내체계 개선 등 인프라 사업 추진

☞ 단순한 지역개발 중심의 하드웨어 인프라 조성이 아닌 실제 지역주민의 소득 창출과 관광객의 유치가 가능한 콘텐츠를 확보했다는 점에서 지역관광의 성공 사례로 볼 수 있음

☞ 경북권은 광대한 역사 문화 자원과 백두대간 생태자원이 공존하는 지역으로 차별화된 지역관광 콘텐츠 개발이 가능. 국내 유일의 풍수 명당 체험형 관광지, 반딧불이 생태 숲 체험 등 체류형 관광지 개발 필요

구룡포 일본인 가옥거리 전경

경상권 지역관광 모범사례

① 영남알프스 복합웰컴센터(울산 울주군 등)
- 영남알프스의 수려한 자연환경을 활용하여 등산객과 관광객을 위한 복합 휴양시설을 조성한 사례
- 지역의 특색을 살린 관광 콘텐츠 개발과 연계를 통해 성공적인 결과 도출

② 경주 보문관광단지(경북 경주시)
- 신라 천년의 역사와 문화를 간직한 경주의 특성을 살려 조성된 종합 관광단지
- 보문 호반길, 보문정 등 자연경관과 다양한 숙박시설, 체험시설, 문화시설이 조화를 이루며 꾸준히 사랑받는 지역 대표 관광지

③ 고성 당항포관광지(경남 고성군)
- 임진왜란 당시 당항포대첩이 일어났던 역사적 장소를 기반으로, 공룡 엑스포 개최 등 '공룡의 도시'라는 브랜드이미지를 성공적으로 구축하여 관광객을 유치한 사례
- 역사와 교육, 체험을 결합한 관광콘텐츠가 특징으로 가족단위 관광객의 인기를 끌고 있어 향후 발전가능성을 기대

5) 경남

(1) 지역관광 역량

가. 강점

- 경남은 지리산국립공원, 영남알프스 등 산악, 우포늪, 화포천 등 습지, 남해안 섬 등 풍부한 자연·생태 및 해양 관광자원 입지
- 공연, 영상 등 문화예술 기반과 유네스코 창의도시(통영 음악, 진주 공예) 등 문화도시로서의 특화된 브랜드를 보유하고 있으며, 이를 연계한 다양한 관광 콘텐츠 창출

- 창원 케이팝 월드 페스티벌, 통영 국제음악제, 밀양공연예술축제, 합천 수려한 영화제 등 지역 문화예술 기반을 연계한 축제 개최
- 산청 한방, 함양 산삼 등 항노화 웰니스, 남해안 해양 웰니스 등 미래 유망 관광산업으로 전망되는 웰니스 관광 기반 보유

나. 약점

- 기존 관광지(시설)의 노후화 및 대표 관광지 쇠퇴 : 부곡하와이, 경남 최초의 테마파크로 가족단위 관광객 등에 인기를 끌었던 통도환타지아 등
- 경남은 테마파크, 복합 리조트 등 타 지역 대비 관광시설이 부족하여 글로벌 관광객 유치를 위한 경쟁력이 미흡, 특히 체류형 도시관광 활성화를 위한 인프라 부족

☞ 섬, 정신문화, 생태 등 지역 특화자원을 연계한 경남형 메가 이벤트 발굴 · 개최를 통한 관광 경쟁력을 지속 향상시키고 지역관광 육성 정책에 적극적으로 동참, 지역 차원에서의 신규 관광정책 지속 발굴 및 추진을 통한 자생역량 강화

(2) 지역관광 사례

가. 문화레저 비토섬 조성

- 비토리 어촌지역의 별주부전 설화를 바탕으로 관광도서 만들기와 관광객 유치 촉진, 관광휴양숙박시설 등과 연계한 레저 위락복합공간 조성
- 지역민 일자리 창출 및 소득 확대를 통한 어촌지역경제 활성화 도모
- 사천바다 케이블카, 실안해안도로, 아라마루 아쿠아리움 등을 중심으로 사천시를 방문하는 관광객 수 지속 증가, 비토국민여가캠핑장, 비토해양낚시공원의 연간 관광객은 1만~1만 5천 명 이상 추계
- 비토섬 해안경치와 어우러지는 비토해안길은 대표적 드라이브 코스이며 150리(60km) 구간 벚꽃길 조성
- 월등도는 별주부전에서 토끼가 용궁에 잡혀간 후 돌아와 처음으로 당도한 곳이란 뜻의 지역이며 하루에 2차례 바닷길이 열려 차량으로 섬을 왕래할 수 있음

사천시 서포면 비토섬 휴양지 전경

출처 : 사천시 관광 홈페이지

나. 계획공모형 지역개발사업

- 계획공모형 지역관광 개발사업은 지역의 노후 및 유휴 문화관광자원을 활성화하고 잠재력 있는 관광 개발사업을 발굴하는 문화체육관광부가 지원하는 사업으로 2021년 5개 사업이 선정

① 구텐탁(guten tag)! 여권 없이 떠나는 독일여행

- 지역 특화 소재(핵심자원)를 활용한 관광콘텐츠 개발, 독일문화 콘텐츠 개발, DMO(지역관광추진조직) 육성, 독일마을 맥주 아카데미 운영 등
- 독일마을호텔은 기존 마을의 자원을 최대한 활용해 체류형 관광을 유도하고 정갈한 독일식 조식 서비스 제공 등 독일마을만의 고유한 가치를 지속적으로 유지하고 정체성을 유지하는 게 강점으로 부각

남해 독일마을 호텔 전경

출처 : 독일마을 홈페이지

② **경남형 스마트마을 리조트 조성**

- 지역의 특화된 테마와 한 장소에서 모든 활동이 가능한 마을형 호텔이 인기를 끌고 있는 추세이며 경남은 통영 동피랑마을, 남해 독일마을 등 풍부한 마을자원 및 연계 가능한 관광자원을 보유
- 이에 경남형 스마트마을 리조트 조성을 통해 지역의 특색 있는 마을을 육성하고, 지역관광 활성화 도모
- 스마트 마을 리조트는 역사 · 문화 · 생태 · 인문 등을 주제로 한 특색있는 마을에서 숙박 · 음식 · 문화 · 쇼핑 등 모든 활동이 가능한 마을 개념으로 관광객이 전기자전거나 스쿠터, 전동 킥보드, 택시, 버스 등 '그린뉴딜 모빌리티'로 마을 안과 마을 관광지를 누비며 체류형 관광을 제공

'스마트 마을 리조트' 구상도(안)

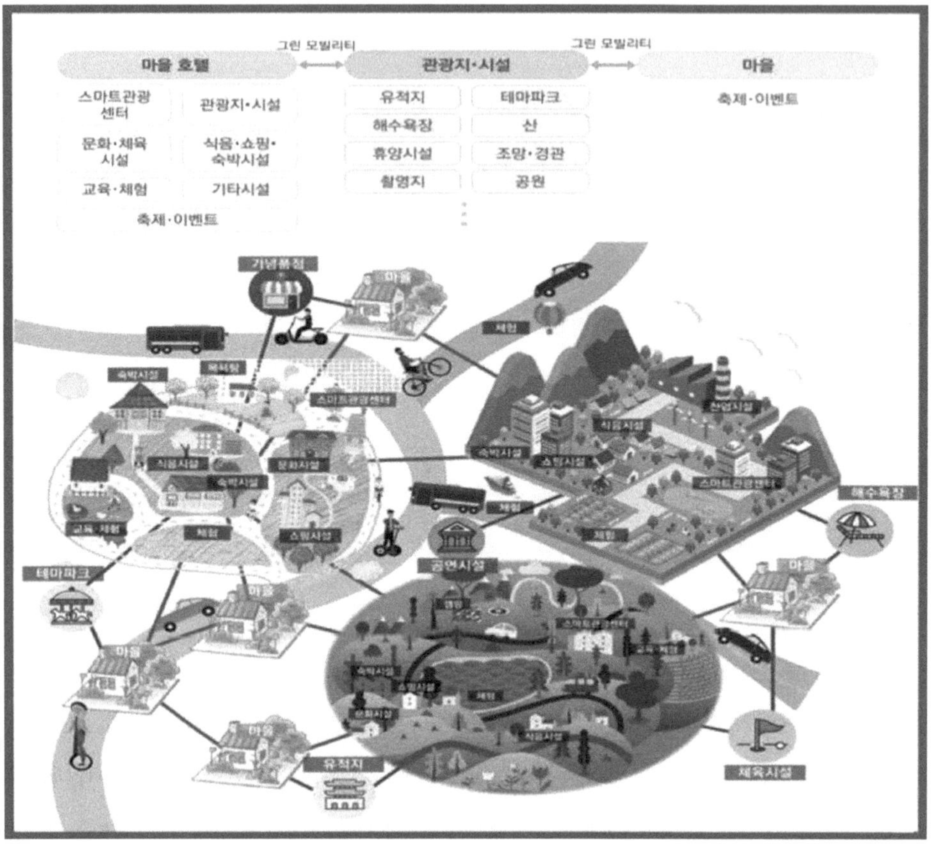

출처 : 경남연구원

6. 호남권

1) 광주

(1) 지역관광 역량

가. 강점

- 대한민국 예술여행 대표 도시로서 예향의 도시로 불렸으며 아시아예술관 광중심도시 등 다양한 문화예술관련계획이 시행 중에 있어 문화예술자원을 기반으로 한 광주의 독특한 관광 콘텐츠 개발과 확충 필요
- 맛과 멋의 고장 광주의 이미지와 함께 유네스코 세계지질공원인 무등산 등 다양한 수변공간과 생태자원 보유, 특히 근현대 역사문화를 소재로 한 관광개발이 용이하여 지역(도시)관광 개발여건도 양호

나. 단점

- 다양한 광주를 대표할 수 있는 콘텐츠 부족과 숙박관광호텔, 레저 등 관광 기반시설 부족은 극복해야 할 과제
- 광주 관광자원에 대한 홍보와 스마트관광도시 기반시설 부족, 도시환경 경관 등 낮은 도시 매력도 등도 고민해야 할 과제

광주 무등산 서석대 풍경

(2) 지역관광 사례

가. 도심형 체류관광 육성

- 광주의 빛과 낭만을 즐길 수 있도록 야간관광 콘텐츠와 도심형 관광콘텐츠, K-POP 스타와 연계한 콘텐츠 등 체류형 관광 콘텐츠 확충
- 광주만이 지닌 고유한 3향(예향, 미향, 의향) 자원을 활용하여 다양한 관광 콘텐츠 및 상품개발을 통해 스마트관광도시 광주의 경쟁력 확보 가능

나. 광주다운 관광상품 개발

☞ 광주다운 관광상품 개발 노력
- 야간 관광행사인 동구 달빛 걸음, 3개의 테마길, 오지호길, 김현승길, 허백련길 조성 등 광주가 야간관광의 중심지로 도약할 수 있도록 콘텐츠 개발
- 광주만의 특색 있는 디자인으로 구성된 디자인 시티투어 전용버스 도입, 광주 5·18 여행, 광주 8미 스토리텔링 등 관광도시로서의 이미지를 제고하기 위한 광주다운 관광상품 개발에 주력, 광주의 생태자원을 활용하여 도심에서 힐링을 즐길 수 있는 광주형 웰니스 관광도 육성 필요

☞ 역사와 연계된 지역관광상품(예시)
- 항일 및 기독교테마 : 광주공원 → 사직공원 항일유적지 탐방 → 광주수피아여고 → 양림동 역사문화마을 → 양림동펭귄마을 → 정율성유적지 → 4·19 민주혁명 역사관 → 학생독립운동 발상지 전남여고
- 5·18 민주화운동 사적지 : 구전남도청과 민주광장 및 분수대 → 전일빌딩245 → 5·18 민주화운동 기록관 → 상무대 영창과 5·18 기념공원 → 5·18 자유공원 → 전남대 → 교도소 → 국립 5·19 묘지

2) 전북

(1) 지역관광 역량

가. 강점

- 전라북도는 서해안 중앙부에 위치하고 있어 환황해경제권 교류 거점을 넘어 동아시아 관광 중심지로서의 역할을 수행하기에 유리

- 전라북도 소재 전통사찰은 118개소이며, 경북(178개소)에 이은 두 번째 규모로 전국 사찰의 약 12.19%의 비중을 차지

나. 약점

- 다양한 관광수요를 충족시키기 위한 기반시설이 미흡하여 이에 대한 대응책 마련이 시급, 관광객 니즈에 부합한 스마트관광 체계 확립 필요
- 체류시간 연장을 위한 관광콘텐츠 부족, 계절 · 장소별 관광객의 특정지역 쏠림현상 심화 및 관광사업체 영세에 따른 유수 인력 확보에 한계

☞ 관광객 체재시간을 증진시키기 위해 기반 및 인프라를 확충하고 콘텐츠 강화하여 관광객이 지역 내에 체류시간이 증가하도록 유도 필요

☞ 위드코로나 시대, 관광객 만족도 제고를 위한 상품 개발과 시군별 특화 자원을 활용하여 타 지자체와 차별화된 유치 전략 수립

☞ 지역관광의 경쟁력 강화를 위해 지역 내 관광여건 개선 중심의 정책에서 벗어나 지역관광을 주도적으로 이끌 인재양성과 지역단위 협의체 활성화 중점 시도할 필요

☞ 해당 지역주민들의 협조와 참여를 기반으로 혁신적 아이디어가 접목된 실감 관광콘텐츠 발굴 및 육성, 첨단 기술 가미 관광자원 개발 등 궁극적으로 관광객 유치에 효과적 수단으로 작용할 분야에 매진 필요

(2) 지역관광 발전사례(남원시)

가. 구미도탕을 활용 문화 · 관광 · 예술 · 상업 · 체험 등 복합 공간 조성을 위한 도시재생 인정 사업이 2020년 공모에 선정

- 구 부산관 한옥 개축 : 춘향제 역사관, 한옥스테이, 전통문화 청년 창업공간 조성 등
- 도심관광 거점 조성 및 관광객을 원도심 유입으로 관광 활성화 기대

☞ 남원 한옥 체험시설 조성 사례

- 남원 예촌과 구도심 사이의 노후 건축물 개축으로 시대 가치를 담은 관광자원을 개발하여 관광객을 구도심으로 유도
- 예촌 숙박 단지 내 방문객들이 편의시설 부족으로 불편을 겪고 있어 인접 노후건물을 개축하여 예촌을 관광객들이 머물 수 있는 공간 제공
- 정적인 요소가 강한 남원 관광지(유원지)에 다양한 볼거리와 재미를 체험할 수 있는 공간을 조성하여 재방문율이 높은 관광시설 개발 필요
- 유휴지 재생을 기점으로 남원 관광지 전체를 다시 되살려서 과거 관광 1번지였던 남원의 위상을 회복시킬 것으로 기대

나. KTX 등 철도 연계 관광상품 패키지 홍보

- (바래봉 철쭉 생태관광) 서울 출발 - 지리산 바래봉 철쭉 도보 자유관광 및 자유중식 - 지리산 허브밸리 - 운봉 - 국악의 성지 - 남원 지리산 출발 - 서울 도착
- (지리산 생태관광) 용산역 출발 - 남원역 - 남원 뱀사골 트래킹 및 생태탐방 - 남원 광한루 관람 - 순창 채계산 출렁다리 관람 - 남원역 - 용산역

다. 광한루의 밤풍경

- 전북도에서 침체된 지역경제 회복과 체류시간 증대를 위해 전북의 대표 콘텐츠를 활용한 '야간관광 30선' 발굴, 그중 하나가 광한루 밤풍경
- 콘텐츠 및 프로그램 선정 시 매력도, 접근성 및 안전 · 치안 등 관련 종합부문의 빅데이터 분석을 통해 숙박형 관광지로써 브랜드 확장 도모

남원 광한루 야경

역사와 문화자원을 활용한 지역관광 성공사례

① 전주 한옥마을(전북 전주시)

- 전통 한옥의 아름다움을 보존하고 이를 관광자원으로 적극 활용한 대표적인 사례
- 한복 체험, 전통 공예 체험, 맛집 탐방 등 다양한 콘텐츠를 통해 내국인뿐만 아니라 외국인 관광객에게도 큰 인기를 얻고 있음
- 한옥마을을 중심으로 도시 전체의 관광사업을 확대하려는 지자체의 노력이 돋보임
- 인근 자연생태자원과 연계하여 체류형 관광을 활성화시킬 필요

② 임실 필봉문화촌(전북 임실군)

- 전통 문화유산인 필봉농악을 중심으로 한 농촌 체험형 관광마을
- 전통문화와 농촌의 삶을 직접 체험할 수 있는 프로그램을 통해 방문객들에게 특별한 경험을 제공하며 지역 활성화에 기여

3) 전남

(1) 지역관광 역량

가. 강점

- 천혜의 해양관광자원(6,743.4㎢ 해안선, 2,145개 도서, 전국 갯벌 면적의 42.5%) 보유, 다도해해상국립공원과 한려해상국립공원, 무안 · 신안 · 벌교갯벌 도립공원 등 해양형 자연공원 보유
- 차별화된 해양문화형 어촌체험휴양마을 성공적 추진과 아울러 생태관광 자원 기반 방문객의 지속적 증가를 통한 생태관광자원 브랜드 구축 운영

나. 약점

- 수도권과의 원거리로 인한 국내 관광객 접근성이 낮고 인바운드 관광객의 수도권 중심 입국에 따라 육로를 통한 전남권 방문 비용 증대
- 전남권 인구 감소와 노령화로 인해 지역사회의 관광개발 참여에 한계
  - ☞ 전남권역으로의 육상 및 해상교통을 통한 접근성 강화를 위해 중앙정부의 지원을 확대해 나가고 전남권역 연륙교를 통한 섬 관광 활성화 기대, 특히 건강, 힐링, 웰니스 등을 위한 야외 관광활동 수요가 증가하는 추세로 이는 자연친화적인 새로운 관광상품 개발과 확산에 기회요인

☞ 2026 여수세계섬박람회(2026 WORLD ISLAND EXHIBITION YEOSU KOREA)
- '지속가능한 섬'에 대한 논의 장 마련
- 생태계 터전으로서 섬과 바다의 미래상 공유
- 국내 · 외 섬 국가 및 도시 간 협력체계 구축
- 국제사회에서의 섬 경쟁력 확보 및 섬 가치 제고
- 주행사장 : 여수 돌산 진모지구
- 부행사장 : 개도, 금오도, 여수세계박람회장
- 참가규모 : 30개국 300만 명

(2) 지역관광 사례

가. 생일도

- '생일도'라는 지명은 새롭게 발전하고 또 다른 나를 만나는 섬을 의미.

완도군 생일면에는 2개의 유인도와 12개의 무인도로 형성, 9백 명 주민이 온갖 풍요와 희망을 일구며 오순도순 살고 있음

- 2016년 전라남도에서 가고 싶은 섬으로 선정되고 방문객들이 늘어나고 있는 섬으로 전복, 해조류(미역, 다시마, 청각) 양식, 낭장망 멸치를 잡는 것이 주된 소득 활동
- 해양수산부가 선정한 '아름다운 어촌 100선'에 선정된 샛금 '금곡 마을'은 해수욕장과 골이 깊고 계단식 논이 일찍이 발달

* 교통은 당목항에서 서성항까지 페리호로 약 25분 소요되며 리조트, 펜션, 민박 등 숙박과 현지인 운영 식당, 섬 안에 행복버스 운영 등 일반적 관광 여건은 양호한 편

생일도 서성항의 상징물

☞ 섬 곳곳에 멍때리기 좋은 장소를 설치하는 등 현대인에게 중요한 힐링과 휴식을 주요 콘셉트로 관광명소를 유지, 관리 중

나. 신안 12사도길

- 전라남도가 섬 주민들과 합심해 '순례자의 섬'으로 개발하여 스페인의 산티아고 순례길에 비교할 만한 '기적의 순례길'이 완성
- 12 사도 순례길은 일명 '섬티아고'로도 불리며 신안군 증도면 대기점도, 소기점도, 소악도, 진섬, 딴섬 등 5개 섬이 노둣길로 이어져 12km에 달함

- 순례코스는 대기점도를 시작으로 1사도부터 12사도로 가도 되고 소악도에서 12사도를 시작으로 1사도로 가도 되며 주로 평지길임
  ① 베드로의 집 → ② 안드레아의 집 → 삼거리 → ③ 야고보의 집 → ④ 요한의 집 → ⑤ 필립의 집 → ⑥ 바르톨로메오의 집 → ⑦ 토마스의 집 → 게스트하우스 → ⑧ 마태오의 집 → 소악교회 → ⑨ 작은 야고보의 집 → ⑩ 유다의 집 → ⑪ 시몬의 집 → ⑫ 가롯 유다의 집 → 소악도선착장 → 송공항

12사도길 쉬어멍(민박)

☞ '순례길'이라는 콘셉트 아래 현지 주민들의 합의와 공감대를 기반으로 운영되고 있지만 숙소나 식당 등 관광적 수용태세는 낮은 편. 금오도 비렁길과 연계한 동고지 명품 마을과 서고지 낚시항처럼 관광객들이 보다 편안한 환경에서 휴식을 즐길 수 있도록 관광인프라 보강 필요

☞ 지역관광 성공사례 강진 '푸소(FU-SO)' (전남 강진군)
- "푸욱 쉬어"의 전라도 방언인 '푸소'를 브랜드화하여, 농촌 가정집에서 홈스테이하며 농촌의 일상을 체험하는 프로그램
- 도시민들에게는 힐링과 농촌 문화를 경험할 기회를 제공하고, 농가에는 부가 수입을 창출하여 지역 경제를 활성화하는 성공적인 모델

7. 제주권

1) 로컬관광의 개념

(1) 지역사회의 적극적인 참여를 바탕으로 하는 관광

- 로컬리즘은 지역사회의 적극적 참여를 바탕으로 하며 지역사회가 관광개발과 운영에 직접 관여하고, 발생하는 이익과 문제를 함께 고민하며 지역의 문화적 자원을 보존하면서 지역경제 효과를 추구하는 관광
- 관광 활동의 영역이 기존 자연경관, 역사유적에서 지역의 맛집, 시장, 카페거리 등 지역주민의 일상 공간으로 확장되면서 지역의 관광상품이 달라지고 있으며, 지역주민이 관광을 이끄는 주체로 역할이 커지고 있음
- 관광수요 역시 지역주민의 삶을 체험하고 생활공간에 머무는 체류형 관광을 추구하면서 지역의 골목상권을 누비고 다양한 체험관광을 소비하는 형식을 선호하면서 로컬관광에서 주민의 역할과 참여가 중요해지고 있음

(2) 나만의 특별한 경험을 찾는 관광

- MZ세대를 중심으로 새로운 여행지, 지역 고유 문화에 대한 관심이 증가하며 '로컬여행'이 확산되는 중. 이들은 일반적인 지역여행보다는 여행지에서 먹고, 자고, 취미를 즐기는 '새로운 일상' 경험을 추구하고 있음
- 대중적인 여행지를 둘러보고 가성비를 추구하던 기존 여행패턴은 개인 선호에 따른 이색 체험과 나만의 경험을 추구하는 여행트렌드와 맞물려 로컬관광이 활성화되고 있는 추세

2) 로컬관광 외국사례(Les Plus Beaux Villages de France)

(1) 프랑스에서 가장 아름다운 마을이라는 뜻으로 풍부한 문화유산을 지닌 작은 시골 마을의 관광 매력을 증진하기 위해 1982년에 설립된 독립된 협회로 마을을 발굴하고 지원하고 있음

(2) 협회는 마을의 관광 잠재력을 홍보하도록 돕기 위해 설립되었으며, 특히 광범위한 지역 또는 국가 관광전략에서 소외되는 마을을 주요 대상으로 발굴하고 지원함

- 이를 통해 프랑스 시골의 삶을 개선하는 것을 목표로 하며, 관광산업을 통해 마을에 경제적 편익 증진을 중점으로 활동하고 있음
- 협회 운영의 주요 원칙 하나는 역사적, 문화적 유산을 보호하는 것에 있음. 선정된 마을은 유산을 보존하고 홍보하기 위한 실질적인 사업을 추진해야 하며, 단순한 관광목적지로서의 서비스 제공이 아닌, 마을 맞춤형 관광프로그램 운영을 위한 컨설팅을 통해 지역과 자연환경에 친화적인 관광을 장려함

(3) 지정 신청이 가능한 마을은 2,000명 이하의 주민이 거주하는 농촌지역으로, 국가가 지정한 유적지나 보호구역을 갖고 있어야 함. 해당 지자체와 지방의회가 아름다운 마을 선정을 위해 정책적으로 지원하고 직접 신청서를 작성·제출해야 함. 지방정부에서 협회 신청서 제출 시 전문가의 현장 평가(건축, 도시미관, 관광객 시설환경 조건 등)를 통해 심의 과정을 거쳐 선정. 선정 이후 지자체는 아름다운 마을 협회와 협약서 작성을 통해 마을관광 품질 유지를 위한 지속적 노력 필요

3) 제주 세화마을 로컬 관광 사례

(1) 세화마을협동조합 사업추진 현황

- 세화마을 로컬관광의 핵심추진조직은 세화마을협동조합으로, 2019년 주민 494명이 조직하였음
- 사업추진의 거점은 세화리종합복지타운으로, 마을 대표건물이지만 수년째 유휴공간으로 마을의 골칫거리로 방치되어온 공간임
- 세화리종합복지타운은 피로연장(1층), 마을예식장(2층), 마을 리사무소(3층)로 구성되어 있었으나 혼인율 감소로 유휴공간으로 방치되어, 예식장과 피로연장이 방치되어 옴

- 3층에 위치한 마을 리사무소 역시 마을행정의 중심지였으나 3층에 위치하여 마을 어르신들의 방문이 제한됨

(2) 사업내용

- 세화마을 로컬관광 사업은 '15~'16년 제주마을만들기종합지원센터의 제주형 커뮤니티비즈니스 예비마을을 통해 지역 자원에 대한 이해와 활용가능 자원을 발굴하고 스스로 마을발전 계획을 수립하여 마을사업에 대한 관심과 동기를 부여하면서 시작되었음
- 이 과정에서 마을주민들의 공감대를 형성하고 주민역량을 강화함
- 이 과정을 토대로 2016년 농림부 농촌중심지 활성화 사업(80억)을 유치하면서 체계적 추진조직과 의사소통체계를 구축하였음
- 세화마을에서 농촌중심지 활성화사업으로 추진하고자 했던 핵심은 방치된 종합복지타운 활용방안이었음

(3) 지원체계 분석

- 마을 사업에 대한 이해가 우선되어야 하므로 3년여간 마을주민 교육을 실시하였고 마을 어린이부터 노인까지 주민 100인 원탁토론회를 개최하는 등 그동안 마을에 필요한 요소들을 자유롭게 논의하였음
- 2017년 제주관광공사(고용노동부 사업)의 삼촌마을만들기 프로젝트를 시행, 주민여행사 설립 등을 시행하였고 종합복지타운의 지속가능한 활용을 위해 법인이 필요하다는 전문가들의 의견에 따라 2019년 세화마을협동조합을 설립하고 질그랭이 거점센터를 준공함
- 마을이장을 중심으로 세화마을 내 6개 자연마을을 대상으로 순회설명회를 실시하여 협동조합의 설립과 조합원 참여를 독려하고 이해시킨 결과 마을주민 477명이 조합원으로 참여하였으며 출자금 2억 7천여만 원 조성
- 리민 누구든 가입가능한 협동조합으로 구성하였으며, '22년 6월 750명에서 '23년 6월 842명으로 조합원이 지속적으로 확대되고 있음

- 조합원 임원은 마을추천 50%, 협동조합 추천 50%로 구성하여 마을과 조합의 상생과 화합을 도모하고 있음
- 세화마을협동조합 전 사업 고용자는 마을 조합원 또는 자녀를 채용하고 있으며 정규직 7명을 채용하였음
- 그 외 체험휴양마을 사무장, 어촌뉴딜300사업 사무장, 청년채용지원 등 인건비를 지원받고 있음
- 세화마을로컬관광사업의 직접적인 수익창출 효과를 측정하고자 질그랭이 센터 이용자들에게 마을 '맛집엽서'를 나눠주고 엽서소지자에 대해 마을 식당, 카페 이용 시 음료 무료서비스를 제공하는 방식으로 분기별 엽서회수를 통해 가게별 엽서수량, 매출금액 등을 확인하여 방문객의 소비를 조사한 결과 2023년 마을 내 소비금액이 3,700만 원으로 나타남

(4) 운영성과

- 세화마을은 마을사업을 통해 마을향약, 조합 정관 등 체계적인 자치규범 정립 등 마을사업 운영관리체계를 구축하였음
- 그 외 2020 웰니스관광지 15선(제주관광공사), 2021 농어촌체험마을(제주시), 2021 월니스관광지 겨울15선(제주관광공사), 2021 제주 마을여행브랜드 '카름스테이' 우수마을 선정(제주관광공사) 등의 성과를 거둠
- 2023년 제3회 유엔세계관광기구(UN Tourism) 최우수관광마을로 선정
- 세화리는 인류무형유산인 해녀, 중요농업유산인 밭담, 지역특산품인 당근을 활용한 관광상품을 통해 문화유산을 보존·홍보하고 있다는 점이 높이 평가
- 마을 내에서 발생한 정량적 성과는 2020년 대비 2022년 방문객과 매출액이 10배 증가하였고 일자리는 2배 증가하였음(세화마을 내부자료, 2023). 사업 시행 전후 구좌지역 카드소비액은 2015년 259억 원에서 2023년 791억 원으로 205% 상승하였으며 주로 음식점업(582억 원), 소매업(138억 원)에서 발생

☞ 세화마을 프로그램

- 다랑쉬 둘레길 투어, 해녀투어, 세화야밤투어 등 마을투어를 운영하고 있으며 마을 주민으로 3박 4일 살기 프로그램 등을 운영함. 특히 해녀투어는 세화마을 해녀와 3박 4일 교감하는 프로그램으로서 전문 프리다이버의 잠수 기본교육과 해녀에 대한 역사, 문화 등 교육프로그램, 해녀와 함께하는 물질체험 및 요리체험으로 이루어져 방문객들의 호응을 얻고 있으며 금채기에는 해녀들에게 주요한 수익을 주고 있음
- 특히 코로나 장기화로 재택근무, 거점 오피스 운영 등으로 일과 휴가의 조화를 추구하는 워케이션이 국내 기업들에게 확산되면서 워케이션 성지로 각광받는 마을로 성장
- 마을 내 질그랭이센터 3층 공간을 공유오피스로 조성하고 오피스 좌석 35석, 세미나실, 캐리어보관함, OA시스템, 전화부스 등의 인프라를 설치함

워케이션의 성지 제주시 구좌읍 세화마을

출처 : 제주시 홈페이지

제주항에 정박한 크루즈선

출처: 제주시 홈페이지

☞ 제주도에서는 최근 고부가가치 관광객 유치 활성화 차원에서 대형 크루즈 선박의 정박을 유도해 지역주민들의 관광수익 증대와 연계하는 사업을 추진 중

4) 거문오름 운영 사례

- 제주에는 모두 386개의 오름이 있지만, 거문오름은 2007년 유네스코 세계자연유산으로 등재된 곳으로 한라산에서도 보기 힘든 용암동굴과 풍혈, 30만 년 전 화산활동의 흔적을 고스란히 간직하고 있는 대표적 오름
- 거문오름은 일일 탐방인원은 제한하고 있으며 탐방 시 해설사가 동행하여 제주의 역사와 자연을 한꺼번에 학습할 수 있는 관광명소
- 입구에 있는 탐방안내소, 탐방해설사, 주차장 등 현지 주민의 참여를 전제로 운영되는 사례

제주 거문오름 탐방안내소 입구의 하루방 조형물

5) 제주 올레길 사례

- 제주도의 아름다운 자연경관을 따라 조성된 도보여행길로 단순히 길을 걷는 것을 넘어, 지역의 문화와 역사를 체험하고 주민들과 소통하는 기회를 제공하며, 지속가능한 생태관광의 대표적인 성공 사례
- 제주에 올레길이 조성되면서 장기적인 자유 여행객이 늘어나 체류형 관광 증가 등 지역 경제 활성화에도 크게 기여
- 추자도에도 제주 올레 18-1길과 18-2길이 있는데 바다와 섬들이 어우러진 아름다운 풍광을 즐기며 트레킹이 가능하며 특히 조용하고 한적한 분위기 속에서 숲길, 산길, 몽돌해변길을 번갈아 걷는 즐거움을 주는 코스임

나발론 절벽 트레킹 코스에서 바라본 하추자 전경

해외 대륙별 지역 관광 발전사례

CHAPTER 05

CHAPTER 5

해외 대륙별 지역관광 발전사례

1. 유럽과 지중해 지역관광 콘텐츠와 성공사례

1) '로컬 투어리즘'의 역사 : 트레킹, 길을 따라 걷다

(1) 산티아고 순례길

역사적으로 지역관광의 출발은 성지순례에서 시작된 것으로 볼 수 있다. 수백만 순례자들이 매년 이동하던 지역은 오늘날에도 관광지로 인기가 있는 장소들이다. 여행은 하나의 종교적이거나 상징적인 행위이다. 순례지를 향하는 여정은 개개인에게 특별한 신앙적인 가치와 의미를 부여하고 떠나는 체험이다. 종교를 떠나 순례자이면서 여행자로서 순례지를 찾는 사람의 관심은 점점 늘고 있다. 대표적인 순례 코스로는 스페인 '산티아고의 순례길'로 산티아고에서 데 콤포스텔라로 향하는 'A Santiago de Compostela'는 1189년부터 순례지를 향하는 길로 알려졌다. 1993년에 세계문화유산으로 지정된 산티아고(야고보) 데 콤포스텔라는 12명의 예수의 제자 중 성 야고보의 무덤이 있는 곳으로 야고보의 스페인식 이름이 산티아고다. 1987년 포르투갈 파울루 코엘류의 〈순례자〉 출간 이후로 대중적으로 유명해진 순례지이다.

산티아고로 향하는 길은 다양하다. 대표적인 '프랑스 길'은 프랑스 생장에서 산티아고까지 한 달 이상을 걸어야 도착하는 약 800km의 길이다. 가장 긴 '은의 길'은 세비야에서 산티아고까지 1,000km로 약 40일 이상이 소요된다. 해변의 절경이나 대서양을 볼 수 있는 여정도 있지만 험준한 상황도 만날 수 있어 안전에 유의해야 하는 여정이다. 순례길에 대한 안내는 '스페인대사관 누리집'을 참고하면 좋을 것이다. 개인적인 상황에 따라 순례길의 구간은 자유롭게 선택할 수 있다. 가장 간단한 순례길로는 스페인 사리아(Sarria)에서 출발하는 약 100km 거리로 일주일 정도면 가능한 코스다.

☞ 당진, '버그내 순례길'

당진의 '버그내 순례길'은 한국천주교회의 초창기부터 이용되었던 순교자들의 길이자, 신앙의 선배들이 걸었던 순례길이다. 내륙 깊숙이 포구가 형성되었던 삽교천의 물줄기를 중심으로, 김대건 신부 집안의 신앙이 꽃피웠던 곳이며, 서양 선교사들의 입국 후 활동 무대였던 곳이다. 김대건 신부의 탄생지인 솔뫼성지부터 조선 제5대 교구장인 다블뤼 주교 유적지가 있는 신리성지까지 13.3km의 길로 도보로 편도 약 4시간 정도가 소요된다.[1)]

산티아고 데 콤포스텔라 대성당

로맨틱 가도

출처 : 위키백과

1) 당진 문화관광 사이트 참고. https://www.dangjin.go.kr/tour.do

(2) 로맨틱 가도

독일 관광의 대표적 코스의 하나인 '로맨틱 가도'는 프랑크푸르트의 동남쪽 100km 지점에 있는 뷔르츠부르크에서 시작되어 로텐부르크, 딩켈스뷜, 아우스부르크를 거쳐 독일 알프스 기슭에 있는 퓌센에 이르는 350km의 길이다. 원래 이 길이 알프스를 넘어서 로마까지 통상로였기 때문에 붙여진 이름이라고 하나 1950년대부터 중세의 흔적이 남아 있는 도시들을 엮어 관광상품으로서의 가치를 더욱 높인 것이다. 길을 걷는 여행자들에겐 로마를 향하는 길이라지만 낭만적인 다양한 도시를 만나는 좋은 기회다.

대한민국에서도 박경리의 토지의 배경이 되는 장소를 순례하거나, 태백산맥, 백제 역사의 길, 영월 단종의 길, 나의 문화유산 답사기를 중심으로 만들어진 코스도 관심이 많다. 매년 서울에서 수원까지 왕의 길을 따라 걷는 행사 체험도 인기가 많다. 지역마다 나름의 역사를 가졌고 이제 '탄광 역사의 길'처럼 그 역사가 세월의 흐름 속에 묻혀 있다고 하더라도 참신한 소재를 발굴하여 개발한다면 의미 있는 코스가 탄생할 것이다.

(3) 런던의 셜록 홈스 체험 여정과 조상 찾기

영국 런던은 탐정소설의 주인공 셜록 홈스를 관광상품으로 개발하였으며, 특히 영국에 유난히 많다는 귀신 나오는 집을 방문하는 여정도 관광코스로 인기를 얻고 있다. 심지어 영어사용 국가의 종주국으로써 조상 찾기도 관광상품으로 만들었다. 공항이나 호텔, 기차역에서 무료로 제공하는 관광 안내 팸플릿에 이런 문화관광 코스가 자세히 소개돼 있는데 조상 찾기의 경우 어딜 가면 이른바 호적등본을 찾을 수 있는지 각종 기록보관소의 전화번호를 수록해 놓고 영국 체류 일정이 짧은 사람들이 활용할 수 있는 의뢰인을 구하는 방안까지 안내하고 있다.

2) 프랑스 지역관광 성공사례

(1) 프랑스, 낙후된 도심지역에서 피어난 '파리 퐁피두 센터'

현재 퐁피두 센터의 모습

출처 : 저자

과거 보부르그 광장의 모습

출처 : 위키백과

퐁피두 센터는 파리 중심지였지만 낙후된 전통시장과 성매매가 성행하던 지역인 레 알(Les Halles)과 르 마레(Le Marais)가 인접한 보부르그(Beaubourg) 지역에 설립한 복합문화예술 공간이다. 파리 시민들은 이곳을 간단히 보부르그(Beaubourg)라고도 부른다. 퐁피두 센터의 명칭은 이를 계획한 프랑스 대통령의 이름에서 유래한다. 1969년 12월, 예술 애호가인 조르쥬 퐁피두(Georges Pompidou) 프랑스 대통령은 파리에 현대 예술과 대형공공 도서관을 위한 시설을 건립하겠다는 발표를 한다. 이듬해인 1970년, 문화센터 프로젝트를 위한 국제 설계 아이디어 공모전이 개최되었다. 세계적으로 유명한 건축가와 여러 분야의 예술가들이 공모전 심사위원에 초대되고 장 프루베(Jean Prouve)가 심사위원장으로 선출된다. 총 50개국에서 681개의 프로젝트가 접수되고, 10여 일간 심사가 진행된다. 마침내 단순성과 변화 가능성, 확장된 외부공간으로 심사위원들을 사로잡은 작품이 9명 심사위원 중 8명의 찬성으로 선정되었다. 당선된 렌조 피아노와 리처드 로저스에게는 설계권이 주어지고 1972년 3월에 공사는 시작되었다. 공사가 진행되던 중 1974년 퐁피두 대통령이 사망하고 건립 반대세력에 의해 취소될 뻔한 상황이 벌어지기도 하다가 마침내 1977년 〈조르쥬 퐁피두 국립예술문화회관〉이 개관한다. 하루 2천~3천여 명의 입장객을 기대하던 퐁피두 센터는 매일 2만 명이 넘는 입장객을 기록하였고, 개관 이후 지금까지 3억 명 이상의 입장객을 기록하며 세계적인 현대예술문화의 메카로 인정받고 있다

하루 평균 2만 5천여 명의 방문은 예상보다 5배 많아 원활하게 수용하기 어려워 2000년 1월 1일에 리모델링 후 재개관하였다. 도심이지만 허름하고 소외된 지역에 세워진 혁신적 건축물로, 도서관과 현대미술관 등의 주요 기능이 둘 이상 공존하고 있는 '복합문화공간'의 모범 사례가 되었다. 복합문화예술 공간인 퐁피두 센터의 건립은 국가의 문화 예술적 위상을 높이고 낙후된 지역의 의미를 재설정하고 새로운 사회의 공공적 가치를 창출하고 프랑스 현대 예술의 중흥과 문화적 상징성을 표출한 총체적 의미를 지닌 프로젝트이다.

퐁피두의 컬렉션은 7만여 점에 이르는 방대한 작품들을 보여주고 소장할 수 있는 퐁피두 센터 분관을 지방도시인 메츠에 2010년 오픈하였다. 퐁피두 센터 분관인 메츠는 2003년 설계 공모에 157점이 참여하였고, 일본인 건축가 시게루 반(Shigeru Ban)과 프랑스의 장 드 가스틴(Jean de Gastines)의 설계가 당선되면서 건립되었다. 퐁피두 센터의 분관으로 브라질의 유네스코 세계유산인 이구아수 폭포 근처에 2027년 11월 개관을 목표로 건설될 예정이라고 발표했다. 이미 퐁피두 센터 분관은 스페인 말라가, 중국 상하이, 벨기에 브뤼셀, 사우디아라비아 알 울라에 이어 한국에도 설립할 계획이다.

퐁피두 센터 내부와 야간 조명을 받은 모습

출처 : 저자

(2) 프랑스 마르세유, 라 프리쉬 라 벨드 메

출처 : https://www.lafriche.org/la-friche-in-english/

마르세유 도시에 있는 생 샤를르 기차역 인근에 벨드메 지역은 생산이 중단된 담배 공장이 있었던 곳으로 노동자 등 서민들이 주로 사는 지역이었다. 과거 1866년에 건립한 10만㎡에 이르는 대규모 프랑스 담배공사의 공장이었다. 하지만 1990년 2개의 담배 공장은 커다란 건물을 남긴 채 문을 닫았다. 지역의 낡은 공장으로 폐허가 되면서 슬럼 지역으로 변해버렸다. 그러나 이 지역에 하나둘 찾아 둥지를 튼 사람들은 가난한 예술가들이다. 마르세유가 본격적으로 낙후되었던 도시를 탈바꿈하고자 이 공간을 매입해서 예술가들에게 저렴하게 임대하기로 한 것이다. 많은 예술가가 모여들면서 다양한 작품 활동을 하면서 새로운 문화 공간으로 다시 태어났고, 현재는 마르세유의 대표적인 문화 공간으로 유명해졌다. 이젠 '버려진 땅과 황무지'라는 외면에서 벗어나 마르세유의 '라 프리쉬 라 벨드 메'는 창조적 에너지로 지속가능한 도시재생이라는 새로운 가능성을 열어준 희망의 지역으로 탄생한 것이다.

지역 경제 부흥의 방법론으로 문화, 예술이라는 주제를 상정하였으며, 지역주민 모두가 참여하는 지역문화 활동 공간이 마련된 것이다. 2,400㎡의 넓은 전시공간과 8,000㎡의 옥상에서 해마다 70여 개의 레지던시에서 활동하는 400여 명의 작가와 기획자들에 의해 600여 개의 크고 작은 문화예술 행사와 참여와 소통의 장이 이어지는 중이다. 열린 공간으로서의 '라 프리쉬 라 벨드 메'는 접근성이 좋은 전시관, 야외극장, 콘서트홀, 작업실, 레스토랑 등이 마련되어 있다.

(3) 프랑스, 식량창고의 변신 '레 프리고(Les Frigos)'

1921년 1차 세계대전이 끝난 직후 파리 13지구에 식량창고로 지어진 '레 프리고(Les Frigos)'는 거대한 냉장창고였으나 1970년대 초반 Rungis라는 새로운 국제시장으로 이전하면서 이곳은 쓸모없는 공간으로 전락했다. 비어 있던 레 프리고에 '스쿼트[2]'라 불리는 화가, 음악가, 건축가 등 예술가들이 하나둘 모여 불법으로 아틀리에로 사용 중이었으나 1985년에 합법화되었다.[3] 예술가들은 무단 점거를 지속하며 창작활동을 이어갔고 레 프리고는 2013년 당시 기준으로 약 250명에 달하는 새로운 거주자들을 수용하면서 점차 예술 창작촌으로 자리를 잡았다. 레 프리고에는 그림, 조각, 사진, 건축, 출판, 디자인, 악기, 공예 등 다양한 장르의 예술가와 전문가 120여 명이 입주하고 있다. 입주자 · 입주단체가 제공하는 80개 이상의 교육 프로그램에 참여하기 위해 매년 3,000여 명이 '레 프리고'를 찾는다.

---

2) 스쿼트(squat)는 Squat와 Art의 합성어로 '예술가들이 불법으로 점거하다'라는 뜻으로 버려지거나 빈 건물을 예술가들이 점령하는 행위를 의미한다. 파리 전역에 20여 개의 스쿼트가 있다.

3) 파리 중심부에 있는 'KGB 스쿼트'에는 1999년 점거하고 2006년부터 파리시의 허가를 획득한 파리 시청과 루브르 박물관 사이 '59번지 Rivoli' 거리에 있는 건물이다.

레 프리고(Les Frigos)

출처 : 스웨덴 헬싱보리 출신 기욤 바비에르 촬영

3) 네덜란드 지역관광 성공사례

(1) 네덜란드, 베스터 가스 파브릭

베스터 가스 공장(Westergasfabriek)

출처 : Westergasfabriek

문화공원

출처 : Wikipedia

이미 20세기 초에 지어졌지만, 동시대에 유효기간이 지난 산업시설 공간을 복합문화 공간으로 탄생시키려는 문제는 시급하다. 네덜란드는 이미 효용 가치가 지난 석탄가스 공장 단지를 활용하는 방안을 찾아 훌륭한 복합문화공간으로 리노베이션에 성공한다. 1883년 '대영제국 대륙 간 가스조합'은 암스테르담에 베스터 가스 공장(Westergasfabriek)의 20년에 걸친 공사를 마치고 1903년에 완공했다. 가스 공장에서 생산된 석탄가스가 처음에는 가로등과 같은 공공 조명을 위해 사용되었다. 1960년대 네덜란드 북쪽에서 천연가스가 발굴되며 가스 생산은 중단되었고 공장은 문을 닫게 된다. 이후 에너지 회사들의 창고 또는 트럭 회사의 주차장 등으로 사용되다 일부는 철거되고 1989년 나머지 건물들은 산업기념물로 지정되었다.

당시 공장 대부분은 Isaac Gosschalk이라는 건축가가 설계한 것으로 붉은 벽돌로 지어진 독일 르네상스 양식을 따라 지어진 아름다운 건축물이다. 그러나 가스탱크는 Klönne이라는 엔지니어가 설계했는데 전통적인 둥근 형태로 지름이 60m인 엄청난 규모로 지어졌다. 암스테르담시가 문화공원 조성계획을 세웠지만, 오염된 넓은 공장 터를 활용하는 문제가 드러난 것이다. 그래서 장기적인 계획에 의해 친환경 문화공원을 조성하는 것을 목표로 하였다.

1990년대부터 가스 공장 용지는 간헐적으로 일시적인 문화 이벤트를 위한 장소로 사용되며 일반인들에게 문화 공간으로 소개되기 시작했다. 예술가들은 가스 공장의 텅 빈 건물들을 빌려 독특한 이벤트를 개최하길 원했다. 이곳에서 각종 페스티벌, 패션쇼, 오페라 그리고 서커스 등은 대단한 성공을 거두었는데 가끔은 대규모 댄스파티를 열어 텔레비전 광고와 비디오, 영화 등에 정기적으로 등장하면서 대중에게 알려진 것이다.

'베스터 가스파브릭'은 서서히 암스테르담의 새로운 문화중심지로 자리를 잡아가며 1996년부터는 본격적으로 문화공원 프로젝트로 개발되었다. 1992년 당시 공원 디자인은 미국 건축가 캐서린 구스타프슨(Kathryn Gustafson)의 작품이 우승작으로 선정되었다. 그는 'Mecanoo'라는 건설회사의 'Francine Houben'과 함께 황폐한 공장을 자연과 사람이 어우러지는 14만㎡의 아름다운 공원으로 바꾸는 계획안을 제시했다. 거대한 가스탱크 등 산업기념물로 지정된 건물들을 각종 문화 활동을 위한 공간 혹은 사무실 그리고 식당 등으로 개조했고, 세 개의 지하층 가스탱크 중 두 개는 물을 가득 채워 연못으로 활용하는 계획도 있었다.

2000년 3월 개인 부동산 개발업자이며 국제 통합 부동산 그룹인 'MAB'가 건물들을 사들인 후부터는 다양한 문화 이벤트가 수용가능한 구조로 보강하면서 서서히 변모되기 시작했다. 건물들을 관리하는 회사 '베스터 가스패브릭 BV'와 행사를 기획하고 공원의 문화적 색채를 보존하는 '베스터 가스패브릭 재단'이 설립되면서 명실공히 문화 사업체로서의 시스템을 구축하였다. 그리고 2003년 마침내 암스테르담 시장 'Job Cohen'에 의해 새롭게 완성된 공장은 'Westergasfabriek Park'이라는 이름으로 시민에게 공개하였다.

(2) 네덜란드 로테르담, 보이만스 판 뵈닝언(Boijmans van Beuningen) 미술관

보수공사로 폐쇄 중인 보이만스 판 뷔닝언 미술관

출처 : 위키피디아

로테르담을 대표하는 미술관은 '보이만스 판 뵈닝언 미술관(Museum Boijmans van Beuningen)'이다. 이 미술관은 로테르담의 미술 수집가였던 프란스 야콥 오토 보이만스(Frans Jacob Otto Boijmans)가 시에 기증한 미술품을 기초로 1849년 설립되었다. 보이만스는 미술품을 수장하기 위해 로테르담시에 건물을 마련하면서 그의 미술관이 탄생한 것이다. 1864년 미술관 화재로 상당수의 미술품이 피해를 보았으나 1935년 미술관의 컬렉션이 확장되면서 박물관 단지에 새로 건축한 미술관으로 이전했다. 이후 1958년 미술품 수집가인 다니엘 조지 판 뵈닝언(Daniel George van Beuningen)의 수집품이 더해지면서 '보이만스 판 뵈닝언 미술관'으로 재탄생하였다.

미술관은 2019년부터 재단장을 위해 공사를 시작하면서 폐쇄 중이며, 2026년에 재개장을 목표로 하고 있다. 미술관 리모델링 시기에 맞춰, 5층의 특이한 그릇 모양을 한 최첨단 미술품 수장고를 건립했다. 2021년 기존 미술관 바로 옆에 도자기 모양의 수장고 건물이 공개되었다. 소장품을 보존하기 위한 '데포 보이만스 판 뵈닝언(Depot Boijmans van Beuningen)'은 캔버스, 종이, 목재, 석재 등 미술품 재료에 따라 최적화된 다섯의 다양한 기후 조건을 갖춘(Climate Zone) 수장고 영역으로 나눠 15만여 점이 소장된 공간을 사람들이 직접 방문하거나 볼 수 있도록 하

Depot Boijmans van Beuningen

출처 : https://www.rotterdamcentrum.nl/

였다. 보이만스 미술관은 '보이만스 판 뷔닝언 미술관'을 개보수하는 동안 사람들이 찾아와서 작품이 보존된 모습을 직접 관람할 수 있도록 기획된 수장고 전시관이다. 사실 미술관이었을 때보다도 수장고에 사람이 더 많은 관심을 가지고 방문했다. 다양한 그림들이 보존된 특별한 현장을 직접 볼 수 있다는 특별한 경험을 위한 방문이었다. 가이드 투어 예약을 한다면 방진복을 입고 수장고 안으로 직접 들어갈 수도 있다.

Depot Boijmans van Beuningen 수장고 내부

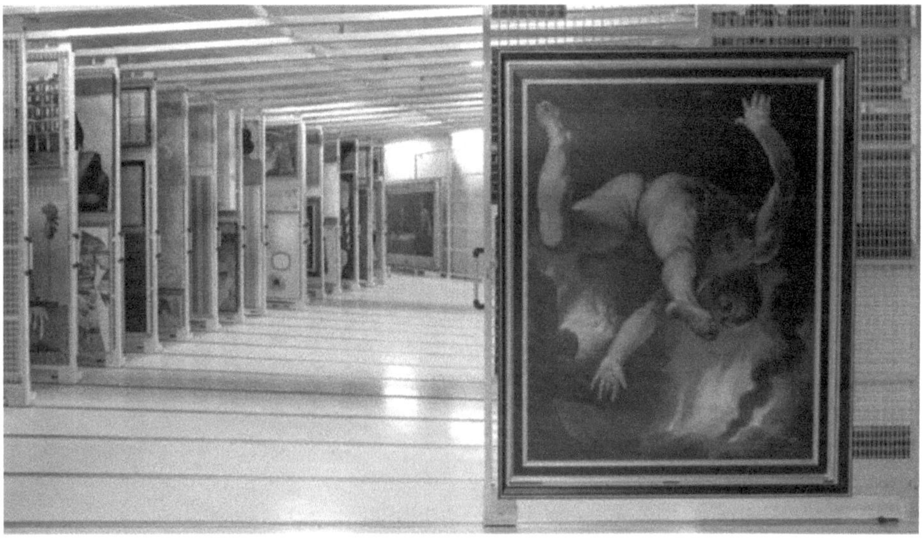

출처: Depot Boijmans van Beuningen 홈페이지

4) 독일 지역관광 성공사례

(1) 동베를린, 문화생태 마을 우파 파블릭(Ufa Fabrik)

독일의 베를린 남쪽 포츠담 템펠호프(Potsdam Tempelhof)에 생태적이며 대안적 공간 '우파 파브릭(UFA Fabrik)'이란 예술가 마을이 있다. 폐허로 방치됐던 영화촬영소가 문화생태 마을 우파 파블릭(Ufa Fabrik)으로 다시 태어난 것이다. 우파 파블릭 예술가 공동체는 1921년부터 1970년대 중반까지 사용하던 영화촬영소가 사라지면서 철거하려는 계획을 무산시키면서 출발한다. 2차 세계대전까지만 해도 독일

영화의 본거지였던 '우파 파브릭'은 베를린 장벽의 설치로 왕래할 수 없는 상황이 되어 더는 작업이 불가능해서 문을 닫았다. 30년 가까이 버려져 냉전체제의 상징적인 공간에 예술가들이 모여들게 된 배경은 섬처럼 고립된 동베를린에 거주자를 확보하려는 정부의 노력과도 맞물린다. 당시 서베를린에 거주하면 징집의무를 면제해 주는 제도로 젊은 예술가들이 이곳에 모여들었다. 예술가 공동체는 1979년 6월 UFA(Universum Film Aktien Gesellschaft)의 촬영소를 리뉴얼해서 작품 활동을 하고 있다. 오늘날 '국제 문화 센터 우파파브릭 베를린'으로 불리는 유명한 곳이다.

18,566m² 부지에 현재 30명의 거주자와 200명의 협력자가 함께 운영하고 있다. 남녀노소를 불문하고 모든 국적, 종교, 직업을 가진 평화를 사랑하는 사람들을 위한 문화 공간이다. 국제문화센터에서는 현대적인 예술과 문화 프로그램을 자체 제작하고 소개도 이뤄진다. 우파 파브릭(Ufa Fabrik)에서는 음악, 무언극, 무용, 연극 공연이 열리고 서커스도 지원하고 있다.

Ufa Fabrik의 모습

출처 : geo.hlipp.de 사이트, 촬영_Colin Smith

게스트하우스도 운영 중이며, 이곳은 종종 카페, 레스토랑 그리고 나이트클럽으로 변신하는 곳이다. 우파 파브릭에서 다양한 음악가와 예술가의 예술적 활동도 가능한데 '테라 브라질리스'는 삼바 밴드로 유명하다. 젊은 재능을 발견하려는 어린이 서커스 학교도 운영 중이며, 가정 및 가족 돌봄 서비스, 어린이집, 어린이 농장, 그리고 'Wunderinsel' 학교 센터를 운영하고 있다. 1980년 이후 40년 동안 자체 제빵소인 우파 파브릭(Ufa Fabrik)에서는 빵, 케이크, 페이스트리도 생산하여 유기농 매장과 매주 열리는 매점에서 판매 중이다. 2013년에는 건강식품과 빵집을 인수하여 생산 설비를 확대하였다.

생태마을 공동체가 독일의 킬 하쎄(Kiel Hasse)와 함께 유명해졌다. 이 공동체는 정부와 시의 에너지, 식수, 폐수 시스템에서 독립하여 생활할 수 있는 생태적인 환경을 갖춘 곳이다. 2004년에는 유엔이 우파 파브릭을 최고의 생활환경 개선 실천프로젝트(Best Practice Project for improving the Living Environment)로 지정하였다. 우파 파브릭에는 연간 20~30만 명이 다녀간다고 한다. 2019년엔 40주년을 기념하여 광범위한 프로그램을 시행했다. 매년 9월에는 예술과 음악 축제인 우파 파브릭 블러바드가 개최된다.[4]

(2) 동베를린, 혁신도시를 꿈꾸는 '쿨투어브라우어라이'

지역관광을 위해 오래된 건물, 낡고 소멸하는 지역의 문제를 해결하는 대안으로 독일의 사례에 주목해야 한다. 맥주회사의 양조장이 '쿨투어브라우어라이'라는 문화적 삶을 실현하는 '문화 양조장'으로 탈바꿈했다. 다양한 행사, 콘서트, 축제를 개최하는 다문화 중심지로 재탄생하면서 노인들만 살고 있던 지역에 젊은 세대들이 찾아오고, '떠나고 싶었던 마을'은 이제 '살고 싶은 마을'로 변모한 것이다. 주민의 삶의 변화는 곧 지역의 활기를 되찾을 수 있었고, 옛것을 받아들여 더욱 창의적인 공간을 만들어가는 지역주민들의 선택은 쇠퇴하는 지역에 긍정적인 효과를 가져온 것이다.

4) https://ufafabrik.de/ 참고

Kulturbrauerei 공장의 외관

출처 : Wikimedia Commons, 촬영_카스파 메츠

1800년대 후반 맥주를 만들기에 적합한 수질의 발견으로 맥주 공장들이 들어섰다. 베를린에서 가장 오래된(1887) 맥주사인 슐트하이스(Schultheiss)는 사실 '쿨투어브라우어라이'의 모체이다. '쿨투어브라우어라이' 맥주공장이 완전히 문을 닫은 것이 1967년이었다. 독일 통일 이후 연방정부 산하 신탁관리청에 귀속되었던 '쿨투어브라우어라이'의 철거계획이 알려지면서 '스쿼트 운동'을 주도하던 예술가 집단은 건물을 점거하고 자유롭고 실험적인 예술 활동을 펼쳤다. 1998년 리모델링이 시작되었고 2001년 20개가 넘는 건물이 들어서 있는 '쿨투어브라우어라이'는 옛 흔적을 간직한 채 '맥주 양조장'은 '문화 양조장'으로 새롭게 태어났다. 건축물의 역사성을 살려 안내센터 'Machine Haus(기계실)', 다목적 공연장인 'Kesslhaus(보일러실)', 악기 판매점인 'Futterboden(마굿간)' 등 과거 공장 건물을 그대로 활용한 점이 특별하다.[5)]

5) https://www.jjan.kr/article/20080124256075 〈전북일보〉, 김은정 기사 참고. 2008.01.25

(3) 쾰른, 콜룸바 박물관(Kolumba Museum)

콜룸바 박물관 브뤼켄슈트라세(Brückenstraße)에서 보이는 풍경과 내부의 모습

출처 : Wikimedia Commons, 촬영_Raimond Spekking 출처 : https://www.cologne-tourism.com/

1853년에 건립된 후기 고딕 양식의 성 콜룸바 성당이 1949년 2차 세계대전 폭격으로 대부분 파괴되어 일부만 남긴 채로 존재하던 중에 리모델링으로 재탄생한 미술관이다. 1460년에서 1480년 사이에 제작되었을 것으로 추정되는 500년 된 성모 마리아상은 현대미술 작품이나 음향 설치작품과 함께 전시되었고, 2013년 올해의 박물관상 등 다수의 상을 받은 미술관이다. 전시작품에 대한 정보를 최소화하여 관람자 스스로가 생각하고, 사유하는 형식의 고요한 미술관으로 알려졌다. 1997년 미국 조각가 리처드 세라가 이곳에 두 개의 'L'자 형태의 철 조각을 서로 기대어 세워놓은 〈익사한 사람들과 구조된 사람들(The Drowned and the Saved)〉이란 작품도 설치하였다.

콜룸바 박물관의 건축 설계를 위한 공모를 통해 168개의 작품 중 스위스 건축가 피터 춤토르(1943년생)의 기획안으로 2007년 리모델링 공사를 마쳤다. 춤토르의 설계안은 고딕 양식의 교회가 지닌 역사적 가치를 존중하고 보존하는 것이다. 본래 건물에 있던 파편들을 모아 폐허라는 과거의 공간에 새로운 장소로 또 다른 가치를 지닌 현대적인 박물관이 만들어진 것이다. 이는 최근 관심을 끄는 '지속가능한 건물(Sustainable Building)'과 지역주민이 공유할 수 있는 2천 년의 신성한 역사적 의미와 현재의 삶을 반영하는 미적인 경험을 제공하는 적합한 사례가 된 것이다.

콜룸바 공간에 설치된 〈익사한 사람들과 구조된 사람들(The Drowned and the Saved)〉(1992)

출처 : Kunst und Museumsbibliothek, Rheinisches Bildarchiv, Andreas Fragel

사라질 뻔한 중세 건축물에 복원된 회색 벽돌의 외관은 과거의 벽면과 현재의 벽면 연결 부위에 있는 구멍들 사이로 들어온 빛이 내부의 공간을 특별하게 만든다. 외부의 소음도 구멍을 통과하여 내부에서 외부에 상황에 대한 의식을 각인시키는 효과도 얻는다. 2층은 얇은 벽돌들과 외부의 빛을 받아들이는 공간들을 통해 조명의 역할도 하고 내부 공간의 적당한 습도와 온도를 유지하도록 만들었다. 건물은 3개의 층으로 1층은 박물관의 출입구, 예배당과 유적의 공간, 2층은 창이 없는 박물관, 3층은 교회의 상부로 유물 등 전시공간으로 되어 있다. 창이 없는 박물관의 복도와 천장에는 흙이라는 자연의 자재로 마감하여 통기성 및 습도 조절과 온도 조절이 가능하도록 하였다. 이는 건축물이 내부의 습도와 온도를 스스로 유지하려는 방법으로 흙이 활용된 점이 중요하다.

(4) 뒤셀도르프 근교의 인젤 홈브로이히 미술관

뒤셀도르프에서 전철로 약 30분 정도 거리에 조용한 소도시 노이스가 위치한다. 노이스에서 걸어서 25분 정도 지나면 농촌 한가운데에 '인젤 홈브로이히 미술관'이 있다. '인젤'은 '섬'을 의미하는 독일어로 '인젤 홈브로이히 미술관'은 전시공간, 공원, 조각작품 등 여러 구조물이 약 62에이커의 광활한 목초지와 습지에 흩어져 있다. '인젤 홈브로이히 미술관'은 독일의 부동산 중개업자이자 아트 컬렉터 카를-하인리히 뮐러(Karl-Heinrich Muller)가 창립한 재단에서 운영하는 미술관이다. '인젤 홈브로이히 재단'은 미술관뿐 아니라 복합문화공간 지원 등 다양한 활동을 펼치면서 타 분야와도 긴밀한 관계를 맺는다. 인젤 홈브로이히 미술관은 도심에서 벗어난 '섬'으로서 공간의 이점을 확실히 인지하고 자연의 고유한 가치를 간직한 미술관이다.

에르빈 헤리히의 출입 가능한 작품 'Turm'

출처 : 인젤 홈브로이히 미술관/Photo by Tomas Riehle

1982년, 창립자 카를-하인리히 뮐러는 과거 나토의 미사일 기지가 자리한 이곳을 구매하고 인젤 홈브로이히 미술관 설립을 구상하기 시작했다. 구매 당시에 두 개의 건축물이 있었는데, 1816년에 지은 로자 하우스(Rosa Haus)는 현재 전시공간과 게스트하우스로 탈바꿈했고, 1906년에 세운 쿠체르하우스(Kutscherhaus)는 인젤 홈브로이히 미술관의 운영을 위해 독일 작가 고트하르트 그라우브너(Gotthard Graubner)와 조각가 에르빈 헤리히(Erwin Heerich)의 작업실로 재탄생했다. 에르빈 헤리히는 1982년부터 1994년까지 미술관 대지에 11개의 붉은 벽돌로 외관을 장식한 파빌리온을 세웠고, 창립자 카를-하인리히 뮐러는 이 파빌리온을 '출입 가능한 조각(walk-in sculptures)'이라는 새로운 형태의 건축물과 조각을 통합한 특별한 공간을 만들었다. "이곳은 단순한 미술관 구조물이 아니라 창조적 아이디어와 모든 것이 함께하는 새로운 형태의 삶을 발견하는 공간으로서 역할을 하고자 한다"라는 경험 자체가 곧 예술이며 자연이 되는 창립자의 가치관을 반영한 작품이면서 건축적인 공간이다. 에르빈 헤리히가 설계한 건축물과 조각은 베른하르트 코르테(Bernhard Korte)가 조경 디자인을 맡아 너른 자연의 공간에 띄엄띄엄 자리를 잡아 방문객의 조용한 발길을 유도하고 있다. 인젤 홈브로이히 미술관은 공간의 모든 요소가 자연과의 완벽한 조화를 통해 자연스럽게 사유할 수 있다. 에르빈 헤리히가 설계한 공간은 인공조명 없이 창과 문을 통해 들어오는 빛으로만 활용한다. 시간의 흐름에 따라 내부의 분위기도 자연스럽게 달라진다.

인젤 홈브로이히 미술관의 키르케비펠트(Kirkeby-Feld)와 라케텐슈타티온 홈브로이히(Raketenstation Hombroich) 구역에선 안도 타다오가 설계한 랑겐 재단(Langen Foundation)도 있다. 이곳에선 컬렉션 전시와 작가를 초청해 작품 활동을 지원한다. 2년마다 '인젤페스티벌(Inselfestival)'을 열어 실험적 콘서트를 선보이고 모든 예술 장르를 넘어 교류할 수 있는 장을 제공한다. 철학가, 문학가, 시인, 음악가를 초청해 다양한 창작활동을 기획한다. 라케텐슈타티온 홈브로이히 구역의 건축물 중 하나인 클로스터(Kloster)에서는 게스트하우스를 운영한다. 방 14개 중 12개를 대중과 예술가에게 빌려주는데 주거 공간의 기능을 포함하여 세미나 공간도 있다.

5) 영국 지역관광 성공사례

(1) 화력발전소의 변신 '런던 테이트모던'

런던 템스강 서남쪽에 있는 이 건물은 원래 '뱅크사이드' 화력발전소로 1981년 공해문제로 중단되어 방치되면서 소외된 지역으로 남아 있던 곳이다. 원래 이 화력발전소는 영국의 명물인 '빨간 공중전화 부스'를 디자인한 자일스 길버트 스콧경이 1947년에 설계한 것이다. 1994년 미술관 건립을 위한 '국제건축 현상설계'가 개최되어 스위스의 쟈크 헤르조그와 피에르 드 므롱은 새로운 건물 대신 기존 발전소의 외형 및 골격은 그대로 유지한 채 내부만 변경한 설계안을 제시하여 수주에 성공하였다. 영국 정부는 2000년을 맞으면서 '밀레니엄 프로젝트'의 하나로 2차 세계대전 직후부터 운영되던 템스강 변에 자리 잡은 화력발전소를 새롭게 리모델링해 동시대 미술관으로 개조했다. '테이트모던 미술관'은 2000년 5월 12일 개관했다. 낙후된 발전소 지역을 활성화하였으며, 테이트모던 미술관은 런던을 대표적인 문화 명소로 탈바꿈시켜 주었다. 테이트모던 맞은편 강 건너에는 세인트폴 대성당(St Paul's Cathedral)이 마주 보이며, 밀레니엄 보행자 다리를 통해 연결된다. 미술관 건물 자체만으로도 볼거리가 된 테이트모던은 소외된 지역이었으나 이제는 한 해 400만 명 이상의 관광객이 찾는 런던의 새로운 관광명소가 되었다.

2008년 5월부터는 테이트모던 미술관의 굴뚝을 '스위스 라이트(Swiss light)'라고 부르고 있다. 스위스 정부에서 돈을 들여 새롭게 디자인했기 때문이다. 오늘날 영국 런던 테이트 모던 미술관의 연기 없는 이 굴뚝은 현대미술 창조 공장이 된 테이트모던의 상징이 되었다. 굴뚝을 새로 다듬는 데에는 세계적인 설치미술가요 화가인 마이클 크레이그 마틴(Michael Craig Martin)이 리뉴얼 디자인을 했다. 그리고 스위스의 건축가인 헤르조그와 드뫼롱(Herzog & de Meuron)이 굴뚝에 새로운 개념을 부여해서 화제가 되었다. 높이 99m의 굴뚝 꼭대기에는 반투명 패널을 사용하여 밤이면 등대처럼 빛을 내도록 만들었다. 별관에는 공연장과 설치미술, 그리고 학원 인스티튜트 등이 특화된 다목적 공간으로 탄생하였다.

화력발전소의 터빈 홀에서는 현대 예술가들의 특별 초대전이 주로 열린다. 테이트모던의 미술품들은 1900년대부터 현재까지, 20세기 현대미술과 실험 미술 등으로 구성되어 있다. 2000년 오프닝 전시로 루이즈 부르주아(Louise Bourgeois)의 거대한 거미작품 〈마망(Maman)〉이 전시되어 화제를 불러오기도 했다. 매년 10월과 3월 사이에 릴레이로 열리며 유명한 비누를 생산하는 회사인 유니레버사가 후원한다. 1층은 본관 입구, 2층은 강 쪽으로 연결되는 출입구가 있고 카페와 세미나실, 강당, 선물 상점, 전시실 등이 있다. 2층에는 갤러리 Level 2 Gallery가 있다. 북쪽에 있는 작은 갤러리로, 최근 유행을 따르는 경향의 현대 예술작품을 전시한다. 3층, 5층과 마찬가지로 4층은 기획전시 공간, 두 개의 큰 전시영역으로 나뉘어 있다. 5층엔 플럭서스 연방 States of Fluxus, 백남준 상설 전시장이 있다. 테이트모던 6층에는 고객의 휴게공간이 있으며 7층에는 레스토랑과 바, 이스트룸 등이 있다.

영국 런던, 테이트모던 미술관과 터빈 홀 내부

출처 : 저자 촬영

(2) 영국, SFSA가 후원하는 창작공간인 플라스틱 공장

'Second Floor Studios & Arts'로, 런던에서 예술가들에게 작업공간을 제공하는 사회적 기업이다. 이는 예술가들이 작품 활동에 집중할 수 있도록 홍보 및 마케팅 지원을 제공한다. 매슈(Matthew) SFSA 디렉터는 "예술가들이 지역 공동체를 건강하게 만드는 데 중추적인 역할을 할 수 있음을 지역 정부·정치인에게 설득했다"라고 말한다.

템스강 남동쪽 해링턴 웨이(Harrington way)에 위치한 대규모 공장 단지에 예술가 400여 명의 작업실이 입주해 있다. 부속 건물로는 기술 카페, 프린트 스튜디오, 교육 공간, 갤러리 등도 있다. 원래 600명이 일하던 플라스틱 제조 공장이 문을 닫았으나 정부와 SFAA의 후원으로 버려진 공간이 작업공간으로 탈바꿈하게 된 것이다.

골드스미스(Goldsmith) 대학교를 졸업한 예술가 7명이 작업을 하면서 변화는 시작되었다. 현재 이 건물은 영국의 사회적 기업 'SFSA(Second Floor Studios & Arts)'가 운영 중이다. SFSA는 예술가들이 작품 활동에만 전념할 수 있도록 홍보에 필요한 일을 하는 일종의 매니지먼트 회사다. 입주하고자 하는 예술가들은 멤버십 비용으로 1년 입주비를 내면, 일반 임대료보다 60%가량 저렴한 가격으로 작업실을 제공받는다. 단 하나의 조건은 반드시 지역 공동체에 도움이 되는 프로젝트를 하는 것이다.

(3) 런던의 흉물을 복합문화예술 공간으로 재탄생 '바비칸 센터'

Barbican Centre

출처 : https://www.barbican.org.uk/ Photo by Dion Barrett

바비칸 센터(Barbican Centre)의 모형

출처 : https://www.barbican.org.uk/

현대예술계를 이끄는 또 하나의 거대한 규모를 자랑하는 성지가 런던에 탄생했다. 복합문화예술 공간으로 다양한 예술 장르를 아우르는 곳이다. 프랑스 건축가 르 코르뷔지에가 사용한 '베통 브뤼 béton brut'라는 브루탈리즘 스타일의 건축물로 거친 상태의 콘크리트 구조로 노출콘크리트 건축의 시작이다. 바비칸 센터

건설은 콘크리트를 20일 이상 건조시킨 후 작업자가 일일이 휴대용 해머를 사용하여 표면을 가공하는 방식으로 완공되었다. 40년이 지나는 동안 바비칸 센터 건물들은 심각하게 노후화되었다. 재개발을 통해 건축 시스템과 노후 자재를 개선하고 복원하는 한편, 부지 내 활용도가 낮은 구역들을 개방하여 공공, 시민, 그리고 창의적인 활용을 위한 잠재력을 최대한 발휘할 것이란 계획이다.[6)]

바비칸 센터(Barbican Centre)는 2차 세계대전 당시 폭파 및 대규모 화재 사건으로 인해 폐허가 된 지역 일대를 다시 일으키려는 목적으로 지어졌다. 건축 설계 및 공사만 약 30년 이상이 걸렸다. 약 2천 세대의 아파트, 2곳의 학교와 공공도서관 등을 포함하며, 1982년 완공 당시 바비칸 타워는 유럽에서 가장 높은 주거용 타워였다. 대형 규모와 공간의 밀집도로 건물이 완공된 후 엘리자베스 2세 여왕은 현대 불가사의 중 하나로 런던의 랜드마크가 될 것이라고 호언장담했다. 바비칸 센터는 리뉴얼을 거치면서 복합문화예술 공간으로 갤러리 두 곳과 3개의 영화관, 콘서트홀, 1984년에 문을 연 열대 식물을 위한 온실 등이 있다. 바비칸 센터는 글로벌 문화지구 네트워크의 회원으로 '런던 심포니 오케스트라'와 'BBC 심포니 오케스트라'는 이 센터의 콘서트홀에 기반을 두고 있다.

바비칸 리뉴얼(Barbican Renewal)은 이미 진행 중이며, 이렇게 주거 공간과 문화예술 기관으로서 역할이 실현된 것은 복합문화공간의 성공적인 사례로 꼽힌다. 런던 시의회(City of London Corporation)에서 1억 9,100만 파운드를 추가로 지원받았다. 시의 지원금은 5개년 계획 전체에 필요한 금액의 약 80%에 해당하며, 중요한 수리 및 개선 공사를 지원할 것이다. 지금은 센터의 미래를 구축하는 5개년 프로그램을 진행 중이다. 2027년에 공사가 시작되어, 1단계 공사는 바비칸 미술관 개관 50주년을 앞둔 2030년에 완료될 예정이다.

6) https://www.barbican.org.uk/ 바비칸 센터 홈페이지 참고

6) 스페인 지역관광 성공사례

(1) 스페인, 몰락하는 지역을 살린 '빌바오 구겐하임 미술관'

스페인 북부 바스크 지방, 빌바오 구겐하임 미술관

출처 : 나무위키

스페인 북부 바스크 지방, 빌바오 구겐하임 미술관은 1997년 10월 19일 개관하였다. 빌바오시는 1,100억 원을 들여 구겐하임 미술관을 유치했다. 이미 빌바오뿐만 아니라 베네치아, 베를린 등에도 구겐하임 미술관이 있다. 구겐하임 미술관의 디자인은 대형 복합미술관의 가장 실험적인 도전이었으나 매우 성공적으로 완성된 건축물로 평가받는다. 서울에 있는 '동대문 디자인플라자'도 구겐하임 미술관의 영향을 받은 작품 중 하나이다.

스페인 북부 바스크 지방의 도시인 빌바오는 과거 풍부한 철광석을 바탕으로 성장한 공업 도시였다. 그러나 1970년대 호황을 누리다가 아시아가 철강산업을 차지하면서 1980년대 후반부터 급속히 침체하기 시작한다. 또한, 빌바오가 속한 바스크 지방의 독립을 요구하는 무장 세력의 테러도 골칫거리였으며, 근간 산업의 몰락과 정치적 불안은 도시의 쇠락으로 이어졌다. 이러한 불안정한 지역의 상황을 바꾸기 위해 관광과 문화의 도시로 빌바오를 변모시키고자 한 대규모의 문화사업이었다.

1991년 빌바오의 미래 청사진을 준비하기 위한 민관협력체 '빌바오 메트로폴리-30'이 설립되었고, 네르비온 강변을 정비하고 구겐하임 미술관을 유치하기로 한다. 미술관의 건축용지와 공사비를 모두 제공하면서 설계자의 선정은 재단에 일임한다는 제안을 한다. 1억 달러에 이르는 대규모 건설 프로젝트의 비용을 모두 감당하는 조건이었다. 게다가 구겐하임 재단에 5천만 달러를 우선 지급한다는 파격적인 제안을 하며 미술관 유치에 성공한다.

1997년 네르비온 강변의 낙후된 지역에 구겐하임 미술관이 개방되었다. 이제 구겐하임 미술관은 빌바오의 상징적인 건축물이 된 것이다. 캐나다 태생의 프랭크 게리의 0.38mm 티타늄 패널 약 60톤이 사용된 1997년 작품이다. 33,000개의 티타늄의 얇은 막으로 만든 외관은 바람의 움직임에 따라 흔들리고 빛의 반사를 다채롭게 하여 빛의 변화에 따라 다양한 모습을 만날 수 있는 미술관이다. 미술관의 중심에는 50m 높이의 커다란 아트리움이 있다. 이 아트리움을 중심으로 19개의 전시실이 3개 층으로 뻗어가는 구조다. 19개의 전시실 중 10개는 사각 평면의 전시실이고, 나머지 9개는 각기 다른 형태를 지니고 있다. 다음 해 방문객은 예상 방문객 80만 명을 훌쩍 넘기는 136만 명이 방문했다. 한 해 100만 명의 관람객 유지로 이는 마드리드 미술관 다음으로 많은 방문객 수이다. 미술관의 건립으로 정치적인 분쟁지역이며, 낙후되어 침체한 도시를 재생할 수 있었던 것은 문화예술 콘텐츠의 효과일 것이다. 관광 수입이 증가하고, 관련된 새로운 일자리가 생겨났다. 죽어가던 강이 살아나고, 공장이 있던 자리에는 호텔과 각종 복합 문화예술 단지와 컨벤션 시설이 들어섰다.[7]

---

8) 한국건설기술인협회지 '건설기술인', 2017년 7~8월호 참고

(2) 담배 공장이 문화 공간으로, 마드리드 타바칼레라 예술 센터

Tabakalera, International Centre of Contemporary Culture

출처 : https://www.tabakalera.eus/en/

타바칼레라 예술 센터는 1913년에 설립되어 2003년까지 국영 담배 공장으로 사용되었던 스페인 마드리드의 라바피에스에 있는 문화 재생 사례의 대표적인 공간이다. 스페인 북부 산세바스티안 지역에서 가장 큰 건물로 1781년 스페인의 찰스 3세의 명령으로 지어졌다. 이곳은 6천여 명의 여성 노동자가 250만 갑 이상의 담배를 생산하던 공장이었다. 1999년 공공 담배 독점 기업인 Tabacalera가 민영화될 때까지 계속 운영되었으나 10년 동안 이 건물은 버려지고 관리가 제대로 되지 않았다. 이 버려진 공장 부지를 새로운 문화예술 중심지로 만들기 위해 조직되었다. 2004년부터 예술가, 문화계 인사, 박물관 관계자들의 지원을 받아 2010년 문화부는 지역협회 SCCPP와 계약을 체결하면서 부지를 매년 임대하기로 한다. 문화부는 SCCPP 협회가 제안하는 '문화 프로젝트(CSA La Tabacalera de Lavapiés)'를 수행하기로 합의하고 지역주민들의 사회적, 창의적, 지적 발전에 이바지할 수 있는 다양한 당사자들과의 사회적 상호작용을 위한 소통을 중시한 점이다.

1977년에 스페인 문화유산 일부로 지정되어 있던 담배 공장의 건축 구조를 최대한 활용하면서 현대적인 디자인과 기능을 접목하여 복합적인 예술 공간을 만들었다. 9,200㎡ 규모의 연결된 건물로, 문화부 소유이지만 2010년부터 지역 커뮤니티와 함께 운영되고 있다. 지방 정부는 국제 설계공모를 위해 "공간의 역사적 정체성을 유지하기 위해 옛 건물의 입면은 그대로 보존한다"라고 밝혔다. 2008년 국제건축 설계 공모를 통해 공간 특성에 맞게 재단장하여, 2015년 개관하였다. 타바칼레라는 다양한 예술 활동과 전시, 이벤트를 통해 지역 사회와 소통하고 활성화하는 데 중요한 역할을 하는 중이다. 지역 경제 활성화와 예술 문화 발전에 이바지하며, 지역 사회의 삶의 질을 향상하는 데 중요한 역할을 한다. 타바칼레라 예술 센터는 스페인 마드리드에서 대표적인 문화 재생 사례로 꼽히며, 다양한 예술 활동과 지역 사회 참여를 통해 활성화된 복합 문화 공간으로 자리매김하고 있다.

이 센터는 5가지 원칙을 지키고 있다. 자율관리, 참여 민주주의, 자유 문화 지원, 전통문화 관리, 사회 문화적 표현이다. 사회, 문화, 예술 활동에 중점을 둔 다양한 집단을 수용하는 것을 목적으로 한다. 현재 예술가와 기관의 창작활동을 지원하고 시민에게 열려 있는 미디어 예술 센터로 유명하다. 영화제, 매체예술 전시, 디지털 정보 관련 학술제, 문화예술 프로그램 등을 운영하고 있다. 특히 타바칼레라 도서관은 3D 프린트, 전자기기, 악기 등이 갖춰져 있어 누구나 창조적인 미디어 작업을 할 수 있는 도서관으로 운영 중이다. 이 센터는 참여적이고 자율관리 원칙으로 2주마다 열리는 공개 집회와 공개 위원회를 통해 관리되며, 주최하는 집단은 수평적이고 개방적인 태도를 중시한다.[8)]

(3) 바르셀로나, 산기솜에 있는 안토니 가우디의 구엘 공원

구엘 공원은 바르셀로나 카르멜 언덕 위에 있는 공원으로 1984년 유네스코 세계유산으로 등재된 곳이다. 안토니 가우디의 작품 중 하나로 에우세비 구엘(Eusebi Guel, 1846~1918) 백작의 주문으로 설계한 공간으로 1914년에 완성되었다. 안토니 가우디의 경제적 후원자였던 구엘 백작이 평소 동경하던 영국의 전원도시

9) 위키피디아 참고

Guel Park

출처 : Wikimedia Commons, Photo by Bernard Gagnon

를 모델로 하여 약 60여 세대의 고급 주택을 지어 분양하는 부동산 사업의 목적으로 디자인된 곳이다. 사업이 불안정해지면서 처음 계획과는 다른 방향으로 나가게 된다. 고급 전원 주택단지를 조성하던 계획이 무산되자 가우디는 바르셀로나 시의 승인을 받기 위해 제출한 설계도면에 공원으로 제시한다. 그가 평소에 아름다운 정원 도시를 짓고자 했던 가우디의 비전이 있는 제안이었다. 가우디는 완전히 새로운 것을 만드는 것이 아니라, 그저 신이 창조한 아름다운 자연으로 돌아가는 것이다. 가우디의 건축과 자연에 대한 철학이 고스란히 녹여진 '소우주'와도 같은 구엘 공원은 그의 생각이 집약된 곳이다. 모자이크 장식 건축물들, 인공석굴 등에서 가우디가 좋아하던 곡선의 미를 보여주는 건축물로 탄생한 것이다.

당시 자금 부족으로 미완성으로 남아 있던 것을 1922년 바르셀로나 시의회가 구매하여 공원으로 탄생시킨 것이다. 구엘 공원에서 가장 유명한 작품은 구엘 공원의 상징으로 여겨지는 도마뱀 분수다. 구엘 공원에는 가우디의 자연 친화적인 디자인이 돋보이는 다양한 구조물들이 있다. 자갈과 돌로 이뤄진 가교(Viaducte)는 자갈투성이의 산에서 주워온 돌들로 만든 자연 친화적인 건축물이다. 인위적으로 만든 직선의 건축물 대신 불규칙적이고 곡선이 강조된 좀 더 자연스러운 건축물들로 구성된 공원이다. 구엘 공원의 한쪽에 있는 가우디의 집은 실제로 그가 거주했던 곳으로 현재는 가우디 박물관으로 이용되고 있다. 내부에는 가우디가 사용했던 침대, 책상 같은 유품들과 가우디가 직접 디자인한 독특한 가구들이 전시되어 있다. 구엘 공원은 바르셀로나 도심의 북쪽에 있는 페라다 산기슭에 있으며, 바르셀로나의 도시 전경과 지중해를 모두 바라볼 수 있는 곳에 위치한다.

7) 북유럽 지역관광 성공사례

(1) 핀란드, Kaapelitehdas(카펠리테다스)

헬싱키에 있는 옛 케이블 공장(카펠리테다스)

출처 : Wikimedia Commons, Photo by Khaosaming

Kiinteistö Oy Kaapelitalo(KAAPELI)는 헬싱키시 소유의 부동산 회사다. 1991년에 설립되었으며, 오래된 산업 건물을 구매하고 개조하여 임대한다. 헬싱키에 예술과 문화를 위한 공간을 만드는 것이 KAAPELI의 사명이다. 1992년부터 핀란드 최대 규모의 문화 센터 중 하나인 루오홀라티(Ruoholahti)에 위치한 케이블 팩토리(Cable Factory)를 소유하고 있다.

케이블 팩토리의 역사는 1885년 노키아 악티볼라기 탐메르코스키(Nokia Aktiebolagi Tammerkoski)에 새로운 목재 분쇄 공장을 설립하면서 시작되었다. 1987년 노키아의 케이블 공장을 개조하기 시작하였으며, 1990년엔 케이블 팩토리에는 약 250명의 입주자, 1,000명의 사람이 모여들었다. 1991년 케이블 공장의 대부분은 시 소유로 이전하였고, 건물 관리를 위해 킨테이스토 오이 카펠리탈로(Kiinteistö Oy Kaapelitalo)가 설립되었다. 1994년엔 케이블 공장 자체 도서관인 키르야카펠리(Kirjakaapeli)가 문을 열었다. 이 도서관은 이용자들에게 인터넷 연결을 제공하는 세계 최초의 공공 도서관이다. 2008년엔 바다를 향한 외관 리모델링이 완료되었다. 2019년에 착공한 '발타 카펠리테다스' 프로젝트가 시작되어 2021년에는 댄스 하우스(Dance House)를 완공했다.

케이블 팩토리는 핀란드 최대 규모의 문화 센터 중 하나로 2018년엔 미디어 및 문화 전문가를 위한 LIFT 페스티벌이 처음으로 개최되었다. 케이블 팩토리 문화 센터는 5헥타르가 넘는 울창한 공장 주변 지역에 있으며, 모든 문화 애호가에게 체험과 볼거리가 풍부한 곳으로 알려져 있다. 6만 2천m²의 구역에 자리하고 있으며, 1991년 이후 750,000명 이상의 연간 방문객을 자랑한다. 1개의 댄스 하우스, 3개의 박물관, 15명 이상의 서커스, 공연 및 무용, 6개 이상의 갤러리, 50개 이상의 음악 및 스튜디오 공간 등이 상주하고 있다. 케이블 공장에는 축제, 세미나, 박람회, 전시회, 행사가 일 년 내내 개최되는 4개의 이벤트 공간이 임대 가능하며, 컨퍼런스 공간과 사우나도 마련되어 있다.

(2) 노르웨이 비겔란 조각공원

오슬로 교외 32ha의 광활한 프로그네르 공원(Frognerparken)의 중심에는 노르웨이에서 가장 사랑받는 조각가 구스타프 비겔란(Gustav Vigeland)의 조각작품이 공원에 설치되어 있다. 212개의 화강암과 청동 조각품으로 가득한 정원이다. 아돌프 구스타브 비겔란(Adolf Gustav Vigeland)은 노르웨이의 오슬로시 정부의 지원을 받아 1915년부터 세계 최대의 조각공원(Glyptotel)을 만들기 시작한다. '시나타겐(Sinnataggen)'이라는 화난 꼬마의 조각상이 가장 유명하다. 그러나 비겔란은 많은 작품을 만들면서 스스로 작품 제목을 붙인 것은 없었다. 비겔란 조각공원의 중심 탑에 서 있는 이 모노리스(Monolith)는 '외로운, 하나의, 또는 고립된'이라는 라틴어에서 유래한다. 높이 17.3m의 거대한 화강암 기둥의 모노리스 돌탑 조각은 무려 121명의 남녀가 뒤엉켜 있다.

화난 꼬마

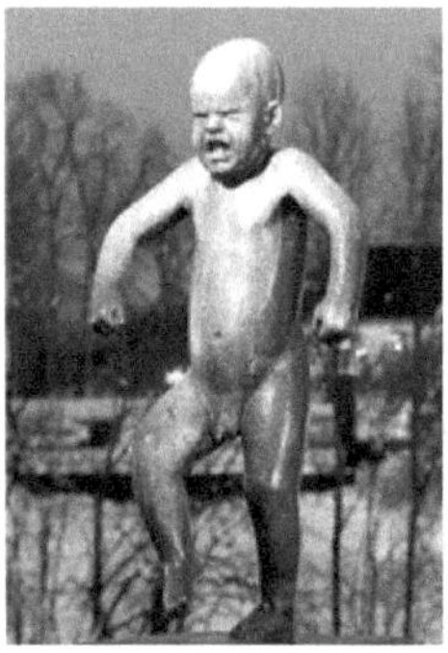

출처 : Wikipedia, Photo by Kjetil Ree, 2008

비겔란 공원 전경

출처 : 위키백과

비겔란 모노리스 조각 탑

출처 : 저자

(3) 노르웨이 크리스티안산, 곡물 저장용 공간이 현대미술의 보고 '쿤스트실로'

노르웨이 남부 크리스티안산 오데뢰위아(Odderøya)에 1935년에 건축한 곡물 저장고가 예술과 문화의 중심지로 탈바꿈했다. 쿤스트실로는 북유럽 최고의 미술 전시장으로 노르웨이 건축가 아르네 코르스모와 스베레 오슬란이 1935년 12월 완공한 곡물 창고를 재단장한 문화 공간이다. 이 건물은 최초로 완공할 당시에도 크리스티안산의 상징적인 건물이 되었었다. 산업유산 보존을 전제로 과거 곡물

곡물 저장고의 모습

출처 : Agderbilder.no, Statsarkivet, 1936년 10월 촬영

저장용 사일로를 리모델링한 현대미술관으로 건물 중심부에 1만 5천 톤의 곡물을 저장한 30개의 사일로가 있다. 2016년 국제 공모를 통해 '메스트레스 보게 건축사'와 'MX-SI 건축 스튜디오'는 37m의 내부를 정리하여 높이 21m의 공간을 확보하였다. 프로젝트는 2019년에 공사가 시작되어 2024년 5월 11일 크리스티안산 중부 해안가에 개관했다. 이후 곡물 저장고라기보다는 제분소로 활용하면서 2008년에 문을 닫았고, 2010년 시의회는 사일로를 보존하기로 했다.

2016년 크리스티안산 시의회는 저장고 건물에 미래 미술관 건립을 위해 5천만 크로네를 배정했다. 오랜 시간의 흔적을 남기고 거친 표면의 낡은 콘크리트 벽을 활용한 모습이 인상적이다. 미술관은 3층에 총 25개의 전시장으로 구성했다. 2015년, 니콜라이 탕엔은 자신의 미술 소장품을 고향 크리스티안산에 기증했다. 미술관은 세계 최대 규모의 북유럽 모더니즘 컬렉션인 탕엔 컬렉션(Tangen Collection)과 쿤스트로의 영구 소장품을 관리할 것이다.[9] 총 3,300㎡ 규모의 갤러리 공간에는 1900년대 북유럽 작가 300여 명의 작품 5,500점 이상을 보유하고 있다.

---

9) https://www.kunstsilo.no/no

콘스트실로

출처 : Kunstsilo 웹사이트

8) 유럽의 유명한 이벤트와 축제로 지역을 살리다

(1) 프랑스 미모스, 페리그 국제 현대마임축제

미모스는 페리그 국제현대마임축제(Festival International du mime actuel de Perigueuex)에서 매년 특별한 주제를 발표한다. 예를 들면 육체의 다양성의 가치인 아름다움 & 추함, 정상적인 몸 & 불구의 몸, 벗은 몸 & 옷을 입은 몸 등에 관한 내용이다. 마임과 무용, 몸과 기술, 여성의 마임 등 다양한 장르로 50% 정도가 그 주제에 따른 극장 · 야외작품이 선정되고, 나머지 작품은 작품성과 대중성에 따라 선택된다. 축제의 공연은 대부분 공식초청작품으로 예술감독은 1년 내내 주제에 맞는 공연 프로그램을 찾고, 공연자들과 함께 공동 기획 · 제작하기도 한다. 자유 참가작도 OFF 형식으로 하루에 20편 이상 공연된다. 그러나 샬롱 거리축제, 아비뇽의 오프(OFF), 영국의 에든버러 프린지(Fringe)와는 달리 자유 참가는 하되 참가작품은 반드시 '몸의 움직임'을 기본으로 해야 한다는 점이다.

미모스 마임축제 운영의 중요한 핵심 조직은 오디세이(L'ODYESSEE)라는 조직이다. 이 단체는 페리그 시의 행정소속이지만, 독립된 예술 민간행정조직으로 미모스 축제뿐만 아니라 시의 3개 극장 운영, 청소년을 위한 문화 프로그램 개발, 재즈 축제, 예술 창작마을 등의 다양한 프로그램을 1년 내내 운영하고 있다. 전문기획팀, 홍보팀, 자체 기술팀 확보로 자원봉사자들에게 의존하기보다는 인력 운영을 효율적으로 하고 있다. 예술감독과 중앙언론 전문담당은 파리에서, 나머지 모든 운영은 페리그 시 자체 인력으로 해결하고 있다.[10]

(2) 산악지역을 세계에 알린 프랑스 오리악(Auriac) 거리극 축제

1989년 오리악 거리극 축제 포스터와 오리악 거리극 공연 모습

출처 : 오리악 거리극 축제 홈페이지

출처 : 오리악 시청

10) 미모스 마임 축제 www.ville-perigueux.fr/mimos

프랑스 거리극 축제로 유명한 곳은 오리악 거리극 축제와 샬롱 거리극 축제다. 프랑스에서 가장 높은 고원지대인 산간마을에서 탄생한 축제는 대중에게 알려진 곳은 아니지만, 거리극에 관심 있는 사람이라면 이제 모르는 사람이 없을 정도로 거리극 분야에선 국제적인 도시로 탈바꿈했다. 1986년 첫 번째 축제에는 6개 공연이 공식 초청되었지만, 2019년에는 18개의 공식초청과 600여 개의 자발적 참여 공연이 이뤄졌다.[11] 거리극의 목표는 모든 사람이 문화에 접근할 수 있도록 하는 것이기에 모든 공연은 무료를 원칙으로 한다. 1988년 3회차부터 축제 포스터에 놀란 표정을 한 캐릭터가 등장했다. 이 캐릭터는 앙리 갈레롱이 그린 그림으로 매 회차의 포스터에 등장한다.

에클라(Éclat) 협회가 주관하며, 매년 8월 15일 다음 수요일부터 토요일까지 나흘 동안 마을 전체는 공연장으로 바뀐다. 2025년에는 8월 20일부터 23일까지 38회 축제가 열린다.[12] 골목마다 거리극 공연이 펼쳐지며, 밤늦게까지 도시 곳곳에 사람들이 모여 공연과 음악을 즐기며, 처음 보는 사람들과 함께 어울려 술잔을 기울이고 춤을 춘다. 1986년 미셸 크리스뼁(Michel Crespin, 1940~2014)에 의해 창안된 거리극 축제다. 지원이 제공되는 20개 내외의 공식 초청작 외의 자유 참가작에 대해 전혀 제한 없이 수용하는 독특한 축제 시스템을 운용하고 있다. 자유 참가 극단들은 매우 자유롭게 도시 곳곳에서 공연을 펼치며, 여비는 관객들이 공연 후 던져주는 돈으로 충당한다. 좋은 극단들은 축제 관계자들의 눈에 띄어 이후 다른 축제의 공식 참가작으로 지원받을 수 있기에 오리악 축제는 아무런 지원도 없이 수많은 공연이 펼쳐진다.

1986년 거리극 축제가 처음 출발할 때 거의 모든 공연이 아마추어들로 이루어진 비공식극단으로 당시 공식초청 극단으로는 단 6개뿐이었다. 지금은 공식 프로그램 참가자 19개와 670개 이상의 극단들이 약 795회 이상의 공연을 위해 전

11) 2024년 공식(in) 페스티벌에는 6개국을 대표하는 18개 공식 공연단체와 65개 공연이 열렸고, 비공식(off) 페스티벌에는 57개국에서 온 601개 예술단체가 참여하여 2,813개 공연을 펼쳤다. 총 1,821명의 아티스트와 389명의 기술자가 참여했다(위키피디아 참고).

12) Covid-19 팬데믹으로 인해 2020년과 2021년 축제는 열리지 않았다.

세계에서 오리악으로 몰려드는 것이다. 지금은 세계에서 가장 규모가 큰 거리극 축제이기도 하다. 2023년 행사에서 불볕더위로 인해 상의를 벗은 축제 참가자의 사건으로 시위가 발생하기도 했다. 이에 2024년부터 오리악 '거리 중재팀'이 구성되어 주민, 축제 참가자, 그리고 예술가들 사이에 발생할 수 있는 갈등 상황에 대한 해결에 대처할 수 있게 되었다.

지역 사회의 기업은 일률적인 도움이 아니라 회사 특성에 맞게 여러 방면에서 도움을 준다. 전신 전화국은 인터넷 카페를, 버스회사는 참가자의 발이 되어주고, 철도회사는 관객의 이동을 편리하게 도와주어 오리악으로 관람객을 모셔오는 일 등 각자 맡은 분야에서 다각적인 노력이 이뤄지고 이는 결국 시민들이 편리하게 축제를 즐기는 데 도움을 주는 것이다. 축제의 성공은 지역주민들의 자발적인 참여와 협조가 가장 중요하다.

(3) 프랑스 아비뇽, 채석장을 활용한 '아비뇽 연극 페스티벌'

프랑스 아비뇽

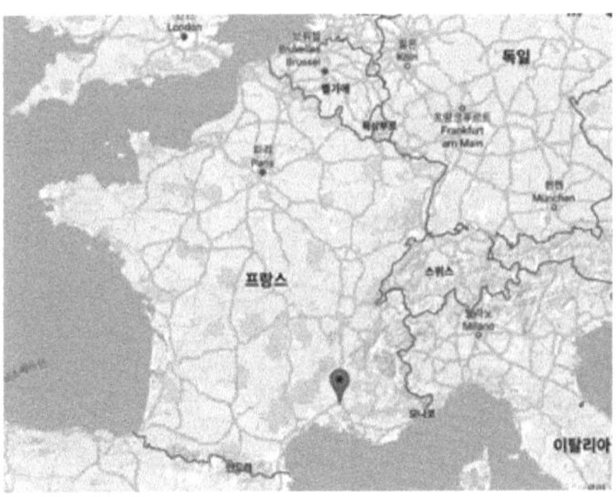

출처 : 구글 지도

Palais Des Papes

출처 : 저자

아비뇽(Avignon)은 프랑스 남부 프로방스 지역에 있는 지중해와 접해 있는 유서 깊은 도시이다. 주변에는 아를(Arles)과 몽펠리에(Montpellier) 그리고 마르세유(Marseille) 항구도시가 있다. 아비뇽과 44km 떨어진 도시 아를(Arles)은 네덜란드 화가 반 고흐(Van Gogh)가 잠시 머물렀던 곳으로도 유명하다. 지중해성 기후가 온화하고 1년 내내 화창한 태양을 만날 수 있는 남프랑스 특유의 정열적인 분위기로 유럽인들의 사랑을 받는다. 2000년에 유럽 문화도시로 유네스코에 등재되었고, 기원전 125년 로마의 지배를 받았던 중세의 흔적과 문화유산이 잘 보존된 곳이다.

프로방스 지방의 유서 깊은 역사 도시 아비뇽에서는 매년 7월 여름이면 세계적인 연극축제 '아비뇽 페스티벌'이 열린다. 교황청, 채석장, 고등학교 체육관, 마을회관 등 도심 속 가능한 공간들은 다양한 연극무대로 변신한다. 거리와 광장에서 자유롭게 열리는 각양각색의 공연과 퍼포먼스는 13만 명이 넘는 방문자들에게 호기심과 즐거움을 제공하며, 새로운 작품들은 많은 사람에게 연극에 관한 관심을 불러일으킨다. 아비뇽 연극축제는 상업적인 형식이나 단순한 오락거리로부터 철저히 벗어나 있다. 창의적인 예술품으로 관객을 자극하고 젊은 예술가들에겐 새로운 도전과 기회의 장소가 되어 실험적인 작품이 실현되는 참신한 공간으로 변하는 것이다. 아비뇽 페스티벌은 연극을 중심으로 뮤지컬, 무용, 현대음악, 시, 미술, 영화와 비디오 등 다양한 장르의 예술로 영역을 확장하고 있다. 그러나 클래식 음악이나 오페라 공연은 주변 도시 축제와의 관계와 배려를 위해 피하고 있다.

17세기 이후 고전 희극의 완성자이자 최고의 배우인 몰리에르, 프랑스 비극의 창립자 코르네유(Pierre Corneille, 1606~1684), 라신느(Jean-Baptiste Racine, 1639~1699) 등 세계적인 극작가를 중심으로 오래전부터 연극이 발전되었다. 19세기 말에 시작된 '근대극'이라 불리는 연극 운동은 프랑스를 중심으로 전개되어 이후 유럽 각국으로 영향을 미치면서 파급되었다. 근대극은 '자유극장(Théâtre Libre)'을 중심으로 한 고도의 예술적 내용을 지향하는 연극 혁신 운동을 가리킨다. 자유극장은 앙투안이라는 평범한 사람에 의해 창설되었고, 과장되거나 비현실적인 연기 술을 거부하고 자연스럽고 사실적인 연기와 무대배경, 의상, 도구 등 실생활에서 사용된 것을 그대로 제시한 진실한 모습을 무대에 재현시킨 것이다. 프랑스 근대극의 영향으로 희곡을 중시하는 연출자가 탄생한 점은 유럽의 연극을 한층 높은 차원으로 이끌었다고 볼 수 있다. 프랑스는 아비뇽 연극축제뿐만 아니라 거리극, 서커스, 마임 등 다양한 지역에서 다양한 장르의 공연이 활발하게 개최되고 있다.

불봉 채석장 공연장 모습

출처 : 아비뇽 페스티벌 공식 사이트

(4) 영국, 에든버러 프린지 페스티벌

에든버러 프린지 페스티벌

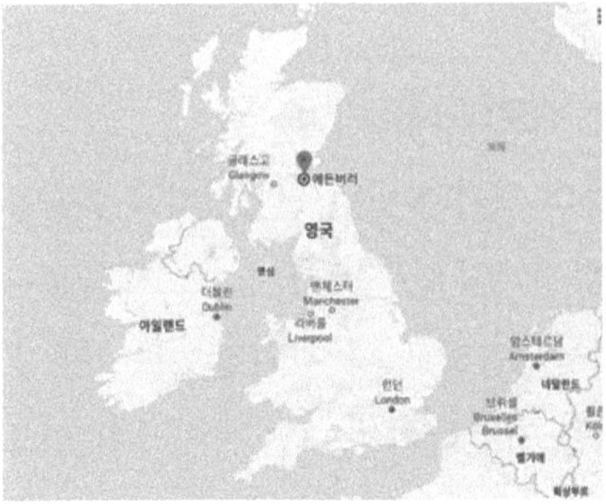

출처 : Wikimedia Commons, Photo by Bill Boaden, 1997

스코틀랜드의 에든버러는 과거 금융업이 융성했던 도시의 전통을 계승하여 런던 다음으로 제2의 금융업 거점 도시로 시내 중심가에서 동서남북 어디를 가나 걸어서 20분이면 닿을 수 있다. 관람객들은 이 작은 도시에서 열리는 축제뿐만 아니라 300~400년 이상 된 고풍스러운 거리를 관광하는 즐거움도 동시에 누릴 수 있다.

에든버러 프린지 페스티벌은 영국 스코틀랜드 수도 에든버러에서 1947년 '유럽의 평화와 통합'이라는 주제를 가지고 8개의 극단이 자발적으로 모여 공연을 시작한 것에서 출발한다. 1947년 제2차 세계대전 이후 전쟁으로 얼룩진 유럽을 문화 예술로 재통합하자는 기치 아래 시작된 '에든버러 인터내셔널 페스티벌'을 모태로 탄생했다. 사실 프린지 축제는 인터내셔널 페스티벌에 공식 초청받지 못한 8개 공연단체가 극장이 아닌 소규모 공간을 극장으로 개조해 초라하게 출발한 것이 시초다.

프린지(fringe)는 '주변' 혹은 '변두리'를 의미하는 말로 공연을 취재한 기자에 의해 우연히 알려지기 시작했다. 시 정부의 전폭적인 지원 아래 참가작을 엄선하는 '인터내셔널 페스티벌'과 달리 '프린지 페스티벌'은 누구에게나 문호를 개방한다. 지금도 프린지협회에 약간의 참가비만 내면 원하는 사람은 누구나 참가할 수 있다. 프린지 페스티벌 특징 중 하나는 위원회가 공연자를 초청하지 않는다는 원칙이다. 그리고 재정적인 부담은 스스로 해결해야 한다. 누구에게나 문호는 개방되어 있지만 살아남기 위한 경쟁은 치열하다는 의미다. 평소엔 50만 명의 인구가 살던 도시에 100만 명의 관람객이 방문하면서 도시 전체는 엄청난 규모의 축제장으로 변신한다.

(5) 이탈리아, 원형경기장을 오페라 무대로 만든 베로나 페스티벌

베로나 페스티벌은 고대 로마 시대 검투사들의 경기가 있던 원형경기장을 활용한 오페라 축제다. 현재도 활용이 가능한 원형경기장으로 로마의 콜로세움보다 서기 1세기경 40년 먼저 지어졌으며, 유럽에서 3번째로 큰 경기장으로 2만 명 이상을 수용할 수 있다. 베르디 탄생 100주년을 기념하여 1913년 마이크가 필요 없는 원형경기장에서의 오페라 〈나부코〉 공연이 최초로 개최되어 화제가 되었다. 이후 매년 비공식적인 여름 오페라 축제를 진행하고 있다. 이제 원형경기장의 아레나는 검투사의 공간이 아니라 세계에서 가장 큰 오페라의 성지로 알려져 있다.

베로나의 아레나 원형경기장

출처 : 저자

베로나 도시는 세익스피어의 〈로미오와 줄리엣〉이 전해지던 곳으로 베로나의 설화를 기본으로 만들어낸 이야기다. 베로나는 사랑의 전설이 가득한 도시로 규모는 작지만 오랜 역사와 문화만큼은 자부심이 대단하다. 베로나 오페라 페스티벌은 주로 〈아이다〉, 〈투란도트〉, 〈카르멘〉과 같은 대형 오페라를 중심으로 환상적인 공간에서 개최된다. 1913년 8월, 이 지방에서 가장 비가 오지 않는 주간에 처음으로 '아레나 디 베로나'에서 베르디의 〈아이다〉가 공연되었다. 물론 지휘는 세라핀이, 라다메스 역은 제나텔로가 맡았다. 이것이 '제1회 아레나 디 베로나 페스티벌'이 된 것이다. 이탈리아 오페라 가수 중 이곳에서 노래하지 않은 이가 거의 없을 정도다. 마리아 칼라스의 서유럽 데뷔도 이곳에서 이루어졌다.

베로나 페스티벌은 1910년 이후 2차 세계대전 동안을 제외하고 매년 개최되어 벌써 80회가 넘는다. '베로나 아레나 오페라 축제'는 1936년 시립 공연 자치단체에 의해 시작되었고, 1996년과 1998년 사설재단에 의해 운영되고 있다. 특히 오페라 공연은 2만 명 이상의 관중을 수용할 수 있는 고대 로마 원형극장인 아레나 원형극장에서 공연하는 전통을 유지한다. 기간은 7월에서 8월 거의 두 달에 걸쳐서 열리는데 7월에는 일주일에 4~5일 정도, 8월에는 월요일을 제외한 매일 저녁 공연을 한다. 한 시즌에 보통 다섯 개의 대형 오페라 작품이 공연된다.

(6) 오스트리아, 호반에서 펼쳐지는 브레겐츠(Bregenz) 오페라 페스티벌

오스트리아 브레겐츠와 2017년 오페라 〈카르멘〉의 무대

출처 : 구글

출처 : 저자

브레겐츠(Bregenz)는 오스트리아 서쪽 국경 지역에 있다. 37만 명의 시민이 거주하는 포어아를베르크(Vorarlberg)주 수도이지만 낭만적인 동화 속 마을처럼 작아서 산책하기 좋다. 좁은 골목마다 갤러리, 서점, 카페들도 많고 전통 식당도 많다. 시내 곳곳에는 특히 이탈리아 오페라와 관련된 상점들이 많아서 이탈리아 작은 마을에 온 것처럼 느껴지기도 한다. 산속의 작은 마을에 있는 현대미술관 쿤스트하우스도 유명한 관광지이다. 호수가 마주 보이는 곳에 개관한 이 초현대식 건축물에는 전위적인 현대미술전 '월드 비욘드'가 열리는데 페스티벌 기간에는 항상 오스트리아를 비롯한 유럽 전위 작가들의 특별전을 볼 수 있다. 브레겐츠 주위의 아름다운 관광지 중 특히 보덴 호수 주변의 린다우가 가장 두드러진 곳이다. 브레겐츠는 오스트리아이고 린다우는 독일이라 열차를 탈 때 여권을 소지해야 하는 것이 원칙이지만 매일 이웃 마을처럼 오가게 되는 곳이다.

브레겐츠에서 매년 여름마다 세계 3위라고 해도 손색이 없는 잘츠부르크, 바이로이트와 비견될 만한 대규모 음악 페스티벌이 펼쳐진다. 세계 최고의 호수 위에서 열리는 브레겐츠 페스티벌은 1945년에 시작되었다. 처음에는 호수에 큰 배를 띄워 갑판 위에서 공연하면 관객들은 호숫가에 앉아서 감상했다. 그 행사가 브레겐츠와 보덴호숫가의 여러 도시를 찾는 휴양객들로부터 커다란 인기를 얻자 주최 측은 1948년부터 호수 위에 무대를 만들었다.

이후 1979년 지금과 같은 현대식 시설을 갖추게 되었다. 호수 무대에 기계식 이동장치와 첨단 음향시설을 갖추고, 이어 1980년에는 페스티벌 하우스가 설립되었다. 그리하여 제대로 된 일반 오페라 하우스보다 한층 거대한 무대에서 엄청난 사운드를 들려주게 된 것이다. 초기 무대를 장식하던 소규모의 오페레타 레퍼토리들은 사라지고 작품성에 역점을 둔 본격적인 오페라가 올려졌다. 브레겐츠는 비록 전자장치를 쓰지만, 그 음향은 참으로 대단해서 무려 300m 밖 호반에 앉아서도 음악을 제대로 감상할 수 있다. 그동안 높은 평가를 받는 작품으로는 1985년 〈투란도트〉, 1991년 비제의 〈카르멘〉, 1994년 〈나부코〉, 1999년 베르디 오페라 〈가면무도회〉, 2002년에 〈라 보엠〉 등이 있다. 브레겐츠에는 호수 위의 오페라만 있는 것은 아니다. 1980년에 개장한 페스티벌 하우스에서는 야외공연과는 별도로 매년 예술적인 가치가 높은 작품이나 현대 오페라도 공연하고 있다. 1948년부터는 해마다 빈 심포니 오케스트라가 오페라 공연의 모든 곡을 연주한다. 잘츠부르크 페스티벌에 빈 필하모닉과 같은 역할을 하는 셈이다. 빈 심포니는 오페라뿐만 아니라 오페라 공연이 없는 날에는 콘서트를 7월 중순부터 8월 중순까지 페스티벌 기간 하루도 쉬지 않고 연주를 기획한다.

무대는 호수 가운데 떠 있다. 호수에 '떠 있는 초대형 무대'는 객석과 약간의 거리를 두고 있는데 왼쪽에 긴 다리를 통해서 스태프와 출연자들이 통행한다. 페스티벌 하우스는 오페라가 콘서트, 전시, 회의 등이 열리는 상설공연장으로서 현대식 복합문화공간이다. 이 건물 뒤쪽 호숫가에 호수를 바라보는 4,400석의 큰 계단식 좌석을 만들고 오페라 공연을 올린다. 거대한 무대 세트는 일회적인 설치물이 아니라 견고하게 만들어 시즌이 끝난 이후에는 하나의 조형물처럼 보인다.

(7) 벨기에, 유럽 최고의 EDM(Electronic Dance Music) 축제 '투머로우랜드'

투모로우랜드(Tomorrowland)가 열리는 벨기에 붐(Boom)

출처 : 구글

세계 최대의 전자댄스뮤직페스티벌, 2024 투모로우랜드

출처 : Wikimedia Commons, photo by Jerebennett1

투모로우랜드(Tomorrowland)는 벨기에서 열리는 세계 최대의 전자 댄스뮤직 페스티벌(Electronic Dance Music)이다. 투모로우랜드가 열리는 붐(Boom)은 벨기에 수도인 브뤼셀에서 35km 떨어진 인구 2만여 명의 작은 도시다. 2005년부터 시작해 매년 최정상급부터 신인 DJ들까지도 참여하는 붐(Boom)이란 마을의 대형공원은 매년 40만 명 이상이 몰리는 댄스뮤직의 성지 같은 곳이다. 페스티벌의 주제는 해마다 다르며, 그 주제에 따라 스테이지의 구성이나 배경이 바뀌어 매번 신선한 느낌을 받을 수 있다. 행사 안내도에는 16개의 다양한 스테이지가 설치되었다. 투머로우랜드는 기본적으로 동화의 나라를 콘셉트로 한다. 투머로우랜드는 매해 색다른 스토리를 구성하고 이를 멋진 애니메이션이나 연기로 보여주며 동화의 나라로 관객들을 인도한다. 가장 관심을 받는 메인 스테이지는 해마다 스토리에 맞춰 모습을 바꿔가고, 페스티벌 당일까지 비밀로 유지되고 있던 스테이지의 모습이 현장에서 드러나는 순간 관객은 감탄을 금치 못하게 된다. 게다가 아름다운 페스티벌 현장 주변의 자연환경과 페스티벌 곳곳에 설치된 장치들, 분장한 스태프도 동화의 나라를 멋지게 안내한다. 아름답고 비현실적인 동화의 세계 같은 순수한 마음은 바로 투머로우랜드에 모인 관객들의 마음이다.

보통의 댄스뮤직 페스티벌의 트레일러가 아티스트의 라인업이나 하늘을 향해 손을 뻗은 관객들, 즐겁게 웃고 있는 사람들, 열정적인 퍼포먼스를 보여주는 아티스트의 모습을 담는다. 이에 반해 댄스뮤직 페스티벌은 기본적으로 DJ Set를 중심으로 운영된다. CDJ와 믹서를 설치하고 공연을 하는 모습은 우리가 가장 일반적으로 생각하는 DJ의 모습이다. 댄스뮤직 페스티벌은 이러한 DJ Set 위주로 구성되어 있어서 락 페스티벌 등의 페스티벌과 비교했을 때 상대적으로 스테이지 운영이 쉽다. 락 페스티벌에서는 한 아티스트의 무대가 끝나면 사운드 체크, 프로덕션 교체 등 적어도 2~30분 정도의 준비 시간이 필요한 데 비해, 댄스뮤직 페스티벌은 한 아티스트의 무대가 끝나면 바로 다음 아티스트가 올라와 음악을 계속해서 이어갈 수 있다. 투머로우랜드의 환상적인 분위기는 세계 최고의 댄스뮤직 아티스트의 무대와 함께 더욱 완벽해진다. 투머로우랜드의 공연을 통해 동화 나라의 마법과도 같은 경험은 전자댄스음악에 미친 모든 이들에게 꿈을 선사한다.

2013년에는 단 1초 만에 모든 티켓이 매진되어 티케팅만으로도 이름을 알렸다. 매년 순간적으로 티켓이 매진되었으며 참여를 요구하고 구매하기를 원하는 댄스뮤직 팬들로 넘쳐나고 있다. 전 세계 92개 국가에서 18만 명이 넘는 관객이 모여들었다. 세계 최고의 페스티벌 〈Tomorrowland〉는 콘셉트와 디자인의 완벽한 조화를 보여준다. '인터내셔널 댄스뮤직 어워즈(International Dance Music Awards)'에서 '최고의 페스티벌' 부문에 2012년부터 2014년까지 3년 연속 수상한 〈Tomorrowland〉는 벨기에가 자랑하는 세계 최고의 페스티벌이다. 〈Viagogo〉의 분석에 따르면 〈Tomorrowland〉의 1주차 페스티벌이 끝나고 2주차 티켓에 대한 수요가 317%나 증가하였다고 한다. 〈Viagogo〉는 〈Tomorrowland〉가 〈Coachella〉, 〈Stereosonic〉 등을 제치고 최고의 티켓 수요를 가지고 있는 페스티벌로 분석하였다. 'ID&T'사가 주최하는 〈Tomorrowland〉는 지난해 미국에 진출하여 〈Tomorrowworld〉라는 이름으로 페스티벌을 수출하였다. 2015년에 또 하나의 대륙인 브라질의 상파울루 페스티벌을 진출시켰다.

투모로우랜드 페스티벌은 7월 말에 두 번의 축제를 연다. 브뤼셀에서 떨어진 작은 마을에서 열리고 호텔이 부족한 이유로 숙박은 텐트촌으로 대신한다. 드림빌(DreamVille)이라는 텐트촌은 최대 4박 5일의 축제 현장을 즐길 수 있다. 입장권과 텐트를 제공해 주는 패키지 티켓으로 구매가 가능하다. 야영장의 규모가 크기에 색다른 페스티벌의 즐거움도 추가로 즐길 수 있다. 물론 푸드존이 있어 다양한 음식을 먹을 수도 있지만, 개인이 즐길 먹거리와 간단한 캠핑 도구와 개인 장비는 미리 준비하는 것이 좋다. 행사장 내 모든 결제는 입장하면서 채워지는 '팔찌'를 계산대에 대면 쉽게 해결한다. 참고로 투머로우랜드에서는 '펄(Perls)'이란 화폐단위를 사용한다.

유럽에서 열리는 세계적으로 유명한 댄스음악 페스티벌(EDM) 크로아티아의 〈Ultra Europe〉은 아름다운 해변을 배경으로 'Poljud 스타디움'에서 슈퍼스타들이 총출동한 화려한 축제를 보여준다. 또한, 스페인 바르셀로나에서 열리는 '소나르(Sonar) 페스티벌', 세르비아의 '엑싯(Exit) 페스티벌', 헝가리의 '시겟(Sziget) 페스티벌' 등도 유명하다. 한국은 아시아 최초로 〈Ultra Music Festival〉을 가져온 국가이다. 〈Ultra〉는 한국을 기점으로 일본으로 뻗어 나갔고 앞으로 계속 확장해 나갈 계획이다. 또한, 〈Global Gathering〉도 한국에서 6년차를 맞이하고 있다. 이미 성공적으로 해외 페스티벌을 개최하고 있는 한국은 〈Tomorrowland〉의 아시아 베이스캠프로 선정될 수도 있을 것이다. 또한, 〈Tomorrowland〉를 주최하는 'ID&T'사의 관계자가 여러 번 한국을 방문했다는 사실도 〈Tomorrowland Korea〉를 기대하게 만든다.

9) 음악으로 지역의 위상을 높이다

(1) 독창적인 민요의 도시, 나폴리

예로부터 감정 표현이 솔직하고 활달한 이탈리아 남부 사람들은 그들의 노래 칸초네(canzone) 부르기를 즐긴다. 특히 나폴리를 포함한 이탈리아 남부지방은 그들만의 애향심으로 표현된 독창적인 민요가 많다. 나폴리의 악기 만돌린으로 연주하고 불러야 제맛이 나는 칸초네다. 나폴리 방언으로 부르는 노래 '나폴레타나(napoletana)'의 대표곡으로는 〈오 솔레 미오〉와 〈먼 산타루치아〉 그리고 〈돌아오라 소렌토로〉가 대중적으로 애창되는 짧고 경쾌한 곡이다. 애수가 담긴 나폴레타나는 그들의 추억을 포함하는 시대적 의미 또한 적지 않은데 노래 대부분이 고향을 떠난 사람들이 이국에서 이상향을 그리는 향수 어린 망향곡이다. 이 곡들은 활달하고 감미로운 멜로디로 한국은 물론 전 세계에 잘 알려져 있다.

나폴리 민요가 전 세계에 알려진 것은 1744년 이후 나폴리에서 매년 개최되는 민요 콩쿠르 때문이다. 이는 이 지방 어부들이 제례(祭禮)에 노래를 바치던 의식이 그 시초라고 하는데 메르겔리나 역 앞 피에디그로타 언덕 광장의 산타마리아 피에디그로타 교회에서 매년 9월에 열리는 민요 콩쿠르가 가장 유명하다. 루이지 덴차(Luigi Denza)의 〈푸니쿨리 푸니쿨라〉(1880), 에두아르도 디 카푸아(Eduardo di Capua)의 〈오 솔레 미오〉(1898), 쿠르티스(Ernesto de Curtis)의 〈돌아오라 소렌토〉(1902)와 〈머나먼 산타루치아〉(1919), 가르딜로(Salvatore Gardillo)의 〈무정한 마음(가타리 가타리)〉(1908) 등이 민요 콩쿠르가 낳은 대표곡들이다. 이외에도 1953년부터는 나폴리 민요협회 주최의 '나폴리 가요제'가 매년 6월 초에 개최되는데, 이 행사는 작곡을 중심으로 입선작은 이탈리아 방송협회(RAI)에 의해 전국에 소개된다. 이외에도 이탈리아 북서부에서 1951년에 시작된 산레모 가요제도 유명하다.

(2) 〈돌아오라 소렌토〉 노래로 유명한 소렌토

> "보세요, 바다는 얼마나 아름다운가요. 거기에는 많은 감성이 감돌고 있네요. 그것은 마치 당신의 부드러운 소리처럼 내게 꿈을 꾸게 합니다. 나는 느끼네요, 정원에서 피어오르는 오렌지의 향기를. 사랑에 두근거리는 마음에 그 향기는 비할 데가 없지요. 당신은 말해요. '나는 떠납니다. 안녕히'라고. 당신은 내 마음의 사랑을 이 땅에 남긴 채 멀어져만 가는가요. 하지만 나에게서 달아나지 말아줘요. 나를 더는 괴롭히지 말아주세요. 소렌토로, 돌아와요. 내 마음을 아프게 하지 마세요."
>
> 〈Torna A Surriento〉

나폴리에서 1시간 정도 떨어진 소렌토에서 불리는 나폴리 민요 〈돌아오라 소렌토〉는 1902년의 피에디그로타 가요제에서 발표된 곡이다. 시인이며 화가였던 잠바티스타 쿠르티스(Giambattista de Curtis)가 작사를, 작곡은 27세였던 그의 동생 에르네스토 데 쿠르티스(Ernesto De Curtis)가 했다. 형은 당시 이 호텔의 주인이던 트라몬타노의 초청으로 호텔을 장식해 주기 위해 1891년 이곳에 왔고, 그 후 매년 6개월 정도 이 호텔에 머물면서 그림을 그렸다. 지금도 비토리오 베네토 거리에 있는 'Grand Hotel of Guglielmo Tramontano' 입구 안내판에는 "괴테, 바이런, 키츠, 셸리, 스콧, 라마르틴, 롱펠로우 등이 머물렀고, 스토 부인이 〈소렌토의 아그네스〉의 영감을 얻었으며, 입센이 6개월간 머물면서 〈유령〉을 쓰기도 했다. 그리고 잠바티스타 쿠르티스(Giambattista de Curtis, 1860~1926)가 노래 〈돌아오라 소렌토〉를 이 호텔 테라스에서 작곡했다."라고 적혀 있다.

소렌토는 만을 사이에 둔 나폴리 반도의 항구로 나폴리 어로 '수리엔토'라고 한다. 소렌토는 경치 좋은 관광지로 알려져 있는데, 노래 〈돌아오라 소레토〉는 소렌토 풍경의 아름다움을 찬양하면서 떠나가는 연인에게 "잊지 못할 이곳에서 기다리고 있나니 곧 돌아오라"라고 간절하게 호소하고 있다. 쿠르티스 형제는 이후에도 공동으로 〈머나먼 산타루치아〉, 〈아 프리마보타〉 등 많은 곡을 만들어 명성을 떨쳤다. 소렌토 역 가까이에 잠바티스타의 흉상이 있고 맞은편에는 〈돌아오라 소렌토〉의 비석이 서 있으며, 나폴리의 산타마리아 안테세쿨라 가에 두 형제의 생가 기념관이 있다.

〈돌아오라 소렌토〉에 관한 재밌는 에피소드가 있다. 1900년대 초 바질리카타 지방은 오랜 가뭄으로 인해 큰 피해를 보고 있었는데 1902년 9월 15일 이탈리아 수상 차나르델 리가 재해 현장을 순방하는 길에 소렌토의 임페리얼 호텔에 묵게 되었다. 소렌토 시장을 역임하고 있던 호텔 주인 트라몬타노는 수상에게 우체국을 하나 세워줄 것을 청원했다. 수상은 더 급한 일도 있는데 무슨 우체국이냐면서 역정을 냈지만 결국에는 그의 청원을 받아들였다. 트라몬타노는 데 쿠르티스 형제를 불러 수상이 우체국을 건립하겠다는 약속을 이행하도록 노래를 만들 것을 부탁했다. 형제는 호텔 발코니에서 소렌토의 바다를 바라보며 3시간이란 짧은 시간에 형은 작사, 동생은 작곡하여 노래를 완성했고 수상이 소렌토를 떠날 때 부르게 했다고 한다. 소렌토의 아름다운 풍광과 오렌지 향기 가득한 소렌토로 다시 돌아오라는 떠나는 이를 부르는 가사다. 수상의 체류를 기념하고 당시 76세이던 수상이 생전에 아름다운 이곳에 다시 찾아오기를 기원한 노래였다. 그 후 감미롭고 애절한 이 노래가 나폴리의 가요제에 첫선을 보였고 세계적인 노래가 된 것이다. 약속대로 우체국이 세워졌고 노래는 유명해졌지만 차나르델리 수상은 소렌토를 재방문하지 못한 채 세상을 떠났다고 한다.

(3) 나폴리의 밝은 태양, 오 솔레 미오(O sole mio)

> "오 맑은 햇빛, 너 참 아름답다. 폭풍우 지난 후 너 더욱 찬란해. 시원한 바람 솔솔 불어올 때, 하늘에 밝은 해는 비친다. 나의 몸에는 사랑스러운 나의 태양이 비친다. 나의 태양, 찬란하게 비친다." O sole mio

모르는 사람이 없을 정도로 유명한 세계적인 칸초네 나폴레타나 〈오 솔레 미오〉는 조반니 카프로(Giovanni Capurro) 작사 에두아르도 디 카푸아(Eduardo di Capua) 작곡으로 1898년 나폴리 '피에디그로타 음악제'에서 우승했던 곡이다. 가사는 카푸로가 러시아에 1년 동안 체류하면서 나폴리의 밝은 태양이 그리워 쓴 것으로 사랑하는 이의 눈동자를 태양에 비유한 내용이다. 이후 테너 카루소에 의해 이탈리아 국민노래로 자리 잡았는데 아름다운 목소리를 지녔던 카루소는 음악을 통해 나폴리를 이탈리아 최고의 도시로 만든 셈이다. 남성 발라드곡인 〈오 솔레 미오〉를 나폴리의 노래로 남긴 카루소는 나폴리의 위대한 영웅이 되었고 오페라와 대중가요의 거리를 좁혔다는 평가를 남겼다. 참고로 'O sole mio'의 '오'는 감탄사가 아니라 나폴리 원어의 관사이다.

또한, 1920년 앤트워프 올림픽에서 이탈리아 국가 대신, 이 노래가 연주될 정도로 사랑을 받았다. 유명한 성악가라면 대부분 이 노래를 녹음했으며, 파바로티는 〈오 솔레 미오〉로 1908년 그래미상을 받았다. 엘비스 프레슬리는 〈It's Now or Never〉로 리메이크해서 불러 음반 1,000만 장을 판매하기도 했다. 이제 누구든 바다로 나가 밝은 태양을 맞이하면 저절로 입에서 나오는 세계적인 애창곡이 된 〈오 솔레 미오〉는 나폴리를 낭만적인 도시로 만든 훌륭한 홍보대사가 된 것이다.

(4) 관광객을 불러 모으던 노래 '푸니쿨리 푸니쿨라'

이탈리아 나폴리 인근에는 AD 79년에 화산이 폭발해 10km 정도 떨어진 폼페이(Pompeii)를 한순간에 잿더미로 만들어버린 1,281m의 베수비오 산(Monte Vesuvio)이 있다. 멀리서 보면 부드러운 두 개의 봉우리가 아름답지만 1973년과 1979년 화산 폭발 이후에도 계속 증기를 뿜어내는 분화구를 가진 활화산으로 언제 다시 터질지 모르는 위험을 안고 있다. 1845년 세계 최초의 화산 관측소가 설립되었던 역사적인 장소이며 현재 분화구는 지름이 500m, 깊이는 250m로 아직도 군데군데에서 유황 가스를 뿜어내고 있다.

그런데 당시 영국의 관광 사업가였던 토마스 쿡(Thomas Cook, 1808~1892)이라는 사람이 베수비오 화산 정상까지 케이블카를 설치하고 개통은 했는데 막상 사람들은 선 하나에 매달려 위험하고 무서운 활화산으로 끌려 올라가는 등산전차의 안전을 신뢰하지 못했다. 엄청난 사업투자금과 성공의 꿈이 사라질 위기에 놓였던 그는 대안으로 노래를 만들어 사람들이 입에 오르내리는 방법을 선택했다. 화산을 오를 때의 두려움을 경쾌한 노래로 잊게 만들면 누구나 편안한 마음으로 올 것이라고 믿은 것이다. 드디어 적극적인 홍보와 노래를 통해 케이블카는 친숙한 관광 전차로 변신했고, 노래를 즐겨 부르던 사람들이 기꺼이 등산전차를 타려는 심적 부담을 떨치고 용기를 내면서 관광 사업은 크게 성공하게 되었다.

그래서 만들어진 곡이 바로 〈푸니쿨리 푸니쿨라(Funiculi Funicula)〉다. 이탈리아어로 케이블카라는 뜻이 있는 '푸니콜라레(Funicolare)'를 어원으로 나폴리 지역 사투리와 줄임말을 결합하여 '케이블카 타고'라는 뜻의 감탄사적 표현이 제목이 되었다. 1880년 6월 6일 나폴리 베수비오 등산전차가 개통된 날 밤에 축하의 노래로 작곡되었으며, 그해 페디그로타의 가곡제에서 발표된 이후 세계적인 사랑을 받고 있다. 작사자는 당시의 나폴리 신문 기자로서 명성이 있던 주제페 투르고, 작곡은 루이지 덴차(Luigi Denza)가 했다. 타란텔라(6/8박자) 리듬의 춤곡으로 약동하는 듯한 반주의 리듬이 즐거운 등산의 느낌을 준다. 나폴리에서 12km 떨어진 베수비오산은 활화산으로도 유명하지만 〈푸니쿨리 푸니쿨라〉 노래로 더 알려진 곳이 되었다.

'무서운 불을 뿜는 저기 저 산에 올라가자. 그곳은 지옥같이 무서운 곳 무서워라. 산으로 올라가는 전차 타고 모두가 올라가네. 떠오르는 저 연기, 오라고 손짓을 하네. 얌모, 얌모(가자, 가자), 놉파 얌모야. 푸니쿨리 푸니쿨라……'라고 비속어처럼 부르던 이 케이블카는 지각이 불안정하다는 이유로 1943년에 철거하게 되었지만, 더는 존재하지 않는 이곳의 케이블카를 알리는 노래는 여전히 세계적인 인기를 끌며 불리고 있다. 지금은 미니밴이나 버스 그리고 몬스터 트럭 버스로 갈아타고 매표소 도착 후 도보로 정상까지 올라간다.

(5) 오페라의 무대가 된 도시, 스페인 남부 '세비야(Seville)'

세비야의 스페인 광장

출처 : 나무위키

세비야(스페인어 Sevilla, 이탈리아어 Siviglia, 영어 Seville)는 인구 70만 명이 조금 넘는 스페인 남부 안달루시아 지방의 행정 수도로, 유럽 음악의 발상지 중 하나이며 악기 제작과 판매의 중심지이다. 이슬람 문화와 유럽 문화가 뒤섞인 신비로운 안달루시아, 카르멘을 닮은 건강하고 활달한 미녀들, 도시를 관통하는 과달키비르강, 정열의 투우와 플라멩코 등이 이 도시를 대표한다. 음악과 관련이 많은 도시답게 콜롬비아 보고타, 이탈리아 볼로냐, 영국 글래스고, 네덜란드 겐트에 앞서 2006년 유네스코 '음악 도시'에 선정되었다.

오페라에 조금이라도 관심이 있는 애호가라면 세계적으로 유명한 오페라 로시니의 〈세비야의 이발사〉와 비제의 〈카르멘〉이 스페인 남부도시 세비야가 배경이라는 것을 알고 있을 것이다. 세비야는 콜럼버스가 항해를 시작했고 잠들어 있는 곳이며, 지금은 스페인의 문화와 예술, 학문과 산업의 중심지이다. 소설의 주인공으로 유럽 사교계를 뒤흔들었던 천하의 바람둥이 돈 지오반니(Don Giovanni)의 고향이자 플라멩코와 근대 투우가 시작된 곳으로도 유명하다. 또한 세르반테스(Miguel de Cervantes, 1547~1616)가 1602년 옥중에서 소설 '돈키호테'를 구상한 도시이며, 바로크 시대의 화가 무리요(Bartolome Esteban Murillo, 1617~1682)와 서상 벨라스케스(Diego Velazquez, 1599~1660)가 예술혼을 키웠던 고향이기도 하다. 이렇게 세비야는 중세 무어(Moor)의 찬란한 문화와 기독교 문화가 유연하게 융합되어 곳곳에 이국적 향취가 넘쳐나는 도시가 되었고, 이 매력적인 도시를 무대로 한 예술작품들은 그 특유의 소재와 낭만성으로 오늘에 이르기까지 만인의 사랑을 받고 있다. 이슬람 문화의 흔적이 강하게 남아 있는 세비야의 모습은 당대 유럽인들에게도 굉장히 이국적으로 보였던 모양이다.

세계적으로 가장 인기 있는 오페라 로시니의 〈세비야의 이발사〉(1816), 비제의 〈카르멘〉(1875), 모차르트의 〈피가로의 결혼〉(1786)과 〈돈 지오반니〉(1787), 베토벤의 〈휘델리오〉(1805), 베르디의 〈운명의 힘〉(1862), 프로코피예프의 〈수도원에서의 약혼〉(1946), 마누엘 파넬라의 〈들고양이〉(1916) 등 스페인 오페레타를 포함하면 100편이 넘는 오페라의 무대가 세비야이다. 세비야를 배경으로 한 이들 오페라의 공통된 특징은 초연 당시 파격을 넘어 사회적인 문제를 일으킬 만한 내용을 담고 있다는 것이다. 팜므 파탈, 난봉꾼들의 불손하고 문란한 이야기, 지배계급의 부조리한 상황, 민중들의 저항정신, 자유, 평등, 혁명 같은 사회적, 정치적 메시지를 담은 이야기들이 제3의 도시 세비야를 선택하여 골치 아픈 검열과 탄압의 문제들을 피해 갔다.

파리 사회를 혼란에 빠트린 비제의 〈카르멘〉(1875)

세비야를 배경으로 한 가장 유명한 오페라 〈카르멘〉은 1873년, 파리 오페라 코미크(Opera Comique)극장의 예술감독인 카미유 뒤 로클(Camille du Locle, 1832~1903)이 연말 공연을 목적으로 비제에게 오페라를 작곡해 달라고 요청하여 탄생했다. 35세의 청년 비제는 프로스페르 메리메의 단편소설 '카르멘'을 읽고 상당히 마음에 들어 작곡에 착수했다. 그러나 대본의 파격적이고 불손한 내용으로 인해 극장장의 반대, 주역을 섭외하는 문제, 리허설의 부재 등 진행 중 많은 걸림돌을 만났다. 뭇 남자를 유혹하기 위한 관능적인 제스처, 저급한 대사, 선정적인 춤 등을 연기하는 성악가를 찾는다는 것은 실로 어려운 일이었다. 금세기 최고의 소프라노 마리아 칼라스도 부도덕한 역할을 할 수 없단 이유로 〈카르멘〉의 무대에는 절대 서지 않았다고 한다. 게다가 음악계는 돈 호세가 카르멘을 칼로 찔러 죽이는 장면이 맘에 들지 않는다는 이유로 수정을 요구했고, 여공들이 집단으로 싸우는 장면들을 삭제하라고 압박했다. 예상했던 대로 공연이 끝난 후 평론가들은 요부를 앞세운 부도덕한 내용에 대해 비난을 퍼부었고, 저속하고 선정적인 대사가 포함된 〈카르멘〉의 오페라 대본이 발간되자 대중의 비판은 더욱 거세졌다.

3년 동안 파리에서는 〈카르멘〉이 사라진 공연이 되었다가 빈에서 엄청난 성공을 거둔 후 재공연이 파리에서 성사되어 많은 인기를 얻었다. 비제는 〈카르멘〉이 초연된 지 꼭 석 달 후인 6월 3일 심근경색으로 세상을 떠나 〈카르멘〉의 성공을 알지 못했다. 그는 파리에서의 초연이 처참한 실패로 끝나자 실망감과 혹독한 피로가 겹쳐 병을 극복하지 못하고 비극적인 죽음을 맞이한 것이다. 스페인 세비야는 〈카르멘〉에 등장하는 1820년대의 담배공장과 투우장, 거리와 골목, 광장 등을 보존하여 지금도 그를 기억하는 사람들이 찾고 있다. 스페인 세비야에서 만나는 프랑스 작곡가 비제, 가장 유명한 오페라를 남기고 간 그의 인생도 오페라 〈카르멘〉도 모두 비극으로 끝났다.

오스트리아 베르겐츠에서 공연한 〈카르멘〉, 호수를 배경으로 연출한 〈카르멘〉

이탈리아 베로나 원형 경기장에서 공연된 〈카르멘〉, 공연을 마친 뒤에 터져나온 축하 팡파레

출처 : 저자

(6) 〈고요한 밤, 거룩한 밤〉의 고향, 오스트리아 오베른도르프(Oberndorf)

소금광산과 수송으로 유명한 오스트리아 잘츠부르크(Salzburg) 역시 성탄절을 특별하게 맞이하는 도시다. 감미롭고 아름다운 캐럴(carol) 중 하나인 〈고요한 밤, 거룩한 밤〉의 고향이기 때문이다. '고요한 밤, 거룩한 밤'은 원래 6절까지 만들어진 곡인데 19세기 이후 점점 짧아져 3절 정도만 부른다. 지금은 300개 이상의 언어와 방언으로 불리는 세계적으로 사랑받는 곡으로 2011년 유네스코 무형 유산 목록, 2016년에는 'EU Songbook'에도 등재되었다.

이 곡은 오스트리아 잘츠부르크에서 북쪽으로 20km 떨어진 인구 3천여 명이 사는 '오베른도르프(Oberndorf)'라는 마을의 성당인 '성 니콜라스(St. Nicholas) 성당'에서 탄생했다. 1818년 오스트리아의 교회음악가 프란츠 그루버(Franz Xaver Gruber, 1787~1863)가 1816년 마리아파르(Mariapfarr)에서 요셉 모어(Joseph Mohr) 신부(神父)가 썼던 독일어 가사에 곡을 붙였다. 이 곡은 성 니콜라우스 교회에서 1818년 12월 24일 저녁 예배 도중에 세계 최초로 공개한 것이다. 〈고요한 밤 거룩한 밤〉은 매년 크리스마스 때가 되면 이 교회에서 불리면서 점점 세상 밖으로 널리 알려지게 되었다. 이후 1937년 8월 15일 성 니콜라우스 교회는 '고요한 밤 거룩한 밤'의 노래를 만든 모어 신부와 그루버 두 사람을 기념하기 위해 '고요한 밤 성당(Stille Nacht Kapelle)'으로 개명되었다.

전해지는 이야기에 따르면 1816년에 취임한 교사 겸 오르가니스트인 프란츠 그루버(Franz Xaver Gruber)의 지도로 1818년 성탄절을 앞두고 음악회 준비 중에 교회 오르간이 고장났었다. 성탄절을 한 주 앞두고 진행된 연습이라 수리할 시간적인 여유가 없었다. 당시 '성 니클라우스' 성당에 1817년에 부임한 26세의 젊은 요셉 모어(Joseph Mohr) 신부는 고장 난 오르간의 수리를 포기하고 단순하면서 짧고 쉬운 멜로디의 노래를 원했다. 기타 반주만으로도 충분하고 성가대원들도 단시간에 배울 수 있는 캐롤을 구상했다. 모어 신부는 이미 1816년에 써놓은 '고요한 밤'이란 시에 맞는 멜로디를 붙여줄 것을 그루버에게 제안한 것이다. 크리스마스 이브에 성도들은 교회에 모였으나 오르간은 아직도 수리되지 않았다. 오르가니스트였던 그루버는 기타를 들고 나왔다. 기타 반주에 맞추어 모어 신부는 테너, 그루버 선생은 베이스 그리고 교회합창단이 후렴을 불렀다. 두 명의 솔로 그리고 기타 반주를 곁들인 노래는 오베른도르프의 성 니콜라우스 교회에서 곡을 만든 당일인 1818년 12월 24일 저녁 예배 도중에 불렀던 노래다.

고요한 밤 성당

출처 : Stille Nacht Kapelle 사이트

10) 지역관광을 살리는 거대한 예술 이벤트

(1) 유럽 최대의 미술축제, '베니스 비엔날레'

이탈리아, 베니스

출처 : 구글 지도

베니스 비엔날레는 건축, 영화, 무용, 음악 등 예술의 전반적인 분야를 다루는 '국제 현대미술 전시회'이다. 2년마다 개최되는 미술 전시회를 의미하는 '비엔날레(Biennale)'라는 명칭이 베니스 비엔날레에서 유래했을 정도로 세계에서 가장 유서 깊고 영향력이 큰 비엔날레 중 하나다. 베니스 비엔날레를 통해서 전 세계의 현대미술을 한자리에서 거대한 규모로 확인해 볼 수 있다.

2년마다 열리는 '베니스 비엔날레'는 1895년 황제 부부의 은혼식을 기념하여 탄생했다. 1895년 이탈리아, 프랑스, 오스트리아, 헝가리, 영국, 벨기에, 폴란드,

러시아 등 8개국이 참가해 행사가 개최된 이후 격년제로 열리고 있다. 1913년 1차 세계대전과 1946년 2차 세계대전으로 중단된 적도 있었으나 이후 2년마다 꾸준히 개최되었다.

비엔날레에 소개되는 다양한 작품들은 베네치아시의 외곽지역인 카스텔로(Castello) 공원 내 33만㎡ 부지에서 6개월이 넘는 기간 동안 전시된다. 미술뿐 아니라 영화 · 건축 · 음악 · 연극 등 5개 부문으로 나누어 각각 다른 시간에 독립된 행사를 동시에 열고 있다. 베니스 비엔날레의 미술전은 크게 '국가관 전시(자르데니아)', '이탈리아관 전시(파비용 이탈리안)', 젊고 실험적인 작업을 소개하는 '아르세날레전'으로 구성된다. 각 국가관 전시는 보통 60여 개국이 참가하는데 독립된 국가관을 가진 24개국을 제외하고는 시내의 이탈리아관에서 함께 소개된다. 한국관은 1995년에 마지막으로 건립되었다.

베니스 비엔날레의 수상 형식은 회화 1명, 조각 1명 그리고 국가관에 수여하는 3개의 황금사자상과 젊은 작가에게 수여하는 은사자상, 4명의 작가에게 수여하는 특별상이 있다. 심사는 세계적인 권위를 가진 미술관장이나 미술사가, 평론가 등 미술계 전문가 4~5명으로 구성된다. 2년 주기로 열리는 베니스 비엔날레는 가장 최신의 주제와 형식 그리고 시대를 반영한다. 국내 작가로는 전수천(1995), 강익중(1997), 이불(1999)이 특별상을 받았다. 1993년 백남준이 한스 하케와 독일관 작가로 참여해 황금사자상의 주인공이기도 했다. 2015년 임흥순 작가가 〈위로공간〉으로 한국 최초로 본전시에서 은사자상의 주인공이 되었다.

2024년 60회 베니스 비엔날레는 상파울루 미술관 MASP(Museu de Arte de São Paulo Assis Chateaubriand)의 예술감독인 아드리아노 페드로사(Adriano Pedrosa)를 총감독으로 선정하였다. 이번 비엔날레의 타이틀은 '외국인은 어디에나 있다(Stranieri Ovunque-Foreigners Everywhere)'이다. 제60회 국제미술전은 2024년 4월 20일부터 11월 24일까지 약 7개월간 이탈리아 베니스시 카스텔로 공원 및 아르세날레 일대에서 개최된다.[13] 이 대규모 전시회는 Giardini와 Arsenale에서 88개 국가 331명 작가가 참여하

13) 한국문화예술 위원회 보도자료, 2023.03.22

였다. 시내 중심가에서 85개국의 전시 참여가 동시에 펼쳐진다. 본전시에 초청받은 한국 작가는 김윤신, 이강승, 이쾌대, 장우성, 김윤신, 이강승 등이다. 개막식에서는 이탈리아에서 태어나 브라질로 이주한 1942년생 작가 안나 마리아 마이올리노(Anna Maria Maiolino)와 파리에서 활동하는 1938년생 터키 출신 작가 닐 얄터(Nil Yalter)가 황금사자 평생공로상을 받는다. 황금사자상은 마타 아호 콜렉티브가 수상하였다. 에레나 베이커, 사라 허드슨, 브리짓 레웨티, 테리 테 타우, 이렇게 네 명의 뉴질랜드 예술가로 구성된 그룹이다. 이들은 대규모 섬유 기반 예술 작품으로 유명하다. 전시회에서 가장 유망한 젊은 예술가에게 수여되는 은사자상은 Karimah Ashadu가 수상하였다.

2024년 베니스비엔날레 제60회 국제미술전 한국관 전시를 총괄할 예술감독으로 야콥 파브리시우스 덴마크 아트 허브 코펜하겐 관장과 이설희 덴마크 쿤스트할 오르후스 큐레이터를 선정하였다. '한국 향기 여행(Korean scent journey)'을 통해 한국의 국가적 초상을 기획하였으며, 구정아 작가의 신작들을 선보일 예정이다.

(2) 지역의 한계를 극복한 독일 '카셀 도큐멘타'

독일 중부에 있는 작은 도시 Kassel

출처 : 구글

프리드리히 광장에 'The Partheonon of Books' 설치

출처 : https://www.documenta14.de/ 홈페이지 photp by Rosa Maria Ruehling

다른 유럽 국가보다 상대적으로 미술문화의 변방이라는 지역의 한계를 극복하기 위해 출발한 '카셀 도큐멘타'는 현재 독일을 서구 현대미술의 보고로 만드는 중요한 역할을 하고 있다. 창시자인 아놀드 보데, 브라넬 카셀 시장, 미술사가 하우 드프만 등을 중심으로 진행되고 있는데 첫 회 프리데리치아눔 미술관만을 전시공간으로 이용하던 이 행사는 폐공장을 재활용할 정도로 규모가 확대되었으며, 전시예산 또한 총 100억에 이르고 있다. 카셀 도큐멘타는 예술품의 전시공간이라기보다는 정치, 사회, 경제, 문화영역 전반에 걸쳐 동시대의 다양한 문제를 사유할 수 있는 현대미술의 현장이다.

독일 중부에 있는 작은 도시 카셀(Kassel)에서는 5년마다 대규모 미술품 전시인 '카셀 도큐멘타(Kassel documenta)'가 열리고 있다. 1955년 당시 카셀대학교의 교수이자 아티스트 큐레이터였던 아놀드 보데(Arnold Bode)에 의해 창설되었다. 카셀 지역에서 열린 연방 원예 전시의 목적으로 시작된 전시는 2017년에는 14번째 카셀 '도큐멘타 14(Kassel Documenta 14)'가 6월 10일부터 9월 17일까지 3개월 동안 개최되어 현대미술 애호가 90만여 명이 방문하였다. 행사가 열리는 10일 동안 카셀 시 도시 전체는 거대한 미술관으로 탈바꿈해서 도로마다 관람객들로 시끌벅적하고 광장은 활기가 넘친다. 방문자들은 자전거를 빌려 타거나, 걸어서 도시 구석구석을 돌아다니며 미술관을 방문하고 동시에 열리는 부대행사인 도큐멘타 매거진과 세미나에도 참석할 수 있다.

독일은 종전 이후 1955년 나치 시절의 미술계에 대한 폭력과 잘못을 반성하고자 국제적인 미술 행사를 기획하게 된다. 물론 전쟁으로 황폐해진 도시를 재건해야 한다는 정치적인 의도에서 시작된 것이다. 나치즘은 땅에 묻고 도큐먼트로 새로운 독일을 재건하려는 의도였다. 도큐먼트는 '전시회는 모던아트의 기록(Documentation)'이라는 의미에서 붙여졌으며, 모던아트(modern art)를 퇴폐의 소산이라는 이유로 금지했던 나치에 대한 반발로 지어진 이름이다. 유럽 대륙 최초의 공공 미술관이었던 프리데리치아눔(Fridericianum)이 전쟁 중 훼손되고 방치된 곳에서 전시를 열었던 것이 '카셀 도큐멘타'의 출발이었다. 전위적인 작가와 실험적인 작품을 소개하는 목표로 진행되었으며 세계적인 명성을 유지하고 있다. 이에 2012년 '도큐먼트 13(Documenta 13)'에는 250억의 예산으로 운영되었고, 방문객은 90만 명 가까이 되었다.

2017년 '도큐먼트 14'에서는 바젤의 쿤스트할레 관장이자 폴란드 출신의 예술감독 아담 심칙(Adam Szymczyk)을 중심으로 '아테네로부터 배운다(LEARNING FROM ATHENS)'는 주제로 그리스 아테네에서도 전시가 개최되었다. '카셀(Kassel)' 본 전시에서도 '아테네로부터 배운다'를 주제로, 전쟁, 테러, 난민 등 다양한 현대사회 문제에 대한 다양한 아티스트들의 결과물을 전시하였다. 그리고 카셀의 중심부인 프리드리히 광장에 'The Partheonon of Books'가 설치되었다. 이곳은 나치가 2,000권의 '금서'를 불태운 곳으로, 아르헨티나의 작가 마르타 미누진이 10만 권의 금서로 파르테논 신전을 만들어놓고 슬픈 역사를 예술로 승화시켰다.

1회 큐레이터인 보데가 총 570점의 148명의 작가 6개국 참가국, 야수파, 입체파, 청기사파, 그리고 미래파, 표현주의 흐름을 보여주었다. 한스 아르프, 파블로 피카소, 알렉산더 칼더 등이 참여한 3회 도큐먼트까지는 유럽 중심의 현대미술의 흐름을 중점적으로 소개하고 있었다면 4회부터는 유럽 이외의 작가들을 적극적으로 도입하는 새로운 성격을 보여주기 시작했다. 10회(1997)에는 캐서린 다비드라는 첫 여성 감독을 선임함으로써 기존의 일관된 사회적 시각을 타파하기도 하였다. 또한, 토론과 담론 형성의 중요성을 강조하는 전시내용을 보여줌으로써 타 현대미술 행사와 구별되는 차이점을 제시하기도 하였다. 1977년 백남준, 1992년 육근병 등 한국을 대표하는 현대미술 작가가 참여했던 카셀 도큐멘타는 회를 거듭할수록 현대미술을 선도하는 개념의 양산과 국가와 인종을 막론한 비평가, 작가, 미술 관계자 간의 지적 네트워크 구축과정을 본 전시 이상으로 주시하고 있음을 보여준다. 2012년 카셀 도큐멘타에는 전준호, 문경원, 양혜규 등 한국 작가들이 20년 만에 초청받았다.

2022년 개막한 15회 카셀 도큐멘타는 6월 18일에 시작하여 9월 25일까지 진행된다. 인도네시아 자카르타를 기반으로 활동하는 컬렉티브 '루앙루파(Ruangrupa)'가 예술감독을 맡았다. "이번 도큐먼트의 주제는 없습니다. 대신, 우리는 '룸붕(Lumbung)'이라는 개념을 알리고 실현하겠습니다."라고 소개했다. '룸붕(Lumbung)'은 인도네시아에서 '농사 후 남은 쌀을 함께 저장하는 헛간'을 뜻하는 단어다. '룸붕(Lumbung)'을 구현할 멤버는 1,500명 이상으로 엄청난 전시 규모가 되었다. 카셀 전역의

32개 전시장에서 룸붕 멤버들의 전시가 진행 중이다. 카셀 자연사 박물관에서는 한국 멤버인 '이끼바위쿠르르'가 만든 2채널 영상 〈Tropics Story〉(2022)를 볼 수 있다. 다음 전시는 2027년에 열리게 될 것이다.

지난 2007년 도큐먼트 예산의 절반인 1,900만 유로는 카셀주가 감당하였고, 나머지는 입장권, 기증자, 이벤트 후원자 등에 의해 충당되었다. 2017년 14번째 행사에는 3,700만 유로의 예산이 투입되었다. 2017년 〈카셀 도큐멘타 14〉는 13회가 열린 2012년 바로 다음 해인 2013년부터 준비가 시작되었다. 그해 1월 도큐멘타 예술감독을 선정하는 위원회(Finding Committee)를 결성하고 4월, 6월, 11월 세 차례 회의를 통해 감독 선임을 마무리한 것이다. 예술감독 선정 위원은 총 8명으로 구성된다.

(3) 독일 '뮌스터 조각-프로젝트(Skulptur-Projekte Munster)'

뮌스터 조각-프로젝트(Skulptur-Projekte Munster)의 설치작품 '베베르카 파빌리온'(2018)

출처 : 구글 지도

출처 : Wikimedia Commons, 그림저자 Dietmar Rabich

'뮌스터 조각-프로젝트(Skulptur-Projekte Munster)'는 베니스 비엔날레, 카셀 도큐멘타와 함께 유럽 3대 미술축제로 알려졌다. 세계적인 현대조각과 설치작품의 전시회로 10년 주기마다 열리며 공공성을 표방한 조각-프로젝트다. 1977년 최초로 개최되었는데 1974년 뮌스터 시가 도시환경과 소외 지역의 새로운 변화를 위해 공공장소에 조각을 설치하려는 목적에서 출발하였다. 당시 베스트팔렌 시립미술관 큐레이터 클라우스 부스만(Klaus Busmann)은 반대하던 지역 시민들을 설득하여 공공조각에 관한 지속적인 노력으로 여론을 돌려세웠고, 교육의 기회를 마련하는 차원으로 1977년 야외 조각 전시회를 탄생시켰다. 그러나 '뮌스터 조각-프로젝트'는 도시를 꾸미거나 장식적인 조각품을 설치하는 그런 부류의 프로젝트는 아니다. 뮌스터에 설치되는 작업은 뮌스터만의 사회적 맥락과 역사, 현재 상황, 삶의 공간, 지역의 정체성 등을 담아야 한다는 것이다. 공공조각 프로젝트 미술품은 설치물이 놓인 특수한 장소의 역사와 지역만의 가치와 조응하지 않으면 의미가 없다는 것이다.

베스트팔렌 지방의 중심에 있는 뮌스터는 라틴어로 수도원(Monasterium)을 의미하는 단어에서 유래한 대학과 종교의 도시다. 북서쪽으로 네덜란드가 가까이 있으며, 언덕이 거의 없는 평지로 구성되어 있다. 다른 도시에 비해 건축의 밀도가 낮으며 고층 건물이 많지 않다. 29만여 명이 거주하는 뮌스터는 13세기 한자동맹(Hanseatic League)과 1530년대 개신교의 도시로 변모했다. 1648년에는 30년 전쟁 이후 베스트팔렌 평화조약을 체결함으로써 협상의 도시로서 주목받았던 곳이기도 하다. 자전거가 많은 이 조용한 도시는 805년 건축된 뮌스터 대성당을 중심으로 종교의 도시답게 여러 성당 건축물을 만날 수 있으며, 전통과 현대가 조화롭고 매력적인 도시로 유명하다.

10년마다 조각-프로젝트(Skulptur Projekte)가 열리는 뮌스터(Münster)는 독일 북서쪽의 작은 마을이지만 약 100일간 도시 전체가 거대한 조각공원으로 변신한다. 관람객은 안내소에서 제공한 지도를 참고로 아담한 도심을 여유롭게 산책하거나 보물찾기를 하듯 적극적으로 작품을 찾아 나서야 한다. 도시 자체가 예술품인 뮌스터는 세계 최정상의 조각가들이 설치한 작품들로 골목, 광장, 화장실, 버스정류장, 공원 등은 낯선 미술관으로 변신한다.

1977년 1회 '뮌스터 조각-프로젝트'에는 9명의 당대 최고의 조각가를 초대하여 작가가 원하는 장소에서 그에 맞는 조각품을 설치했다. 초청된 작가들은 일정 기간 뮌스터에 머물면서 도시가 지닌 정체성과 역사의 흐름을 통해 시민들의 정서와 전시 성격에 적합한 작품을 구상하고 설치해야만 한다. 따라서 뮌스터 도시의 역사성과 공간특성 그리고 지형에 관한 연구가 선행되어야 했고, 장소가

정해지면 그곳에 맞는 작업을 구상한 후 뮌스턴 관계자들과 긴 시간 동안 의견을 나누며 수정하고 보완하여 작품을 설치하는 것이다. 10년이라는 주기로 열리는데 이토록 긴 주기를 갖는 것은 다음 전시를 위한 준비 과정으로 10년이라는 시간이 적합하다는 이유에서다. 지금까지 40년이 축적되면서 뮌스터는 조각-프로젝트를 통해 새로운 도시의 지형도를 만드는 중이다.

2017년 다섯 번째로 열린 전시는 1977년부터 이 전시를 이끌었던 캐스퍼 쾨니히(Kasper König) 예술감독을 중심으로 70억 정도의 예산과 36명의 작가와 팀이 선정되었다. 지금까지 총감독 역을 맡았던 캐스퍼 쾨니히는 이 전시를 끝으로 물러나게 되었다. 영상, 퍼포먼스 아트에 중점을 두어 한정된 지역성을 넘어 전 지구적인 현안을 포함하려는 그의 의도가 전시에 반영되었다. 2017년 주제는 디지털 문명 속에서 '몸을 벗어나, 시간을 벗어나, 장소를 벗어나'라는 주제로 연계된 전시였다. 그들의 작품은 지역 사회의 문제를 제기하고 지역주민과의 소통을 적극적으로 반영한다는 점에서 다른 프로젝트와 차별성을 지닌다. 그러므로 공적인 공간과 시민들의 관심이 통합된 문화적 소통이 실현된 도시로 평가받는다. 1977년부터 2017년까지 뮌스터에 영구적으로 설치된 총 38점의 '퍼블릭 컬렉션' 작품들은 꾸준히 시민들의 사랑을 받고 있다. 공공미술이 도시 전체를 예술적으로 탈바꿈하게 하여 문화도시로 혁신적인 가치가 구축된 것이다.

(4) 스위스 '아트 바젤'과 글로벌 미술시장의 확장

스위스 바젤 지역은 라인강이 흐르고 중세의 모습을 간직한 곳이다. 그러나 미술시장이라는 '아트 바젤'로 예술 애호가들과 일반인들로부터 유명해진 지역이다. 아트 바젤(Art Basel)은 매년 6월에 열리는 아트 페어 즉, 국제 예술 박람회이다. 아트페어는 세계적인 갤러리들이 같은 시간, 같은 장소, 특정 기간에 모여서 작품을 거래하는 글로벌 미술시장이다. Art Basel은 5일 동안 컬렉터, 갤러리 및 아티스트를 연결하는 세계적인 글로벌 플랫폼으로 미술품 견본 시장이다. 스위스 아트 바젤은 1970년 스위스의 갤러리스트인 에른스트 바이엘러(Ernst Beyeler)를 중심으로 바젤 갤러리스트들이 창설한 아트페어다.

아트 바젤은 스위스 아트 바젤, 아트 바젤 홍콩(3월), 아트 바젤 마이애미비치(12월)로 진출하여 지역의 미술시장 활성과 인프라 확장을 위해 3개 지역으로 운영되고 있다. 최근 아트 바젤은 프랑스 파리에서 열린다는 소식이다. 아트 바젤을 소유한 스위스 회사인 MCH 그룹과 프랑스를 대표하는 아트 페어인 피악을 운영하는 RX사가 경쟁했는데, 1,000만 달러(약 120억 원)라는 거액과 7년 계약 조건을 내건 MCH 사의 제안이 결국 채택됐다. 일반적으로 매년 10월에 열렸던 파리 아트페어 '피악(FIAC)'의 전시 일정도 '아트 바젤'에게 넘긴 것이다. 1970년 스위스 바젤에서 처음 시작된 '아트 바젤'은 홍콩, 마이애미 그리고 파리가 추가되었다.

이로써 1974년에 창설되어 47년의 역사를 지닌 세계 최고의 파리 아트페어라는 위상과 그랑팔레라는 전시 공간을 결국 '아트 바젤'에 내준 것이다. 2022년 10월의 파리 '그랑팔레 에페메르'에 30개국에서 156개 갤러리가 참여하고 개최되는 1회 '아트 바젤 파리+'의 전시가 열렸다. 한국의 갤러리는 메인 섹터인 '갤러리즈'에 선정된 국제갤러리가 유일하게 '아트 바젤 파리+'에 참가하다. 이제 '아트 바젤'은 홍콩 3월, 바젤 6월, 파리 10월 마이애미 12월로 사계절 내내 글로벌 미술축제가 만들어진 것이다.

2018년 '스위스 아트 바젤'의 총 거래액은 3조 4천억 원이며, 2019년 '아트 바젤 홍콩'도 1조 원을 달성했다. 2019년 '스위스 아트 바젤'은 34개국, 232개 갤러리, 4천 명의 작가가 참가했고, 9만여 명이 관람했다. '아트 바젤' 행사 기간은 7일 정도지만 2일은 VIP만 입장이 가능하다. 미술시장이라 초대받은 컬렉터와 큐레이터를 선정하여 순차적으로 작품을 고를 수 있도록 배려한 것이다. 이후 5일 동안 일반인에게 공개하는데 거대한 전시를 관람하는 형식이다. 일반인의 입장권은 1일권, 2일권 등으로 온라인 예매가 가능하다. 최근 아트 바젤 홍콩의 1일 입장권은 400H KD(약 8만 원)이었다.

'아트 바젤'은 다른 아트페어와 달리 엄격한 심사를 통해 갤러리에게 참가 자격을 부여한다. 유명 갤러리 부스에서 열리는 갤러리즈(Galleries), 신진작가를 소개하는 스테이트먼트(Statement), 주목할 만한 실험적인 작품을 소개하는 피처(Feature)로 구분한다. 참가하는 갤러리의 부스 사용료는 최고 1억 원 이상이다. 2023년

'스위스 아트 바젤'에 참여한 한국 갤러리는 '국제갤러리'와 '갤러리현대'로 참가자격의 진입장벽이 높다는 의미다. 2019년 '스위스 아트 바젤'에서는 김환기 작가의 작품 'Tranquility 5-IV-73'이 1,000~1,200만 달러(117~141억)에 거래되었다.

11) 예술가의 탄생과 활동 그리고 지역관광의 성공사례

(1) 프랑스 지베르니, 모네의 정원

프랑스 르 아브르(Le Havre) 항구에서 해돋이를 바라보던 화가 클로드 모네의 시선은 혁신적이었다. 그는 해돋이를 바라보면서 미술의 새로운 가치를 꿈꾸며 예술가의 임무와 역할에 대해 고민했을 것이다. 지금껏 익숙하던 방식이 아닌 다른 방식으로 세상을 주시했을 것이다. 1872년 그린 모네의 작품 〈해돋이, 인상〉은 프랑스는 물론 세계 미술사를 뿌리째 흔들었다. 모네 이후의 그림은 외부대상의 닮음이나 재현보다는 형식의 문제로 나아가 재현과 모방에서 벗어났으며, 그림 속 이야기보다는 추상의 개념이 싹트게 되었다. 이제 그림은 시각적 아름다움이 아닌 미술 형식을 통해 정신적인 태도로 나간다.

모네의 파격적인 그림은 1874년 4월 15일부터 5월 15일까지 한 달간 그룹전시에서 공개되었다. 얼마나 혁신적인 작품인지 모네의 그림으로 들어가보자. 단순해 보이는 모네의 그림은 프랑스 대서양에 인접한 '르 아브르(Le Havre)' 항구의 모습이다. 이른 아침 태양이 떠오르고 있으나 짙은 해무로 형상들을 구분하기는 어렵고 바다 한가운데 배를 끌고 가는 사공의 실루엣이 그나마 분명하다. 바다와 하늘의 경계도 없고 그림 속 모든 것이 모호하고 불분명하여 특별히 볼 것이 없는 싱거운 그림이다. 과학의 명료함을 추구하던 당시 사람들로선 불성실하고도 모호한 그림이 불만스럽다. 비싼 물감으로 대충 칠한 성의 없는 태도 때문에 화가는 대중으로부터 미친 사람 취급을 받았을 것이며, 새로운 세상을 여는 도전에 주류 화가들로부터도 말할 수 없는 비난과 손가락질을 감수해야만 했다.

클로드 모네(1840~1926)가 꾸미고 만든 지베르니 정원에서 그는 44년간 살았다. 지베르니는 프랑스 북부에 있는 작은 마을이다. 이 마을에 정착한 그는 가까운 루앙시에 있는 루앙성당을 연작으로 그렸으며, 모네의 수련 연작이 탄생한 곳이다. 모네의 정원은 길을 사이에 두고 나뉘어 있으며 서양식과 일본식의 정원으로 구분된다.

지베르니 모네의 집

출처 : 클로드 모네 재단, 프랑스 관광청

(2) 반 고흐가 마지막 삶을 살았던 오베르-쉬르-와즈

작열하는 태양이 눈이 부시던 7월, 문득 네덜란드에서 태어났으나 유럽을 떠돌다 태양 속으로 사라진 이방인이던 화가 반 고흐의 실존적인 삶을 돌아본다. 짐멜의 정의처럼 이방인이란 방랑자와 토착민의 특성을 모두 가지고 있으며, 항상 배척당할 위험을 극복하고 스스로 삶을 살아가기 위해 처절하게 살았던 사람들이다. 평생 이방인처럼 살았던 반 고흐도 근원적인 존재에 대한 고민과 한 인간으로서 실존적인 불안이 항상 그의 삶 속에 있었을 것이다. 이방인의 주인공 뫼르소(Meurso)가 태양(soleil)과 살인(meurtre)을 연상시키는 이름처럼 반 고흐도 작열하는 태양을 상징하던 해바라기 그림을 여러 점 남기고는 신적인 존재로 삼던 태양에 몸을 맡겼다.

반 고흐가 마지막 삶을 살았던
오베르-쉬르-와즈의 라부의 집

출처 : 저자

그의 무덤 곁엔
동생 테오가 함께 안장

출처 : 저자

누군가는 예술가가 살았던 장소를 방문하고 산책하는 것이 단순한 여행 그 이상의 감동과 가치를 지닌다. 알랭 드 보통은 "화가가 어떤 장소를 규정할 만한 특징을 매우 예리하게 선별해 냈다면, 우리는 그 풍경을 여행할 때 그 위대한 화가가 그곳에서 본 것을 생각하게 되기 마련이다." 반 고흐가 잠시 말년을 보냈던 오베르-쉬르-와즈 마을에는 그의 그림 속 산책로가 거기에 있어 나도 같은 길을 걸을 수 있고, 그가 드나들던 성당과 주변을 나도 바라볼 수 있다. 그가 걸어가다 잠시 화구를 내려놓고 그림을 그린 장소에서 바라보는 풍경도 세월의 흐름 말고는 하나도 달라진 것이 없다.

반 고흐는 네덜란드 준데르트(Zundert)에서 탄생 후 네덜란드, 벨기에 그리고 영국에서 생계유지와 신학 공부를 위해 돌아다녔고, 1885년 네덜란드 뉘넨(Nuenen)을 떠나 프랑스에 도착한 후 한 번도 조국 땅을 밟지 않았다. 이후 그는 1886년 프랑스 파리에서 2년, 아를르, 프로방스의 생-레미 요양원에서 1년씩 머물다 파리로 돌아왔다.

그는 동생 테오의 도움으로 1890년 5월 20일 오베르-쉬르-와즈라는 작은 마을에 도착해서 70일 정도 머무르며 80여 점의 작품을 남겼다. 7월 29일 권총으로 자살을 시도하고 밀밭에서 〈까마귀 나는 들판〉을 마지막으로 남기고 홀연히 떠났다. 반 고흐가 잠시 머물렀고 그의 영원한 안식처가 있는 이 작은 마을은 화가로서

치열하고 예술적인 그의 삶이 숭고한 가치로 남아 여행자들의 발길은 끊이질 않는다. 반 고흐라는 화가가 유년기를 보낸 마을 그리고 예술가로서 머문 장소들인 프랑스 남부 프로방스의 생-레미와 아를르 또한 여행자들의 호기심을 자극하는 장소다. 반 고흐를 사랑하는 애호가로서 그의 흔적을 되새기고 이해하기 위해 멀고 험난한 길이지만 찾아가야 하는 곳이다.

반 고흐가 사망 전에 그린 그림,
〈까마귀가 나는 밀밭〉(1890년 7월)

오베르-쉬르-와즈에 방문했을
당시의 밀밭 모습

출처 : 저자

(3) 툴루즈-로트렉의 생가가 있는 마을, 알비와 툴루즈-로트렉 뮤지엄

툴루즈-로트렉(Henri de Toulouse-Lautrec, 1864~1901)은 프랑스 남부 알비(Albi)의 알퐁스 백작 아들로 태어난다. 12세기부터 내려온 귀족 가문의 아버지와 백작 직계 후손인 아델 조에 타피에 백작 어머니는 사촌 간의 근친결혼으로 인한 유전적 결함으로 툴루즈-로트렉은 허약한 체질로 태어난 것이다. 백작 부부는 로트렉이 8살 때 이혼하였으며, 어머니를 따라 툴루즈-로트렉은 파리에 도착하였고, 백작 부인은 말로메 성을 구매하였다. 8살에 파리에서 학교 교육을 받았으나 병약하여 고향으로 돌아와 요양하면서 가정교사에게 수업을 받는다. 13세에 두 번 낙마하여 골절로 뼈의 성장이 멈춰 152cm의 키에 지팡이를 의지하며 살아간다.

1882년 로트렉은 파리 레옹 보나와 코르몽 화실에서 미술 수업을 받았으며 드가의 영향을 받는다. 이곳에서 반고흐, 수잔 발라동을 알게 된다. 선천적으로 허약했던 그는 1899년 발작으로 쓰러져 파리 근교 뇌이유 병원에 입원하였고, 1900년 보르도로 휴양을 떠나기도 했는데, 몸 한쪽이 마비된 채 37세에 어머니 앞에서 죽음을 맞게 된다. 그의 묘지는 알비시의 말로메 성 근처 베로베에 있다.

툴루즈에서 멀지 않은 알비시에는 붉은 벽돌로 지어진 프랑스 남부 특유의 고딕 양식으로 세계에서 규모가 가장 큰 '성 세실 대성당'이 있다. 세실 성당 옆에는 툴루즈-로트렉 어머니의 도움으로 13세기 주교가 머물던 바르비 성을 활용하여, '툴루즈-로트렉 뮤지엄'이 1922년 개관한다. 미술관에는 아델 부인으로부터 기증받은 툴루즈-로트렉의 작품 1천여 점이 보유되어 있다. 이후 10여 년의 보수로 2012년에 재개관하였다. 알비에는 그의 생가도 있고, 생 세실 성당, 바르비 성, 타른강을 가로지르는 퐁 비외가 유네스코 문화유산으로 등재된 곳이다. 로트렉이 어린 시절을 보내던 할머니 소유의 보스크 성이 알비 근교에 있으며 기획전이 열리는 곳이다.

(4) 반 고흐가 잠시 머문 아를르와 생 폴-드-모졸(St. Paul-de-Mausole) 수도원

1886년 2월 20일 테오에게 말도 없이 떠나 아를르에 도착한다. 파리에서 반 고흐는 선배인 툴루즈-로트렉이 자족적인 미술가 공동체를 제안한 내용에 관심을 가지고 고갱과 베르나르 등과 의기투합하여 남프랑스 프로방스 지역 아를르에 모여 공동 창작촌을 만들자며 기대하고 있었다. 부푼 꿈을 안고 그가 먼저 아를르에 내려와 '노란 집(Yellow House)'을 빌려 1층 침실과 2개의 작업실로 꾸미고 파리에 있는 동료들을 부른다. 특별히 의지하고 존경하던 고갱을 기다리며 40여 점의 유화 작품을 그렸는데 가장 중요한 작품은 〈해바라기〉, 〈밤의 카페〉, 〈아를르의 화가의 집〉 등이다. 1888년 10월 28일 고갱만이 아를에 왔다. 간절히 바라던 반 고흐에게 고갱이 온 것은 동생 테오가 그림을 팔아줄 것이란 속셈 때문이었다. 그러나 두 사람의 공동생활은 갈등의 연속이었으며 2개월을 채 넘기지 못했다. 사사건건 의견 대립이 심하고 술집에서 다투는 일이 비일비재했다. 마침내 크리스마스 전날 밤 고흐는 고갱과 다툰 끝에 면도칼로 자신의 왼쪽 귓불을 잘랐고 창녀 리셀에게 조심히 다루라는 말을 남기고 떠났다. 다음날 반 고흐는 아를르

'디에우 정신병원'에 입원했고, 내과의 펠릭스 레이의 치료를 받은 후 1월 7일 퇴원하며, 감사의 선물로 의사의 초상화를 그렸으나 맘에 들지 않았다고 한다. 퇴원 후 반 고흐를 통해 이익을 추구하던 맘을 감추고 찾아온 고갱은 이미 떠났다.

반 고흐, 〈아를르의 노란집〉(1888)

〈파이프를 물고 귀에 붕대를 한 자화상〉(1889)

〈펠릭스 레이 박사 초상화〉(1889)

반 고흐는 1889년 5월 3일 생-레미-드-프로방스(St. Rémy-de-Provence)에 있는 수도원 부설 기관인 생 폴-드-모졸(St. Pau-de-Mausole) 요양원에서 생활한다. 982년부터 문을 열었던 수도원은 베네딕도회 성-안드레아(Saint-André) 수도원이었다. 성당의 수도원 자리에 1080년에 다시 지어졌고 오래전부터 생 폴-드-모졸 요양원(Saint Paul-de-Mausole)으로 수도원 부설 정신병원과 요양소가 함께 있는 곳이다. 한적한 입구에는 올리브 나무가 많은 도시로부터 떨어진 외진 곳이었다.

생 레미의 생 폴-드-모졸(St. Pau-de-Mausole) 요양원에는 1890년 5월 16일까지 반 고흐(Vincent van Gogh)가 12개월 동안 치료받던 방과 작업실이 있다. 동생 테오가 두 개의 작은 방을 임대했으며 요양비용도 지급한다. 빈센트 반 고흐는 이곳에서 12개월 동안 생활하면서 되풀이되는 발작과 절망과 평안 사이를 오가며 그림을 그렸다. 이곳에서 그는 자신의 자화상뿐만 아니라 〈수선화〉, 〈아이리스〉, 〈별이 빛나는 밤〉, 〈사이프러스 나무〉, 〈생폴 드 모졸 예배당 풍경〉, 〈요양원 정원〉, 〈올리브 수확하는 여인〉 등 가장 중요한 걸작을 남겼다.

(5) 프랑스 교외 퐁투와즈, 피사로의 아틀리에

반 고흐가 말년을 잠시 보낸 오베르-쉬르-와즈(Auvers-sur-Oise) 근처에 선배 화가 피사로가 살았던 퐁투와즈(Pontoise)가 있다. 1872년 폴 세잔도 이곳에 머물며 10여 점의 작품을 남겼다, 모네, 폴 고갱도 이곳에 합류하여 그림을 그리던 시기가 있었다. 1882년 피사로는 퐁투와즈(Pontoise) 근처 오니(Osny)로 작업실을 옮겨 30년을 살았던 곳이다. 1871년 40세의 피사로와 결혼했던 아내 줄리 벨리(Julie Vellay)는 어려서 어머니의 하녀 신분이었다. 피사로는 아내와 아이 다섯을 더 낳아 일곱 자녀가 있었기에 파리의 생활이 어려워 이사한 것이다. 64세가 되던 1893년 3월에 인상파 그림 판매상 뒤랑 뤼엘은 자기의 화랑에서 피사로의 작품을 회고(懷古)하는 대규모 전시회를 열어 큰 성공을 거두었다. 그러나 그의 눈은 더는 그림을 그릴 수 없는 상황에 부닥치게 된다. 피사로는 1903년 74살에 세상을 떠난다. 1890년 5월 17일에 오베르-쉬르-와즈에 도착한 반 고흐는 피사로를 만나지는 못했을 것이다. 반 고흐는 이곳에서 3개월도 채 살지 못하고 37살이라는 짧은 생을 마친다.

(6) 스페인 말라가, 피카소 생가와 박물관

스페인 남쪽 항구도시 말라가(Malaga), 이곳은 1881년 피카소[14]가 태어난 마을이다. 아름다운 바닷가 도시에 사람들로 넘쳐나는 피카소 생가는 현재 '피카소 탄생 박물관(Picasso Birthplace Museum)'으로 대중에게 개방되었다. 집 앞에는 피카소의 기념 동상을 볼 수 있다. 태어날 당시 피카소의 아버지 호세는 화가가 꿈인 미술선생이었다. 피카소의 재능을 미리 본 아버지는 7살부터 미술 교육을 시작했고, 14세에 미술대학에 입학시킨다. 16살에 〈과학자 자애〉라는 작품을 발표하고 본격적으로 작가 활동을 한 것이다. 마드리드와 카탈로니아의 바르셀로나 미술학교를 다녔으나, 1900년 파리박람회가 열리던 해 19살에 바르셀로나 단골식당이던 '4마리 고양이'에서 첫 전시를 마치고 가장 친한 친구 카사헤마스(Carlos Casagemas)

---

14) 피카소의 본명은 모계를 따른 것으로 23개의 음절로 구성. 파블로 디에고 호세 프란시스코 데 파울라 후안 네포무세노 마리아 데 로스 레메디오스 크리스핀 크리스피니아노 데 라 산티시마 트리니다드 루이스 이 피카소 Pablo Diego José Francisco de Paula Juan Nepomuceno María de los Remedios Cipriano de la Santísima Trinidad Ruiz y Picasso

와 파리에 도착한다. 무명이던 피카소는 운 좋게 미술품 딜러 페레 메나치(Pere Menach)와 전속 계약을 맺는다. 그러나 1년 뒤 1901년 친구 카사헤마스가 권총으로 자살을 한다. 프랑스 파리 몽마르트르 언덕 유대계 시인 막스 자코브(Max Jacob)의 아파트에서 함께 살고 있을 때다. 피카소는 우울감에 청색 시대의 그림을 그린다. 1913년에는 모나리자 도난 사건에 아폴리네르와 연루되었으나 무혐의로 풀려나면서 신문을 통해 피카소라는 이름을 알리게 된다.

(7) 노르웨이 오슬로, 뭉크 미술관

노르웨이 표현주의 화가이며 국민화가인 에드바르 뭉크(Edvard Munch, 1863~1944)의 초상은 노르웨이 지폐 1,000크로네에도 있을 정도로 그들에겐 대단한 화가다. 오슬로 뭉크 미술관에는 1,100점의 그림과 4,500편의 수채화와 드로잉들이 있으며 세계 최고의 소장품을 자랑한다.

1994년에는 4명의 괴한이 오슬로 국립미술관의 창문을 깨고, 사다리를 타고 넘어와 뭉크의 〈질규(The Scream)〉 유화 버전의 작품을 훔쳐 갔다. 도난당한 그림은 3개월 만에 무사히 되찾았다. 10년 후 2004년 8월 22일 일요일, 복면한 총기 강도가 이번에는 뭉크의 〈절규〉와 〈마돈나(Madonna)〉, 두 그림을 훔쳐 간 것이다. 2년이 지난 2006년 8월 31일에 도난당한 그림들은 비밀스러운 흥정으로 오슬로 경찰 특수대에 의해 무사히 회수되었다.

2018년에 오슬로 해안의 새로운 문화 지역인 비요르비카(Bjørvika) 지구, 오슬로 오페라 하우스(Oslo Opera House) 바로 옆으로 이전했다.

뭉크를 따라 걷는 코스도 있다. 스로모트강엔의 아케르셀바 강을 따라 8km를 걸어보는 코스다. 에드바르 뭉크(Edvard Munch)가 이 길에서 많은 역작을 탄생시켰다. 절규도 바로 스로모트강엔의 아케르셀바 강에서 영감을 받은 걸작이다. 뭉크 나이 30살에 그린 〈절규(The Scream)〉(1893)는 네 가지 버전이 있다.

도난당했던 뭉크의 절규(1893)와 마돈나(1893~1894)

(8) 프랑스 샤를빌 메지에르, 방랑 천재시인 랭보의 생가

19세기 프랑스의 천재시인 아르튀르 랭보의 생가가 20일 탄생 150주년을 맞아 '랭보의 집'으로 새롭게 단장돼 일반에 공개됐다. 프랑스 북동부 샤를빌, 지금은 '샤를빌 메지에르'로 지명이 바뀐 이곳이 19세기 후반 프랑스 상징주의의 대표적 시인(詩人)의 고향이다. 샤를빌 메지에르에 있는 랭보의 생가는 그가 1854년 이날 태어나 가족과 함께 소년기를 보내며 수많은 작품을 쏟아낸 산실이다. 소박해 보이는 생가는 시인의 삶과 작품에 큰 영향을 미친 샤를빌과 이후 방랑지인 파리, 런던, 브뤼셀, 에티오피아 하레르 등의 모습을 불러일으키는 공간 위주로 꾸며졌고 관련 유물이나 문서는 전시하지 않았다. 이런 이유로 랭보의 유물과 그림, 친필 원고 등을 보려는 여행객들은 생가에서 50m 떨어진 곳에 1969년 물방앗간을 개조하여 개관한 랭보 박물관을 찾아야 한다. 주변에는 그가 다녔던 샤를빌 콜라주 학교와 그의 흉상도 있다. 랭보는 20살 이전에 천재성을 드러낸 상징주의 작품들을 쏟아낸 이후, 유럽 각지와 중동지역, 예멘의 아덴, 하레르 등을 떠돌며, 노동자, 용병, 건축 감독 등으로 일하다 병을 얻어 1891년 프랑스 남부 항구도시 마르세유에서 생을 마감했다.

(9) 프랑스 남부 엑상-프로방스, 에밀 졸라

세잔의 생가가 있고 그의 절친이던 에밀 졸라와 그의 동료들이 함께했던 곳이다. 프로방스 지역의 중심 도시로 근교에는 생 빅투아르(St. Victoire) 산, 반 고흐가 잠시 머물던 생 레미, 아를르 그리고 예술가의 발자취가 많은 곳이다. 엑상-프로방스 중심가에 1840년 오픈한 '레 드 갸송(Les Deux Garcon)', 카페 클레망(Cafe Clement), 카페 오리엔탈(Cafe Oriental)은 에밀 졸라, 세잔, 피카소, 장 콕도, 사르트르 등의 예술가와 문인들이 다녀간 곳이다.

에밀 졸라와 세잔은 어린 시절 동급생이었다. 졸라는 일찍이 파리에 진출하였고 젊은 시절 나름의 명성을 얻었다. 엑상 프로방스에는 'In the Step of Cezanne'라는 생가에서 출발하여 마지막으로 작업하던 아틀리에까지 세잔의 흔적을 찾아가는 세잔 투어가 있다. 물론 아를르에는 반 고흐가 살았던 장소를 찾아가는 투어도 있다. 그라네 미술관(Musee Granet)은 이 지역 출신의 화가 프랑스와 마리우스 그라네(Francois Marius Granet, 1775~1849)가 자신의 소장품을 시에 기증함으로써 만든 미술관이다. 렘브란트, 퐁텐블로 화파, 앵그르, 세잔, 피카소 등 14세기부터 18세기까지 유럽 화가들의 작품과 19~20세기에 달하는 작품이 소장된 곳이다. 앵그르의 〈Jupiter et Thetis〉 작품도 만날 수 있다.

(10) 노르웨이 국민 극작가, 오슬로의 '입센 뮤지엄'

셰익스피어 다음으로 지상에서 가장 많이 무대에 막이 오르는 극작가는 노르웨이의 헨리크 입센(Henrik Ibsen, 1828~1906)이다. '인형의 집'으로 유명한 노르웨이 극작가 헨리크 입센의 오슬로 그의 집 앞에는 2006년에 세운 조각가 니나 순드비(Nina Sundbye)의 기념 조각이 앉아 있다. 제임스 조이스는 입센을 읽기 위해 노르웨이어까지 공부했다. 헨리크 입센이 유럽을 떠돌던 시절 로마에서 썼던 '인형의 집(A Doll's House)'은 현재 유네스코 기록 유산으로 지정되어 있다.

근대극의 아버지이며 여성 해방 운동에 깊은 영향을 끼친 입센이 성공적인 극작가로서의 길은 평탄하지 않았다. 1828년 노르웨이 남부 항구도시 시엔의 부유한 상인 집안에서 태어난 입센은 여덟 살 때 집안이 파산하여 열다섯 살까지 약방에서 사환으로 일했다. 스물두 살이던 1850년에 발표한 단막극 '전사의 무덤'이 당선되면서 베르겐에서 새로 문을 연 베르겐 국립 무대 극장의 전속작가 겸 무대감독으로 추천받으면서 본격적으로 희곡 집필에 몰두한다. 연극의 사전 지식도 없이 베르겐 국립 무대 극장 무대 감독과 전속 작가로 부임한 입센은 '우물쭈물 2년간'을 보냈다. 베르겐 극장 앞에는 그 우스꽝스러운 조각으로 세워져 있다.

그리그의 '페르귄트 모음곡'의 마지막 노래 '솔베이지 송'도 입센이 쓴 노랫말 대본이다. 노르웨이의 서정을 연주한 작곡가 그리그가 평생을 사랑했던 도시다. 헨리크 입센은 거의 학교를 다니지 못했지만 오슬로 대학에는 입센 연구소가 별도로 부설되어 있고, 헨리크 입센 학과가 개설되어 있다. 지금은 "현대극의 아버지"라고 불리지만 입센 당시에는 유능한 극작가와 연출가들 때문에 노르웨이 무대 위 경쟁에서 도태되어 생애 중요한 순간 대부분은 로마로 베를린으로 방랑하며 작품을 썼다. 그가 뇌졸중으로 이 집에서 사망할 때까지 꾸준히 집필한 희곡 30여 편은, 수많은 사람들을 열광시키고 세계 연극사에 금자탑을 이루었지만 당시의 가치관에 맞서는 작품이라 작품마다 논쟁을 불러일으키던 작업들이었다.

입센이 그의 인생 마지막 11년을 보낸 이 집은 현재 입센 뮤지엄(ibsen museet)이다. 헨리크 입센은 그의 아내 수잔나와 1895년부터 1906년까지 11년간 이곳에 살았다. 1906년 5월 23일에 이 집에서 운명한 후 그의 아내 수잔나 입센(Suzannah Ibsen)마저 세상을 떠나면서 사실 이 집은 모두 다 비워내고 가구도 처분했다. 오슬로의 옛 칭호는 크리스티아니아(Kristiania)였는데 시 정부는 헨리크 입센의 개인 살림살이나 가구들을 일괄해서 노르웨이 민속 박물관(Norwegian Folk Museum)으로 기탁했다. 입센의 책과 원고, 그리고 자료들은 당시 설립 중이던 입센의 집 뮤지엄(Ibsen House Museum)에 모두 기증했다. 그 입센 뮤지엄이 현재 그림스타드 시 박물관(City of Grimstad's museum)이다. 2층 전시품도 모두 '짝퉁'들이다. 입센 박물관에는 그가 쓴 습작 노트와 펜, 그리고 유품들이 있고, 아파트 2층에는 입센이 사용하던 가구와 소품들이 보존되어 있고 반드시 가이드 안내를 받아야 입장할 수 있다.

(11) 영국 런던, 블루 플라크(Blue Plaque)

런던에는 역사적인 인물의 집에 '블루 플라크(Blue Plaque)'라는 이름의 명판을 달아주는 전통이 있다. 1867년 영국왕립예술원이 바이런의 생가에 파란 명판을 달면서 시작되었다는 이 전통은 현재까지 런던에만 모두 880여 개의 집에 블루 플라크를 붙이며 이어오고 있다. 그리고 부부는 그들의 책 〈블루 플라크, 스물세 번의 노크〉에서 런던 곳곳에 숨어 있는 23개의 블루 플라크를 찾아 그 흔적을 담았다. 블루 플라크를 건 집과 그 집에 살았던 버지니아 울프, 아르튀르 랭보, 빈센트 반 고흐, 카를 마르크스, 존 레넌, 애거서 크리스티, 알프레드 히치콕, 지미 헨드릭스, 프레디 머큐리 등 23명의 시인, 작가, 음악가, 화가, 영화감독, 사상가를 소개한다. 그렇다고 단지 유명인의 흔적을 찾고 그들의 삶을 배우기 위한 순례는 아니었다. 반대로 그들이 비록 뛰어났지만, 동시에 약하고 모순으로 가득찬 나약한 한 인간이었다는 사실을 알기 위한 여행이었다. 생각했던 것보다 평범한 그들의 집과 그들의 흔적은 왠지 모를 감동이 되어 부부의 삶에 활력과 열정을 불어넣었다고 고백한다. 친구의 인간적인 면모를 보고 그들이 더 사랑스럽게 느껴지고 그런 모습은 오히려 더 큰 자극이 되곤 하니까. 역시 누군가의 삶을 엿본다는 건 언제나 매력적인 일이다.

(12) 영국 스트랫퍼드 어폰 에이번(Startford Upon Avon)의 셰익스피어 생가

누구나 알고 있듯이 〈로미오와 줄리엣〉, 〈햄릿〉, 〈베니스의 상인〉, 〈맥베스〉, 〈오셀로〉, 〈리어왕〉 등 37개의 희곡을 남긴 세계적인 문학작품의 창작자는 셰익스피어다. 이탈리아에서 13편의 희곡 작품을 쓴다. 특히 〈로미오와 줄리엣〉이라는 작품은 이탈리아 북부 사랑의 도시 베로나를 배경으로 한다. 베니스(Venice)는 오셀로(Othello)와 베니스의 상인(The Merchant of Venice)의 중심 지역이기도 하여 셰익스피어 작품 속 도시 중 하나다. 그리스 아테네(Athens)는 셰익스피어의 낭만적인 희곡 〈한여름 밤의 꿈(A Midsummer Night's Dream)〉의 배경이 되는 곳이다. 셰익스피어의 4대 비극 중 하나인 맥베스(Macbeth)는 스코틀랜드의 인버네스(Inverness)와 파이프(Fife)를 배경으로 한다. 런던을 헨리 4세(Henry Ⅳ)와 리어왕(Lear) 같은 그의 유명한

영국, Startford Upon Avon의 셰익스피어 생가

출처 : Wikipedia

희곡들의 무대로 사용한 지역은 런던이다. 〈햄릿〉은 덴마크 수도 코펜하겐에서 북쪽으로 약 44km 지점에 위치하는 외레순(Oresund strait) 바닷가의 작은 마을 헬싱괴르 크론보르 성에서 탄생한 희곡이다. 셰익스피어의 희곡의 '햄릿'은 덴마크 왕자이며 그가 살던 곳이 엘시노어 성(Elsinore Castle)이라고 기록하고 있다.

1564년 중산계급에 속한 부유한 상인의 집안에서 태어난 셰익스피어는 훗날 영국을 넘어 세계적인 극작가로 이름을 떨친다. 셰익스피어가 탄생했던 마을은 영국 런던에서 3시간 거리의 북부 작은 마을 '스트랫퍼드 어폰 에이번(Startford Upon Avon)'이라는 곳이다. 윌리엄 셰익스피어(William Shakespeare)가 태어나(1564년 4월 23일) 자란 곳이며, 1582년 18세에 앤 해서웨이(Anne Hathaway)와 결혼하여 23세 런던에 가기 전 이 집에서 살았다. 이 집은 16~17세기 셰익스피어가 살았던 당시를 고려해서 내부가 개조되었다. 2층 세 번째 방에는 셰익스피어가 태어난 침대가

성스럽게 보존되어 있다. 30대에는 런던에서 성공하여 고향에 돌아와 새 주택을 구입하여 말년을 보냈다. 셰익스피어가 세상을 떠난 후에는 그의 손자가 살았고, 1847년부터 이 생가를 정부가 구입하여 보존하고 있다. 정원은 19세기 중엽에 조성한 것이며, 셰익스피어에게 소네트를 헌정한 타고르의 흉상이 있다. 정의의 나무와 꽃은 셰익스피어 작품과 연관이 있다. 정원 오른쪽에 있는 셰익스피어 센터는 1964년 개관되었으며, 이 건물에는 셰익스피어 생가 관리위원회와 도서관, 고서 소장품 및 연구자료 등이 보관되어 있다. 1616년 4월 23일 사망하여 스트랫퍼드 홀리 트리니티 교회에 안장되었다. 스트랫퍼드 어폰 에이번 마을에서 셰익스피어 관련 관광지는 모두 6곳이 조성되어 있다. 셰익스피어가 은퇴 후 노년기를 보냈던 집, 딸 수잔나가 살았던 집, 손녀가 살았던 내쉬의 집, 셰익스피어 묘지가 있는 교회, 아내가 결혼 전 살았던 앤 해서웨이 집, 그리고 셰익스피어의 어머니가 결혼 전 살았던 메리 아덴의 농장이다.[15]

(13) 유네스코 지정 '문학의 도시' 아일랜드, 제임스 조이스 〈더블린 사람들〉

인구 50만 명 남짓한 더블린은 작은 도시지만, '더블린 사람들'은 지금 상주하고 있는 인구보다 스무 배나 많은 천만 명이 세계 곳곳에 흩어져서 더블린의 문화와 종족의 뼈를 단단히 지키고 있다. 전 세계에서는 더블린 사람에게만 통하는 '리얼 덥스(Real Dubs)'라는 단어가 있다. '진짜 더블린 사람'이라는 뜻이다. 혁신적인 소설가 중 한 사람인 제임스 조이스는 소설이지만 너무 어려워 읽을 수 없는 〈율리시스〉, 〈더블린 사람들〉, 자전적인 소설 〈젊은 예술가의 초상〉 등은 더블린과 깊은 관계를 맺고 있다. 단편소설집 〈더블린 사람들〉에서는 20세기 초 어려웠던 사회상과 더블린 사람들의 우울한 모습을 담아냈다.

15) https://www.shakespeare.org.uk/

제임스 조이스와 〈더블린 사람들〉 1914 초판본

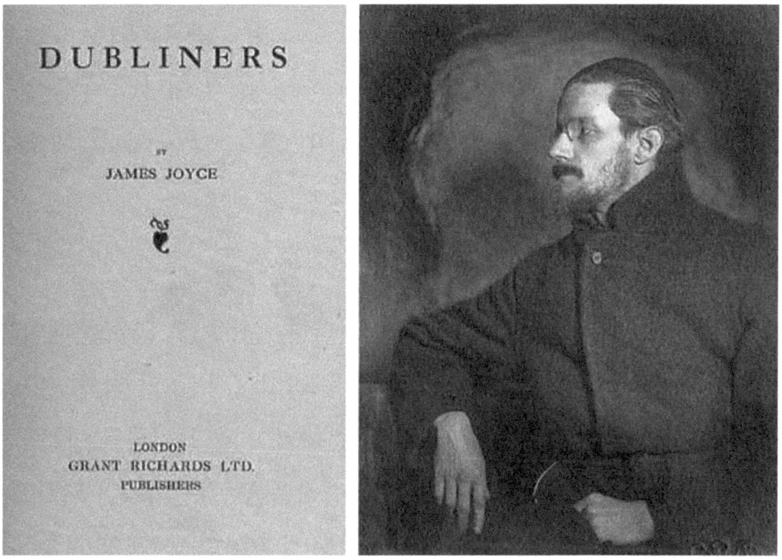

출처 : 위키백과

제임스 조이스(James Augustine Aloysius Joyce, 1882~1941)는 1882년 더블린에서 남쪽으로 약 4km에 있는 라스가(Rathgar)에서 태어났다. 아일랜드는 영국의 식민지로 북아일랜드와 아일랜드인으로 분단되었는데, 무려 800년 동안 지배받은 나라였다. 종종 아일랜드의 역사와 국민성을 우리나라와 유사하게 주장하는 경우도 있다. 우선 착취당한 역사와 슬픈 노래들이 그렇다. 우리나라만 남북으로 쪼개졌다 여기고 있지만, 잉글랜드로부터 지속적인 침략과 수탈, 식민지배를 당한 아일랜드가 영국에 갖는 감정은 적대적이다. 아일랜드의 가장 큰 자랑거리는 도서관이다. 더블린에 있는 예술 도서관인 체스터 비티 도서관(Chester Beatty Library)과 오래된 공립 도서관인 마쉬 도서관(Marsh's Library), 올드 도서관(Old Library)이며 65m의 긴 낭하를 자랑하는 트리니티 대학 안의 고색창연한 롱 룸(Long Room)의 3개의 도서관이다. 인구 50만의 더블린에는 내셔널 갤러리(National Gallery), 더블린 시립 휴렌 미술관(Dublin City Gallery Hugh Lane), 아일랜드 현대미술관(Irish Museum of Modern Art)이 있다. 더블린 사람들이 자부심을 가지고 있는 곳은 기네스 맥주창고(Guinness Storehouse), 위스키 증류장인 틸링 디스틸러리(Teeling Distillery). 더블린은 유네스코 지정 '세계문학의 수도'이기도 하다. 제임스 조이스(James Joyce) 외에도 조너선 스위프트(Jonathan Swift), 오스카 와일드(Oscar Wilde), 브람 스토커(Abraham 'Bram' Stoker) 등이 있고 윌리엄 버틀러 예이츠(William Butler Yeats), 조지 버나드 쇼(George Bernard Shaw), 사뮈엘 베케트(Samuel Beckett), 셰이머스 히니(Seamus Heaney) 등 네 명의 노벨문학상 수상자가 있다.

(14) 체코, 카프카의 생가와 묘지

체코는 두 명의 위대한 문학가를 보유한 나라다. 〈참을 수 없는 존재의 가벼움〉으로 알려진 세계적인 문학가 밀란 쿤데라 그리고 〈변신〉의 작가 카프카이다. 카프카는 체코인들에게도 보석처럼 여기는 문학가이다. 프라하를 방문하는 여정은 카프카를 만나는 여정과 같다. 그가 살았고 작품을 쓴 신비스런 도시 프라하를 찾아가는 여정은 그의 세계를 이해하는 첫걸음일 것이다. 여행의 진수는 개인의 취향을 파악하고 그 취향에 맞는 여행지를 계획하고 다녀오는 일이다. 우울한 분위기의 기이한 선입견을 지닌 카프카의 의미는 검은 까마귀란다. 카프카는 1883년 7월 3일 프라하 시민광장의 메셀로바(Maiselova) 거리에 있는 생 미콜라스(St. Mikulase) 교회 근처 구시가지에서 태어났다. 생가 건물은 카프카와 관련된 기념품을 파는 공간으로 공식적으로 개발된 관광지는 아니고 그를 추억하는 여행자들이 찾는 곳이다. 그 근처 시로카(Siroka) 12번지에 카프카 카페가 있다. 그를 추억하는 사진들로 채워져 있으며, 그를 추모하는 사람들로 가득찬 곳이다.

1889년부터 1896년까지 카프카의 가족이 살았던 곳은 17세기 르네상스 스타일의 시청사 건물 내의 작은 집(Minute House)이다. 1919년 화가 요제프 차페크에 의해 복원된 프레스코화가 건물 벽면에 있고, 프라하의 명물인 천문시계가 있는 곳이다. 시청사 좌측으로 카프카가 어린 시절 살던 집이 있었다. 이 집에서 3명의 여동생이 탄생했으나 아우슈비츠 유대인 수용소에서 생을 마감한다. 1913년 카프카의 가족은 쉬르 하우스(Schir House) 4층 건물 2층으로 거주지를 옮긴다. 카프카가 자신의 남은 여생을 살았던 곳으로 구시가지 광장을 앞에 두고 그의 작품을 녹여냈을 것이다. 틴 교회(Tyn Church) 옆에 카프카 관련 서점도 있다. 천문시계를 지니면 카페 밀레나(Cafe Milena)가 있다. 밀레나 예젠스카라는 여성은 카프카에게 열정적으로 다가왔던 기혼자였지만 카프카의 유대인 신분과 성격 등으로 그녀를 멀리한다. 그러나 그녀에게 맡긴 작품과 편지는 〈밀레나의 편지〉라는 제목으로 독일에서 출판되었다.

프라하 시내에는 '프란츠 카프카 학회'에서 조성하여 만든 카프카 조각상이 세워져 있다. 머리 없는 인물 어깨 위에 걸터앉아 있는 모습으로 카프카의 소설 〈어떤 싸움의 기록〉에서 영감을 받은 것이다. 1989년 공산주의자에 의해 파괴되었다가 2003년 다시 건립된 작품이다. 체코의 조각가 야로슬라프 로나(Jaroslav Rona)가 제작한 작품으로 높이 3.7m, 800kg의 무게를 지닌 청동으로 만들었다. 조각상이 설치된 위치는 성령 교회(Church of the Holy Spirit)와 스페인 시나고그(Spanish Synagogue) 사이 공원에 있다.

유대인 무덤에 안장된 카프카 가족의 묘(21-14-33)

'프란츠 카프카 학회'에서 조성하여 만든 프라하 시내에 있는 카프카 조각상

출처 : 위키백과

블타바 강 건너 프라하 성 주변에는 성 비투 성당(St. Viyus Cathedral)이 있고 아래 황금소로(Zlata Ulicka) 22번지에는 카프카의 여동생이 살았던 파란 작은 집이 있다. 1913년 여동생 오틀라(Ottla)가 카프카를 위해 잠시 집을 내준 곳으로 휴식을 취하고 집필하던 장소다. 카프카는 폐결핵으로 1924년 41세로 사망하였으며, 유대인 무덤에 안장된다. 카프카 가족의 묘(21-14-33)는 보석처럼 생긴 높은 비석이 있고 앞에는 자갈이 깔려 있다. 연인 밀레나가 그의 무덤에 비명을 새겼다. "그는 세계에 대한 눈부시고 깨끗한 시선으로 절망적인 예언자적 시각과 풍자로 두드러진 현대 독일문학 작품들을 썼으며, 이는 그를 견딜 수 없게 만들었고, 죽음에 이르렀다."

(15) 독일 프랑크푸르트, 괴테하우스(Goethe Haus)

독일 프랑크푸르트, 괴테하우스(Goethe Haus), 거실엔 천문시계가 보인다

출처 : 괴테 하우스 페이스북

독일의 대문호 괴테가 1749년 8월 28일 태어나 청소년기를 보내고 26살까지 살았던 저택으로 명문가였던 괴테 가문이 대대로 거주해 왔다. 괴테의 생가로서의 가치와 더불어 당시 귀족의 생활을 엿볼 수 있어 역사적 가치가 있는 곳이다. 2차 대전 중에는 폭격에 대비해 미리 유품을 옮겨 피해를 최소화했고 현재 건물은 전쟁 이후 4년에 걸쳐 복구한 것이다. 괴테가 태어난 방, 당시 사용하던 부엌, 음악실, 그림 전시실, 서재, 거실 그리고 1946년 빌헬름 프리드리히 휴스겐의 설계로 만들어진 가장 비싼 유물인 천문시계가 있다.

괴테는 프랑크푸르트암마인 출생으로 독일 고전주의의 대표자로서 세계적인 문학가이며 자연연구가이고, 바이마르 공국(公國)의 재상으로도 활약하였다. 1771년 변호사가 되어 고향에서 변호사업을 개업하였고, 1772년에는 제국 고등법원의 실습생으로서 몇 달 동안 베츨러에 머물렀다. 이때 샬로테 부프와의 비련(悲戀)을 겪고 〈젊은 베르테르의 슬픔(Die Leiden des jungen Werthers)〉(1774)을 썼는데, 이 작품으로 일약 문단에서 이름을 떨쳤고, 독일적 개성해방(個性解放)의 문학운동인 '슈투름 운트 드랑(Sturm und Drang: 질풍노도)'의 중심인물로서 활발한 창작활동을 하였다. 〈파우스트〉는 23세 때부터 쓰기 시작하여 83세로 죽기 1년 전인 1831년에야 완성된 생애의 대작이며, 세계문학 최대걸작 중 하나다. 그 밖에 만년의 작품으로 〈이탈리아 기행(Italienische Reise)〉(1829)과 자서전인 〈시와 진실(Dichtung und Wahrheit)〉(1833) 등이 있다. 라이프치히에는 파우스트의 배경이 된 술집도 있다.

2. 동북아시아와 동남아시아

1) 홍콩 문화 재생 공간 사례

(1) 홍콩, 아시아의 첫 글로벌 현대미술관 'M+'

엠플러스

출처 : https://www.mplus.org.hk/en/

서구룡 문화 지구에 있는 엠플러스[16]는 2021년 11월 문을 연 아시아 최초 현대 '비주얼 문화 박물관'이다. 유명한 건축 회사인 헤르조그 & 드 뫼롱(Herzog & de Meuron)의 글로벌 팀이 TFP 패럴스(TFP Farrells), 아룹(Arup)과 공동 설계한 엠플러스 건물에는 전체 총 면적 65,000㎡(약 1만 9,670평)에 17,000㎡(약 5,143평)의 전시 공간에 33개의 갤러리가 있다. 엠플러스는 2012년부터 전 세계의 예술가, 디자이너, 건축

16) https://www.mplus.org.hk/en/

가들로부터 컬렉션을 위한 예술작품을 수집하기 시작했다. 이후 디자인, 건축, 동영상, 시각 예술, 홍콩 비주얼 문화 등 20세기와 21세기의 국경을 넘나드는 6,522점(2021년 기준)의 시각 문화 작품을 수집했다. 2021년까지 엠플러스 컬렉션과 중국 현대미술을 구체적으로 조명한 엠플러스 시그 컬렉션(M+ Sigg Collection)은 총 8,000점 이상의 작품을 갖추었으며 그 수는 여전히 증가하고 있다.

갤러리는 대부분 2층의 넓은 연단 층에 배치되어 방문객에게 전시회의 유동적이고 상호 연결된 경험을 제공한다. 엠플러스 타워는 변화하는 빛과 날씨 조건을 반사하는 세라믹 타일로 덮인 콘크리트 구조물과 함께 홍콩의 도시 풍경과 시각적인 대화를 정의한다. 건물 전면의 '엠플러스 파사드'는 또한 엠플러스 컬렉션과 위탁 작업을 위한 LED 시스템을 갖춰 도시의 활기찬 야경 조성에 특별한 몫을 담당한다. 엠플러스는 창의적인 상호작용과 사회적 연계를 위한 예술가의 광장 역할을 하며 대중이 참여와 새로운 관점을 가진 현대 예술을 정의하는 사회적 연결의 공간을 제공한다. 엠플러스의 큐레이션 콘텐츠는 전통적인 예술에서 '비주얼 아트'로 확장되어 대중문화, 인터넷 문화, 기술 지향적인 표현 방식을 모두 포함한다. 홍콩의 비주얼 컬처는 엠플러스 컬렉션의 핵심이다. 전시된 예술작품과 함께 건축 스케치와 모형, 그래픽 디자인, 공산품, 앨범 표지, 포스터, 비디오 게임 등이 배치되어 홍콩만의 특색을 부각한다.

엠플러스는 동영상 분야에서 방대한 컬렉션을 갖춰 관람객과의 상호작용을 촉진한다. 1층에 있는 미디어 자료관은 엠플러스 컬렉션에서 방문객과 동영상의 접점 역할을 한다. 1층과 2층을 연결하는 그랜드 스테어(The Grand Stair)는 연설, 상영 및 기타 활동을 위한 공공 공간이다. 2층 캐비닛(The Cabinet)은 인터랙티브 활동을 위한 장소다. 공개적으로 접근할 수 있는 예술 보관 시설로 엠플러스 컬렉션 200개 이상의 물품이 역동적으로 전시된다. 관람객들은 모바일 기기를 사용해 컬렉션 품목과 상호작용을 할 수 있다는 것에 만족감을 표한다.

엠플러스 플레이 스케이프에서는, 유명 조각가이자 디자이너 노구치 이사무(Isamu Noguchi)가 만든 캘리포니아 시나리오(California Scenario)(1980~1982, 코스타 메이사, 캘리포니아, 미국)를 차용한 벤치와 놀이 조형물을 만날 수 있다. 노구치는 관객들이 자유롭게 조각들과 상호작용하도록 장려하는데 여기에는 그의 상징적인 '옥테트라(Octetra)', 임시 놀이터인 고도모노쿠니(Kodomo no kuni)(1965~1966, 요코하마, 일본)에서 활용한 플레이 피라미드(Play Pyramid), 피에몬테 공원의 플레이스케이프(Piedmont Park's Playscapes)(1975~1976, 애틀랜타, 조지아, 미국)에서 비롯된 플레이 마운드(Play Mound)가 포함된다. 이 놀이 구조들은 감각을 자극하고, 경험적인 실험에 영감을 주고, 신체와 상상력을 연결하기 위해 고안됐다.[17]

(2) '타이쿤(Tai Kwun Centre for Heritage and Arts)', 감옥에 작품을 수용하다

Tai Kwun Centre

출처 : https://www.discoverhongkong.com/kr/index.html 홍콩관광청

삼수이포는 홍콩 제조업 시대에는 공장과 작업장이 가득했지만, 지금은 문화와 창조적인 공간으로 가득한 예술 공동체로 변모했다. 타이난 스트리트(Tai Nan Street)는 재미난 하이브리드 콘셉트와 아티스트가 주도하는 계획이 모인 번화한 중심지다. 센트럴 소호 지구 한복판에 있는 넓은 땅을 차지한 것은 홍콩의 법률, 사법 관련 건물이 있다. 오늘날 이곳에는 구 중앙 경찰서, 중앙 치안판사 사무소,

17) https://www.discoverhongkong.com/kr/index.html 홍콩관광청

빅토리아 교도소 등 16개의 문화유산 건물과 Herzog & de Meuron이 디자인한 'JC 컨템퍼러리' 및 'JC 큐브'가 나란히 들어서 있다. 이곳은 '유네스코 아시아 태평양 지역 문화유산 보존 부문 2019' 시상식에서 우수상을 받았다.

타이쿤을 방문한 사람들은 어렵게 복원한 건축 유산과 넓은 광장을 통해 홍콩의 19세기 후반의 역사를 엿볼 수 있다. '타이쿤에서 가장 인기 있는 곳은 수천 명의 사람을 투옥했던 작고 비좁은 감방이다. 타이쿤은 빅토리아 건축 양식으로 지어진 19세기 후반의 역사를 간직한 문화유산이다. 헤르조그와 드 뫼롱의 리모델링으로 주변 건물과 완벽하게 어우러지면서 홍콩의 정체성을 보여준다. 광장이 내려다보이는 아치형 테라스를 따라 홍콩의 대표 갤러리 '오라-오라(Ora-Ora)'와 이탈리아 갤러리 '마시모드카를로(MASSIMODECARLO)[18]', 아시아 근현대 미술관 '콰이풍힌(Kwai Fung Hin)', 옻칠 공예 전문 갤러리 '소일(Soil)' 등이 입주해 있다.

(3) 면직물 공장이 복합문화공간 '더 밀스'로 재탄생

더 밀스는 홍콩의 산업 역사와 창조적인 미래를 기리는 획기적인 활성화 프로젝트다. 과거 난펑 면직물 공장(Nan Fung Cotton Mills)이었던 이곳은 홍콩의 제조업 전성기 동안 역사적인 난펑 섬유 유한회사(Nan Fung Textiles Limited)의 초석이었다. 이곳은 많은 전시회와 커뮤니티 행사가 열리는 곳으로 기술형 창업부터 지역 상점, 카페, 바와 레스토랑, 전시와 문화 활동을 주최하고 섬유 예술, 역사, 과학을 엮은 비영리 예술 센터인 CHAT(Centre for Heritage, Arts and Textile)까지 모든 것을 수용하고 있다.

(4) 홍콩, PMQ

1889년 중앙학교(The Central School)로 처음 설립되어 서양식 교육을 초등학교 고학년부터 중학생에게 제공했다. 제2차 세계대전으로 훼손되었던 건물을 보수하여 1951년에 경찰 인력의 증가로 2014년 기혼자 사택(Police Married Quarters)으로

---

18) Massimo De Carlo는 밀라노, 런던, 홍콩, 베이징, 서울, 파리에서 갤러리를 운영하는 대표적인 미술상이다.

재건하였다. PMQ는 개발국(The Development Bureau)과 상업 및 경제개발국(The Commerce and Economic Development Bureau)이 합작하여 진행한 재생 시범 사례이다. 2000년 이후 10년 동안 방치되었던 건물이 2009년 10월 Conserving Central 일환의 8개 프로젝트 중 하나로 선정되면서 PMQ로 재탄생하였다. PMQ라는 이름은 'Police Married Quarters'의 약자이다.[19)]

건물 기초와 지어질 당시의 독특한 시공방식을 확인하고, 이에 따라 개발지역에서 제외되어 철거보다는 건물을 재생하는 방안을 공모하기로 하였다. 2010년 3월에 제안서를 모집하였고, 심사 기간을 거쳐 11월에 이곳을 'PMQ'라는 이름의 '창조 사업 랜드마크'로 탈바꿈하는 계획안이 선정되었다. 2012년 1월에 착공하여 약 2년간의 공사를 거쳐 2013년 4월에 개관하였다. PMQ는 디자인 스튜디오, 팝업 스토어 등이 들어선 창조적인 산업 플랫폼으로 주변 지역에 활력을 불어넣고 있다. 홍콩 정부가 이곳을 주거라는 본래 용도에 머무르지 않고 현시점에서 도시적, 지역적 맥락에 어울리는 새로운 프로그램을 수용할 수 있도록 법적 조치를 미리 취했기에 가능했다.

자생적으로 발달한 전통 공예상, 지역 기반의 디자인 브랜드 공방, 디자인 스튜디오, 화방 등 창의적인 산업이 중심을 이루고 있었다. 공모 주최측에서 주변 지역에 대한 조사를 선행하여 PMQ가 문화적 구심점이 될 수 있다는 잠재성을 인식하였고 재생 후 주변의 산업들과 시너지를 일으키는 상징적인 창의 센터로 활약하기를 바라고 있었다. 이런 목표를 성취하기 위해 건물 전체의 상징적인 공간이자 대여가 가능한 Qube라는 다용도 홀을 두 동 사이에 증축하고 건물 사이 중정과 증축부 옥상을 옥외 전시장으로 활용하여 지역문화와 상생하는 기틀을 마련했다.[20)]

PMQ는 구시가 중심지에 위치하며 홍콩 정부로부터 'histrocial site grade 3'을 받은 역사적인 장소로써 홍콩에서 큰 의미가 있는 장소다. 현재 예술과 디자인을

---

19) http://www.pmq.org.hk

20) 서울건축사신문(http://www.siranews.co.kr) 참고

위한 장소로 100개 이상의 아티스트 매장이 입점하여 패션, 액세서리, 선물 등의 라이프스타일 상품 등 다양한 제품을 선보이며 디자인 스튜디오와 워크숍으로 가득 찬 창작의 중심지인 PMQ로 재활성화됐다. 6층과 7층에는 주홍콩 한국문화원이 자리해 있다.

PMQ는 가운데 큐브를 중심으로 두 개의 빌딩으로 이루어져 있으며, 옥상정원을 통해서도 두 건물을 이동할 수 있는 구조다. 홍콩 최초이자 유일한 식품 테마 도서관인 테이스트 라이브러리(Taste Library)도 있다. PMQ의 건축자산은 문화관광 자원으로 활용되고 있다. 복원된 역사적인 건물을 감상도 하고, 여행자들은 홍콩의 장인들이 영감받아 만든 것을 즐기기 위해 다양한 상점을 둘러볼 수도 있다. 매년 다양한 전시와 행사가 매일매일 빠짐없이 열리고 있다.

2) 버려진 섬과 폐쇄한 공장을 환상의 문화 공간으로 만들다

(1) 일본, 나오시마 섬의 변신

쿠사마 야요이, 〈붉은 호박〉(2006), 나오시마 미야노우라 항구 광장

출처 : 가가와현 공식 관광 웹 사이트, photo by 아오치 다이스케

나오시마 지도

출처 : ARCHIST

일본의 다도해 세토내해에 있는 수백 개의 섬 중 세계가 주목하는 섬, 나오시마가 있다. 오랫동안 구리 제련소가 나오시마의 경제를 책임졌지만, 한편에선 산업 폐기물과 환경 훼손으로 신음하다가 예술을 통해 쇄신을 거듭한 스토리는 이미 유명하다. 먼 바다를 내다보는 쿠사마 야요이(Yayoi Kusama)의 '호박'(2022) 역시 그곳

에 직접 가보지 않은 사람의 뇌리에도 각인될 만큼 인상적이다. 이제 나오시마라는 이름은 '지역 재생'이라는 키워드를 넘어 '예술과 문화의 섬' 상징으로 통용될 정도다. 1987년 일본을 대표하는 교육 기업 베네세 홀딩스(Benesse Holdings)의 후쿠다케 소이치로 명예회장 주도로 시작한 '나오시마 프로젝트'는 30여 년간 헌신에 가까운 투자를 쏟아부은 결과물로, 연간 수십만 명의 방문객이 오직 '예술'을 좇아 나오시마를 찾게 했다. '경제는 문화의 종복이어야 한다'라는 소이치로 명예회장의 신념은 특별할 것 없던 작은 섬에 수준 높은 미술관, 현대미술 거장들의 설치작품, 현대미술 페스티벌 등을 안착시켰다. 세계인이 나오시마로 향해야 하는 당위성을 예술에서 발견한 것이다. 그런 믿음을 토대로 1992년 베네세 하우스 뮤지엄(Benesse House Museum), 2004년 지추 미술관(Chichu Art Museum), 2010년에는 이우환 미술관(Lee Ufan Museum)과 데시마 미술관(Teshima Art Museum), 2022년 밸리 갤러리(Valley Gallery)를 설립했다. 예술작품을 위한 집이 들어선 나오시마에선 쿠사마 야요이, 제임스 터렐(James Terrell), 리처드 롱(Richard Long) 등의 작품을 곳곳에서 마주할 수 있다.

나오시마는 시코쿠의 가가와현(香川県)에 있는 인구 4,000명이 채 안 되는 작은 섬이다. 나오시마 섬이지만 베네세 하우스 뮤지엄, 이우환 미술관, 안도 미술관, 지중 미술관 등이 모여 있어 섬 전체가 미술관 같은 섬이다. 영국의 관광 잡지 〈Traveler〉는 꼭 가야 할 세계의 7대 명소로 선정한 바 있다. 설치미술, 빈집을 이용한 '빈집 프로젝트' 이외에도 다양한 예술 프로젝트가 진행되고 있다. 집 프로젝트는 혼무라 지역에 버려져 있던 빈집과 신사들을 새로운 개념의 예술 건축물로 복원하는 작업이었다. 이 프로젝트에 참여한 건축가 미야지마 다쓰오는 이 작품을 추진하는 데 100여 명의 마을 주민을 모집하여 복원 작업에 참여한다. 이런 노력으로 혼무라 지역을 구석구석 다니다 보면 다양한 아트하우스들을 만날 수 있다.

과거에 미츠비씨 구리 제련소가 섬 북부에 자리 잡아 폐기물로 시름을 앓던 나오시마는 인접한 섬인 테시마에 불법 투하된 산업폐기물의 처리 장소가 되면서 더욱 악화 일로를 걸었다. 그러나 1987년 출판업계에 몸담고 있던 후쿠타케 소이치로는 산업화로 피폐해진 섬을 되살리고자 10억 엔을 들여 나오시마 섬의 절반을 매입한다. 이후 기업인의 참여로 '나오시마 프로젝트'가 가동되기 시작한 것이다. 1987년 일본을 대표하는 교육 기업 베네세 홀딩스(Benesse Holdings)의 후쿠타케 소이치로 명예회장이 시작한 '나오시마 프로젝트'였다. 공익 활동과 사회적 기업이던 베네세 홀딩스의 관심과 적극적인 투자, 정부의 노력과 지역주민의 관심 속에서 나오시마는 '예술의 섬'으로 변화하기 시작한다. '지역 재생'의 기획으로 1997년에 시작한 '아트하우스 프로젝트'는 폐가가 된 집을 재건하자는 목적으로 자연 친화적인 현대예술로 재해석시켜 새로운 작품으로 탄생시킨 것이다. 세계적인 건축가 안도 타다오와 운명 같은 만남을 계기로, 1990년 후반 '베네세 하우스'와 '지추 미술관'이 생겨나고 곳곳에 자연 친화적인 현대미술 거장의 작품이 들어섰다. 지중(지추) 미술관은 이름 그대로 땅속에 지어진 미술관으로, 안도 다다오 철학이 담긴 빛과 풍경, 조형물을 한곳에 담아낸 경이로운 건축물이다. 모네, 월터 드 마리아, 제임스 터렐의 작품들이 다다오의 건축물과 조화롭게 전시되어 있다. 이우환[21] 작가의 작품이 설치된 장소로 지중 미술관과 베네세 하우스의 중간 지점에 있는데, 이 섬을 최초로 기획하고 투자한 후쿠타케는 나오시마 전 지역에서 최고의 위치라고 주장한다. 이우환의 철학은 인간이 '있는 그대로의 세계', 가장 구체적인 '직접세계'를 만날 수 있는 것은 무의 상태의 공간이다. 우리의 지각대상으로 주어지는 몸짓이 구체화하는 장소로서의 평면이다.

일본 시코쿠 가가와현에 있는 나오시마 섬, 다카마쓰 항구에서 페리를 타면 약 1시간 걸리는 곳에 있다. 989년부터 시작된 재생 프로젝트 덕분으로 한 해 수십만의 관광객이 찾아올 정도로 인기가 많은 예술의 섬으로 변했다. 나오시마 미야노우라항에 도착하면 쿠사마 야요이의 빨간 호박이 반긴다. '노란 호박'(2022)

---

21) 이우환(1936~)은 경남에서 태어났다. 서울대학교 미술대학을 중퇴하고 도일(渡日)하여 도쿄대학(東京大學) 철학과를 졸업했다. 1960년대 말에 새로운 전위적인 실험작가로 일본화단에 등장하였고, 1969년 제5회 미전에서 포름상(賞)을 수상한 바 있고 미술지 〈미술수첩(美術手帖)〉의 미술평론 모집에 응모하여 당선, 미술평론가로서도 주목을 받고 있다. 이론과 실제를 겸비한 화가로서 전후 일본화단의 새로운 조류를 형성한 한 사람으로 주목된다. 저서 〈만남의 현상학적 서설(序說)〉 등이 있다.

은 베네세 하우스로 가는 길, 방파제 위에 올려져 있다. 2004년에 설립된 지중미술관(지추 미술관)은 나오시마 후쿠타케 미술관 재단이 운영하고 있다. 나오시마섬 남부의 산 위에 계단식 밭 형태의 염전이 있던 자리 지하에 만들어진 안도 타다오가 설계한 특이한 미술관이다.

나오시마, 시추 미술관과 이우환 미술관

출처 : Benesse Art Site Naoshima 홈페이지

'나오시마 신미술관' 개관

예술의 섬 나오시마, 안도 다다오의 설계로 완성한 열 번째 미술관인 나오시마 신미술관이 탄생했다. 나오시마 초에 위치한 공익재단법인 '후쿠타케 재단'은 오는 5월 31일 '나오시마 신미술관'의 정식 개관을 알렸다. 작은 섬에 세계가 주목할 만한 미술관, 유명 현대 미술가들의 설치 작품, 페스티벌 등을 성공적으로 이끌고 세계적으로 주목받고 있으며 예술에 관심을 가진 여행객이라면 꼭 가야 할 여행지가 되었다.

나오시마 신미술관은 혼무라 지구 근처 고지대에 위치한 미술관으로 주변 환경과 조화를 이루도록 디자인되었다. 지하 2층, 지상 1층으로 이루어진 3층 건물로 4개의 갤러리 공간과 카페, 야외 정원이 들어선다. 미술관의 설계 전반에서 자연과 건축물의 상호작용에 초점을 맞춘 안도 다다오 건축 특유의 접근 방식이 드러난다. 미술관이 들어설 언덕의 주변 환경을 반영해 경사진 형태의 지붕과 미니멀한 미학의 시그니처 스타일이 대표적이다. 건물 외관은 삼나무를 불에 그을려 사용하는 나오시마의 전통

목조건축을 연상시키는 검은색을 주조로 하고, 자갈 벽을 세워 미술관 건물이 자연 속에 이질감 없이 녹아들 수 있게 했다. 자연광을 활용한 것도 주요 특징으로 꼽힌다. 실제로 지하 갤러리로 내려가는 길 곳곳에 채광창을 내어 자연광이 중앙 계단을 비추게 한 것이다.

미술관 디렉터로는 프랑스 파리 팔레 드 도쿄(Palais de Tokyo)에서 14년간 재직한 베테랑 큐레이터 미키 아키코(Akiko Miki)를 선임했다. 신임 디렉터를 주축으로 나오시마 신미술관은 일본을 포함한 아시아 지역 예술가를 중심으로 장소 특정적 작품, 신작 커미션 등을 제작하고, 자체 컬렉션을 구축할 계획이다. '30년 유산을 반영한 미술관 네트워크의 허브'로서 나오시마를 기반으로 삶의 터전을 꾸려가는 주민들과 전 세계에서 이 섬을 찾는 사람들의 교류를 통해 더 큰 반향을 일으키는 창의적 플랫폼 역할 또한 미술관이 목표로 삼은 바다. 고정된 '공간' 개념을 넘어 다양한 형태의 협업을 일으키고, 새로운 움직임을 창출하겠다는 의지에서 비롯한 계획이다. 이와 함께 외부 순회 전시와 공공 프로그램 등 더욱 다양하고 역동적인 활동도 예고한 상태다.

개관 기념 특별 전시는 한국 작가 서도호를 포함해 동아시아 및 동남아시아 출신 12명(팀)의 아티스트들의 작품들을 선보이며 지역적 특성과 글로벌 예술 흐름을 동시에 조망하는 데 초점을 맞췄다. 전문가들은 이번 신미술관의 개장이 나오시마의 문화적 위상을 한층 강화할 것으로 전망하고 있다. 이는 지역주민들과 관광객들에게 새로운 예술 경험을 제공함과 동시에 일본 내외에서 더욱 풍부한 문화 교류를 촉진할 것으로 보인다. 미술관 디렉터 미키 아키코는 개관전에 부쳐 "소이치로 명예회장이 현재와 미래에 전하고자 하는 메시지를 담은 작품들로 우리 시대, 사회, 환경, 그리고 기존 삶의 방식에 대한 의문을 제기할 것"이라고 전했다.[24]

(2) 일본 가나자와 시민 예술촌[23]

가나자와(金沢)는 이시카와(石川)현의 지역으로 일본 금속공예산지의 90% 이상을 담당하고 있는 공예 도시 중 하나다. 가나자와는 고풍스러운 옛 전통 거리와 문화예술의 도시로 알려진 곳이다. 일본의 3대 정원 중 하나인 겐로쿠엔(兼六園)과

22) 이가진(미술 저널리스트), 나오시마 미술관 네트워크의 새로운 허브, 노블레스, 2025.04.25

23) http://www.artvillage.gr.jp/

같은 유명한 곳도 있다. 가나자와에는 이곳 출신의 근대문학을 대표하는 소설가이자 극작가 이즈미 교카(泉鏡花)와 소설가 도쿠다 슈세이(德田秋声), 무로 사이세이(室生犀星)의 단독 기념관이 있다. 가나자와에는 '21세기 박물관'이 있어 동시대의 다양한 유물들을 만날 수 있다. 지역 경제를 활성화하는 데에도 한몫하는 곳이다.

가나자와시 시민 예술촌은 100년 전 건립되어 운영하다 1993년에 폐업한 방직공장을 재건축하여 사용하고 있다. 10만㎡ 야마토 방직공장이 문을 닫으면서 시에서 이 공장을 매입하였다. 1996년부터 시민들의 의견 수렴을 통해 상업지역을 포기하고 지역 활성화와 지역 커뮤니티를 위한 가나자와 예술촌으로 재탄생한 것이다. 시민 예술촌의 운영 예산은 시민들의 후원과 참여를 중심으로 민관이 함께 운영하고 있다. 촌장은 시민투표와 시장임명으로 정해진다. 일본을 대표하는 수공예품을 만들어내는 예술촌으로써 지역민들의 자부심이 대단하다.

pit 1은 멀티 공방, pit 2는 드라마 공방, pit 3은 오픈 스튜디오, pit 4는 음악 공방, pit 5는 아트 공방으로 다양한 문화예술 활동을 공간기능에 맞게 효율적으로 분배하여 사용한다. 문화를 경험하는 것이 아니라 시민이 직접 생산하는 것을 위주로 한다. 가나자와시는 시민들을 위한 문화예술 공간으로 활용하여 시민을 예술의 주인공으로 만드는 최초의 사례이다. 시민 예술촌이라는 재생공간이 영리를 포기했지만, 지역주민의 삶을 행복하게 만들었다.

직인(職人) 대학교는 가나자와시를 대표하는 교육기관으로 아홉 개의 전문분야인 금속공예, 정원 디자인, 기와, 다다미, 목공, 창호 등의 교육을 담당한다. 3년 과정을 마치면 시장이 발급하는 인증서를 받고, 복원 전공 과정 3년을 마치면 기술이수자로서 전수할 자격을 갖추고 활동할 수 있다. 유와쿠 '창작의 숲'이라는 교육기관도 아마추어의 예술 활동을 지원하는 시설이지만 나자와의 공예부문을 좀 더 활성화하려는 교육의 임무를 수행한다. 교육뿐만 아니라 다목적 기능을 수행하는 공간으로 아이들을 위한 숙박, 놀이시설, 파티장 등으로 활용하는 창작공간이다.

3) 대만, 도시재생의 모범 사례

창고가 가오슝 문화예술공간과 '보얼예술특구'로 탄생했다.

보얼예술특구

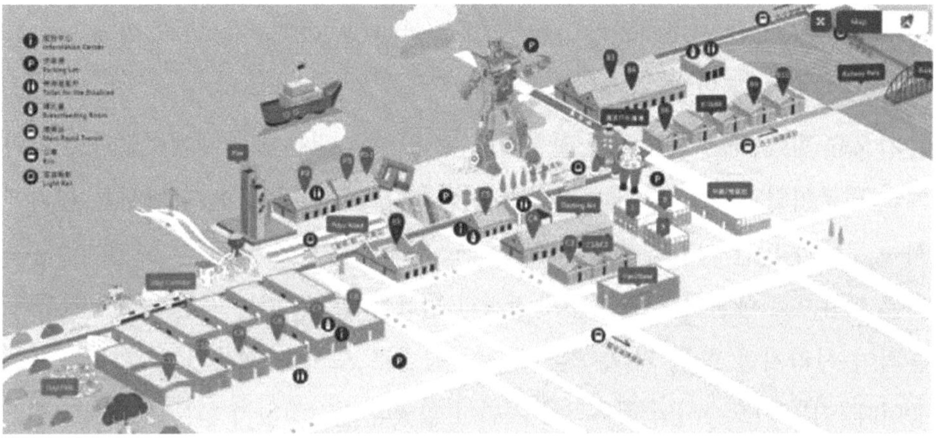

출처 : https://en.pier2.org/map/

대만 남부에 자리한 가오슝은 1858년 톈진 조약에 따라 개항 후 일제 강점기 때 대만 농산물을 일본으로 수출하던 주요 항구였다. 수심이 깊은 항구로 수출입에 적합한 조건으로 물동량 세계 3위(컨테이너 처리량 기준)를 차지했던 항구였지만 철강산업과 중공업의 쇠락과 함께 역사 속으로 묻혔다. 산업이 쇠락하면서 공장은 문을 닫고 빈 창고는 하나둘 늘어만 갔다. '보얼예술특구(Pier-2 Art Center)'가 자리한 곳은 가오슝항 제2부두 3도크로 보얼이라는 이름도 배를 대던 '제2부두'라는 뜻이다.

2006년부터 문화국 아래 운영센터를 별도로 조직하여 체계적으로 변모하기 시작했다. 2000년 10월 10일 대만 독립기념일에 축하 불꽃놀이 장소로 활용되면서 대형 이벤트가 늘어나기 시작한다. 이후 가오슝 부두는 많은 사람이 모이면서 빈 컨테이너에서 미술품 전시도 가능해졌다. 2001년에 가오슝시는 창고들을 임대하여 문화예술 활동을 원하는 젊은 예술가들에게 제공했다. 가오슝시 문화국은 2006년 보얼예술특구(Pier-2 Art Center)를 인수하였고, 예술가들의 활동과 정부의 노력으로 '보얼예술특구'는 대만 남부 예술 발전의 중심지가 되었고, 가오슝을 대표하는 관광지로 탄생했다. 공연과 전시는 도시를 창의적인 분위기로 가득 채우며 보얼예술특구에 새로운 활력을 불어넣었다. 이를 통해 보얼예술특구는 끊임없이 아방가르드적인 시각과 모습을 선보이며, 항구도시를 매력적인 문화 및 생활 중심지로 성장시킨다. 1년 동안의 관광객만 해도 400만여 명에 달하는 유명한 예술 활동의 성지가 된 것이다.

가오슝 항에 재생 에너지가 활성화될 수 있었던 것은 도시재생사업과 문화와 예술 덕분이었다. 가오슝시는 문화국 산하에 '보얼예술특구'를 담당하는 센터에서 공무원과 민간 기획자가 모여 구상하고 기획한 것이다. 항구는 '보얼예술특구'라는 이름으로 예술가와 학생들이 창작과 발표를 할 수 있는 공간으로 부활했다. 흔적이 사라지던 항구 가오슝의 예술적 숨결로 도시가 재생의 길로 나아가는 중이다. 이는 가오슝시의 전폭적인 지원이 없었다면 상상하기 힘든 프로젝트였다.

대만 가오슝 제1 관광지 '보얼예술특구'에서 눈길을 사로잡는 조형물 중 하나는 허리에 연장과 그물을 지닌 어부로 공업 도시였던 가오슝을 상징하는 거대한 조각작품이다. 보얼예술특구는 12개의 창고로 이루어져 있다. 대부분 2차 세계대전 때 지어진 건물이지만 공연장, 전시장, 영화관으로 사용되고 있다. '보얼예술특구'는 '다용 창고 클러스터', '펑라이 창고 클러스터', '다이 창고 클러스터'의 3구역으로 구분하고 있다. 현대미술전은 주로 가장 먼저 조성된 '다용 창고 클러스터'에서 열린다. 기차역이 있던 '펑라이 창고 클러스터'는 역사를 기억하는 공간으로 미니 기차 등이 있는 철도박물관으로 조성되었다. 가장 최근에 만들어진 '다이 창고 클러스터'는 디자인 작품을 전시하는 공간이다. 6개 창고 중 C9 창고는 레지던시로 사용 중이며, '다이 지구'는 사탕 공장 구역으로 사진과 영상을 보여준다.

보얼예술특구에서 바닷가 쪽으로 떨어진 곳에 위치한 거대한 규모의 '포트 웨어하우스 2'는 일제 강점기인 1914년 일본인이 설탕을 저장하고 운송하기 위해 지은 창고였다. 2차 세계대전 당시 미군의 공습으로 훼손되었으나 재건하여 레스토랑, 카페, 각종 소품 가게가 있다. 보얼예술특구의 성공 요인 중 하나는 예술 공간과 상업 공간의 조화에 있다. 전시장과 공연장은 보얼특구 센터에서 철저히

관리하고, 상업 시설은 민간에게 맡겨 운영하지만, 가오슝 항의 역사와 현대가 자연스럽게 어울려야 허가받을 수 있다. 보얼예술특구는 조화와 균형이 도시재생에서 얼마나 중요한지 잣대가 된 문화 재생공간이다.

4) 중국, 성공적인 재생 프로젝트

(1) 중국 북경, 중국 문화예술의 거리, 798

'798 예술구'는 중국의 다양한 예술가들이 모여 활발한 활동을 벌이는 곳이며, 북경 여행에서 빼놓을 수 없는 곳 중 하나다. 과거의 이곳은 냉전 시대에 소련과 독일의 기술로 무기를 만들던 공장이었다. 냉전이 끝나고 나서는 무기공장의 용도가 좀 애매해졌는데, 중국 정부에서 공장을 이전하고 남은 폐허의 자리에 예술가들이 모여 현재의 모습을 갖추었다. 공장 일부는 갤러리나 상점 또는 전시관, 강당 등 다양한 용도로 활용되어 여행자와 미술애호가를 불러모으는 곳이다.

북경 798 예술구 전시장

출처: Wikimedia Commons photo by Leeluv

(2) 지혜산(智慧山) 프로젝트

2009년부터 시작된 일명 '지혜산 프로젝트'는 2010년 '톈진시 시급 창의산업원'과 '삔하이신구 중대 문화 건설 프로젝트'에 포함되었으며, 2016년 '국가급 광고산업원'으로 승급한 '문화구 조성 프로젝트'다. 2015년 완공과 함께 각종 문화예술 활동을 펼쳐왔으며, 2016년에는 지혜산 예술 센터를 상징하는 '언덕 광장'이 완공되었다. 이 언덕 광장은 약 36만 개의 '죽판(竹板)[24]'을 이용해 만들어졌으며, 총면적 4,000m^2로 아시아에서 가장 큰 대나무 광장이다.

지혜산 프로젝트로 완성된 예술 센터는 약 200,000m^2에 달하는 건축면적을 보유한 복합문화예술 공간으로, 센터 내에는 전시회관, 화랑, 콘서트홀, 극장, 대형 서점 등의 문화 시설과 함께 음식점, 카페, 편의점, 은행, 의류 판매장 등의 편의 시설들이 대거 입점해 있다. 다양한 시설과 함께 도심에서 가까운 지리적 이점으로 인하여 여유롭고 편안하게 문화생활을 즐길 수 있으며, 현재는 천진을 대표하는 문화 공간으로 자리 잡았다. 지혜산 예술 센터에서는 주기적으로 음악회, 희극, 전시회, 무도회, 포럼, 강연회 등과 같은 활동을 진행하고 있으며, 중국 국내 및 해외 유명 아티스트들을 직접 섭외하여 관객들에게 고품격 공연을 선사한다.

24) 2개의 대쪽을 모아 한쪽을 엮고 손가락 사이에 끼워 흔들어 쳐서 소리를 내는 중국의 전통 리듬 악기

3. 미주와 남미

1) 미국 지역관광의 성공적인 사례

(1) 폴 게티 센터(J. Paul Getty Center)

캘리포니아주 로스앤젤레스에 위치한 폴 게티 센터

출처 : 위키백과

석유왕 진 폴 게티는 미국 대공황 이후 미국 최고의 부자였다. 게티 석유 회사를 설립한 사람이며, 사업으로 돈을 벌어 50년대에는 세계에서 가장 돈 많은 사람으로 유명하다. 그는 산타모니카에 이탈리아 미조리 고대 로마 유적 파피리의 빌라를 모방하여 짓고 미술관으로 개관했다. 리처드 마이어라는 건축가가 미술관을 포함한 게티 센터 전체를 디자인했고, 폴 게티 미술관의 정원은 미술가인 로버트 어윈이라는 사람의 작품이다. 폴 게티 미술관이 설립된 것은 자신의 집에 미술품을 전시하기 시작한 1954년이라고 한다. 말리부 비치 언덕에 폴 게티 센터(J. Paul Getty Center)가 들어선 것은 1983년이다. 폴 게티의 유산으로 만들어진 폴 게티 트러스트에서 산타모니카 산맥의 산기슭에 드넓은 땅을 구매하면서 시작된다.

마네(Manet)가 그린 그림 〈폴리-베르제르 바(A Bar at the Folies-Bergere)〉, 반 고흐(Van Gogh)의 〈아이리스(Irises)〉를 만날 수 있다. 미술관은 전적으로 폴 게티 트러스트에 의해 운영되고 있으며, 폴 게티의 기부금에 의해 설립 · 운영되고 있다. 그러나 생전에 재산에 광적인 집착을 보이기도 했으며, 자신이 사들인 미술품에 대한 집착도 대단했다.

16살의 게티 3세가 1973년 7월 10일 낮 3시 로마의 파르네세 광장에서 납치 감금되었다. 납치범들은 당시 1,700만 달러를 요구했으며 한쪽 귀를 잘라 보냈음에도 게티 3세의 할아버지 폴 게티는 협상을 거부했다. 결국, 몸값을 300만 달러까지 깎았고 폴 게티는 220만 달러만 주고 나머지 80만 달러는 아들 존 폴 게티에게 연 4% 이자로 빌려주었다. 게티 3세는 탈출에 간신히 성공했지만, 그 이후 마약과 알코올 중독에 빠져 20대에 시력을 잃고 목소리도 나오지 않는 심한 장애를 앓다가 2011년에 사망했다. 이 사건은 리들리 스콧 감독의 영화 〈올 더 머니〉(2017)에 소개되었다.

(2) 롱아일랜드, 이스트 햄턴, Pollock-Krasner House & Study Center

이 집은 액션 페인팅의 화가 폴락과 그의 아내 리 크래스너가 살며 작업하던 집이다. 1945년 빈털터리였던 폴락은 맨해튼의 마블 콜리지 에이트 교회에서 하객도 없이 결혼하게 된다. 결혼식 후 크래스너는 구겐하임 운영자이며 후원자였던 페기 구겐하임(Peggy Guggenheim)에게 2천 달러를 은행에서 3천 달러를 빌려 집을 샀다. 알코올 중독으로 엉망이던 잭슨 폴록에게 유대인 여성화가 리 크래스너(Lee Krasner, 1908~1984)의 등장은 구원 그 자체였다. 리 크래스너는 전도유망한 추상화가였지만 폴락을 위해 그림도 포기하고 모든 것을 지원했다. 브루클린의 쿠퍼 유니언에서 정식으로 미술을 공부하고, 내셔널 디자인 아카데미에서 미술 수업을 마쳤다. 그녀의 스승이었던 한스 호프만(Hans Hofmann)은 추상화가로 큰 명성을 남길 것이라는 기대를 받던 제자였다. 남편 폴락이 불의의 사고로 숨지고 서야 그녀는 다시 붓을 들었다.

1956년 8월 11일 폴락이 사귀던 무명의 화가 루스 클리그만은 유대인 친구 에디스 멧처(21)와 함께 만취한 채 폴락은 음주운전으로 나무에 충돌하며 밖으로 튀어 나가 40세로 즉사한다. 당시 26세 무명화가인 루스 클리그만이 유일한 생존자였다. 그의 유해는 롱아일랜드 집 근처 그린 리버 공원묘지에 묻힌다. 1982년 크래스너의 몸은 쇠약했고, 1984년 뉴욕 병원에서 생을 마감한다. 크래스너는 자신과 폴락이 사랑하고, 작업하던 집을 공공 뮤지엄 겸 도서관으로 만들 것을 유언으로 남겼다. 1987년 스프링스의 집은 스토니 브룩 재단(Stony Brook Foundation)에 귀속되었고, 1988년 6월 뮤지엄으로 개관하였다. 1994년 폴락-크래스너 하우스는 미국 정부의 랜드마크로 지정됐다.

폴락-크래스너 하우스

작업 중인 잭슨 폴락과 크래스너

출처 : Wikipedia

(3) 로스코 예배당(The Rothko Chapel)

1958년 로스코는 석유 재벌 출신의 자선사업가인 존 드 메닐(John and Dominique de Menil) 부부의 신앙심으로 텍사스주 남동부 휴스턴(Houston)에 있는 예배당의 장식용 그림을 의뢰받는다. 로스코는 거의 10년간 거의 14개의 단색조 모노크롬의 작품을 완성했다. 신비로운 로스코의 그림을 보면 만년에 세상과 담을 쌓았던 그가 얼마나 우울한 명상과 깊은 사색을 거듭했는지 알게 될 것이다. Rothko는

1970년 2월 25일 뉴욕 스튜디오에서 자살했다. 1971년 이 예배당은 로스코가 죽은 뒤 '로스코 예배당'이라는 이름으로 불리게 되었다.

로스코 예배당

출처: https://www.designboom.com/ photo by Elizabeth Felicella

마크 로스코(1903~1970)는 1903년 9월 25일 트코비치로 러시아 드빈스크에서 태어났고, 일곱 살이던 1910년 아버지 로스코위츠가 미국으로 이주하여 오리건주 포틀랜드에 정착했다. 누이와 엄마 가족 모두는 1913년이 되어서 합류했다. 가계는 유대인 가족이다. 뉴욕에 와서 유대인 공동체의 도움으로 어렵게 생활했다. 예일대학을 다녔고 1938년 미국 시민권을 취득하면서, 마르쿠스 야코블레비치 로스코위츠(Marcus Yakovlevich Rothkowitz)라는 러시아 본명을 버리고 마크 로스코(Mark Rothko)라는 이름을 사용했다. 두 번 결혼했고, 세 번 유럽 여행을 했다.

1970년 2월 25일 수요일 아침, 뉴욕의 로스코 작업실에 그의 조수 올리버 스타인데커(Oliver Steindecker)가 출근했을 때, 주방 바닥에 쓰러져 있는 로스코를 발견했다. 그의 옆에 있던 이젤에는 오랫동안 그를 압도했던 무거운 색채가 아닌, 선명한 붉은색으로 채색된 〈무제(red on red)〉(1970)가 놓여 있었다. 1968년 심한 우울증과 동맥류를 앓아 3주간 병원에 입원했고, 로스코는 그의 두 번째 아내 멜(Mell)과 1969년 새해에 헤어졌었다, 그는 혼자 뉴욕 스튜디오로 이사했으며, 작업실에서 혼자 침식을 해결하던 로스코는 우울증 치료제를 복용 중이었다. 의사는 로스코의 사인을 '동맥 절단에 의한 자살'로 판정했다. 흥건하게 피로 적셔진 그의 죽음 옆에 세워진 이젤에는 선혈로 그린 것 같은 마지막 그림 〈레드 온 레드(red on red)〉가 세워져 있었다. 이 그림은 두 편의 다큐멘터리와 존 로건(John Logan)의 연극 〈레드(Red)〉의 주제가 되었다. 연극 〈레드(Red)〉는 2009년 12월 8일 런던 돈마 웨어하우스(Donmar Warehouse)에 의해 처음 발표된 미국 작가 존 로건(John Logan)의 희곡 작품이다.

(4) 네바다 사막, 버닝 맨 페스티벌

버닝 맨 페스티벌은 1986년, 래리 하비(Larry Harvey)와 제리 제임스(Jerry James)가 하짓날 샌프란시스코의 베이커(Baker) 해변에서 나무로 만든 인물상과 개 조각을 불태운 것에서 시작됐다고 알려져 있다. 래리 하비는 훗날 이러한 행위가 본질적인 자기표현이었다고 진술했다. 인간의 에고(ego)를 버리고 모든 사람과 편견 없이 서로를 받아들이는 사회를 만들자는 의미에서 1989년 시작된 창조와 자유, 그리고 무소유의 축제다. 하비와 제임스 두 사람이 나무 인물상과 개 조각을 태운 것은 1986년 이전에 이미 여러 해 동안 해변에서 모닥불 의식을 지내던 조각가인 메리 그라우버거(Mary Grauberger)를 따른 것이었다. 메리 그라우버거가 더는 이 의식을 행하지 않자 하비와 제임스가 대신하게 됐고, 그 규모가 커지면서 오늘날의 버닝 맨 페스티벌로 발전하게 됐다. 1986년에 하비와 제임스는 키가 2.4m에 달하는 나무 인물상을 만들어 불태웠고, 1987년에는 인물상의 크기가 더 커져 6.1m, 1989년에는 12m에 이르렀다. 이 대형 인형은 훗날 버닝 맨 페스티벌의 상징이 됐다.

1986년 이후 4년간 버닝 맨 페스티벌은 메리 그라우버거가 처음 모닥불 행사를 벌인 베이크 해변에서 진행됐다. 그리고 4년 만에 8백 명 이상이 참여하는 떠들썩

한 축제로 발전했다. 하지만 1990년에 화재를 우려한 경찰이 조형물 태우기 행사를 금지하면서 다른 장소로 옮겨가게 됐고, 장소를 옮기면서 개최 날짜도 함께 바뀌었다. 또한, 대형 조형물을 불태우는 행사의 의미도 달라져 근본적으로 축제에 큰 변화를 맞이했다. 해변에서 열리던 축제는 1990년부터 네바다주 리노(Reno)에서 북쪽으로 170㎞ 정도 떨어진 블랙 록 사막(Black Rock Desert)으로 이동했다. 새롭게 축제를 기획하기 위해 케빈 에번스(Kevin Evans)가 동참했고, 그는 이 행사가 일시적이나마 예술가들이 자유롭게 자신들을 펼쳐 보이는 현장이 되기를 바랐다.

버닝 맨 페스티벌은 예술가를 포함한 다양한 참가자들이 미국 네바다주의 블랙 록 사막(Black Rock Desert)에 모여 일시적으로만 존재하는 가상의 도시 블랙 록 시티(Black Rock City)에서 펼쳐 보이는 예술 축제다. 블랙 록 시티는 참가자들이 공동체, 예술, 자기표현, 자립성에 전념함으로써 만들어지는 도시로 축제가 펼쳐지는 일주일이 지나면 흔적도 없이 사라진다. 축제 기간 중 토요일 밤이 되면 축제를 상징하는 거대한 나무 인물상을 불태우는데, 여기에서 '버닝맨(Burning Man)'이라는 축제 명칭이 유래했다. 1986년부터 시작된 축제는 매년 8월 마지막 월요일에 시작해 미국의 노동절인 9월 첫째 월요일에 끝난다.

매년 노동절 전주 1주일 동안 네바다 사막 한복판의 말라버린 호수에서 열리는 버닝맨은 단순한 페스티벌이 아니었다. 이 페스티벌은 장소만 제공할 뿐 물과 음식 또는 음료수를 사서 먹을 수 있는 가게도 없다. 돈이 있어도 쓸 곳이 없다. 샤워할 물, 먹을 음식, 옷, 잘 곳, 모든 필요한 것을 들고 가야 한다. 그리고 필요한 것은 돈 없이 물물교환 방식으로 조달한다.

그런데 이렇게 괴롭고 혹독한 장소에 돈을 써가면서 수만 명이 모이는 이유가 무엇일까? 끝없이 눈과 생각을 자극하는 예술품, 모두를 위한 테마파크, 끊임없이 이어지는 음악, 자신의 탤런트를 자유롭게 과시하는 사람들의 행동, 편견 따위는 존재할 수 없는 분위기에 모두 매혹되고 압도되기 때문이다.

창의력 넘치는 자신들만의 복장과 자동차, 텐트 등을 뽐내며, 음악을 틀어 놓고 거리낌 없이 춤과 퍼포먼스를 즐긴다. 그렇게 페스티벌 장을 돌아다니면서 사람들과 교류하고 함께 힘을 모아 거대한 예술작품을 만들기도 하면서 일주일을 보낸다. 그리고 축제의 마지막 날, 만들어낸 모든 것들을 불태우고 흔적 없이 떠나는 것이 버닝맨 축제의 방식이다.

(5) 미국, 로덴 분화구 속 천문대 〈로덴 크레이터〉

로덴 크레이터의 가상 이미지

출처: https://rodencrater.com/about/

미국의 빛과 공간의 설치미술가 제임스 터렐(James Turrell)은 애리조나주 사막에 있는 로덴 분화구를 둘러싼 5km에 자신의 역작 〈로덴 크레이터〉의 완성을 눈앞에 두고 있다. 1977년 오직 하늘만 볼 수 있는 장소를 찾다가 미국 애리조나주 사막에서 40만 년으로 추정되는 로덴 분화구를 사들였다. 그는 분화구 안을 붉고 검은 분화구가 천체적 시간의 순환을 직접 경험할 수 있는 특수 설계된 공간에서 하늘을 바라볼 수 있도록 만들었다. 목표는 24개의 관람 공간과 6개의 터널을 만드는 것으로 현재 여섯 개의 공간이 완성됐다. 인간의 시각 및 심리적 인식 분야에 대해 작가가 평생 연구의 정점을 보여주는 로든 크레이터는 빛을 경험하고 사색할 수 있다.[25)]

25) https://rodencrater.com/about/

2010년 30여 년 만에 공개된 터널 '이스트 포털(East Portal)'이란 작품에서 관객은 원형의 밝은 빛을 따라 길이 2.7m, 너비 2.4m 규모의 어두운 터널을 지나 계단으로 올라가 하늘 위로 뚫린 거대한 타원형의 창에서 오로지 하늘만 바라볼 수 있는 곳이다. 1960년대에 시작된 미국 풍경화 전통의 한 축을 이루는 이 작품은, 칠흑 같은 밤하늘을 배경으로 외딴 사막에 자리 잡고 있어 직접 작품을 감상하기 위해서는 사막으로의 여정이 필요하다. 제임스 터렐은 빛을 매개체로 작업하는 작가로, 〈로덴 크레이터〉는 그가 1980년대 후반부터 지금까지 스스로 기금을 모으며 완성하고 있는 일종의 사막 천문대이자 예술 공간이다. 공사를 완료하고 공개하기 위해 모금이 진행 중이다. 이곳에 방문하기 위해서는 기부금을 내고 초청을 받거나, 나흘짜리 투어에 참여해야 한다. 투어 가격이 일인당 700만 원 정도다.[26) 1943년생 미국 설치미술가 제임스 터렐은 빛과 하늘 공간을 이용한 작업을 한다. 세계적인 건축가 안도 다다오가 설계한 강원도 원주 한솔오크밸리의 '뮤지엄 산'에 제임스 터렐의 상설관이 마련되어 있다. 현재 그는 한인 아티스트 이경림 예술가와 살고 있다.

터널 '이스트 포털(East Portal)'

출처 : Art News

출처 : flicker photo by Steve Jurvetson

26) 우정아, 우정아의 아트 스토리-로덴 분화구에서 보이는 것은 오직 하늘뿐, 조선일보, 2017.08.01

(6) 뉴욕 근교, 그레이스 팜

Grace Farms

출처 : Wikimedia Commons, photo by Adam

뉴욕에서 2시간 정도 걸리는 뉴 캐넌에 위치한다. 이곳은 2015년에 완성되었지만 2010년부터 프로젝트가 진행 중이었다. 건축주는 종교단체인 Grace Farms Foundation으로 종교적인 공동체를 형성하던 장소다. 목초가 우거진 곳이며, 습지와 연못이었다. 복합문화공간으로 SANAA라는 일본 건축가가 기획하고 설계하였다.

'Grace Farms Foundation'은 방문객이 자연을 경험하고, 예술을 만나고, 정의를 추구하고, 지역 사회를 육성하고, 신앙을 탐구할 수 있는 복합문화공간이다. 프리츠커상을 받은 일본 건축 회사 SANAA가 설계한 'River' 스타일의 건물은 자체적으로 시선을 끌지 않으면서도 풍경 일부처럼 보인다. 이어지는 지붕 아래에는 다양한 활동과 이벤트를 경험할 수 있는 5개의 투명한 유리로 둘러싸인 공간이 있으며, 주변 환경과 유기적으로 연결되어 있다. 700석 규모의 원형극장인 Sanctuary, 도서관, 18피트 길이의 테이블이 있는 커뮤니티 모임 공간인 Commons, 대화 공간인 Pavilion, 지하에 있는 레크리에이션 및 공연 공간인 Court가 있다. Grace Farms의 80에이커 중 약 77에이커는 초원, 습지 및 연못으로 관리되고 있다. 그레이스 팜은 주 6일 무료로 일반인에게 개방 중이지만 예약이 필요하다.[27]

27) Grace Farms, 위키피디아

(7) 브루클린, 도미노 파크

도미노 파크

출처 : 구글

2018년 6월에 개장한 공원이다. 1882년에 설립된 도미노 설탕 정제 공장이 있었던 지역이다. 가동이 중단된 공장 일부를 공원으로 재탄생시킨 것이다. 공장의 옛 건물은 리모델링 후 전시 공간으로 활용한다. 도미노 공원에선 맨해튼 전망을 볼 수 있는 전망 좋은 곳이다. 공원 내에는 설탕공장을 추억하게 만드는 설탕을 담는 큰 통을 닮은 미끄럼틀을 만들었다. 설탕공장의 역사를 놀이터에도 스며들게 만든 것이다. 그리고 실제로 공장 건물의 재료 중 재활용이 가능한 목재와 기계 등을 재조립하고 가공하여 실제 공장의 모습을 연상시키기도 한다. 철재로 만든 구조물은 elevated walkway로 불리는데 강의 경치를 내려다볼 수도 있으며, 걸을 수도 있게 만들었다. 역사적인 건축물 위에 상징적인 놀이터를 만들어 역사를 기억하려는 의지를 엿볼 수 있는 공간이다.

2) 캐나다 국립공원, 빨강 머리 앤의 집

루시 모드 몽고메리 생가

▲ 캐나다 관광청 공식블로그

루시 모드 몽고메리는 캐나다에서 가장 작은 프린스 에드워드 아일랜드(PEI) 주에서 1874년 11월 30일에 태어났으나 두 살이 되기 전 어머니를 여의었고 캐번디시의 외가에서 성장한다. 프린스 에드워드 아일랜드 주가 바로 〈빨강 머리 앤〉의 무대이다. 작가의 생가 1층엔 몽고메리가 결혼식에 입었던 드레스와 신발이 있고, 2층에는 그가 태어나 살던 방을 공개했다. 1908년 출간한 〈빨강 머리 앤〉의 원제는 〈Anne of Green Gables(그린 게이블스의 앤)〉이다. 소설의 배경인 애번리(Avonlea)는 프린스 에드워드 아일랜드 북부의 한적한 시골 마을인 캐번디시가 배경이다. 그리고 소설에 묘사된 초록 지붕 집인 '그린 게이블스'는 당시 루시 모드 몽고메리의 사촌이었던 맥네일 가족의 농장이었다. 소설이 전 세계적으로 인기를 끌게 되면서 소설 속의 무대였던 '그린 게이블스'는 1937년 국립공원으로 지정되었다. 많은 관광객이 찾아오게 되어 캐나다에서 가장 작은 주였던 섬 전체가 유명 관광지가 되었다. 지금도 앤의 복장을 하는 직원을 만날 수 있다.

소설 〈빨강 머리 앤〉이 출판된 지 100여 년의 시간이 지났지만 그린 게이블스 헤리티지 플레이스로 매년 수십만의 여행객들이 찾아오고 있다. 빨강 머리 앤의 집 근처에 산책로도 만들어졌다. 앤이 '연인의 오솔길'이라 명명한 이 산책로에는 울창한 나무가 우거져 있다. 그린 게이블스 헤리티지 플레이스에는 소설의 무대로 등장하는 Haunted Woods, Balsam Hollow 등도 볼 수 있어서 〈빨강 머리 앤〉 애독자라면 소설 속 체험이 가능한 곳이다. 〈빨강 머리 앤〉의 시대적 배경인 1800년대 후반 캐나다와 특히 프린스 에드워드 아일랜드의 문화도 엿볼 수 있다.

루시 모드 몽고메리 여사는 결혼 전에는 캐번디시 마을에 살면서 집필 활동을 했고, 결혼 후 프린스 에드워드 아일랜드를 떠난 후에도 이 마을 주변의 다양한 소재로 작품을 썼다. 교사로 재직하기도 하였으며 외갓집의 우체국에서 일을 돕기도 하였다. 30세인 1904년 〈빨강 머리 앤〉을 집필하지만, 출판사에서 거절해 출간이 3년 늦어지기도 했다. 그린 게이블스 주변에는 몽고메리 여사의 생가와 더불어 작중에 나오는 에이번리 마을을 그대로 재현한 장소 등 빨강 머리 앤과 관련된 모든 것을 만날 수 있다. 지금도 외갓집 우체국이 실제로 우체국의 운영을 하고 있어 엽서나 편지를 보낼 수 있다. 앤과 작가의 모든 것을 만날 수 있는 앤 박물관도 실버 부시(Silver Bush)에 있다. 이곳은 몽고메리가 결혼식을 올린 곳으로 초판본 소설, 사진 등 다양한 자료를 만날 수 있다.

에이번리 마을에서만 하는 〈빨강 머리 앤 뮤지컬〉도 있는데, 지역 최고의 관광상품이며 흥미로운 공연이다. 앤 역할의 아역 배우는 극 중 감정 묘사가 풍부하고 관객과의 인터랙션도 제법 많은 편에다가 춤과 노래가 좋아 즐겁게 볼 수 있는 공연이다. 1965년부터 매년 공연하며, 2014년에는 '가장 오래 공연 중인 뮤지컬 작품'으로 기네스북에 등재된 작품이다. 이 뮤지컬은 컨페더레이션 아트 센터에서 매년 6월 말부터 9월 말까지 공연 중으로 예약이 필요하다.

3) 칠레, 시인 네루다의 마을

1971년 67세 노벨문학상을 받은 칠레 시인 파블로 네루다(Pablo Neruda, 1904~1973)는 중남미의 가장 위대한 시인이다. 1904년에 칠레 중부의 파랄에서 철도 노동자의 아들로 태어난 그는 2달 만에 어머니를 여의었다. 13살 때 첫 작품을 발표했지만, 부친의 반대로 필명으로 시를 발표한다. 체코의 작가인 얀 네루다의 성과 성경의 바울에서 조합하여 만든 '파블로'라는 필명을 만들었고 1946년부터는 법적인 이름으로 사용한다. 네루다는 공산당의 상원의원이었으며 칠레 인민 연합의 대통령 후보로까지 거론되는 등 행동하는 민중 시인이기도 하다. 20세기 라틴아메리카의 대표적인 상징적 인물로 세계에 알려져 라틴아메리카를 대표하는 문화적 아이콘으로 알려진다. 독재자 곤잘레스 비델라 대통령을 격렬하게 비판하며 '나는 고발한다'란 의회 연설을 한 후 국가원수 모독죄로 체포되어 투옥되었다가 망명 생활을 전전했다. 카프리 섬으로의 망명 전후의 그를 모티브로 그린 영화 '일 포스티노(Il Postino)'(1994)도 유명하다. 감성 언어로 쓴 시집 '스무 편의 사랑의 시와 하나의 절망의 노래'는 이미 60년대에 100만 부 넘게 팔렸다. 남미의 유럽이라 불리는 산티아고에서 라고부다까지 그의 삶의 여정을 따라가는 여행객들이 늘어나고 있다.

네루다가 유년 시절을 보낸 '라고 부디'에서는 지금도 호수 변에 살아가는 강인한 마푸체 민족을 만날 수 있다. 칠레의 원시림과 그 속 생명체의 아름다움에 빠져들었고 감각적 체험을 하던 소중한 유년 시절이 있다. "칠레의 숲속에 들어가 보지 못한 사람은 이 세상을 안다고 할 수 없다. 나는 그 땅에서, 그 흙에서, 그 침묵에서 태어나 세계를 누비며 노래했다."

산티아고, 칠레의 수도인 산티아고는 동쪽으로는 아메리카 최고봉인 아콩카과를 비롯하여 안데스의 만년설이 솟아 있고, 서쪽으로는 태평양이, 북쪽으로는 아타카마 해안 사막지대가 끝없이 펼쳐져 있다. 또한, 남쪽으로는 빙하가 대지를 덮고 있다. 스페인의 침략자 페드로 데 발디비아에 의해 1541년에 건설된 이후, 영광과 비극이 함께하는 칠레 최대의 도시다. 네루다는 산티아고의 산크리스토발

언덕에 살았다. 파블로 네루다가 그의 연인을 몰래 만나다 부인과 이혼 후 살림을 차린 곳이란 소문도 있다.

산티아고에서 버스로 2시간에 도착하는 '발파라이소(Valparaíso)'는 '천국 같은 계곡'이란 뜻을 지닌 칠레 제1의 항구다. 그의 나이 57세인 1961년에 플로리다 언덕 창공 박물관 언덕에 5층 건물인 '라 세바스티아나(La Sebastiana)'라고 이름 붙이고 정착한다. 태평양을 향해 큰 창이 있고 2층엔 거실과 바가 있던 네루다의 집은 박물관이 되었다. 세바스티아나 벽화마을의 골목은 세계 문화유산으로 지정된 곳이다. 집을 지을 재료가 없던 이주민들은 항구에서 선박이나 컨테이너를 만들 때 쓰는 철판을 주워 집을 짓기 시작했다. 이후 철판에 다양한 색상의 페인트가 입혀지고, 그림과 그라피티가 더해지면서 지금의 모습이 되었다고 한다.

시인 '파블로 네루다'의 숨결이 남아 있는 이슬라 네그라는 '검은 섬'이란 의미다. 네루다의 제2의 고향으로 산티아고에서 120㎞ 떨어진 곳에 위치한 작은 바닷가 마을, 바다가 보이는 이곳의 집에서 은둔생활을 하며 말년을 보냈다. 이슬라 네그라는 그가 정치적 망명을 떠났을 때와 외교관이 되어 파리로 갔을 때를 제외하고는 귀국하여 거주한 곳이다. 마이클 래드포드 감독 영화 '일 포스티노(Il Postino)'(1994)의 배경이 되는 곳이다. 안토니오 스카르메타의 〈네루다의 집배원〉라는 원작 소설은 1985년도에 출간되었다. 네루다의 사망 후 그의 세 번째 부인 마틸데와 함께 묻힌 곳이다. 바다가 내려다보이는 집은 네루다 박물관으로 공개했다. 네루다가 머물렀던 3곳의 박물관은 네루다 재단에서 운영 중이다.

4. 중동 및 아프리카

1) 사우디아라비아

사우디아라비아는 최근 석유산업의 고갈 시에 대비하여 관광에 대한 투자와 집중하는 노력을 기울이고 있다. 자체적인 메카 등의 성지순례[28] 수요 외에도, 순수관광객 유치를 위해 노력하며 관광객 수가 늘어나는 추세이다.

유로모니터 인터내셔널에 의하면 수도 메카는 2023년 세계에서 가장 많이 방문한 도시 10위에 선정되었다(CNBC; 숙박매거진, 2024.2.14).

2023년도 관광수입[29]이 세계 12위로 360억 달러를 기록하고 있다. 이는 국가별 관광수입 증가율 1위로 217%의 수치이다. 참고로 11~15위는 독일, 사우디, 인도, 멕시코, 태국이다(트래블데일리, 2024.12.25; 익스피디아 · 부킹닷컴 · 아마데우스 · 힐튼 자체조사).

사우디아라비아의 메카는 세계 방문객 유치에서 9번째로 1,080만 명의 방문객을 유치한 것으로 나타났다(Euromonitor International). 성지순례의 메카[30] 외에도 관광객 등 방문객 수요가 증가하는 것으로 보인다.

네옴시티는 사우디아라비아 정부가 비전 2030 정책의 일환으로 미래의 도시로 준비되고 있다. 서울의 44배 규모로 쿠웨이트나 이스라엘보다도 넓다. 홍해 인근 사막 2만 6,500㎢에 지어지는 도시이다. 네옴(NEOM)은 '새로운'을 의미하는 고대 그리스어 접두사에서, 마지막 글자는 미래를 의미하는 아랍어 단어에서 첫 글자

28) 사우디아라비아 정부는 순례자를 위한 인프라 확장과 관리에 노력을 기울인다. 매년 수백만 명의 순례자들이 방문하는 알하람모스크는 가장 신성한 장소로 여겨진다. 메카 근처의 산인 자발 누르에는 무함마드가 첫 계시를 받은 히라동굴이 있다. 메카의 랜드마크의 하나인 세계에서 가장 큰 시계탑을 포함한 복합건축물인 아브라즈 알바이트 타워는 주요 명소이다 (https://naver.me/G58kx01C).

29) 2023년 기준 미국은 1,890억 달러, 스페인 920억 달러, 영국 730억 달러, 이탈리아 550억 달러 순으로 1~5위를 차지한다. 7위 튀르키예 490억 달러, 8위 호주 460억 달러, 9위 일본 380억 달러, 10위 캐나다 380억 달러 순이다(트래블데일리, 2024.12.25).

30) 이슬람 성지는 사우디 메카, 사우디 메디나, 이스라엘 예루살렘의 황금성전으로 알려져 있다.

를 가져와 조합한 합성어이다(www.hani.co.kr, 2022.8.30; 나무위키, 2023.4.11).

총사업비가 약 640조 원으로 세계 최대 규모의 인프라 수주 대전이 시작될 것이라는 평가이다. 그리고 이 거대한 도시 프로젝트 구상을 위한 계획에 드는 비용이 약 1조 달러(나무위키; 조선일보, 2022.11.22; 2022.6.29)로 알려졌다.

네옴시티는 170km의 꿈의 도시이며 유리벽 도시이다. 2025년 1차 완공으로 인구 100만 명이 목표이다. 1,355조 원이 투입되는 초대형 프로젝트이다. 핵심 주거단지인 더 라인에는 170km 길이로 뻗어나가는 초고층 빌딩 2개가 벽처럼 세워지며 그 안에서 5분 생활권이 형성되도록 설계되는 것으로 알려진다. 빌딩의 높이는 500m의 두 채가 벽처럼 200m 거리를 두고 세워진다. 지하 고속철도는 20분 만에 도시 끝에서 끝까지 이동한다(조선일보, 2022.11.22; 2022.6.29).

트로제나(Trojena)는 웅장한 산맥과 호수가 어우러진 산악관광단지로 2026년 완공하고 2029년 동계올림픽 개최장소로 계획된다. 옥사곤(OXagon)은 바다 위에 떠 있는 지름 7km의 팔각형의 산업단지로 9만 명이 거주하며 7만 명의 일자리가 창출될 것으로 전망된다. 장기적으로는 인구 1,000만 명의 수용도시를 목표로 한다. 세계 첫 인지도시(Cognitive City)로 모든 인프라가 AI로 운영되며 디지털 인프라 구축, 전문인력 양성, 기술개발 솔루션 기업이 지원될 것으로 보도된다(매일경제; 조선일보, 2022.11.22; 2022.6.29; 고종원 외, 2023: 399).

왕세자 무함마드 빈살만 왕세자의 의지와 계획에 의해 주도되는 거대하고 미래 지향적인 프로젝트이다. 현재 사우디아라비아[31]는 석유 강국으로 부를 구축해 왔다. 그러나 석유산업의 한계와 고갈에 대비한 미래산업 도시를 건설하는 계획으로 세계를 놀라게 했다. 과연 이 거대한 미래의 프로젝트가 성공적으로 실현되는지 잘 지켜보아야 할 것이다. 미래도시 건설을 통한 관광대국을 준비하는 모습에서 놀라운 준비를 목격하게 되는 상황이다.

31) 인구 3,217만 명(세계 48위), GDP 7,820억 1,836만 달러이다(외교부, KOTRA). 2024년 기준 일인당 GDP는 $63,117로 세계 15위이다(위키백과).

2) 아랍에미리트(United Arab Emirates)

두바이와 수도 아부다비의 시차는 한국과 5시간 차이이며 5시간 늦다. 즉 한국이 5시간 빠르다.

아랍에미리트의 관광을 위한 노력과 투자가 이제는 성과로 도출되고 있다. 2023년 510억 달러의 수익으로 세계 6위에 올라서 있다. 미국, 스페인, 영국, 프랑스, 이탈리아에 이은 순위이다. 코로나 이후 전 세계 관광회복의 움직임에 따라 중동 129%, 아프리카 106%의 대륙별 회복률이 보여진다. 이러한 회복을 뒷받침하는 상황은 국제 항공여객 교통량의 대륙별 회복률이다. 중동 107%, 유럽 및 아프리카 각 101%이다(트래블데일리, 2024.12.25; 익스피디아 · 부킹닷컴 · 아마데우스 · 힐튼 자체조사).

아랍에미리트는 1인당 국민총소득이 높은 나라이다. 세계에서 3번째로 13만 9,900달러로 나타나고 있다(https://naver.me/5ssz5cft).

두바이는 2023년 세계에서 세 번째 방문객이 많은 도시[32)]로 나타났다. 1,680만 명의 수치를 기록하였다(Euromonitor International). 두바이 몰은 세계 최대 규모의 쇼핑몰이다. 인공섬으로 잘 알려진 팜 주메이라는 고급리조트와 해변을 갖춘 관광명소이기도 하다. 특히 두바이의 상징으로 163층의 초고층 빌딩인 부르즈 할리파는 세계에서 가장 높은 빌딩으로 알려져 있다.

최근에 인기를 끌고 있는 두바이 관광콘텐츠는 두바이 전통시장을 가로지르는 수상택시 아브라 탑승이다. 그리고 화려한 조명과 음악이 함께 어우러지는 두바이 분수쇼도 인기가 있다. 화려한 조명과 음악이 어우러진 퍼포먼스가 만족도를 높인다. 또한 세계 최대 규모의 인공섬을 가로지르는 팜 주메이라 모노레일도 인기를 끈다. 세계에서 두 번째로 큰 두바이의 향로시장 및 금시장도 유명하다. 19세기 중반 두바이의 전통이 보존되어 있는 알파하디 & 알시프도 알려진 곳이다.

---

32) Euromonitor International에 따르면 튀르키예 이스탄불(2,020만 명), 영국 런던(1,880만 명), 아랍에미레이트 두바이(1,680만 명), 튀르키예 안탈라(1,650만 명), 프랑스 파리(1,550만 명), 홍콩(1,470만 명), 태국 방콕(1,220만 명), 미국 뉴욕(1,170만 명), 멕시코 칸쿤(1,080만 명), 사우디 아라비아 메카(1,080만 명) 순으로 세계 방문객이 많은 도시로 나타났다.

수도 아부다비에서는 그랜드 모스크 내부관광이 선호된다. 82개의 흰색 돔의 이슬람 사원인 세이크 자이드 그랜드 모스크도 알려져 있다. 그리고 순수와 평화의 상징인 아부다비의 대통령 궁인 카사르 알 와탄도 주요한 방문지이다. 또한 영화 '분노의 질주 : 더 세븐' 촬영지인 에티하드 타워도 알려진 곳이다(참좋은여행 상품상세정보).

미국 경제 전문지 포브스에 따르면 글로벌 컨설팅 회사인 리저넌스(Resonance)가 발표한 2024년 세계 최고의 도시들(World's Best Cities Report) 보고서에서 두바이는 6위에 올랐다. 2016년부터 매년 인구 100만 명 이상의 세계적 도시 270곳의 환경과 사용자 평가를 분석한다. 거주 적합성, 인기도, 번영도 등을 측정하여 100대 도시를 선정 및 발표한다. 이 순위는 단순한 거주 적합성과 매력성을 넘어 방문객과 사업가 모두가 선호할 만한 도시를 선정하는 데 큰 의의가 있다(코리아넷뉴스, 2024.8.9)는 평가이다.

아랍에미리트 두바이는 참으로 혁신적인 관광을 구축해 온 도시로 가치가 있고 그동안 행보가 가히 대단하다는 평가가 드는 것은 사막에서 스키장을 개장하여 관광콘텐츠를 확장한다든지 등의 역발상도 대단한 실적으로 평가하고자 한다.

두바이의 경쟁력은 공항이며 24시간 동안 면세점이 오픈하고 있다는 점도 매우 시사성이 크다고 하겠다. 아랍에미리트 항공의 경쟁력도 아랍에미리트의 관광경쟁력을 제고한다.

참고로 우리나라[33] 서울은 10위, 부산은 67위에 올랐다. 우리나라는 서울에 외국인 방문객 수요가 지나치게 집중되는 점은 해결되어야 할 과제로 지방의 지역관광이 활성화되고 발전되어야 한다는 점을 강조하고자 한다.

33) 레저넌스는 서울은 한류 열풍을 타고 글로벌 대중문화 강국으로 확고히 자리 잡았다고 평가하였다. 팬데믹 이후에 외국인들의 발길이 늘고 있고 2022년 에어비앤비에서 네 번째로 많이 검색되었다. 부산은 한국의 마이애미로 칭하며 낮은 빈곤율과 사회관계망서비스(SNS) 비율 등이 높은 점 등 도시의 번영도가 높은 것을 특징으로 평가하였다(국제문화홍보정책실; www.kocis.go.kr).

▲ 두바이 버즈 알 아랍 호텔 전경: 돛단배 모양의 7성급 초호화 리조트 호텔이다. 두바이의 랜드마크로도 여겨진다. 모든 객실이 비즈니스 객실로 운영되는 것으로 알려진다.

〈참고〉 아부다비에 디즈니랜드 테마파크 리조트 설립

전 세계 7번째 테마파크 리조트가 수도 아부다비에서 20분 떨어진 유명 관광지 야스섬에 설립될 예정으로 알려지고 있다. 월트디즈니컴퍼니는 아랍에미리트에 중동 최초의 디즈니랜드 테마파크를 설립하며 투자는 없이 로열티를 받는 것으로 알려진다. 테마파크 리조트 설립의 결정에는 UAE가 주요 관광지로 성장했기 때문이라고 뉴욕타임스는 분석하였다. 2030년까지 매년 3,900만 명의 방문객을 유치하겠다는 목표를 세웠다고 UAE 대통령이 언급하였다.

참고로 매년 1억 2,000만 명의 승객이 아부다비와 두바이 공항을 경유함에 따라 UAE는 세계에서 가장 큰 글로벌 항공 허브가 되고 있다는 디즈니의 성명에 나타난다. 뉴욕타임스는 아부다비에 들어서는 테마파크 사업비용은 일반적으로 50억 달러(약 7조 원)에 달하는 것으로 전했다(매일경제, 2025.5.9).

금번에 디즈니랜드 테마파크 진출은 아랍에미리트의 향후 관광의 성장과 가능성을 기반으로 한 결정으로 여겨진다. 많은 투자가 이뤄지고 디즈니랜드의 브랜드 가치를 감안할 때 중동에서 최초로 아부다비에 설립이 결정되는 것은 이미 공항의 실수요객 등을 감안한 결정으로 판단된다. 그리고 아랍에미리트의 관광투자가 선행되고 있다는 점도 인식해야 한다(매일경제, 2025.5.9; n뉴스; m.news.nate.com).

〈참고〉 튀르키예 관광경쟁력 강화로 세계관광 국가로 위상 커짐

튀르키예는 2024년 기준, 전년대비 9.8% 증가한 6,226만 9,890명의 관광객을 유치하였다. 또한 관광객 수라는 양적 성장뿐만 아니라 전년대비 8.3% 증가한 611억 달러라는 기록적인 관광실적을 거둠으로써 2024년은 튀르키예의 관광 역사상 가장 성공적인 해로 평가된다. 2024년 튀르키예의 최대 관광시장은 유럽, 중동, 중앙아시아이다. 그중 러시아, 독일, 영국은 관광객 수 상위 3개국이다. 미국이 8.1%, 중국이 65.1%, 인도가 20.7%씩 성장하며 관심과 수요가 높아지고 있는 것으로 나타났다(트래블데일리, 2025.2.10).

전통적으로 독일은 튀르키예에 대한 관광선호도가 지속적으로 높았던 것으로 알려진다. 날씨와 요트 등 독일인의 취향이 반영되는 것으로 전해진다. 그리고 최근 튀르키예 방문 시 주요 관광지에 중국관광객의 방문이 눈에 띨 정도로 많은 것을 발견하였다. 중국어를 구사하는 튀르키예인이 인상적일 만큼 수요가 증가되고 있다. 아울러 인도네시아 등 아시아권의 방문도 많다.

튀르키예를 방문한 해외 관광객들은 평균 10.7일 정도 머물면서 1인당 약 972달러의 관광수익을 발생시켰다. 세계관광기구(UN Tourism)에 따르면 튀르키예는 2023년 세계에서 가장 많이 방문한 상위 5개국 중 하나로 선정되었다(트래블데일리, 2025.2.10).

튀르키예는 최근 관광강자로서 등극하였고 지속적인 발전을 구가하고 있다. 방문객 수와 관광수입에 있어서 그러한 사실을 증명하고 있다. 튀르키예의 관광위상이 커지고 있다. 통계상의 내용을 보더라도 이스탄불[34], 안탈라[35] 등 세계의 방문객 증가가 눈에 띈다.

무엇보다도 이스탄불 공항의 규모나 변화가 발견된다. 규모가 한층 커졌고 두바이에서 몇 년 전 목격한 환승객과 탑승객을 위한 편의성과 서비스가 보인다. Gate에 의자가 좌식이 아닌 반침대식으로 피로를 줄이고 휴식을 취할 수 있는 의자로 바꾸게 된다.

안탈리아는 지중해 최대의 휴양지이자 고대문화유산이 가득한 관광도시이다. 고대 로마시대의 유적지를 많이 보유하고 있어서 역사탐방 장소로 선호된다.

주요 명소로는 고대건축의 아름다움을 지닌 로마제국 시절 130년에 황제 하드리아누스의 방문을 기념하여 건설된 하드리아누스 문이 있다. 안탈리아 고고학 박물관은 고대유물부터 오스만 제국의 유물을 소장하고 있다. 마리나 항구도 2세기부터 지중해를 오가던 배들이 드나

34) 콘스탄티노플로도 알려진 도시이다. 동로마제국의 수도로 기독교의 중심도시 역할을 하였다. 아야 소피아, 술탄 아흐메트 모스크(블루모스크), 돌마바흐체궁전, 톱카프궁전, 갈라타 타워, 탁심광장, 히포드럼 등 오스만 제국의 역사를 느낄 수 있는 많은 유물이 있다. 아름다운 정원인 톱카프궁전 등이 잘 알려진 곳이다. 또한 그랜드 바자르는 세계에서 가장 큰 실내 시장의 하나로 알려져 있다.

35) 안탈리아의 해변은 유럽에서 좋은 태양과 지중해 기후를 즐기기 위해 방문하는 관광객들로부터 선호되는 곳이기도 하다. 특히 독일인 등이 이곳을 중심으로 오래전부터 많이 방문해 온 지역이기도 하다.

들던 작은 규모의 항구이다. 그리고 맑고 아름다운 바다와 해변의 콘얄트 해변이 잘 알려져 있다. 콘얄트 해변에는 많은 바, 나이트 클럽, 카페, 호텔 등이 즐비한 곳이다. 풍부한 식물과 백여 종의 조류가 서식하는 자연 폭포인 쿠루순루 폭포도 있다(트립어드바이저).

튀르키예 항공의 위상도 강화되었다. 특이한 점은 기내에서 면세품을 판매하지 않는 것이다.

최근 튀르키예를 여행 중에 느낀 점은 대표적인 관광지인 이스탄불[36], 안탈라[37] 외에 열기구로 세계적인 관광지가 된 카파도키아[38]에 방문하는 관광객이 늘고 이에 따른 물가상승을 경험하게 된다. 상대적으로 적은 스타벅스 커피점이 이스탄불에서 발견하기 어려웠으나 카파도키아에서는 발견하여 방문할 수 있다. 커피가격은 한국의 수준이다. 커피 텀블러보다는 카파도키아 모양이 세겨진 머그잔이 주로 판매되고 있다.

튀르키예의 성장 배경으로는 환경에 집중한 선진적인 정책의 빠른 도입이 손꼽힌다. 튀르키예는 2022년 세계 최초로 국제지속가능관광위원회(GSTC: Global Sustainable Tourism Council)와 국가 차원의 협약을 체결하였다. GSTC와의 협약을 통해 개발된 지속가능한 관광프로그램은 지속가능한 관광을 실천한 이들에게 보상을 제공하고, 관광객의 신뢰를 높이는 결과를 낳았다는 평가이다(숙박매거진, 2024.2.14).

최근 튀르키예 여행을 통해 여러 가지 관광의 활성화 상황을 보고 배웠지만 특히 공항의 활성화를 위한 노력을 보게 된다. 이스탄불 공항의 규모도 놀라웠지만 지방공항의 활성화도 목격된다. 카이세리[39]공항이 예전의 규모에 비해 최근 놀라운 변화를 보게 된다. 국제공항으로 손색없게 단장을 하고 있다는 점이다.

---

36) 2023년 튀르키예 이스탄불이 전 세계에서 가장 많은 관광객이 찾은 도시로 꼽혔다. 2024년 12월 14일 현지시간 CNBC 등 외신 보도에 따르면 유로모니터 인터내셔널이 2023년 말에 발표한 '2023년 가장 많은 해외 관광객이 방문한 도시' 순위에서 이스탄불이 1위에 올랐다. 이는 전년도에 비해 26% 증가한 수치로 미국과 캐나다의 비자요건 완화, 아시아와 유럽문화가 교차, 유적이 풍부함 등의 요인으로 지목되었다(숙박매거진, 2024.2.14).

37) 유로모니터 인터내셔널에 의하면 2023년 세계에서 가장 많이 방문한 도시 4위에 선정되었다(CNBC; 숙박매거진, 2024.2.14). 이 도시는 연간 300일 이상 맑고 온화한 날씨로 많은 방문객들이 선호하여 방문하고 있다. 또한 골프 등이 활성화된 지역으로 관광객 유입이 많다.

38) 카파도키아는 현재 세계적인 관광지가 되었다. 많은 호텔과 식당 그리고 상점 등이 있다. 많은 관광객이 방문하는 만큼 물가도 예전에 비해 많이 상승되어 높다.

39) 세계적인 관광지가 된 카파도키아에서 가까운 거리에 위치하고 있다. 관광객의 증가된 유입에 맞춰서 공항의 규모도 크게 반영되어 건설되었다.

카이세리 에르킬레트 국제공항(ASR)은 이스탄불 직항노선 외에도 폴란드, 독일[40], 벨기에 등으로 이동하는 국제선을 함께 운영한다. 카페, 식당, 휴식 공간, 항공사 라운지 등 편의시설이 마련되어 있다. 그러나 공항의 규모에 비해 면세점 등이 거의 없는 것으로 특이한 발견을 하게 된다.

튀르키예 여행 중 셀추크의 양가죽 매장에 방문을 했던바, 그들의 한국어 구사와 상술이 매우 좋았다는 판단이다. 패션쇼를 남녀 모델을 통해 보여주고 관람하는 관광객 중 몇 사람을 무대에 오르게 하여 가죽옷을 입고 쇼에 합류하게 하는 이벤트가 인상적이었다. 그러나 반면에 튀르키예 항공에서는 면세품을 판매하지 않는 점은 특이하게 생각되었다. 아마도 세계 최대인 이스탄불 국제공항[41]에서 오픈되고 있는 면세점들이 많아서 그러한 것이 아닌가 하는 판단이 들었다. 명품과 면세점이 다른 공항에 비해 결코 적지 않게 위치하고 있어서 면세품 구입의 접근성이 이스탄불 공항은 지니고 있다. 그러나 단점은 예상외로 공항의 전반적인 물가가 매우 비싸다는 점이다. 인플레 등이 반영되어 최근에는 유럽의 주요 공항에 비해서도 결코 싸지 않다는 것을 파악하게 된다.

튀르키예는 세계에서 가장 아침을 잘 먹는 식사문화로도 알려진 나라이다. 일명 황금밥상[42]으로 불리기도 한다. 이곳의 음식은 다양성과 위상도 세계적인 수준에 올라 있다는 평가를 받는다. 양고기를 주로 먹고 케밥이 잘 알려져 있다. 올리브 등 제철 채소가 많이 사용된다. 그리고 카이막 치즈도 유명하다.

40) 상대적으로 일조량 등이 부족한 독일인들은 오래전부터 이곳 튀르키예 지역에 대한 선호도가 컸다. 지중해 해변지역에서 일광욕을 즐기거나 요트를 타기 위해 튀르키예 지역을 많이 방문하였다. 그리고 최근에는 물가가 많이 오른 튀르키예지만 전통적으로 유럽의 주요국에 비해서는 상대적으로 가격경쟁력을 지녀왔던 상황이다.

41) 스카이트랙스 선정 세계공항 순위 TOP 10이다. 세계 최대의 국제선 노선을 보유한 초대형공항이다. 2019년 4월 5일 이스탄불 아타튀르크 국제공항의 모든 여객 항공편과 터키항공이 신공항으로 이전되면서, 이스탄불 아타튀르크 국제공항은 신공항에 이름과 인력을 넘기게 되었다. 신공항은 2035년까지 2개의 터미널과 1개의 탑승동, 6개의 활주로와 연간 1억 5,000만 명의 여객을 처리하는 시설을 갖추는 것을 최종 목표로 하고 있다. 2022년 유럽에서 가장 이용객이 많은 공항이다. 관광대국인 튀르키예의 특성과 터키항공의 엄청난 규모로 취항지와 국가 수도 굉장히 많다. FR24통계에 의하면 2023년 파리 샤를 드골공항, 히스로 공항, 두바이 국제공항보다 직항으로 갈 수 있는 국가 수가 많다. 대중교통으로는 이스탄불 지하철 11호선을 통해 시내와 연결된다(나무위키, 2025.2.3).

42) 카흐발트(Kahvalti)로 불린다. 커피를 마시기 전까지 먹는 음식이다. 전통 빵, 잼, 꿀, 치즈, 햄, 각종 채소, 생선류, 전통 차인 차이 등이 포함된다. 나름 풍성한 음식으로 구성된다.

▲ 튀르키예 이스탄불 공항: 세계 유수의 공항답게 규모와 편의성 등이 좋다는 평가를 받고 있다.

▲ 튀르키예 항아리 케밥: 현지 식당에서 항아리 케밥을 불로 조리하는 장면으로 방문객의 이목을 끈다.

▲ 터키항공: 인천공항에서 이스탄불에 취항하기 위해 대기해 있는 모습이다. 게이트에서 탑승 전에 촬영했다.

〈참고〉 2025년 여행 트렌드

최근 여행수요 증가에는 여행객들의 심리적 회복과 의미 있는 여행 및 경험 중시 현상이 반영되는 것으로 보인다. 그리고 아시아 및 태평양 지역의 국제관광 수요 강세가 나타난다는 점이다. 이는 세계관광 수입국가 순위에 튀르키예, 호주, 일본, 인도, 태국이 세계 15위 안에 위치하는 것을 통해서도 확인된다.

야간관광의 활성화가 예견된다. 세계적인 관광도시에는 밤의 관광수요가 크기 때문이다. 그리고 지속가능한 여행에 대한 관심과 추구가 중시되고 있다. 이 부분은 과잉관광(Over-tourism)의 폐해로 나타나며 경계되고 있다.

그리고 건강에 대한 관심으로 휴양여행, 드라마 여행지 방문 등의 트렌드로 나타나고 있다. 아울러 2025년 주요 여행 트렌드는 개인화 및 AI 기반 맞춤형 여행 증가, 웰니스 및 휴식 중심 여행, 가족 및 추억[43]여행, 자연과 문화 체험 강화, 미식 및 체험 중심의 여행으로 전망되고 있다(트래블데일리, 2024.12.25; 익스피디아 · 부킹닷컴 · 아마데우스 · 힐튼 자체조사).

최근 미식여행은 외국현지에서도 성행한다. 국내외로 맛집을 찾아가는 여행은 세계적인 트렌드이다. 그리고 가족중심[44]의 여행도 하나의 추세가 되고 있다. 바쁘게 움직이는 여행보다는 여유를 갖고 쉬며 휴식하는 여행도 하나의 대세로 보인다. 그리고 AI 기반으로 정보를 찾는 여행도 증가하고 있다.

▲ 국립극장 전경: 오페라 등 공연이 진행되는 해오름 극장의 전경이다. 남산에 위치하여 주위 경관이 아름답다.

43) 추억여행은 과거 여행의 추억을 찾아 동일한 곳을 재방문하는 여행형태이다. 유럽여행 중에 고인이 된 아내와의 지난 추억을 회고하며 파리 샹젤리제 거리의 레스토랑을 방문하는 한 여행객을 보게 되었고 애잔한 마음을 갖게 되었던 시간이었다.

44) 2024년 12월 말 무안공항에서 발생한 제주항공 참사에 희생된 고인들의 명복을 빌고, 유가족분들께 깊은 위로를 전한다. 사고를 당한 사람들 중 가족여행의 어려움을 겪은 안타깝고 슬픈 뉴스를 통해, 최근의 여행형태는 가족중심의 여행이 대세를 이루는 상황임을 알 수 있다.

▲ 충주 알자스 레돔 저장고: 프랑스인과 한국인 부부가 운영하는 와이너리로 경쟁력 있는 와인을 생산하고 있다. 관심있는 사람들의 와인투어가 국내에서도 활발히 진행된다.

▲ 인스파이어 미디어쇼 장면: 영종도 소재의 복합리조트인 인스파이어 내부에서 진행되는 미디어쇼이다. 많은 사람들이 이 쇼를 위해 방문하기도 한다. 카지노, 테마파크, 아레나 경기장, 호텔 등 복합리조트로 관심을 끌고 있다.

▲ 반얀트리 호텔 전경: 우리나라 서울의 대표적인 고급 스파호텔로 인식되는 반얀트리호텔은 휴양형 호텔의 전형으로 평가된다.

〈참고〉 음식이 맛있는 나라 순위

여행 중에 음식은 관광경쟁력에 중요한 요인이다. 음식이 맛있으면 관광선호도가 증가된다. 우리나라도 음식에 대한 외국인의 관심과 흥미가 높아지는 상황이다. 불가리아의 음식 지도 플랫폼 테이스트아틀라스(TasteAtlas)가 최근 세계 100대 요리(100 Best Cuisines in the World)를 발표하였다.

이 순위는 전 세계 1만 5,478개의 음식에 대한 47만 7,287개의 유효한 평가를 바탕으로 각 국가의 요리 평균 점수를 계산하여 평가하였다. 1위는 그리스 요리로 피스티키 에기나스(Fystiki Aeginas), 피니키 라코니아스(Finiki Lakonias), 칼라마타(Kalamata) 등이 대표적인 음식이다. 그리스 요리는 신선한 재료와 단순한 조리법으로 유명하다. 올리브 오일, 꿀, 치즈 등이 주요 재료이다.

2위는 이탈리아 요리이다. 피자, 파스타, 치즈 등이 유명하다. 피자 나폴레타나(Pizza Napoletana)와 파르미지아노 레지아노(Parmigiano Reggiano)는 세계적으로 사랑받는 음식이다. 3위는 멕시코 요리이다. 케사비리아(Quesabirria)[45], 칠토마테(Chiltomate)는 매콤한 맛과 풍부한 향이 특징인 대표적인 음식이다. 4위는 스페인 요리이다. 대표적인 음식은 하몬 이베리코(Jamon Iberico) 그리고 피멘톤 데 라 베라(Pimenton de la Vera)[46]로 스페인의 풍부한 맛을 낸다. 5위는 포르투갈이다. 대표음식은 파스텔 데 벨렘(Pastels de belem)[47]과 아제이테 데 트라스오스몬테스(Azeite de Tras-os-Montes)로 포르투갈의 전통을 그대로 담고 있다.

6위는 터키 음식이다. 카흐발트(Kahvalti)[48]와 삼순 피데(Samsun Pidesi)[49]는 터키의 풍부한 맛을 내는 대표음식이다. 7위는 인도네시아 음식이다. 비왕 고렁과 시오마이는 인도네시아의

---

45) 쇠고기를 녹인 치즈와 함께 토르티야에 접어 담그기 위한 국물과 함께 제공되는 멕시코 요리이다. 멕시코의 전통음식으로 토르티야에 고기와 채소 등 여러 가지 재료를 올리고 소스를 얹어 먹는 음식인 타코 요리이다(위키백과).

46) 스페인 카세레스 주 라 베라 지역에서 자란 고추를 훈제하여 가루로 만든 향신료로 스페인 요리에 활용되는 중요한 향신료이다. 카세레스 주는 스페인 중서부지역이다. 포르투갈의 동부 중앙과 경계를 이룬다. 주도는 카세레스이다.

47) 이곳은 에그타르트가 유명하다. 리스본의 파스텔 들 벨렘은 원조 나타로 불리는 에그타르트가 매우 유명하다. 전통 생과자로 여겨진다.

48) 터키의 아침식사를 말한다. 튀르키예의 전통 조식이다. 전통 빵 쉬미트 또는 에크맥에 다양한 잼과 치즈, 햄, 각종 야채와 튀르키예 전통차인 차이 등이 나온다(내일투어, 2023.8.16). 현지에서 호텔 조식을 하면 경험할 수 있는 식사이다. 나름 푸짐한 식사를 즐길 수 있다. 커피를 마지막으로 마시기 전에 먹는 식사의 의미도 있다.

49) 다양한 재료로 속을 채운 튀르키예식 플랫브레드 피데(Pide)는 매우 유명하며 그중 가장 유명한 피데는 흑해지방의 삼순(Samsun) 현지식 피데이다. 치즈와 버터를 녹여 만든 독특한 반죽에 고기를 채워 넣고 빵을 납작하게 만든 것이다(BIZ WORLD, 2024.2.2).

다양한 맛을 내는 대표음식이다. 8위는 프랑스 음식이다. 미엘 드 프로방스, 샤토브리앙은 프랑스 요리의 정교함을 보여준다. 9위는 일본 요리이다. 하마마츠 교자, 와규가 대표음식으로 일본 요리의 정교함을 보여준다. 10위는 중국 요리이다. 궈티에와 빙빙 면은 중국의 다양한 맛을 보여준다.

이어서 순위는 폴란드, 인도, 미국, 페루, 세르비아, 브라질, 크로아티아, 콜롬비아, 베트남, 헝가리, 알제리, 한국, 독일, 루마니아, 아르헨티나, 레바논, 체코, 태국, 조지아, 튀니지 순으로 이어진다. 우리나라는 22위에 위치한다. 한국 음식은 맛과 다양성으로 인기를 끌고 있다. 치킨, 육회 등이 추천음식이다. 진한 맛을 원하는 사람들에게는 제육볶음, 목살이 인기가 높다는 아틀라타테이스트의 설명이다.

오리지널비어컴포니는 독특한 맥주를, 모월은 정통 증류주를, 카카오다다는 고급 초콜릿을, 느린커피는 풍부한 커피경험을 제공한다는 설명이다. 이들 생산자는 품질과 혁신을 선도한다고 평가한다. 또한 전통의 맛을 경험하기 위해서는 서울의 맛집을 추천한다. 한국술집 안씨막걸리, 우래옥, 명동교자, 권숙수, 필동면옥이 대표적인 곳으로 추천하고 있다(라이프, 2025.2.21; m.wikitree.co.kr).

우리나라에서 선호되는 음식은 최근에 건강식으로 인식되는 김밥, 치킨/한국식 찜닭, 불고기, 비빔밥, 김치, 삼겹살, 잡채, 김치찌개, 한국식 만두, 떡볶이와 어묵, 라면, 갈비, 삼계탕, 호떡, 한과, 약과, 송편 등 떡, 팥빙수(빙수디저트) 등이다. 한국 드라마를 통해 간장게장 같은 음식도 관심을 받고 있다. 다양한 한국음식이 선호되는 상황이다.

▲ 그리스 식당 전경: 그리스 음식은 신선한 재료를 사용하며 맛도 담백한 편이다.

▲ 튀르키예 음식: 튀르키예는 다양한 음식문화를 갖고 있다. 세계적인 경쟁력을 지닌다. 이스탄불 레스토랑에 홍보를 통해 손님을 유치하고 있다. 고등어케밥이 유명하다. 한화로 6,500원 정도로 판매된다.

▲ 남산돈까스 입구: 점심시간에는 입장을 위해 줄을 서서 기다리는 사람들이 많다. 맛집은 소비자들에게 어필하고 방문을 유도한다.

▲ 페르소나 커피 전문점: 안양 평촌 학원가 소재이다. 드립커피 등 경쟁력을 지닌 업소이다. 교육생도 많이 배출한 커피 전문가의 운영업체이다. 최근 커피에 대한 관심과 인기도 상승으로 커피전문점에 방문하는 사람들이 증가하는 상황이다. 음식점보다 커피숍이 많은 현실이 한국의 상황이다.

3) 카타르

수도는 도하이다. 인구는 289만여 명이다. 종교는 이슬람교이며 대부분 수니파이다. 화폐는 카타르 리얄(QAR)을 사용한다(외교부, KOTRA).

수도 도하는 인구 약 238만 명(2021년 기준)이며 카타르[50]의 상업의 수도이자 중동 금융의 중심지이며 교육도시이다. 1971년 카타르가 영국 보호령에서 공식적으로 독립하며 수도로 지정되었다. 카타르는 공식 언어가 아랍어지만 외국인 비중이 높아 일반적으로 영어가 널리 사용된다(두산백과 두피디아).

도하는 이슬람 문화와 예술 그리고 현대 건축물과 경이로운 사막을 모두 경험할 수 있는 도시이다. 전통시장인 수크 와키프, 2008년 개관한 이슬람 예술 1400년사를 전시하는 이슬람 예술박물관, 도하만을 둘러싸고 야자수가 늘어선 7km 길이의 산책로인 도하 코르니쉬 등이 가볼 만한 곳으로 추천된다(트립어드바이저).

도하는 환승투어 여행지로도 인기 있다. 서울의 5분의 1의 면적으로 짧은 시간에 효율적인 여행이 가능하다. 환승시간은 4시간이면 충분하다는 평가이다. 항구도시로 도시의 반은 바다 그리고 반은 사막이다. 시티투어, 사막 사파리, 고래 및 상어 관찰투어, 크루즈유람, 카약, 서핑 등이 가능하다. 카타르항공에서는 20개 이상의 스톱오버 프로그램을 운영해 오고 있다(www.joongang.co.kr).

사막 사파리투어는 가장 인기가 많다. 사륜구동 지프를 이용한다. 2019년 준공한 카타르 국립박물관은 사막 장미모양의 외관으로 주목을 끈다. 시티투어를 통해 수도 도하의 화려한 면모를 경험하게 된다. 환승투어도 상대적으로 저렴하다. 가성비 좋은 5성급 호텔과 명품 쇼핑몰이 도하에 많다. 도하 월드컵 때 아르헨티나와 프랑스 결승전이 열렸던 루사일 경기장 등 5개의 경기장을 볼 수 있다(The JoongAng 여행레저, 2023.4.19; 세계관광, 2023: 400).

---

50) 카타르의 1인당 국민총소득은 16만 8,270달러로 세계에서 가장 높다. 이어서 룩셈부르크(14만 2,000달러), 아랍에미리트(13만 9,900달러), 노르웨이(10만 8,500달러), 스위스(10만 7,000달러)순이다. 카타르는 쿠웨이트, 사우디아라비아 등과 함께 석유와 가스 등 풍부한 천연자원을 보유하고 있다. 천연자원을 바탕으로 수출을 통해 막대한 외화를 벌어서 1인당 국민총소득이 높다(1인당 국민총소득이 높은 나라, 그이유는; https://naver.me/5ssz5cft).

카타르는 막강한 자본력과 홍보 그리고 월드컵 및 올림픽 유치를 통해 관광의 인지도와 기반을 구축해 가고 있다. 그리고 다양한 관광콘텐츠를 통해 미래의 관광 주도국가로의 도약을 구축하고 있다. 여기에 현지의 관광시설과 카타르항공을 통한 경쟁력을 강화하고 있는 점이 간파된다.

4) 이스라엘

이스라엘[51)]은 우리나라에서는 기독교 및 가톨릭 성지순례로 많이 가는 나라이다. 수도는 텔아비브(봄의 언덕 의미)이다. 예루살렘은 성지의 상징도시이며 예수님의 선교사역이 중심이 되는 곳이다. 해발 약 800m의 고도[52)]에 위치하며 황금빛의 전경이 상징이 된다.

황금빛 해변과 신비로운 사막, 유구한 역사를 가진 성지까지 자연과 역사적 명소가 융합된 곳으로 기술하고 있다. 그러나 흉기 테러 및 헤즈볼라의 로켓 공격 확대 등으로 주의가 요청되는 곳이다.

이스라엘 입국을 위해 한국 국적자는 최대 90일(3개월) 관광비자가 발급된다. 택시 팁은 필요없으나 식당 등에서는 10% 정도의 팁을 지불해야 한다. 물가는 한국보다 약간 높다. 쇼핑을 하고 세금환급을 위해서는 구입한 물건을 소유하고 공항에서 환급 절차를 받으면 된다(상상출판).

2025년 1월 1일부로 한국을 포함한 비자면제 협정국 국민은 이스라엘 방문 시 전자여행허가서(ETA-IL)를 필수로 발급받아야 한다. 발급비용은 25세켈[53)](약 1만원)이며 최대 90일간 복수 방문이 가능하다(여행신문, 2024.1.16).

이스라엘 여행 및 순례 시에는 사해 소금 관련한 제품들이 추천된다. 비누,

---

51) 1948년에 이스라엘(The State of Israel)은 건국되었다. 북쪽은 레바논, 북동쪽은 시리아, 동쪽은 요르단, 남서쪽은 이집트에 접해 있다. 내각책임제 국가이다. 헌법상 및 자국법상 수도는 예루살렘, 국제법상 수도는 텔아비브이다. 유대인 74.2%, 아랍인 20.9%, 기독교 2.0%, 드루즈 1.6%, 기타 4.4%로 구성되어 있다. 인구는 2021년 기준 약 939만 명이다. 1인당 명목 GDP는 43,614$이다.

52) 유대산맥 남쪽 기슭의 고원상에 위치한다. 예루살렘의 구 시가지인 올드시티(Old City)구역의 평균 해발고도는 대략 760m 정도이다.

53) 이스라엘은 세켈(ILS)이 화폐단위이다. 1세켈은 405.95원(2025년 2월 13일 기준)이다(하나은행).

핸드크림, 머드팩 등이다. 그리고 성지지역에서 판매하는 낙타 등 목공예 제품들이 있다. 인형 및 직물제품, 도기, 그릇, 접시, 마그넷, 대추야자시럽, 사해바다 차, 와인, 여리고 대추야자 등 다양한 제품 등이 있다.

예루살렘은 수많은 종교적 유적지와 아름다운 자연경관이 조화로운 곳으로 평가된다. 텔아비브는 이스라엘의 수도이자 지중해에서 가장 활발한 휴양도시이다(트립어드바이저).

성전산 및 황금성전, 통곡의 벽, 감람산 및 겟세마네 동산(정원), 성분묘교회(무덤교회), 갈릴리호수, 오병이어 기념교회, 나사렛, 유대광야, 맛사다, 국경의 휴양도시 에일랏 등 많은 성지와 방문지가 다양하게 펼쳐진다. 지중해 욥바, 이스라엘 박물관, 야드 바셈 홀로코스트 박물관, 사해(Dead Sea), 가나안 혼인잔치교회 등 많은 성지장소와 방문지가 있다.

원래 이스라엘은 중동의 화약고로 긴장이 항상 고조되고 있는 곳이다. 가자지구[54] 문제가 특히 이슈가 되어 왔다. 최근에는 2023년 10월 7일 하바스의 테러공격 이후 이스라엘 관광산업은 실제적으로 바닥을 치고 있었다고 해도 과언이 아닐 것이다.

하마스와의 휴전협정 등 일련의 평화 분위기 조성 등에 따라 이스라엘 여행경보가 2025년 2월 12일부로 조정되었다. 대부분의 지역이 2단계(여행자제)로 하향 조정되었다. 서안지구는 3단계(출국권고), 가자지구는 4단계(여행금지)로 유지되고 있다. 이스라엘 북부 접경지역은 여전히 4단계가 유지되는 상황이다(트래블데일리, 2025.2.12).

그러나 휴전은 위태롭게 평가된다. 인질 석방 및 이스라엘의 공격 재개, 미국 트럼프 대통령의 가자지구 점령 의사, 하마스의 계속된 저항 등 많은 변수가 있어서 향후 전망은 예측하기 어렵다 하겠다.

이스라엘의 계획과 전망은 다음과 같다. 이스라엘 대사관에서는 2025년 6월 이후에는 항공, 인프라 등의 구축으로 여행이 정상화되는 것으로 전망하였다. 올해 이스라엘은 여행 정상화를 위해 전력 질주를 할 전망으로 보도된다. 이스라

54) 지중해 연안에 위치한 팔레스타인의 통치지역이다. 이집트·이스라엘과 접해 있다. 인구는 2014년 기준으로 어림 181만여 명으로 추산된다(위키백과). 250만여 명으로 보도되기도 한다.

엘 관광인프라 재건에 한화 약 943억 원을 투자하겠다는 계획이다. 특히 전쟁으로 피해가 컸던 북부지역을 중심으로 유대와 사마리아 지역, 숙박시설 확대, 관광상품 다각화 등에도 속도를 낼 전망이다. 2025년은 가톨릭의 희년[55](Jubilee)인 만큼 이스라엘 전역에서 다양한 이벤트가 열릴 예정이고 성지순례를 위해 이스라엘을 찾는 순례자들도 많아질 것으로 기대(여행신문, 2025.1.16)하는 것으로 보도된다.

예루살렘[56]은 성지순례의 중심도시이다. 기독교, 유대교, 이슬람교의 성지순례자와 방문객들이 유입된다. 2025년은 가톨릭 신자들에게는 희년(Jubilee year)으로 많은 사람들이 성지를 찾아 이동하고 있는 상황이다. 부활절기간인 4월 13일부터 20일까지 예루살렘 구시가지, 올리브산(감람산), 통곡의 벽 등 다양한 장소에서 기독교, 유대교, 이슬람교의 종교 및 문화적 행사가 열린다(트래블데일리, 2025.3.30).

예루살렘 성지는 감람산 겟세마네 동산, 베데스다 연못, 실로암 연못, 다윗성, 기드론골짜기, 통곡의 벽, 성전산 등 많은 장소가 있다. 성묘교회(Church of the Holy Sepulchre)를 방문하여 예수의 무덤을 확인하며 경건한 기도를 드린다. 비아 돌로로사(Via Dolorosa)를 따라 십자가 형벌을 받기 위해 예수의 고난의 길을 걸어가는 십자가의 길 순례를 통해서도 십자가의 길을 경험하며 감동을 느끼는 시간을 갖는다.

5) 요르단

요르단[57]은 중동과 서방국가 사이에서 중재자 역할을 잘 해온 나라로 평가된다. 지정학적으로 이스라엘, 시리아, 이라크, 사우디 등과 국경을 맞대고 있다.

---

55) 2025년 2월 초 저자가 이탈리아 로마를 방문하여 바티칸 박물관과 성베드로 성당을 들어가기 위해 약 2시간 정도를 줄을 서서 기다렸다. 이는 가톨릭의 희년으로 많은 방문객이 유입되었기 때문이다. 이스라엘도 마찬가지로 긴장이 완화되고 평화분위기가 조성되면 많은 성지순례를 포함한 방문객이 몰릴 것으로 보인다.

56) 예루살렘은 세계 3대 종교의 성지이다. 올해 3~4월에는 기독교의 수태고지 대축일을 비롯하여 유대교의 부림절, 이슬람교의 라마단 등 각 종교의 중요한 절기가 이어진다. 4월에는 특히 유대교의 유월절과 기독교의 부활절이 같은 시기에 걸쳐 있다(트래블데일리, 2025.3.30).

57) 입헌국주국이다. 서아시아에 위치하며 수도는 암만(수도인구 409만 명)이다. 인구는 약 1,024만 명(2017 통계)이다. 홍해로 이어지는 약 20km 정도의 해안선에 유일한 항구도시 아카바가 있다(나무위키, 2024.2.12; 외교부).

이슬람 왕정국가로 주위의 국가처럼 자원부국도 아니고 군사강국도 아니라는 평가이다. 그러나 전통적으로 미국 중동정책의 핵심파트너로 역할을 해왔다는 평가이다.

이러한 정책의 맥락에서 친서방인 미국[58] 등과 주변의 이스라엘 등과도 관광교류가 좋다고 하겠다. 이스라엘과는 1994년에 평화조약을 맺고 외교관계를 정상화하였다(조선일보, 2025.2.12).

요르단의 의료시설 및 의료진은 중동지역 최고의 수준으로 알려져 있다(외교부 해외안전여행). 언어는 아랍어와 영어가 통용된다. 이슬람 수니파가 92%이다. 우리나라와는 1962년 7월 외교관계가 수립되었다. 교민은 약 550명이다. 그러나 북한과는 2018년 2월에 외교관계 단교가 되었다(외교부 국가/지역 검색; www.mofa.go.kr>nation).

요르단은 영화 인디아나 존스를 통해서도 페트라 유적이 잘 알려져 있다. 그리고 성지순례 코스의 주요 국가이기도 하다. 모세가 이스라엘 민족을 지금의 이집트인 애굽에서 탈출시켜 이스라엘의 가나안으로 들어가기 전 자신을 제외한 이스라엘 민족이 갈 가나안땅을 요르단에 있는 느보산에 서서 바라보며 기도했던 곳이다. 성경의 신명기를 통해 내용이 소개된다.

요르단은 세계적으로 유명한 페트라[59]와 사해 여행[60]을 떠날 수 있는 중동의 보석으로 평가된다. 여행 시 비자가 필요하다. 나바테아인이 건설한 사막의 바위를 깎아 만든 암벽도시 페트라에 인접한 마을인 와디무사(Wadi Musa)도 주요 지역이다. 고고학 유적지구인 암만 성채, 페트라의 가장 정교한 사원 중 하나인 알카즈

58) 자유무역협정(FTA)을 통해 경제적으로도 협력을 강화해 오고 있다(조선일보, 2025.2.12).

59) 2천여 년 전에 붉은 바위산의 암석을 깎아 만든 붉은 장미의 도시이다.

60) 사해(Dead sea)는 암만에서 차로 약 1시간 거리이다. 해수면보다 약 430미터 낮다. 염분이 높아 생물이 살기 어려워 죽음의 바다로 불린다. 사해의 진흙과 물은 미네랄이 풍부해 피부 질환, 관절염, 천식 등의 치료에 효과적이다. 아토피, 미용목적으로도 좋다. 치료를 위해 이곳 사해를 방문하는 사람들도 많다. 일반 해수보다 약 10배 더 짜기 때문에 물에 떠오르기 쉽다. 눈에 물이 들어가는 것을 주의해야 한다. 머드팩이 가능하다. 사해바다가 환경적 위기로 수위가 낮아지고 증발하여 가보는 것이 좋다는 평가이다(Trip.com). 머드팩, 사해 비누 등이 만들어지고 판매된다. 신문을 보면서 사해바다에 누워보는 경험도 좋다. 참고로 이스라엘에서도 사해체험은 거의 동일하게 할 수 있다.

네, 서기 2세기에 건설된 로마극장으로 현재도 공연에 사용되는 명소인 암만 로마 원형극장, 왕립 자동차 박물관, 요르단 박물관, 압둘라 1세 모스크, 요르단 고고학 박물관 등이 주요한 인기명소이다.

6) 이집트

1882년 영국이 수에즈 운하 보호를 이유로 이집트 정부를 장악하였다. 1922년 이집트 왕국으로 부분적으로 독립하였고, 제2차 세계대전 후 민족운동과 반영국 운동이 격화되면서 완전한 주권을 찾았다. 고대문명의 발상지 중 하나로 16세기에는 세계에서 가장 인구가 많을 정도로 융성하였다. 현재 아랍과 중동지역의 중심국가로 역할하고 있다.

종교는 90%가 이슬람교로 대부분 수니파이다. 인구는 약 1억 954만 명(2023년 기준)이다. 1인당 명목 GDP는 4,585$(2022년 기준)이다. 북동쪽으로는 이스라엘과 가자지구, 서쪽은 리비아, 남쪽은 수단과 국경을 접하고 있다. 북쪽은 지중해와 접해 있고 동쪽은 홍해가 있다. 홍해 넘어 시나이 반도는 이스라엘과 접해 있다.

거대한 피라미드와 스핑크스로 유명한 아프리카 북동부의 중심에 있는 국가이다. 여행 시 한국인은 비자가 필요하다. 보통 공항에서 도착비자[61]를 받는다. 수도 카이로는 중동과 아프리카의 교차지점에 있는 역사와 문명의 도시이다. 그리스 로마시대부터 이집트 탄생까지 살필 수 있는 약 12만여 개의 공예품이 전시된 이집트 박물관, 700여 년의 카이로 역사를 반영하는 19세기 술탄의 왕실 거주지인 카이로 요새 등을 볼 수 있다. 물론 피라미드와 스핑크스는 필수적 방문지이다. 카이로는 인구가 약 1,700만 명[62]으로 세계적으로 인구가 많은 도시

---

61) 알제리, 리비아와 더불어 비자가 필요하다. 알제리는 출국 전 대사관을 통해 비자를 받아야 한다. 이집트는 공항에서 도착비자, 사전비자, 전자비자 등 세 가지 방법이 있다. 그러나 모로코, 튀니지는 무비자로 여행이 가능하다(나무위키).

62) 카이로는 세계에서 가장 인구밀도가 높은 도시로 약 1,900만 명까지로 보기도 한다. 2050년까지 인구가 두 배로 증가할 것으로 예상되고 있다. 그래서 카이로 동쪽에 인구 500만 명을 수용할 수 있는 신도시 건설이 계획되었다(서울연구원, 2015.4.20; www.si.re.kr).

로 꼽힌다. 룩소르는 고대 이집트의 두 번째 수도이자 천여 년 역사의 정치, 경제, 문화, 종교의 중심지이다(위키백과).

이집트는 문화유산이 유명하지만 홍해의 후루가다, 다합, 샤름 엘 셰이크 같은 휴양지가 유럽인들에게 인기가 많다.

이집트관광청은 2024년 1,500만 명 관광객 유치를 목표로 하였다. 2023년 역대 최고 방문자 수[63]를 기록한 이집트는 2024년 새로운 역사적 명소들과 리조트들이 추가로 오픈하는 등 관광발전을 위해 다양한 사업을 추진하였다. 인기 관광명소에 상당한 투자를 하는 것으로 알려졌다. 투자에는 유적지의 복원과 개발, 새로운 박물관 및 호텔의 개관이 포함되었다(디스커버리뉴스, 2024.1.26).

알렉산드리아의 그레코-로만 박물관의 재개관, 카르낙 신전의 열주실과 왕가의 계곡 복원, 카이로 근방의 그랜드 이집트 박물관에 주목하였다. 그리고 이집트 정부에서는 새롭게 5년 복수입국 비자, 관광 패키지, 이집트의 저렴한 관광비용을 매력적으로 홍보한다. 카이로와 알렉산드리아를 중심으로 도시관광이나 맞춤형 리버 크루즈의 즐거움과 사막에서의 경험 등도 강조한다(디스커버리뉴스, 2024.1.26).

성지순례를 위한 방문객은 시나이반도의 호렙산을 방문한다. 2,285m의 산으로 시내산이라고도 불린다. 모세가 십계명을 받은 산으로 유명하다. 이스라엘로 가기 위해서는 타바국경을 넘어가야 한다. 가끔 테러가 일어나는 이집트에서는 관광 시 그리고 국경이동 시에도 테러 등에 주의해야 한다.

이집트에서는 대중화되어 있는 비둘기 고기가 고급요리로 유명하다. 면이나 밥 위에 토마토 소스와 콩을 얹어 먹는 전통적인 이집트 주식인 쿠사리가 있다(상상출판). 향신료가 다소 있어서 음식에 민감한 방문자는 식사가 다소 어려울 수 있다.

7) 모로코

모로코는 2024년 기준 해외 관광객 수가 1,740만 명으로 전년 대비 20% 증가한 것으로 이는 아프리카 내 최대 방문국가라는 기록을 경신한 수치이다. 관광은

63) 2023년 상반기 7백만 명이 넘은 관광객이 이집트를 방문하였다(디스커버리뉴스, 2024.1.26).

현재 모로코 GDP의 약 7%를 차지하며 수십만 명의 고용을 창출하고 있는 핵심산업이다. 2030년까지 모로코관광청은 연간 2,600만 명의 관광객 유치를 목표로 하고 있다. 이를 위해 글로벌 항공사 유치, 고급 호텔 및 리조트 인프라 확충, 지속가능 관광자원 개발 등 다양한 전략을 진행 중이다(트래블데일리, 2025.4.2).

우리나라와 비슷한 외국인 관광객을 유치하는 상황에서 모로코의 관광전략과 관광활성화 방안은 우리에게도 시사하는 바가 크다고 여겨진다.

모로코관광청 Hala Bensouda 디렉터는 한국은 중요한 시장으로 모로코를 방문하는 한국인은 연간 2만 명으로 아직은 부족하나 모로코관광청은 방문객 증가를 위해 명확한 비전과 전략이 있다고 밝혔다. 모로코의 독창적인 매력을 구축하는 노력을 기울이며 여행업계를 위한 팸투어 등 한국 업계와의 파트너십 등을 통해 홍보에 주력하겠다는 입장이다(트래블데일리, 2024.12.29).

아울러 수적 증가를 위한 직항노선에 대해서도 언급하였다. 여행 편의성에 항공이 가장 중요하며 이를 위해 항공사들과의 협력에 집중[64]하겠다는 입장이다. 모로코에는 국영항공사인 로열에어모로코가 있다. 2033년까지 보유항공기 50대에서 250대로 확장할 계획(트래블데일리, 2025.4.2)으로 보도된다. 한국과의 직항 노선이 개설되면 많은 관광객들이 방문할 것으로 예상된다. 그리고 인근 아프리카 북부 국가들과의 연계된 상품들이 개발되며 서유럽과도 연계되는 많은 상품들이 출시될 것으로 전망된다.

모로코는 스페인 여행과 연계된 상품을 국내에서 많이 판매하고 있다. 모로코만을 위한 여행 수요는 적은 편이라고 하겠다. 이 지역의 안전에 대한 인식도 여행수요에 중요하다는 지적이다. 모로코 관광에 대한 홍보와 관련된 설명회도

---

64) 모로코는 2029년 카사블랑카의 무함마드 5세 국제공항 대규모 확장을 통해 연간 수용인원을 1,500만 명에서 4,500만 명으로 늘리겠다는 발표를 하였다. 신규 터미널 프로젝트는 최신식 활주로(3,700m), 첨단 관제탑, 공항 내 호텔, 전통 아랍양식과 대서양 해안 풍경에서 영감을 받은 디자인 요소까지 차세대 공항 모델을 지향하는 것으로 나타났다. 모로코 국립공항청(ONDA)에 따르면 이번 터미널 확장은 단순한 시설 증축이 아닌, 카사블랑카를 아프리카 및 유럽을 잇는 허브 도시로 도약하기 위한 국가전략의 일환으로 평가된다. 정부는 마라케시, 아가디르 등 관광 주요 도시의 공항 현대화 및 확장을 동시에 추진하며 국가 전체 항공 수용 능력을 현재의 두 배 이상 확대하는 것이 목표로 나타났다(트래블데일리, 2025.4.2).

필요하다는 평가이다. 여행업계에서는 휴양지가 좋은 지역으로 평가한다. 수도 카사블랑카의 관광인프라는 잘 되어 있지만 마라캐시 외곽지역으로 나갈 경우 호텔 및 리조트의 조건이 좋아져야 한다는 지적이다.

그리고 수요에 비례해서인지 현지의 한국 식당과 랜드사 등이 부족하다는 평가이다(traveldaily.co.kr 참조).

모로코는 아프리카 북부지역으로 지중해변에 접해 있는 국가로 기후 등이 여행하기에 좋은 지중해성 기후대로 인근의 알제리, 튀니지 등과 함께 경쟁력 있는 관광국가로 발전해 나가는 상황이다. 모로코는 유럽과 아프리카 그리고 중동을 연결하는 지리적 요충지에 있다는 평가이다. 그리고 다양한 문화유산을 갖고 있다. 사막과 지중해 연안과 매력적인 자연 관광자원을 갖고 있다는 평가를 받는다.

우리나라 여행상품을 보면 스페인, 포르투갈과 모로코가 연계되는 상품이 많다.

모로코의 대표적인 관광지는 사하라사막[65], 마라케시, 카사블랑카 등이다. 카사블랑카는 모로코의 경제중심지이며 영화 카사블랑카의 배경지이다. 사하라사막은 세계 최대의 사막이다. 마라케시는 활기찬 제마 엘프나 광장이 알려져 있다. 9세기 베르베르인의 수도로 건설된 곳으로 오랜 역사를 자랑하는 고대도시이다. 전통시장이 매력적인 붉은 도시로 소개된다. 탕헤르는 유럽과 아프리카의 관문으로 여겨진다. 지브롤터 해협과 접한 전략적 관문의 항구도시로 유명하다. 그리고 와르자자트는 사하라사막으로 향하는 관문이자, 영화 글레디에이터의 촬영지로 알려져 있다(트래블데일리, 2025.3.16).

모로코는 사하라사막에서의 럭셔리 캠핑, 모로코 전통시장, 모로코 특유의 문화가 어우러진 이국적인 경험과 최고급 휴양을 경험할 수 있다는 평가이다(트래블데일리, 2025.2.16).

음식은 꾸스꾸스가 유명하다. 인근 튀니지, 알제리에서도 많이 먹는다. 꾸스꾸스는 듀럼과 같은 단단한 밀을 으깬 세몰리나와 다른 종류의 밀가루를 번갈아 반죽하여 만든 작은 덩어리이다. 밀가루로 만든 좁쌀 맛이 나는 파스타이다. 북아

---

65) 지구상에서 남극 다음으로 가장 넓은 사막이다. 이란, 아프리카 대륙의 북회귀선 지역에 존재하는 세계 최대 면적의 아열대 사막을 말한다(위키백과; 나무위키).

프리카 모로코와 알제리의 마그레브 지방에서 주식으로 먹으며 리비아, 알제리, 튀니지와 같은 곳에서는 고기와 당근, 감자 등과 같이 쪄서 먹는다(나무위키; 위키백과).

최근 모로코는 골프 애호가들의 새로운 골프 여행지로 주목받고 있다. 최적의 기후, 유럽풍 럭셔리 골프 리조트, 세계적인 골프대회 개최로 골프 관광지로서의 입지를 높이고 있다. 한국인에게도 합리적인 비용으로 세계적인 코스를 경험할 수 있는 곳으로 인기를 끌고 있다. 모로코 오픈은 1971년부터 시작된 역사 깊은 대회로 알려져 있다. 모로코에는 세계적인 골프 코스 디자이너들이 설계한 프리미엄 코스가 다수 존재한다(트래블데일리, 2025.2.16).

〈참고〉 모로코 수도 라바트 '세계 책의 수도'로 선정

유네스코는 모로코의 수도 라바트를 2026년 세계 책의 수도로 선정하였다. 2026년 책의 수도로 선정된 라바트는 북아프리카의 문화 중심지로 꼽힌다. 라바트는 공공도서관 현대화, 청소년 대상 독서 증진 활동, 커뮤니티 기반 문해력 프로그램을 진행하고 있다. 이러한 지속가능한 독서환경 조성, 지역사회 참여 확대를 위한 다양한 정책이 높은 평가를 받았다.

한편 우리나라 인천광역시가 2015년 아시아 최초로 세계 책의 수도로 선정되었다. 인천시는 책으로 소통하는 세상을 주제로 연 시민 참여형 북페어, 독서문화 확산 프로그램을 성공적으로 운영하며 세계 문화도시로서 역할을 한 바 있다(한국경제, 2025.4.10)는 보도이다.

이러한 문화적 구축으로 도시를 알리고 나아가 관광의 경쟁력을 도모할 수 있다는 점에서 의의가 있다고 평가하고자 한다. 모로코는 우리나라와 비슷한 관광실적을 갖고 있는바, 향후 관광발전의 결과가 주목된다.

8) 튀니지

북아프리카의 지중해에 위치한 나라이다. 서쪽으로는 알제리 남동쪽으로는 리비아가 위치한다. 한국인은 모로코와 함께 무비자 입국이 가능하다. 독일, 프랑스, 이탈리아, 그리스 등 유럽인은 휴양지로 선호하는 곳이다. 직항편이 없어서 도하, 두바이 등이나 유럽을 경유 후 환승하여 입국해야 한다. 외교부 여행경보는 여행자제 및 여행유의 지역으로 구분한다. 튀니지는 레바논과 함께 아랍권 국가에서 가장 세속화된 국가로 평가받는다. 공용어는 아랍어이다. 그러나 프랑스의 과거 지배[66]로 프랑스어를 구사한다(나무위키, 2025.2.10).

기원전 명장 한니발이 활약하였던 옛 카르타고의 땅이다. 기원전 12세기부터 페니키아, 카르타고, 로마, 반달족, 비잔틴, 아랍 및 베르베르 왕국, 오스만 제국 등 다양한 제국들의 식민지가 되었던 곳이다. 1881년 프랑스의 보호국이 되었다. 가 독립운동 끝에 1956년 독립하였다(두산백과). 수도는 튀니스이다. 인구는 수도가 약 200만 명이다.

튀니지에서의 여행은 4륜구동을 이용한 사하라사막 투어가 권장된다. 일몰 감상이 좋다. 별이 가득한 사막에서의 아라비안 나이트 프로그램도 권장된다. 영화 스타워즈 촬영지인 모스에스파도 알려져 있다. 북아프리카의 산토리니로 불리는 시디부사이드, 전통시장 바자르 투어도 추천된다. 고대도시 카르타고는 한니발 장군의 고향이다. 약 3만 5천 명을 수용하는 세계문화유산이며 영화 글레디에이터 촬영지인 엘젬 원형극장, 스타워즈의 성지이며 베르베르인의 지하마을인 마트마타, 토펫 신전, 고대 튀니지 역사의 보고인 바르도 박물관, 아름다운 지중해 해안선을 자랑하는 명소로 동부 도시인 함마매트, 이슬람 4대 성지의 하나로 이슬람 문화의 정수인 카이로완 등이 권장되는 관광지이다(인터파크 투어 상품; 네이버 여행상품).

튀니지의 유명한 음식은 전통요리인 납작만두 모양의 브릭이다. 그리고 북아프리카 베르베르족의 전통음식으로 다양한 고기와 함께 쪄서 나오는 우리의 밥과 비슷한 꾸스꾸스, 고추를 향신료와 갈아 만든 튀니지 고유의 소스 하리사, 지중해 해산물 요리, 사막에서 먹는 베르베르 전통식이 잘 알려져 있고 여행 중 경험할 수 있다(인터파크; 롯데홈쇼핑).

〈참고〉 튀니지의 7대 유네스코 세계문화유산

수도 튀니지의 메디나, 카르타고 고고유적, 엘젬의 원형경기장, 카르타고 옛 시가지, 수스의 메디나, 캐루안, 두가 명소가 포함된다.

---

66) 1956년 3월 20일 프랑스에서 독립하여 건국하였다. 인구 1,220만 명, 이슬람교가 99%를 차지한다(외교부).

9) 알제리

수도는 알제다. 종교는 이슬람교(수니파)이다. 아프리카 북서부, 지중해에 면한 아랍계 나이이다. 오스만 제국과 프랑스의 통치를 받다 1962년에 독립을 이루었다. 경제에서 석유산업의 비중이 높고 천연가스와 원유를 산업의 주요 근간으로 삼는다(두산백과 두피디아).

알제리는 사하라사막이 유명하다. 수도 알제의 옛 시가지인 카스바, 수도 알제에서 서쪽으로 70km 떨어진 로마유적지인 티파자, 1982년에 독립 20주년을 기념해 독립 혁명 희생자들에게 헌정된 충혼탑이 잘 알려져 있다. 아프리카 대륙에서 가장 큰 나라이자 세계적으로 국토면적이 열 번째로 넓다. 이웃한 튀니지와 모로코, 리비아 등의 국가를 통칭해 마그레브라 부른다. 이는 이슬람 세계에서도 서방에 위치함을 의미한다. 해안선과 나란한 아틀라스산맥의 북사면은 전형적인 지중해성 기후[67]로 강수량이 많고 농사짓기 좋아 인구의 대다수가 이곳에 거주한다. 산맥의 남쪽으로는 사하라사막이 펼쳐신다(KOICA, 2021.12.24).

세계에서 가장 큰 사막인 사하라사막의 사파리는 사륜구동 지프차를 타고 모래 언덕을 질주하며 오아시스 마을을 방문하고, 모래 언덕에 앉아 낭만 가득한 피크닉까지 즐긴다. 그중에서도 사막의 일몰을 보며 하룻밤을 보내는 것이다. 잔잔한 모래 바다 위로 서서히 사그라드는 사막의 석양은 오래도록 여운을 남긴다(KOICA, 2021.12.24)는 평가이다.

10) 남아프리카공화국

시차는 짐바브웨, 잠비아, 보츠와나와 함께 남아공은 우리나라보다 7시간이 늦다. 즉 한국이 7시간 빠르다.

---

67) 여름보다는 겨울철에 비가 상대적으로 많이 내린다. 여름에는 기온이 높고 건조한 건기가 지속된다. 즉 과일 재배 시 일조량이 풍부하다는 의미이다. 겨울에는 상대적으로 추운 지역에 비교해서 따뜻하고 우기에 속한다. 그래서 영화산업이 발전한 미국의 캘리포니아 등 서부지역은 촬영 기간이 여름철에 많다는 특징을 갖는다. 지중해 연안에 위치한 국가들에게서 나타나는 기후로 연중 따사롭다는 특징을 지니며 연간 강수량은 약 500~600mm이다(고종원, 2003: 14).

우리나라 아프리카 상품의 대표적인 여정을 포함하는 나라이다. 세계 7대 자연 경관으로 인정되는 멋진 테이블 마운틴[68], 남들보다 빠르게 패스트 트랙을 이용한 360도 회전 케이블카 탑승, 남아공 케이프반도 최남단에 위치한 희망봉 & 케이프 포인트 트램을 탑승, 아프리카에서 유일하게 펭귄의 서식을 확인할 수 있는 볼더스 비치[69]를 방문할 수 있다.

테이블 마운틴은 산 정상이 칼로 잘린 듯한 모습이 특징이며 인상적이다. 그래서 케이프타운의 상징적인 랜드마크로 여겨진다. 케이프타운의 도이커섬은 수천 마리의 물개들이 일광욕을 즐기는 물개의 서식지이다. 케이프타운의 볼더스 비치는 작고 귀여운 자카스 펭귄과 함께 일광욕과 수영을 즐길 수 있는 해변이다. 그리고 케이프타운의 V&A 워터프론트는 400개가 넘는 상점과 숙박시설을 갖춘 최대 규모의 쇼핑지역이다. 채프먼스 피크는 BBC 선정 세계 3대 해안 드라이브 코스로 꼽힌다(참좋은여행 상품상세정보).

그리고 바다 한가운데 수천 마리의 물개가 일광욕을 즐기며 서식하는 도이커섬을 방문한다. 남아공 최초의 식물원이자 큰 규모의 다양한 식물이 서식하는 커스텐보쉬 식물원을 방문한다. 케이프타운의 최대 상업지구 워터프론트, 말레이인들이 최초로 정착했고 형형색색의 집들이 인상적인 보캅지구를 방문한다. 남아공의 와이너리 방문을 통해 여행 중에 와인을 즐길 수 있다. 예를 들면 대표 와이너리인 Groot Constancia이다(롯데관광 비즈니스 탑승 아프리카 6국 13일 상품 참고).

일부 여행사에서는 남아공 프랜치훅 와인트램을 탑승하고 와이너리 2곳을 방문하기도 한다. 와인이 최근 트렌드가 되면서 많은 사람들이 관심을 갖는바 현지에서 와인투어도 진행된다(한진관광 아프리카 패키지 참고).

---

68) 남아공의 발상지 케이프타운에서 이용할 수 있다. 1,080m의 테이블을 360도 회전 케이블카를 이용하여 등정한다. 케이프타운 시내 및 12사도 봉우리를 한눈에 내려다볼 수 있는 테이블 마운틴 관광이다(한진관광상품 설명 참고).

69) 남아공 펭귄 보호지역인 볼더스 비치에서 서식하는 펭귄은 남극의 펭귄과는 다른 종이다. 자카스 펭귄으로 불린다. 작고 귀여운 펭귄이다. 고운 모래의 하얀 백사장과 에메랄드빛 해변에서 호사를 누리는 펭귄의 모습을 볼 수 있다. 얼음이 없는 아프리카에서 펭귄을 만나는 것은 조금 낯선 풍경이라는 평가이다(한진관광 아프리카 패키지 일주 참고).

11) 케냐/탄자니아

케냐에서는 수도 나이로비가 주요 여행지가 된다. 기린들에게 손으로 직접 먹이를 줄 수 있는 경험을 기린센터에서 할 수 있다. 그리고 나이로비 도심을 한눈에 조망할 수 있는 나이로비 전망대를 방문한다. 참고로 케냐는 커피가 유명하여 좋은 빈을 현지에서 구매하거나 시음할 수 있는 좋은 기회가 된다. 마찬가지로 탄자니아 커피의 경쟁력도 좋다.

케냐는 아프리카의 주요 국가 중 하나이다. 해발 1,600미터의 도시가 수도 나이로비[70]이다. 나이로비의 인구는 약 450만 명이다. 호텔에서도 특별식으로 동물 바비큐가 인기 있다. 낙타, 기린 등 여러 동물을 먹는다. 한국인 입장에서는 다소 질기고 맛은 보통이라는 평가이다.

탄자니아에서는 유네스코 세계자연유산에 등재된 세렝게티 & 응고롱고로 국립공원을 방문하여 사파리 게임 드라이브를 즐길 수 있다. 지프차 등 사파리 차량으로 오프로드를 통한 체험이므로 체력이 다소 요구되며 건강관리 등에 신경을 써야 한다.

〈참고〉 비자 비용/현지 도착비자/예방접종

아프리카 투어에서는 유의할 사항이 많다. 케냐의 경우, E-VISA 대행비를 여행사에 10만 원 지불하여야 한다. 출발 21일 전까지 필요한 서류를 제출하고 발급받아야 여행에 문제가 없다. 그리고 탄자니아, 짐바브웨 & 잠비아에서는 현지 도착비자에 총 100USD[71]가 필요하다. 남아공은 30일 미만 방문 시 무비자가 적용된다. 보츠와나는 90일 미만 방문 시 무비자가 적용된다. 필수사항으로 케냐 등에 입국하기 위해서는 황열병 예방접종이 필요하다. 접종비는 약 4~5만 원이며 국립의료원, 인천공항 검역소 등에서 접종이 가능하다(한진관광 아프리카 패키지 일주 여행 6국 14일 상품 참고).

---

70) 아프리카의 금융 허브이며 가장 활기찬 대도시이다. 고층빌딩이 많고 멋진 스카이라인을 자랑한다. 1963년 케냐 독립과 함께 수도가 되었다(나무위키).

71) 짐바브웨와 잠비아의 유니비자는 US$ 50이다. 유니비자는 두 국가를 통합해서 여행할 수 있는 비자로 통합비자라고도 한다. 통합비자가 사용불가할 경우 추가비용이 발생될 수 있다(참좋은 여행 상품상세정보).

12) 잠비아/짐바브웨/보츠와나

짐바브웨 비자 발급비는 50US$이며 현지에서 지불한다(참좋은여행 상품상세정보).

세계 3대 폭포인 빅포리아 폭포 두 곳이 관광가능한 나라이다. 우리나라 아프리카 대표 상품의 경우 잠비아, 짐바브웨 두 곳에서 웅장하고 황홀한 절경을 관광하고 있다. 빅토리아 폭포는 잠베지 강에 자리한 세계에서 가장 큰 폭포 중 하나이다. 짐바브웨에서는 빅토리아 폭포의 수원지인 잠베지 강[72]에서 선셋크루즈를 즐길 것을 여행사들이 추천한다.

보츠와나는 초베 국립공원이 잘 알려져 있다. 아프리카 대륙에서 가장 많은 동물이 밀집해 있는 국립공원(참좋은여행 상품상세정보)으로 평가된다.

참좋은여행의 상품에 참여하면 남아공은 한국인 가이드의 안내가 가능하다. 그러나 보츠와나, 잠비아, 짐바브웨는 영어가이드가 안내하는 점도 참고해야 한다.

〈참고〉 2024년 세계 100대 도시 여행지 순위

프랑스 파리, 스페인[73] 마드리드, 일본 도쿄, 이탈리아 로마[74], 이탈리아 밀라노, 미국 뉴욕, 네덜란드 암스테르담, 호주 시드니, 싱가포르 싱가포르, 스페인 바로셀로나, 대만 타이베이 순으로 세계 11위까지 순위이다.

낭만의 도시로 불리는 프랑스 파리는 가장 매력적인 도시로 평가되었다. 예술, 문화, 음식 등 경쟁력을 갖고 많은 관광객을 유치하는 대표적인 도시이다. 문학 및 시 그리고 영화를 통해 전통적으로 인지도를 높여온 국가와 도시로 판단된다. 최근에는 2024 파리 올림픽을 통해 관광객 유치에 더욱 큰 수요를 일으킨 것으로 나타났다. 또한 프랑스 파리는 세계적인

72) 노을이 지는 아름다운 강으로 잠베지강은 위대한 강의 의미이다. 아프리카 여행의 하이라이트로 평가된다. 크루드 탑승 동안 다양한 야생동물을 볼 수 있다(한진관광상품설명).

73) 스페인은 수도 마드리드 외에 바로셀로나의 사그라다 파밀리아(가족성당)과 구엘공원, 마드리드의 프라도 미술관, 열정의 플라멩고로 알려진 도시인 세비아의 성으로 이슬람과 스페인 양식이 결합된 알카사르와 이바자의 아름다운 해변, 세비아 스페인 광장, 세계문화유산이며 세계 10번째 거대성당과 가장 거대한 규모의 고딕양식의 세비아 대성당 등이 명소로 평가된다(트립어드바이저; ko.wikipedia.org). 토마토 축제 등 많은 축제와 요리문화도 잘 알려져 있다.

74) 로마의 콜로세움, 바티칸, 베네치아의 대운하와 성 마르코 대성당, 피렌체의 우피치 미술관 등이 관광객을 유인하며 이탈리아의 예술과 역사 및 르네상스의 발상지의 영향이 큰 것으로 평가된다. 요리와 와인도 세계의 사랑을 받으며 각 지역마다 독특한 미식문화도 경쟁력이다.

관광명소를 갖고 있다. 즉 에펠탑, 루브르박물관, 오르세 박물관, 베르사유 궁전 등 많은 명소와 자연경관의 아름다운 경쟁력으로 앞서가고 있다고 사료된다.

대한민국 서울은 12위, 대한민국 부산은 66위를 차지하였다. 서울은 전년 대비 2단계 상승하였다. 그러나 부산은 전년 대비 6단계 하락한 것으로 나타났다. 이는 한국의 인바운드 관광이 서울에 집중되어 있고 타 도시의 인지도와 관광홍보 등이 부족하다는 인식으로 인한 격차로 판단된다.

영국 시장조사기관 유로모니터 인터내셔널은 2024년 12월 4일 '2024 세계 100대 도시 여행지' 순위를 발표하였다. 유로모니터 인터내셔널은 매년 경제 및 비즈니스 퍼포먼스, 관광 성과, 관광인프라, 관광정책 및 매력도, 위생 및 안전성, 지속가능성 등 6개의 항목을 기준으로 세계 100대 여행지를 선정한다(머니투데이, 2024.12.14).

향후 우리나라가 세계의 도시로서 여행 선호도를 향상시키기 위해서는 경제성장과 관광개발의 지속적인 창출 그리고 국가 관광정책의 일관성과 통일성이 주요한 것으로 판단된다. 그리고 지속적인 관광 발전이 이뤄져야 한다고 생각한다.

▲ 로마의 성베드로 성당 앞 베네치아 광장: 종교적 행사 등으로 많은 방문객들이 모여드는 장소이다.

▲ 서울 전경: 북악스카이웨이에서 바라본 서울의 전경

▲ 서울 전경: 남산타워 앞에서 바라본 서울의 전경으로 서울시내의 고층빌딩들이 잘 보인다.

▲ 인천공항 제2청사 내부 전경: 지속적인 확충을 위해 공항의 규모와 수용력 증가를 위해 공사를 지속적으로 진행 중이다. 세계적인 수용력을 갖춘 공항으로 성장하였다.

▲ 뉴욕의 자유의 여신상: 주위에 많은 사람들이 방문하고 있다. 뉴욕은 미국의 상징적인 도시이다.

▲ 파리의 개선문 전경: 샹젤리제 거리에서 바라보는 개선문의 모습이다. 파리의 가장 대표적인 관광장소로 사람들의 방문이 많은 곳이다.

5. 코카서스 3국[75)]

1) 조지아

우리나라에서 조지아는 이미 가성비 좋고 풍광 좋으며 장기적으로 체류하기 좋은 곳으로 인식되고 있다. 만년설 아래 천혜의 자연경관이 살아 숨쉬는 남코카서스 지역으로 한국인은 무비자 360일이 가능하다.

조지아어를 사용하는 나라로, 서부해안은 습윤한 아열대기후, 동부산간은 건조한 스탭기후를 나타낸다. 산악지역이 많아서 아시아의 알프로 불리는 국가이다(위키백과).

그리고 조지아는 와인의 발상지로 전통방식 와인의 역사가 깊어서 조지아 와이너리[76)] 투어가 여행상품에 포함되는 경우가 많다. 조지아의 최대휴양지 바투미는 투숙장소로 인기있고 여행사에서는 자유시간을 주는 상품을 구성하고 있다.

바투미[77)]는 조지아의 대표적 휴양지로 그리스 신화와 관련된 이야기가 전해진다. 신화 속 메데아가 이아손 원정대에게 황금 양털을 건넸다는 곳이다. 해안을 따라 아름다운 바투미 블러바드 공원과 흑해를 감상할 수 있다(참좋은여행 상품상세정보).

트빌리시 식물원에서는 1~2시간 트레킹하는 것이 권장된다. 자연 속에서 힐링을 취할 수 있다. 사랑의 도시로 불리는 시그나기 시내투어 시에는 경치를 즐기며 티 타임이 권장된다. 수도인 트빌리시[78)]에서는 4세기 중반 지어진 고대 요새인 나리칼라 성에 케이블카로 이동한다. 시오니 성당도 방문한다. 트빌리시를 가로

---

75) 캅카스 3국으로도 불린다. 20세기 초반 러시아에서 혁명이 일어난 이후 러시아로부터 독립하였다. 자국을 서아시아 또는 중앙아시아 대신 동유럽으로 분류하기를 희망하는 편이다(나무위키). 캅카스산맥에 위치하는 세 나라로, 조지아, 아르메니아, 아제르바이잔을 가리킨다(위키백과). 우리나라 여행상품을 보면 코카서스 3국과 함께 우즈베키스탄 타슈켄트를 연계하는 상품이 많다. 그리고 코카서스 3국과 카자흐스탄 알마티 등을 연계한 상품이 판매되고 있다. 우즈베키스탄, 카자흐스탄은 중앙아시아로 분류된다.

76) 5000년 전 와인의 발상지 카헤티 와이너리는 조지아 카헤티에 위치한다. 참좋은여행사 등의 일정에 포함되어 있다.

77) 조지아에서 두 번째로 큰 도시이자 흑해 연안의 휴양도시이다(트립어드바이저).

78) 만년설 아래 천혜의 자연경관이 살아 숨쉬는 남코카서스 지역이다(트립어드바이저, 상상출판).

지르며 도시에 생명과 역사를 불어넣어 주는 대표적인 강인 쿠라강에서는 유람선 탑승을 권고한다(참좋은여행 상품상세정보).

아나누리에서는 성채와 진발리 호수가 조망되는 아나누리 교회를 방문한다. 카즈베기에서는 4륜 구동 차량으로 카즈베기 산에 올라 해발 2,170m 언덕에 세워진 만년설이 쌓인 조지아의 게르게티 츠민다에 소재한 사메바 교회를 방문한다. 므츠헤타에서는 세계문화유산인 십자가의 성당인 즈바리수도원과 4세기에 건립된 스베티츠호벨리 대성당을 방문한다(m.verygoodtour.com). 조지아 정교가 종교인 조지아에는 많은 성당과 수도원이 있어서 여행 중에도 방문이 많은 곳이다.

스테판츠민다는 우뚝 솟은 눈 덮인 카즈베기 산봉우리 사이에 위치한 계곡마을로 인기지역이다.

조지아는 세계에서 가장 오래된 와인생산지로 평가받는 만큼 와인 시음이 권장된다. 조지아 사람들은 와인소비량이 많다. 손님을 만나는 경우 와인을 많이 권유한다. 그리고 음식으로는 조지아식 만두인 킨칼리와 치즈를 넣고 구운 전통 빵인 하차푸리가 유명하다. 치즈와 함께 계란 노른자를 섞어서 부드러운 빵과 함께 먹는다. 부드러운 빵 중에서는 세계 최고라고 평가하는 사람들도 있는 만큼 필수적인 음식이다.

2) 아르메니아

한국인이 아르메니아에 가려면 도착비자가 필요하다. 현지 지불이 $30이다. 직불하거나 VISA카드로 결제가 가능하다.

아르메니아어를 사용한다. 종교는 아르메니아 정교이다. 수도는 예레반이다. 온대기후이나 산지가 많아 고산기후도 나타난다. 정치 · 경제 · 문화적으로 유럽에 가깝다. 유럽 소속 회원국으로 국제기구 활동 등을 통해 동유럽으로 보기도 한다(나무위키).

아르메니아 최대 호수인 세반호수 및 세바나반크 수도원이 선호되는 방문지이다. 아르메니아 민족의 영산인 코르비랍에 소재한 아라라트산[79]을 조망할 수

79) 웅장한 아라라트산은 튀르키예, 이란, 아르메니아에 걸쳐져 있다. 산 정상은 30% 정도가 만년

있다. 아라라트산은 성경에서 노아의 방주의 이야기가 펼쳐지는 곳이다. 튀르키예에 위치한다는 설도 있다.

아르메니아 비잔틴 건축과 카브카즈 건축의 혼합양식으로 유네스코 세계문화유산에 지정된 아그파트 수도원은 알라베르디에서 방문한다. 네로 황제의 후원으로 건축된 가르니 신전은 예레반에서 방문한다. 공화국 광장, 양쪽 계단에 폭포처럼 물이 흘러 떨어지는 예레반의 랜드마크인 캐스케이드도 일정 중에 방문한다(참좋은여행 상품상세정보).

우리에게는 2020년 9월 21일부터 11월 10일까지 영유권 문제의 갈등으로 치러진 아제르바이잔과의 전쟁(나무위키)을 통해 알려진 나라이기도 하다. 결과는 군사력 등 우세한 아제르바이잔의 승리로 끝났다. 양국의 관계는 오래전부터 갈등이 깊어져 온 관계로 알려진다.

아르메니아는 와인의 역사와 함께 와인을 증류하여 만든 술인 꼬냑(브랜디)이 유명하다. 꼬냑 박물관을 방문할 수 있다. 예레반 도시의 관광 필수 코스이다.

3) 아제르바이잔

이슬람국가이다. 건조기후, 건조아열대 기후, 산지툰트라 기후로 구성되어 있다. 아제르바이잔어를 사용한다. 지리적으로는 서남아시아에 속하나 문화나 역사적으로 보면 유럽에 가깝다. 이 나라의 별명은 불의 나라이다. 원유와 천연가스는 전체 수출의 약 70~80%를 차지한다. 곳곳에 불타는 천연가스 지역이 남아있다(KOICA, 2021.12.24).

수도는 옛 실크로드가 지나는 길목으로 알려진 바쿠이다. 정복 불가능한 성역의 의미인 메이든 타워[80], 아제르바이잔 건축의 진주로 평가되는 쉬르반샤 궁, 유네스코 문화유산의 이췌리 쉐헤르 구시가지, 바쿠 시내를 한눈에 조망하는 불

설로 뒤덮여 있다. 산세가 높고 험준한 지형의 산으로 아르메니아 코르비랍 지역에서 아라랏산의 전경을 조망할 수 있다(참좋은여행 상품상세정보). 코르비랍 수도원은 아르메니아 기독교가 시작된 곳으로 평가된다.

80) 현재는 지역사박물관이다. 12세기에 세워진 30m 높이의 조로아스터교 석조탑이다(트립어드바이저).

바르파크[81] 등이 추천되는 여행코스이다. 바쿠에서 필수적으로 보아야 할 자원은 쉬르반샤 궁전이다. 15세기에 지어진 아제르바이잔 건축의 진주로 불린다. 화려한 이슬람 건축양식과 정교한 모자이크 타일 장식이 돋보이는 셰키왕국의 여름궁전인 칸사라이궁전도 추천된다(m.verygoodtour.com).

플레인타워에서 밤에는 조명쇼가 열린다. 불꽃을 닮은 3개의 다목적 초고층 건물들이 있는 곳이다. 플레인타워는 바쿠의 랜드마크 역할을 하기도 하며 화려한 조명쇼가 잘 알려져 있다. 그리고 도시의 심장인 분수광장도 추천 장소이다.

고부스탄에서는 선사시대 장신구 등이 전시된 고부스탄 박물관, 선사시대 유적으로 추정되는 고부스탄 암각화를 여행 중 볼 수 있다. 셰키에서는 실크로드 상인의 카라반 숙소인 카라반사라이[82], 웅대한 프레스코와 스테인드글라스로 장식된 칸의 여름궁전을 볼 수 있다. 셰키에서는 또한 전통바자르 시장도 방문한다(참좋은여행 상품상세정보).

선사시대의 고부스탄 암각화는 4만 년 전의 바위예술의 증거이다. 6천 개 이상의 암각화가 있다. 세계문화유산으로 2007년에 등재되었다(유네스코 한국위원회).

아제르바이잔 사람들의 주식은 프로브(Plov)이다. 쌉밥을 의미하는 필라프를 의미한다. 밥에 주로 양고기, 양파, 말린 자두 등을 넣고 볶아 만든 볶음밥으로 이 나라를 대표하는 가정식이다. 40여 가지의 레시피가 있을 정도로 종류가 다채롭다. 그리고 카펫은 아제르바이잔 국민들의 삶과 정신이 담긴 민족의 문화유산이다. 카펫은 대표 수출품으로 역사가 깊고 다양한 크기의 전통 수공예 직물로 조직이 매우 촘촘한 것이 특징이다(KOICA, 2021.12.24).

---

81) 아제르바이잔 수도 바쿠의 자연과 현대의 모습을 느낄 수 있는 공원이다(참좋은여행 상품상세정보).

82) 옛 실크로드 길목마다 있던 대상들의 숙소로 동서양을 오가던 대상들은 낙타를 이용했는데, 낙타가 하루 동안 걸을 수 있었던 거리인 45km마다 숙소가 있었다(KOICA, 2021.12.24).

〈참고〉 세계의 미소국

유럽여행도 여러 코스가 개발되고 상품화되어 왔다. 참좋은여행에서는 세계의 미소국이라는 상품이 유럽여행의 경험이 많은 사람들에게 새로운 코스로 인기를 얻고 있다.

미소국은 아름답고 작은 국가를 말한다. 특히 유럽에 있는 리히텐슈타인, 산마리노, 모나코, 안도라[83]가 대표적인 국가이다.

리히텐슈타인[84]은 가장 아름다운 우표를 발행하는 나라이다. 세계에서 가장 오래된 공화국인 산마리노[85]는 요새로 둘러싸인 동화 속 왕국으로 표현된다. 모나코는 지중해 햇살을 가득 담은 곳으로 요트가 보이는 전경이 인상적이다. 걸어서 자연 속의 작은 나라를 잘 조망하며 즐길 수 있는 곳이다. 지중해의 아름다움을 간직한 나라이다. 안도라는 다양한 쇼핑몰과 상점이 가득한 유럽의 슈퍼마켓으로 불린다. 쇼핑하기에 좋은 나라이다. 또한 피레네 산맥 남쪽에 위치한 자치국이기도 하다(참좋은여행 상품상세정보).

모나코[86]에서는 모나코 국왕이 거주하는 대공궁, 호화요트가 정박해 있는 몬테카를로 항구, 파리의 오페라 극장을 설계한 가르니에가 디자인한 그랑 카지노 등을 관광할 수 있다. 모나코에서는 F1경기가 유명하다. 이 경기를 관람하기 위해 경주차 마니아들도 많이 찾아온다.

모나코 여행 중 인상적이었던 방문지는 모나코 열대정원이다. 1천여 종의 희귀식물과 선인장, 지하 동굴까지 볼 수 있는 식물원이다. 그리고 1863년 파리 오페라하우스의 건축가 샤를 가르니에가 디자인한 모나코의 상징적 건축물인 몬테카를로 카지노(트립어드바이저)를 볼 수 있다. 해안을 걸으며 도시를 조망하며 해안 절경이 보이는 스타벅스에서 커피를 한잔 마신 것도 기억에 남는 여행 이야기가 된다.

산마리노에서는 제2의 성채 체스타에서 산마리노의 환상적인 절경을 감상하게 된다. 중세 유럽의 모습이 간직된 구시가지 산마리노의 중심에 있는 리베르타광장, 공화국 궁전을 방문한다.

---

83) 스페인과 프랑스 사이에 위치한 자치국이다. 안도라공화국은 프랑스의 대통령과 스페인의 주교가 국가원수의 역할을 한다. 국가 전체가 면세지역으로 유럽의 슈퍼마켓으로 불린다. 뛰어난 자연경관과 스키장을 중심으로 관광업이 발달하였다. 세계 최고의 장수국가로도 손꼽힌다(참좋은여행 상품상세정보).

84) 국경 한 바퀴는 76km에 불과하다. 건국 300년이 넘은 영세중립국으로 주민들에게는 납세와 병역의 의무가 없다. 빈부격차도 거의 없는 평화로운 곳이다(매일경제, 2024.4.7).

85) 바티칸 시국, 모나코 다음으로 세계에서 세 번째로 면적이 좁은 나라이다. 울릉도보다 작다. 나라가 생긴 것은 4세기경이지만, 1263년 세계 최초의 공화정을 도입하였다. 중세의 요새도시와 같은 모습이다. 산마니노에서는 오래된 유적들을 보호하기 위해 마을 내 자동차 이용을 금지하고 있다(참좋은여행 상품상세정보).

86) 바티칸 시국에 이어 세계에서 두 번째로 작은 나라이다. 소비세만 있고 소득세가 없는, 직접세금이 없는 나라로 유명하다. 국가세입의 대부분을 관광과 카지노 그리고 우표판매로 충당한다(참좋은여행 상품상세정보).

미소국(美小國)의 경쟁력은 숨은 비경이다. 나라의 면적이 작아서 더 아름답게 느껴진다는 평가도 받는다(참좋은여행 상품상세정보).

▲ 모나코 전경: 아름다운 풍광이 펼쳐진다. 요트 등이 많이 정박해 있다.

〈참고〉 북극 탐험 상품

최근에는 지구의 여러 곳이 여행상품으로 소개되고 있다. 남극에 이어 북극여행 상품도 판매가 되고 있다. 북극 탐사선이 개발되면서 여행도 일반화되는 상황이다.

눈과 얼음의 왕국인 북극을 탐험한다. 북극곰, 북극여우, 북방밍크고래를 관람한다. 해가 지지 않는 백야를 볼 수 있다. 스피츠베르겐 국립공원을 방문한다. 스피츠베르겐 국립공원은 다양한 생태환경과 아름다운 풍광을 자랑한다. 참좋은여행의 비즈니스 클래스 탑승하는 노팁, 노옵션, 노쇼핑 상품의 여행포인트이다. 가격은 약 1700만 원~1900만 원으로 출발일 별로 차이가 난다. 일정에 포함된 호텔, 크루즈 숙박료 포함이다. 여행자 보험은 최대 3억 원(성인 기준)이다. 해외질병의료비는 최대 1천만 원, 해외상해의료비는 최대 5백만 원이다.

스피츠베르겐에서는 극지 탐험을 위해 제작된 북극 탐사선인 MS 스피츠베르겐(Spitsbergen) 크루즈를 탑승한다. 노르웨이 허티그루텐 크루즈 라인이 운영하는 탐험선이다. 이 쿠르즈는 객실, 스파, 사우나, 피트니스 룸, 라운지 등을 갖추고 있다. 크루즈 객실은 오션뷰 및 부분 오션뷰로 구성된다. 크루즈 내에서는 다양한 부대시설이 있고 선내 레스토랑, 라운지, Bar가 있다.

그리고 북극 탐험상품에는 북극의 차가운 아름다움이 만들어낸 경이로운 피요르드도 여행의 포인트이다(참좋은여행 상품상세정보).

〈참고〉 유럽 알프스의 5대 명산

유럽여행은 자연적으로도 경쟁력이 있어서 많은 사람들이 찾고 있다. 알프스의 5대 명산으로 불리는 산들의 특징을 살펴보도록 한다. 알프스 명산은 여행상품화되어 있고 선호도도 매우 크다. 참좋은여행의 상품을 통해 알프스 5대 명산의 주요한 내용을 정리한다.

오스트리아는 알프스의 심장이자 알프스의 최대 보유국이다. 그로스글로크너는 해발 3,789m의 오스트리아 알프스의 최고봉이다. 알프스산맥과 구름을 가로지르는 48m 길이의 하이 알파인 로드를 달리며 합스부르크 황제도 감탄한 알프스의 장관을 감상할 수 있다는 설명이다. 청정한 알프스 자연의 경치를 느끼며 멋지고 맑은 하늘을 볼 수 있는 곳이라는 평가이다.

이탈리아 돌로미티는 압도적 풍경을 지닌 산이다. 환상적인 기암괴석을 이루고 있다. 3,000m 이상의 18개의 바위산(봉우리)과 푸른 초원, 맑은 계곡을 갖추고 있다. 거대한 세 개의 바위 봉우리를 뜻하는 트레치메는 돌로미티 트레킹의 백미로 꼽힌다. 아름다운 미주리나 호수도 만날 수 있다. 돌로미티산맥은 2009년 세계에서 가장 매력적인 산악경관으로 인해 유네스코 세계유산으로 등재되었다(유네스코와 유산).

스위스 융프라우(4,158m)는 명불허전 알프스의 대명사이다. 유럽의 정상이고 알프스의 3대 미봉 중 하나이다. 산악열차 아이거 익스프레스를 타고 전망대에 오른다. 알프스 고원의 경이로운 풍경과 세상을 만날 수 있다. 유럽의 지붕으로 불린다. 이 산은 눈이 많이 내리면 정상에 올라가기가 어렵다. 산악열차를 통해 연결하여 올라가기 때문이다. 날씨 상황이 좋아야 정상에 오르는 기회를 갖게 된다.

스위스 마테호른은 스위스의 명산이다. 피라미드 모양의 형상이다. 푸니쿨라를 타고 수네가 전망대에 올라 마테호른을 조망할 수 있다. 호수 트레킹도 가능하다. 체르마트에서 공중케이블카를 타고 접근하는 산꼭대기의 종착역은 해발 3,820m에 위치한다. 이 정류장은 알프스에서 가장 높은 케이블카 정류장으로 유명하다. 한편 마케호른은 산악인들이 등반하기 어렵고 등반을 꿈꾸는 산으로 알려진다(스위스 관광청).

프랑스의 몽블랑은 알프스 산맥의 최고봉이며 꿈의 알프스로 불린다. 알프스 산맥의 최고봉인 4,810m이다. 백색의 여왕으로 불린다. Mont Blanc은 하얀 산 또는 흰 산으로 해석할 수 있다. 에귀 뒤 미디 전망대에 오르기 위해 가장 높은 케이블카를 타고 아름다운 푸른 호수를 향해 락 블루(Lac bleu)트레킹을 할 수 있다는 설명이다. 이탈리아에서는 몬테비안코산(Monte Bianco)로 불린다. 흰 산의 의미이다. 두 나라의 국경에 위치한다. 주요한 봉우리는 샤모니몽블랑, 앙트레브이다(참좋은여행 상품상세정보).[87]www.myswitzerland.com; www.dooopedia.co.kr

---

87) 참좋은여행 상품상세정보, m.verygoodtour.com; heritage.unesco.or.kr; www.myswitzerland.com; www.dooopedia.co.kr

지역관광의 문제점 사례 및 해결방안

CHAPTER 06

CHAPTER 6

지역관광의 문제점 사례 및 해결방안

1. 지역관광의 문제점 사례 및 해결방안

1) 국내

(1) 북촌 한옥마을

북촌은 한국의 전통가옥인 한옥으로 조성된 지역이다. 종로구 계동길 37번지이다. 가회동, 삼청동 내에 위치한다. 조선시대에 조성된 양반층의 주거지이며 한옥 밀집지역을 지칭한다. 서울의 대표적 전통 주거지역이다. 많은 사적들, 문화유산, 민속자료가 있어서 도심 속의 거리 박물관으로 불린다(대한민국 구석구석). 한국의 자랑스러운 골목으로 평가된다.

최근에는 많은 방문객으로 인해 지역주민의 피해가 많아서 오후 6시 이후에는 출입이 금지[1]되는 상황이다. 이를 어기고 지역에 방문하면 벌금을 내야 한다. 과태료는 10만 원으로 내외국인 모두 동일하게 적용된다. 통제하는 안내원들이 근무를 서고 있다. 내국인들의 방문도 많지만 외국인의 방문도 많은 지역이다.

1) 오전 10시부터 17시까지 북촌 한옥마을은 운영된다. 시간 제한 구역이다. 일요일에는 출입이 금지된다.

기존에는 이곳에 이른 아침부터 밤늦은 시간까지 관광객들의 방문이 많았고 심지어 한옥에 들어오는 폐해도 많아 사생활을 심히 침해받는다는 지적을 받아왔었다. 새벽시간에도 지역주민의 수면을 방해하는 소음으로 인해 많은 문제가 제기되어 왔었다.

주변에 삼청동 문화거리 등 볼거리, 먹거리가 많다. 음식점, 카페, 베이커리, 화랑 등 다양한 장소들이 위치한다.

▲ 북촌의 한옥마을: 방문객의 많은 방문으로 인해 주민들이 거주하는 공간에 대한 사생활 침해 논란이 지속적으로 있어 온 지역이다.

2025년 7월부터는 종로구 북촌일대에 전세버스 통행도 시범 운영으로 제한되었다. 그러나 인근의 상인들은 지역주민들과는 반대로 울상이다. 이러한 조치에 대한 실효성에 문제를 제기한다(연합뉴스TV, 2025.4.13). 영업을 하는 이들에게는 방문시간 제한과 관광버스 진입 제한 등의 조치가 불경기에 어려움을 더한다고 생각하기 때문이다.

〈참고〉 관광하기 좋은 지자체

문화체육관광부와 한국문화관광연구원이 전국 17개 시도와 151개 시 · 군(광역시 소재 군 · 구는 제외)을 대상으로 2023 지역관광발전지수를 분석하고 결과를 발표한 내용이다.

지역관광발전지수는 지역의 관광발전 정도를 판단하는 기초자료로 지역의 관광수용력, 관광소비력, 관광정책역량을 나타내는 43개 지표를 종합적으로 분석하여 1-6등급으로 구분하고 있다. 음식 · 쇼핑, 교통, 검색 증가율 등 관광환경 변화에 따른 주요 지표를 보완하여 지역관광의 경쟁력에 대한 진단기능을 강화한 것으로 나타났다.

2023년 1등급에 광역지자체는 서울, 제주가 선정되었다. 기초지자체는 강릉, 경주, 단양[2], 속초, 여수, 춘천이 선정되었다. 관광을 누리기에 적합한 조건을 갖추고 관광객 방문이 활발한 곳으로 평가받았다(트래블데일리, 2024.12.30).

▲ 춘천 의암호 스타벅스: 아름다운 의암호를 바라보며 커피를 마실 수 있는 춘천의 의암호 스타벅스 카페의 모습이다. 근처에 춘천 삼악산 호수케이블카 의암호 정차장이 있다.

2) 단양군은 관광객들에게 가장 인기 있는 관광지 중 하나로, 오랫동안 관광의 경쟁력을 구축해 온 지역이다. 한국관광공사가 발표한 2024년 트렌드 어워즈에 따르면 단양군은 부산에 이어 전국 인기 검색 지역 2위를 기록하였다. 단양의 풍부한 자연경관과 독특한 관광지가 많은 이들에게 사랑받고 있음을 보여준다는 평가이다. 단양의 주요 명소는 다누리아쿠아리움으로 가장 많은 관광객이 방문한다. 그리고 만천하스카이워크, 고수동굴, 온달관광지, 도담삼봉 순으로 많이 방문한다(라이프, 2025.1.7; m.wikitree.co.kr).

▲ 속초아이대관람차 전경: 속초의 가볼 만한 곳으로 평가된다. 속초 조양동에 위치한다. 야간에 보이는 속초아이대관람차의 전경이다.

▲ 속초의 중앙시장: 여러 음식이 인기가 있지만 겨울철에 닭강정도 관광객들에게 많은 인기가 있다.

▲ 여수 라피크 카페: 높은 층고가 특징이다. 여수 예술랜드 안에 있다. 몽돌해변이 카페에서 연결된다. 바다를 조망하기 좋은 국내의 가장 인상적인 카페의 하나로 평가된다.

〈참고〉 인구 감소지역 중 유일하게 1등급 달성한 단양군

단양군은 오래전부터 관광을 활성화시키는 지자체로 역점을 두어온 것으로 평가된다. 온달문화축제, 신라적성비, 온달동굴 등 문화유적이 잘 알려져 있다. 음식으로는 단양의 마늘이 유명하여 마늘 떡갈비, 마늘 만두, 마늘 순대가 인기 있다. 그리고 단양의 구경시장은 외부 관광객들도 많이 찾고 있다. 통마늘, 누룽지닭강정 등이 인기 있다.

2023년 지역관광 발전지수 분석 결과 충북 단양군은 인구감소지역 중 유일하게 1등급을 달성하였다. 문화체육관광부와 한국문화관광연구원에 따르면 전국 17개 시도와 151개 시 군을 대상으로 분석한 2023년 지역관광 발전지수를 분석한 결과이다.

광역 지자체인 서울, 제주와 기초 지자체인 강릉, 경주, 속초, 여수, 춘천의 지역 발전지수가 1등급으로 나타났다. 단양군은 선정된 시와 달리 군이라는 것도 차별점이다. 1등급 지역은 관광객과 지출액이 증가하고 관광기반도 많이 개선되어야 한다는 조건이 있다.

단양군은 인구가 28,155명(2022년 2월 기준; 위키백과)이다. 단양군은 89개 인구감소지역 중 유일하게 1등급으로 평가되었다. 대륙관광 1번지로 저력을 보여주고 있다. 관광소비력, 관광정책역량 지표에서 1등급을 차지하였다. 그리고 관광을 누리기에 적합한 조건과 관광객 방문이 활발한 곳으로 증명되었다. 특히 디지털 관광주민증 비율 인구대비 6.4배로 전국 1위를 차지하였다(www.thepublic.kr; The Public, 2025.1.3).

오랜 시간 동안 관광마인드와 정책을 잘 갖추고 운영해 온 군민과 지차체 단체장 등의 노력으로 지역관광 발전지수가 최고등급인 1등급을 받고 발전해 나가는 것이라고 평가하고자 한다.

단양은 세계 기상달력에도 실렸다. 세계기상기구가 매년 경이로운 자연현상을 담은 사진 14점[3]을 선정해 기상달력을 발간하는 데 선정된 것이다. 기상 재해의 위험성을 알리는 주제로 제작된 2025년도 달력에 단양의 사진이 실린 것이다.

순백의 눈으로 덮인 구불구불한 길인 단양의 보발재이다. 영화 속 겨울왕국에 초대된 듯한 황홀함을 선사한다. 이는 갈수록 심해지는 기후 재난의 현실이다. 아름다운 풍경 속에 숨어 있는 대자연의 경고를 나타낸다. 그러나 자연의 걸작으로 다가온다(YTN, 2025.1.11).

겨울에 나름 눈이 많이 왔고 자연경관이 좋은 단양 보발재의 풍광이 아름다워 선정된 것이다. 우리나라 자연자원의 경쟁력이 보이는 장면이다. 아울러 지나치게 많은 눈으로 인한 기후 재난에 대한 경고로 인식되어야 할 것으로 사료된다. 올해 1월 10일경 전후 미국 서부 LA지역의 산불 재해는 겨울철 상대적으로 적은 비나 눈으로 인해 산불의 빠른 확산에 따른 큰 피해로 다가온다.

---

3) 세계기상기구(WMO) 2025년 달력 사진 공모전에 우리나라에서 제출한 보발재의 겨울(Winter in Danyang Bobaljae pass/이상운 작(作))이 12월 사진으로 선정되었다. WMO는 매년 193개국을 대상으로 다음 해 달력 사진 공모전을 개최하며 올해는 조기경보 격차 함께 줄이기를 주제로 최종 14점을 선정하였다. 보발재의 겨울은 극심한 기후변화 시대에 기상재해에 대한 조기경보시스템의 중요성과 자연의 힘을 사진으로 잘 담아낸 작품으로 평가받았다(기상청, 2024.12.12).

〈참고〉 일본과 비교해 인바운드에 밀린 한국관광

우리나라 인바운드(Inbound: 외국인 국내관광)가 이미 일본에 한참 뒤지는 것으로 나타났다. 10여 년 전에는 한국이 앞섰으나 현재 이미 일본이 앞서나가고 있는 상황[4]이다. 최근에도 한국관광객이 일본에 많이 가고 있는 상황이다. 반일 감정이 있음에도 관광은 별도로 생각하는 정서이다. 환율이 좋아서 일본으로 여행 가는 사람들도 많다. 국내의 고물가로 인해 주요 관광지인 제주도에서 발길을 돌리는 상황이다.

2014년에는 외국인 관광객 수가 일본 1,341만 명, 한국은 1,391만 명으로 오히려 우리나라가 앞서 나갔다. 그러나 2019년 기준 한국 인바운드 외래관광객 유치가 1,731만 명인 데 비해 일본은 3,188만 명을 유치하였다. 2024년에는 우리나라가 1,633명을 유치하였고 일본은 3,687만 명으로 지속적인 성장을 구가하는 상황이다. 그리고 우리나라 관광수지는 2021년 43억 달러 적자, 2022년 57억 달러 적자, 2023년 99억 달러 적자, 2024년 102억 달러 적자(1~11월)로 계속해서 커지고 있다(한국관광공사, 일본정부관광청)는 문제를 보이고 있다.

여러 요인이 있으나 인바운드를 포함하여 국내관광이 활성화되지 않은 면을 알아보면 다음과 같다. 교통인프라가 부족하다는 지적이다. 일본은 공항 간 국내선 항공편이 활성화되어 있으며 국적기인 일본항공(JAL)을 타고 입국하면 국내선 항공편을 무료로 제공해 지방관광을 유도하고 있다 반면에 우리나라는 외국인이 인천공항에 입국한 후 부산, 강릉 등 주요 도시에 가려면 국내선이 많은 김포공항까지 가야 하거나 2~3시간 걸려 서울로 이동한 뒤 KTX 또는 지방으로 가는 버스를 타야 하는 점이 차이가 난다. 다국어 서비스 등도 미흡해 외국인 이용이 어렵다는 불만이 많다(한국경제, 2025.1.31)는 평가이다.

그리고 서울 방문율이 77.2%로 부산 16.0%와 제주 10.1%에 비해 차이가 매우 크다는 점이다. 재방문 이유를 서울 중심으로 제한하고 있다는 상황이 문제이다. 그리고 주제여행이 활성화되어 있지 않다는 점이다. 일본의 경우 홋카이도 온천투어, 다카마쓰 우동투어 등 각 지자체별 관광콘텐츠를 구축하고 있지만 한국의 관광지는 포토 스폿 위주의 단계라는 평가이다. 한국의 음식문화 체험 콘텐츠 등 관광객에게 어필하는 내용이 활성화되지 않았다는 지적이다. 또한 해외에서 일반화된 구글 맵, 우버, 우버이츠 등이 활성화되어 있지 않다는 점도 문제로 지적된다. 한국은 네이버 지도, 카카오T, 배달의 민족 등 내수 특화된 앱이 주류라는 지적이다. K웨이브 영향으로 한국문화를 경험하고 싶어하는 외래관광객에게 그들이 좋아하는 K팝, K푸드, K레저 등을 공급해야 하는 코스를 개발하고 지원해야 한다는 지적이다. 지금이 골든타임으로 심각성을 고려해야 한다는 평가이다(한국경제, 2025.1.31).

---

4) 방일 외국인 관광객은 사상 최대치 3,678만 명을 찍었다. 국적별로 보면 한국인이 24%인 882만 명으로 가장 많다. 2023년 상반기 일본 관광수지는 2조 5,939억 엔(약 13조 8,000억 원) 흑자를 기록하였다(한국경제, 2025.1.31).

국내의 지자체도 문제이다. 국가차원의 원동력은 각 지방 지자체의 노력과 혁신이 필요하다. 그러나 일부 지자체 외에 대부분의 지자체들은 관광마인드도 부족하고 담당 공무원들도 열의와 전문성이 부족하다는 판단이다. 정확한 판단력을 갖고 국가미래를 내다보는 시야를 지닌 결단이 요구된다. 지금이 골든타임이라는 지적이지만 일부 전문가들의 노력으로는 한계가 있고 동력이 부족하다. 그래서 정부 차원의 거시적이고 계획적인 정책이 펼쳐져야 한다. 그리고 지자체의 관광마인드와 추진이 한국관광의 정체를 극복하고 발전하는 길이라 여겨진다.

▲ 남산 케이블카에서 바라보는 시내: 남산은 서울 시내의 중심에 위치한 산으로 케이블카를 이용하는 방문객들이 많다.

▲ 종묘: 세계유산인 종묘의 영녕전(별도 사당) 전경이다. 영녕전은 종묘의 정전에서 옮겨온 왕과 황제 15위와 왕비와 황후 17위, 그리고 황태자와 황태자비의 신주가 모셔져 있다. 1985년 보물로 지정되었다(종묘 안내 브로슈어; royal.khs.go.kr).

▲ 청와대 전경: 지금은 국민의 품으로 개방되고 있다. 입장료도 없다. 내외국인에게 인기 있는 장소로 의미가 있다.

2) 해외

(1) 유럽

가. 노르웨이

노르웨이 수도는 독특한 예술의 도시인 오슬로이다. 겨울왕국의 진정한 무대이자 피요르드의 왕국으로 평가된다. 여행방문은 6~8월이 추천되지만 오로라[5]와 북극 자연경관을 즐기기 위해 겨울철에도 관광객들이 많이 방문한다. 옛 수도이자 해상무역의 중심지 베르겐도 아름다운 도시이다. 그리고 제4의 도시인 석유산업의 중심지이며 최고의 미식도시인 스타방에르가 있다(여행정보).

그러나 최근 노르웨이 정부에서는 관광객이 증가하자 관광세 도입을 검토하는 것으로 전해진다. 2024년 11월 프랑스 일간 르몽드에 따르면 세실리 미르세트 노르웨이 상무부 장관은 지방 당국이 숙박가격의 최대 5%선에서 관광세를 부과하는 안을 제시하였다. 올해 모든 지방자치단체가 관광세 도입을 적용했다면 세금이 약 1,900억 원으로 나타났다(매일경제, 2024.12.1).

이러한 내용은 겨울철 오로라관광, 여름철 피서를 위해 상대적으로 덥지 않은 북극의 노르웨이를 찾는 관광객이 많아지면서 고려되는 것으로 보인다. 그리고 노르웨이 통화인 크로네의 약세도 관광객의 유입에 영향을 미친 것으로 분석된다.

프랑스, 스페인, 이탈리아에 비해 상대적으로 적은 관광객 유입국가이지만 기존의 유명도시에서 나왔던 문제인 쓰레기 급증 등으로 이러한 고려가 제기되는 것으로 보인다. 전 세계의 관광객 증가와 함께 도시의 환경문제 등으로 주요 관광국가와 도시가 고민하는 내용이다. 노르웨이[6]는 자연이 아름답고 자연경관

---

5) 오로라 관광은 북극권 지역의 최대 도시이자 오로라 연구의 중심지인 트롬쇠가 유명하다. 북극의 관문으로 통한다. 순록썰매, 빙하 하이킹 등 겨울 액티비티가 있는 매력적인 도시이다.

6) 부정적인 의견이 대두된다. 노르웨이 숙박시설 예약의 2/3는 내국인이 차지한다는 것이다. 관광세 부과는 결국 내국인의 부담으로 전과될 수 있다는 우려이다. 노르웨이 외국인 관광객은 내국인 인구 545만 명과 비슷한 약 565만 명으로 추산된다. 그러나 크루즈선 승객에게 하선세 부과, 캠핑카의 도로변 주차 규정을 강화하고 주차요금 인상 및 유료화장실 설치 등으로 과잉관광을 해결하겠다는 협회장의 의견(매일경제, 2024.12.1)이 보도된다.

의 경쟁력이 있는 국가로 유럽에서도 소득이 높고 물가가 높아 향후 관광객의 부담은 더 높아질 것으로 예상된다.

▲ 헤네랄리페(Generalife) 전경: 스페인 그라나다의 알함브라궁전의 헤네랄리페는 카를로스 5세의 궁선이다. 왕의 여름 별궁으로 14세기 초에 조성되었다. 물과 정원수가 어우러진 경관의 모습은 이슬람 조경의 특징이다. 봄, 여름은 주위에 정성껏 가꾼 꽃과 담쟁이 덩굴이 만발해 있다(트립어드바이저). 겨울에 방문해서 식물들이 우거지고 활개한 모습은 보이지 않는다. 그래도 아름다운 정원의 모습이 인상적이다. 연간 많은 관광객들이 알함브라궁전을 찾고 있다. 많은 관광객들이 출입하는 장소이다.

나. 우크라이나

동유럽에 위치한 공화국으로 수도는 유네스코 세계문화유산으로 등재된 키이우(키예프)이다. 인구는 4,104만 명이다(나무위키). 카르파티아산맥은 동유럽에서 가장 크고 긴 산맥으로 우크라이나의 서부지역을 가로지른다. 아름다운 자연경관과 하이킹, 등산 등 다양한 야외활동과 현지음식을 즐길 수 있는 곳이 많은 것으로 알려졌다. 키예프는 성 소프리스키 대성당, 바로크 양식의 세인트 안드레 성당, 인데펜던스 광장, 키예프 공원 등이 추천된다. 그러나 2022년 러시아와 시작된 전쟁으로 어려움에 처해 있다.

러시아와 전쟁 중인 우크라이나에는 2023년 외국인이 400만 명이 방문한 것으로 나타났다. 러시아의 침공을 받은 우크라이나의 전쟁터가 관광지로 활용된다는 문제로 논란거리이다. 400만 명은 전쟁 초기인 2022년에 비해 2배 정도 증가했다는 점이다. 방문객들은 대부분 비즈니스 목적이지만 전쟁범죄 현장을 찾는 여행상품[7]을 운영하는 업체가 10여 개에 이른다. 주로 유럽인, 미국인이 주요 고객이다. 전선에 가까워서 위험이 커질수록 여행상품 가격이 올라간다는 점도 보도된다.

한 여행사에서는 전선에 가까운 우크라이나 남부투어 상품을 약 483만 원에 판매한다. 일부 수익은 우크라이나 군에 기부한다고 한다. 그러나 현지 주민들은 왜 오는가와 왜 우리의 슬픔을 보려 하느냐며 반발하는 것으로 전해진다. 우크라이나 관광당국은 전쟁의 역사적 교훈을 알리기 위한 방안으로 전쟁관광을 긍정적으로 평가한다고 AFP는 전하고 있다(아시아경제, 2024.11.28).

그러나 전쟁의 참혹한 상황에서 많은 희생자들이 나오는 현지에 전쟁의 현실과 참혹한 상황을 경험하기 위해 방문한다는 것은 다소 의외이기도 하다. 물론 우크라이나가 경제적인 어려움을 극복하기 위해 전쟁 이후를 대비하고 필요한 수입이 있어야 하지만 긴장감과 공포를 경험하기 위해 방문하는 관광수요는 정상적이지 않다. 우크라이나 관광당국의 입장을 넘어 말 그대로 전쟁관광객은 일반적이지 않다고 판단된다.

다. 이탈리아

가) 베니스

이탈리아 베니스는 그동안 과잉관광으로 인한 피해와 분노가 컸고 보도도 빈번하게 나타난 지역이다. 고급호텔과 레스토랑에서 식사하는 관광객보다는 저렴한 패스트푸드를 주로 먹고 길에 쓰레기를 버리고 수면에 지장을 주는 등 시민들에게 불편과 피해를 준다는 인식으로 인해 현지 주민과 관광객 간에 갈등의 골이 깊어져 온 베니스의 문제가 부각되어 왔다. 2024년 4월부터 4세 이상 당일 여행자에 대해서는 5유로의 관광세를 부과하고 있다. 이는 호텔세 외에 부과하는 것이다.

베니스(베네치아)의 본섬에 들어갈 때 숙박자는 면제하고 당일 여행자는 5유로를 부과하는데 2025년 중 10유로 인상을 검토하는 것으로 나타났다. 베니스는

7) 이들은 '전쟁관광객'으로 명명하고 있다(아시아경제, 2024.11.28).

도시입장료가 도입된 후에도 평균 7만 5천 명 이상이 베니스를 방문하는 것으로 나타났다(매일경제, 2024.7.21). 베니스에는 하루 10만 명 정도의 많은 방문객이 방문하는 것으로 평가된다.

베니스는 많은 방문객의 방문으로 인해 세계 불가사의의 가치를 지닌 바다 위에 세워진 세계의 유일한 도시로서 가치를 인정받아 세계유산으로 등록된 아름다운 도시의 지위가 흔들린다는 위기감에 따라 규제 움직임이 나타나는 상황이다.

이탈리아 정부는 도시와 호텔 등급에 따라 1박당 최대 25유로까지 관광세 인상을 준비 중인 것으로 알려진다(조세일보, 2025.3.1).

나) 로마

로마의 많은 사람들이 방문하는 트레비분수에도 입장료 2유로를 도입하는 방안을 검토하는 것으로 알려지고 있다. 또는 방문객을 제한할 것으로 알려진다.

이미 로마를 포함하여 밀라노, 피렌체 등은 제한구역(ZTL)으로 규정하여 차량진입을 막고 있다. 주요 관광지와 밀집지역으로 규정되어 있어서 진입 시 과태료가 부과된다. 사전 허가나 통행세를 내고 시내에 진입해야 한다(해외여행안내, 2025: 42~43).

▲ 로마의 콜로세움 전경: 저녁이 되면 콜로세움에 조명이 켜지며 더욱 인상적으로 다가온다.

라. 그리스 아크로폴리스

그리스의 가장 인기 있는 관광지 아크로폴리스는 여름철 40℃가 넘는 기온과 햇볕을 피할 수 있는 곳이 없어서 다소 어려운 코스로 여겨진다. 특히 연로한 방문자들에게는 도보로 이동하는 코스가 쉽지 않다는 평가이다. 아크로폴리스는 유네스코 세계유산이기도 하다.

그러나 길이 미끄럽고 안전하지 않다는 주의가 늘 공지되어 온 장소이다. 하루 방문객이 조정되어야 한다는 의견이 많다. 2만 명으로 제한하여야 동선이 원활하고 방문객들의 혼잡과 안전이 보장된다는 점에서 혼잡하고 복잡한 관광명소의 인원 제한이 필요한 곳으로 사료된다.

▲ 아크로폴리스 파르테논 신전: 많은 관광객이 파르테논 신전을 방문하고 있다. 공사는 오랜 시간 동안 진행 중이다.

마. 기타

스페인의 바로셀로나는 2024년 10월부터 4유로의 관광세를 부과하는 것으로 나타났다. 바로셀로나도 많은 관광객의 유입으로 도시의 주민들이 불편과 불만을 호소해 온 것으로 전해진다.

스페인, 프랑스, 네덜란드도 많은 관광객이 유입되는 크루즈를 제한하는 정책을 펼치는 것으로 보인다. 관광객이 많이 증가한 크로아티아의 아름다운 도시 두브로부니크는 과잉관광을 제한하기 위해 일일 2척의 크루즈로 제한하고 있다.

▲ 스페인 바로셀로나 성가족 성당: 오랜 시간 동안 지속적인 공사를 하고 있는 성가족 성당의 전경이다. 바로셀로나에도 많은 관광객 유입으로 인한 불편과 피해로 지역주민들의 불만과 거부 반응이 지속적으로 나타나는 상황이다.

〈참고〉 젠트리피케이션(Gentrification)/투어리스피케이션(Touristification)

젠트리피케이션은 지역이 발전하면서 거주민들이 떠나는 현상을 말한다.

투어리스피케이션은 관광객 유입 등으로 집값이 상승하여 원래 거주하던 원주민이 밀려나는 현상을 말한다. 지역민이 피해를 보게 되는 상황이 된다. 외지인과 관광객 증가로 임대료가 상승하고 집값이 상승하게 되어 일어나는 현상이다. 주거지역이 관광명소로 바뀌며 거주민들이 다른 곳으로 떠나게 되는 현상을 말한다.

(2) 아시아

가. 일본

가) 긴잔온천

긴잔온천[8]은 일본 도호쿠 지역 야마가타현 오바나자와시에 있는 300년 역사의 대표적인 온천이다. 눈 덮인 전통 료칸들과 가스등이 밝히는 석양의 풍경 등의 독특한 감성을 일으키는 인상적인 지역으로 알려져 있다. 매년 약 33만 명의 방문객이 몰린다.

일본 정부 관광국에서는 과거 야마가타 지방에 은 광산이 있었던 장소에 세워진 긴잔온천으로 설명하고 있다. 옛 정취를 느끼고자 하는 안목 있는 방문객에게 어울리는 곳으로 소개한다. 차 없는 거리, 온천욕의 명소, 꿈 같은 마을로 소개하고 있다(Japan national tourism organization).

그러나 이곳은 겨울철 눈 덮인 목조건물의 낭만적인 분위기와 센과 치히로의 행방불명의 배경지로 인기가 많다. 많은 관광객으로 인한 오버투어리즘 문제가 제기되면서 입장료 도입으로 겨울철 방문 규제가 시작되었다.

많은 방문객들이 사진촬영을 하며 전통음식을 즐기고 있다. 문제는 지역주민들이 증가하는 방문객으로 인해 큰 불편을 느끼는 점이다. 붐비는 관광객으로 인한 소음, 주차와 교통문제 등이다. 주민생활을 보호하기 위해서 2025년 1월 7일부터 긴잔온천은 약 1만 6백 원 정도의 입장료를 도입하고 있다. 저녁 5시 이후에는 입장권이 있어야 이곳에 들어올 수 있다. 현지 호텔 예약이 없는 방문객은 밤 8시 이후에는 출입이 금지되는 상황이다. 자동차 운전자는 외곽의 관광센터에 차량을 주차하고 셔틀버스를 이용해야 한다. 새로운 규제는 안전과 관광 질을 개선하기 위한 것으로 전해진다(BP NEWS, 2025.1.8; www.blapumnews.com).

깊은 산골로 인식되었던 이곳이 많은 관광객의 유입으로 복잡해지며 사고도 일어나고 지역주민들에게 오히려 피해가 되는 상황에서 도입되는 관광세는 과잉관광의 결과물로 보인다. 그러나 이러한 세금이 지역의 혼란을 방지하고 시스템

---

8) NHK 연속 TV소설 오싱의 배경지를 계기로 일본 전국적으로 유명해진 곳이다(위키백과).

을 정비하는 효과적인 재원으로 사용된다면 더 나은 지역주민과 관광객 간에 공존의 관광이 구축될 것으로 사료된다.

나) 일본의 국제관광 여객세

중앙일보 보도에 의하면 일본 정부와 여당은 출국세 명목으로 징수하는 국제관광여객세를 현행 1,000엔에서 향후 3~5배 정도 인상하려는 방안을 검토하는 것으로 알려진다. 우리나라는 참고로 출국납부금이 2024년 7월 1일부터 10,000원에서 7,000원으로 인하되어 시행되고 있다.

호주와 이집트는 약 3~5만 원 정도인 것으로 알려진다. 국제관광여객세는 현재 일본에 입국하는 외래관광객의 증가에 따른 고려사항으로 보인다. 다시 말해 오버투어리즘(과잉관광)문제로 인한 것이다. 2024년 방일한 외국인은 3,687만 명이다. 그리고 2023 회계연도인 2023년 3월부터 2024년 3월까지의 출국세 세수는 약 3,854억 원이었고 2025년 회계연도는 약 4,733억 원으로 증가할 것으로 전망하고 있다(중앙일보, 2025.2.28).

일본에서 국제관광여객세는 외국인 관광객 유치를 위한 홍보 활동, 리조트 지역 정비에 사용되었다. 인상 후에는 관광지 교통체계 개선, 공항 시설 정비에도 사용할 것으로 알려진다. 일본에서는 코로나 이후 관광객이 늘며 숙박세를 도입하거나 문화유산 입장료를 인상하는 지자체들이 늘어나는 상황이다. 교토시는 숙박세를 1,000엔(약 9,660원)에서 1만 엔(약 9만 6,600원)으로 10배로 인상한다는 방침이다(중앙일보, 2025.2.28).

갑작스러운 대폭 인상은 지자체에서 관광객의 증가에 따라 부작용에 대응하고 현지의 관광체계와 주민을 위해 세금을 사용하려는 의미로 해석된다. 그러나 관광객의 입장에서는 다소 지나친 부과로 인식된다는 점에서 부정적인 이미지와 부작용도 있을 것으로 사료된다.

▲ 북해도 라벤더 전경: 아름다운 라벤더 꽃을 북해도에서 만날 수 있다.

다) 부탄의 관광세

부탄은 관광세를 1974년부터 부과해 오고 있다. 2023년부터는 100US$로 책정하고 있다. 부탄은 지속가능한 발전 비용(SDF: Sustainable development fee) 명목으로 부과하고 있다. 기존의 1박에 200달러에서 합리적인 수준차원에서 줄인 것으로 보인다.

관광세는 부탄의 사회복지, 개발활동, 환경보존, 문화 진흥 등 관광객을 위한 인프라 및 시설개선에 활용된다(대외경제정책연구원).

〈참고〉 세계의 관광세 부과 증가

세계의 여러 나라에서는 최근 과잉관광의 피해와 관광자원의 보존을 위한 차원에서 관광세를 도입하고 있고 기존의 관광세도 증액하는 움직임을 보이는 상황이다.

인도네시아는 2024년 2월부터 외국인관광객에게 1인당 15만 루피(약 1만 3천 원)의 관광세를 물리고 있다. 태국은 외국인 관광객을 대상으로 입국 시 관광세로 1인당 300바트(약 1만 300원)를 2025년 겨울부터 부과할 예정이다.

그리고 오스트리아 빈과 잘츠부르크에서는 숙박비에 약 3.2%를 추가하며 하와이는 1인당 25달러의 관광세를 부과하고 있다. 부탄, 불가리아, 크로아티아, 체코, 독일 등 관광세 도입이 시행 중이라는 점에서 세계의 전역에 확산되는 상황으로 보면 된다.

스페인 카나리아제도의 8개 섬 중 그란 카나리아섬에 위치한 작은 항구도시인 모간에서는 관광세가 도입되는 것으로 알려진다. 그리고 2024년 7월부터 영국 남부 해안도시인 본머스, 크라이스트처치, 풀에서 1박당 2파운드(약 3,400원)의 관광세를 부과하는 것으로 보도되었다.

스페인 바로셀로나에서도 2024년 10월부터 4유로(약 6천 원)의 관광세가 부과되고 있다.

한편 일본 후지산의 경우 2025년 여름부터 입장료를 자연보호 필수조치 등의 사유로 부과하는 것으로 알려진다. 후지산은 2013년 유네스코 세계문화유산으로 지정되었다. 매년 7월부터 9월까지 두 달 동안만 정상에 오를 수 있다. 입장료 즉 입산료 수입은 인건비, 안전대책에 활용할 방침으로 알려지고 있다.

한편으로 논란이 되는 관광세 도입 상황은 거의 대부분 많은 관광객이 방문하는 지역과 장소를 중심으로 시행되고 있다. 우리나라의 경우, 향후 관광객 증가에 따라 어떤 결정을 하게 될지 지켜보아야 할 것이나 관광대국을 향한 발걸음에 도움이 되어야 하는 정책으로 결정되어야 할 것이다. 지금까지 관광지 입장료를 면제하는 정책을 펼쳐 일련의 관광발전을 이룩한 말레이시아의 행보도 검토되어야 할 것으로 사료된다.[9]

▲ 스페인 마요르카: 신혼부부가 선호하는 도시로 따사로운 기후와 천혜의 자연환경을 갖추고 있다.

9) 조세일보, 2024.3.1; 매일경제 pick, 2024.5.28; 2024.7.21; 한국경제, 2025.3.19

〈참고〉 우리나라 출국납부금 및 공항이용료

우리나라에서는 1997년 항공사업법 시행령에 의해 출국세가 징수되었다. 출국세는 출국납부금을 말한다. 2004년부터는 내외국인 모두 동일하게 1만 원(여객항공 이용자), 1천 원(선박이용자)이 부과되었다.

2024년 7월 1일부터는 관광출국납부금이 10,000원에서 3,000원 인하되어 7,000원이 되었다. 기존에 2세 미만은 면제였으나 금번에 12세 미만으로 출국납부금이 면제되게 되었다. 그리고 2025년 1월 1일부터 국제질병퇴치기금으로 관광출국납부금 10,000원이 포함되었던 1,000원은 폐지되었다. 출국납부금은 관광진흥개발기금의 재원을 마련하기 위해 문화체육관광부 주관으로 관리되고 있다.

인천공항의 국제공항 이용료는 17,000원이다. 기존에 공항세로 명명된 세금이다. 여객공항이용료는 인천공항공사 등이 주관하여 관리하고 있다. 기타 국내공항의 공항이용료는 12,000원이다. 국내선은 2024년 기준 4,000원(인천공항 5,000원)이 항공요금에 포함되어 공항세인 공항이용료로 부과되고 있다.

정리하면 인천공항에서는 성인 기준 총 24,000원이 관광출국납부금과 인천공항 국제공항이용료로 부과된다. 그리고 기타 국내공항에서는 성인 기준 총 19,000원이 부과되는데 관광출국 납부금과 국내공항의 공항이용료가 포함된 금액이다.[10)]

▲ 인천공항 2청사 출국장 입구: 쉴 수 있는 공간을 잘 조성해 놓고 있다. 화단을 볼 수 있는 것도 인상적이다.

10) 항공위키; airtravelinfo.kr; 온라인 경제미디어 뉴스웨이

3) 오버투어리즘

(1) 오버투어리즘(Overtourism) 이해

오버투어리즘(Overtourism)은 과잉관광에 관련된 문제를 포함한 관광을 말한다. 오버투어리즘은 원인을 몇 가지로 정리할 수 있다. 우리나라 상황을 보더라도 최근 중산층의 확산에 따라 인구의 약 절반 이상이 해외로 여행 가는 것을 보게 된다. 그리고 평균 수명이 연장되는 것도 하나의 요인으로 볼 수 있다. 여가시간의 증가에 따라 해외여행의 수요가 커진 요인으로 볼 수 있다.

그리고 세계관광에 대한 정보의 확산 등을 통해 TV, 인터넷, SNS 등을 통해 해외여행에 대한 정보 등이 공유되어 특정관광지에 대한 선호도가 증가되어 여행이 증가하는 요인으로 여겨진다.

또한 각 국가들의 관광정책과 지역관광 활성화를 위한 노력 등이 작용한다. 관광정책의 긍정적인 영향으로 여행장려정책 등에 따라 요금할인, 무료 숙박권 제공 등도 포함된다.

여행의 형태도 작용한다. 예전에는 단기간에 여러 장소를 보고 오는 여행이었다면 현재는 한곳에서 오랜 시간을 머물러 힐링하며 자기가 원하는 여행을 집중적으로 하는 형태로 변화하며 한 장소에서 장기체류하는 여행이 증가되었다. 예를 들면 코로나 시기를 거치면서 제주도에서 한 달 살기 등 전국적으로 이러한 형태의 여행이 확산되는 상황이 되고 있기도 하다.

한 달 살기의 여행은 국내뿐만 아니라 해외에서도 반영되어 상품화되기도 하였다. 조지아에서 한 달 살기 상품은 인기를 구가하기도 하였다. 상대적으로 낮은 물가, 볼거리, 즐길거리가 많은 조지아에서는 단기체류가 아닌 장기체류를 통해 여행의 만족도를 높이기도 하였다.

이러한 장기체류 형태의 관광은 현지에서는 수용능력을 초과하는 결과를 낳기도 하는 문제가 발생한다. 많은 방문과 체류는 오히려 현지주민에게는 물가상승 등을 유발하고 교통체증, 소음, 거리에 쓰레기 문제 등이 유발되는 현상으로 이어지게 되었다고 할 수 있다. 특히 많은 관광객들이 유입되면서 에어비앤비 같은 숙박 공유서비스로 인해서 주거환경이 불편해지며 층간소음 등의 문제가 발생하는 것이 문제점 중의 하나로 볼 수 있다.

국내 제주도의 경우, 많은 내국인 방문에 따라 일부 지역 식당에서 음식의 질이 저하된 서비스와 고물가 등으로 관광지 선택에서 내국인이 등을 돌리는 문제 등이 발생하였던 사례를 알 수 있다.

물론, 관광의 긍정적인 측면에서 지역경제에 도움이 되며 관광객의 유입으로 경제적인 혜택이 공유되는 측면도 간과해서는 안 된다고 사료된다.

지역에 유입되는 관광객의 과밀화로 인해서 도시가 복잡해지며 교통체증이 늘어나는 과잉관광의 문제 가운데 국내외 대응책은 입장료, 관광세금을 올리는 등의 일련의 조치와 과정으로 대응하는 상황이다.

▲ 튀르키예 이스탄불 성소피아 성당 입구: 성소피아 성당에 입장하기 위해서는 입장권이 요구된다. 입장 티켓을 발권하기 위해 줄을 서서 기다리는 방문객들의 모습이다. 원래는 입장권이 필요 없었던 곳이나 현재 방문을 위해서는 비용을 지불하고 입장해야 한다.

(2) 오버투어리즘 극복

현재 과잉관광으로 인해 문제를 안고 있는 세계의 주요 도시와 지역에서는 관광세 부과, 유입하는 관광객 수를 제한하는 등의 조치를 취하고 있다. 시간 지정제, 예약제 등을 통해 관광객을 분산시키는 정책을 쓰고 있다. 적정 관광객 수를 정하고 관리함으로써 불편을 최소화시키려는 노력으로 볼 수 있다. 그러나 지나치게 높게 부과되는 관광세는 일방적인 결정으로 관광은 두 나라와 국민들의 상호 배려라는 측면에서 우려되는 사안으로 보여진다. 아울러 지역주민들이 관광객 증가로 인해 자신이 받는 혜택이 있다는 것을 인식시키는 것이다. 예를 들면 관광수익이 공개되고 지역사회에 분배되어 긍정적인 혜택이 있다는 것을 알 수 있는 것이다. 현지국가와 현지 도시의 공개정책도 필요하다고 여겨진다.

그리고 새로운 관광지와 관광자원이 개발되어야 한다. 이는 편중적인 관광으로 인해 생기는 여러 문제를 해결하고 관광객 유입으로 인지도를 제고하고 지역경제가 발전하는 차원에서 새로운 관광지가 개발되고 변화되는 방향에서의 차원이다.

그동안 이탈리아 베니스에서 목격되고 문제되었던 지역에 도움이 되지 않고 시끄럽고 쓰레기가 버려지는 저가관광[11]의 피해에서 전환되는 고품격 관광으로의 변화가 필요하다. 고급식당과 호텔에서 관광객들이 품격 있는 관광을 하고 쇼핑을 함으로써 지역경제에 도움이 된다면 관광객은 환영받게 될 것이다. 주민의 삶의 질의 보장과 관광객의 가치가 인정받게 될 것이다. 즉 관광객과 현지주민이 상생하는 차원의 관광이 이뤄질 때 오버투어리즘의 문제도 개선되고 긍정적인 차원에서 변화될 것으로 여겨진다.

즉 관광객과 관광지 주민의 상생이 필요하다. 관광객이 에티켓과 예의를 지키면서 관광활동을 하게 된다면 문화적으로도 더 좋은 경험을 하게 될 것이다.

---

11) 저가관광이란 상식적으로 이해가 되지 않은 여행요금을 통해 고객을 유치하고 이후 여행과정에서 저하된 호텔 제공, 음식의 저하, 지나친 쇼핑과 선택관광 등으로 결국 고객들에게 피해를 주게 되는 악순환의 문제를 야기하는 여행상품을 말한다. 여행경비의 적어도 2~3배는 더 지불하여야 하는 상황에 처하게 되는 문제가 되는 여행상품이다.

그리고 현지주민도 관광객의 유입으로 지역사회에 도움이 되는 경제적 이점 등을 인식한다면 관광의 상생을 도모할 것으로 사료된다.

관광지의 인원을 제한하는 것도 관광객의 안전을 높이고 관광자원을 보존하고 보호한다는 차원에서 지속가능한 관광이 실현될 것으로 보인다. 코로나 시기에 인원을 제한하여 미술관의 입장을 예약제로 운영하였던 사례를 생각할 수 있다. 그리고 우리나라 광릉수목원의 입장객 수 제한도 좋은 예가 될 것이다. 수용력을 근거로 한 관광자원 운영은 보존과 이용이라는 두 가지 긍정적인 필요성을 확보하게 될 것이다.

4) 지역관광 발전 방안

(1) 지역관광 육성

지역관광의 발전이 해당 국가의 관광경쟁력으로 이어져 관광대국으로 이끈다. 세계 주요 관광국가의 경우, 지방관광의 경쟁력이 결국 해당 국가의 관광경쟁력을 제고하여 세계적인 관광국가로 위치하는 것을 볼 수 있다.

최근 튀르키예(터키)가 세계적인 관광대국으로 성장한 이유 가운데 중요한 요인이 지방관광의 활성화라는 점이다. 많은 지방의 도시들이 역사 문화적 문화유산이 많다는 점이 경쟁력을 제고했다는 평가를 하고자 한다. 이스탄불, 안탈리아, 파묵칼레, 카파도키아 지역[12], 앙카라, 이즈미르 등 전국적으로 많은 지역이 선호되어 방문객이 증가하고 있다.

그리고 일본의 인바운드 관광의 부상에는 지방의 여러 도시들의 부상과 선호도로 인해 발전을 가져왔다는 점에서 지방관광의 육성은 매우 필요하다. 수도 도쿄 외에도 나고야, 가고시마, 히로시마, 요코하마, 교토, 나라, 오사카, 후쿠오카, 오키

12) 기암괴석과 열기구로 잘 알려진 카파도키아에서 출발하면 여름에만 볼 수 있는 신비로운 소금호수가 있다. 수도 앙카라와 악사라이 지역에 위치한다. 이곳은 바다였던 곳이 지각변동으로 만들어진 호수로서 건기인 여름철에 수면이 낮아지면서 소금들이 호숫가에 넓게 말라 환상적인 모습을 드러낸다. 세계에서 두 번째로 큰 이 소금호수는 길이 80km로 터키 소금생산의 30%가 생산된다(스투비플래너; www.stubbyplanner.com›guide). 핑크빛이 감돌아 핑크호수로도 불린다.

나와, 삿포로, 고베, 유후, 나가사키 등 많은 지역에 관광객이 방문하고 있다는 점에서도 일본 관광의 성장에 지역관광의 발전이 동인이 되었다.

자체적으로 관광을 활성화하려는 지역이 있는 반면에 의지와 노력이 없는 지자체도 있는 것이 현실이다. 형식적인 관광조직과 관광행사는 실제적으로 관광의 발전과 성장에 기여하지 않는다.

국내에 최근 부상하는 지역이 제천으로 약 1천만 명의 관광객을 유치하고 있다. 이는 관광을 활성화시키는 노력과 결실로 보인다. 청풍의 호반 케이블카, 청풍호 관광 모노레일, 청풍호 유람선, 청풍 문화재 단지, 제천 옥순봉 출렁다리, 의림지 등의 시설과 문화관광자원 등이 많은 관광객을 유입시키는 데 주효했던 것으로 평가된다.

▲ 청풍호반 케이블카 전경: 사계절 주변이 아름답게 조망된다. 겨울에는 눈이 와서 주위의 청풍호와 매칭되어 경치가 아름답다.

▲ 이스탄불 전경: 보스포러스 해협 유람선에서 바라본 이스탄불의 모습이 이국적이고 아름답다. 세계 최고의 관광도시로 부상한 이스탄불이다. 멀리 칼라타 타워가 보인다.

▲ 튀르키예 에베소 유적지: 튀르키예는 지방의 많은 유적지 등을 통해 국가관광의 경쟁력을 높이고 있다.

▲ 튀르키예 괴레메 지역 전경: 특이하게 형성되어 있는 자연의 위대함을 목격하게 되는 괴레메 지역이다. 많은 관광객들이 이러한 자연적인 경관에 감탄하며 관광을 즐기고 있다. 지역의 특성을 잘 보여주는 지역관광 콘텐츠이다. 카파도키아 근처에 위치한다.

▲ 강화도의 스페인 마을: 레스토랑, 카페 등이 강화도에 소재한다. 스페인 분위기를 한국에서 느낄 수 있는 이국적인 장소이다. 강화도의 명소 중 하나이다.

(2) 지역관광 수용태세 구축

한국문화관광연구원에서는 지방시대, 방한 외래관광객 지방관광 활성화 방안 연구를 최우수과제로 선정하였다. 연구의 추진과제로 지방관광수용태세 확충을 보면 지방관광 교통망 확충을 제시하고 있다. 항공, 크루즈, 철도 등을 이용하는 방안이다. 그리고 디지털 기반 관광 편의성 제고 및 교통, 숙박, 음식, 쇼핑, 안내서비스를 제시한다(김현주 · 유주; 트래블데일리, 2025.4.3).

상기 제안 내용을 보면 특별하고 새로운 내용은 아니다. 다시 말해 기본적인 요건과 내용을 지방관광의 활성화 차원에서 갖추지 못하고 있다는 지적으로 보면 될 것이다. 교통망의 확충, 관광의 편의성이 높아져야 한다는 지적과 관광을 위한 숙박시설, 외식업 환경, 쇼핑을 위한 여건 조성 등이 필요하다는 의미로 여겨진다.

▲ 용인 한국민속촌 입구: 우리나라 대표적인 관광자원으로 인식되는 한국민속촌은 연중 내외국인의 방문이 많은 곳이다. 교통편, 운영 콘텐츠 개발 등 수용태세 확대를 위해 필요한 요소가 더욱 개발되고 확충되어야 한다.

(3) 지역관광 브랜드 및 인지도 제고

지역관광의 브랜드와 인지도는 하루아침에 형성되는 것이 아니다. 오랜 시간 동안 노력하고 도시의 이미지를 구축한 결과물이다. 세계적인 축제인 독일의 맥주축제는 바이에른주 뮌헨에서 개최되고 있다. 현재 세계 최대의 축제로 인식되며 경제적 효과도 매우 큰 축제로 방문객이 연간 약 600만 이상으로 평가된다. 많은 방문객을 유치하는 축제인 만큼 맥주의 소비도 크다. 뮌헨은 독일 맥주의 도시로 인식되는 데 부족함이 없는 상황이다.

브라질의 리우데자네이루의 삼바축제는 이 도시를 춤과 축제의 상징으로 만들었다. 홋카이도의 삿포로 눈축제도 눈의 도시로 전 세계에 이미지를 구축하며 연간 200만 명의 방문객을 유입시키고 있다.

특색있는 지역관광의 특화는 브랜드를 구축하게 된다. 나아가 도시의 인지도를 높이고 구축하게 된다. 우리나라는 보령의 머드축제를 통해 외국인들에게 대천해수욕장을 기반으로 하고 있는 머드의 우수성을 알리고 체험이 가능한 축제로 어필하여 발전하게 되었다. 관광객을 유입시키고 지역의 관광을 활성화하게 하는 요인이 된다.

많은 지역이 일반적이고 보편화된 그리고 타 지역과 차별성 없이 진행되는 축제는 아무런 의미가 없다. 브랜드와 이미지 나아가 인지도를 구축하지 못한다.

최근에 관광대국으로 부상한 튀르키예의 경우 지역관광의 총제적인 발전과 구축이 결국 세계 5위권의 관광대국으로 부상하게 하였다.

국내의 주목받는 관광지 가운데 관광을 가장 큰 정책 순위로 표방하며 구축해 온 단양군은 이미 오래전부터 관광단양의 이미지를 갖고 있다. 단양8경, 동굴자원 외에도 현대 관광객에게 어필할 수 있는 아쿠아리움, 만천하스카이워크 등의 시설적인 관광자원을 만들어 준비하고 지역관광의 도약을 이뤄왔다는 점에서 고무적이다.

제천시의 경우에도 최근 연간 관광객 약 1천만 명을 유치한바, 의림지, 청풍호 등의 자연자원의 경쟁력 외에도 청풍호 유람선, 청풍호반 케이블카, 청풍호 관광 모노레일, 옥순봉 출렁다리 등 현대인에게 어필하는 관광시설자원을 구축해 온 노력의 결과로 여겨진다. 제천의 특별한 콘텐츠를 보면 가스트로투어이다. 가고 싶은 맛집은 많고 여행기회가 부족한 관광객에게 이색식도락, 맛집여행을 소개하고 있다.

상품을 보면 다음과 같다. 해설사가 동행한다. 여행맛집을 소개한다. 이색 도보

투어를 진행한다. 빨간오뎅, 찹쌀떡 등 제천맛집을 방문한다. A코스는 덩실분식/마당갈비/상동막국수/샌드타임/빨간오뎅 코스이다. B코스는 대장금식당/상동막국수/아침햇살떡베이커리/빨간오뎅/제천맥주 코스이다. 요금은 1시간 50분 소요되며 23,500원이다. 예약은 제천시티투어 공식 홈페이지 또는 (사)제천시관광협의회로 전화 예약을 하면 된다(제천여행 길라잡이).

다른 지자체의 경우도 비슷한 상품이 있겠지만 최근 관광객의 특별한 여행, 즉 관심투어에 부응하는 상품 콘텐츠로 의미가 크다고 사료된다. 이러한 지자체의 노력 등이 관광객 유치에 크게 부응하는 결과를 가져올 것으로 예상된다.

▲ 청풍호의 청풍리조트 전경: 청풍호를 바라보는 위치에 있는 청풍리조트 전경이다. 사우나로 유명하다. 약초와 자연이 좋은 제천은 힐링의 고장으로 인식된다.

▲ 튀르키예 카파도키아 전경: 튀르키예의 카파도키아는 지역관광의 대표적 브랜드이며 튀르키예 관광을 이끄는 주요한 콘텐츠로 역할을 하고 있다. 눈에 덮인 모습이 더욱 특별하다.

〈참고〉 빅데이터로 알아본 뜨는 도시

한국관광데이터랩에서 2025년 4월에 빅데이터로 알아본 뜨는 도시 & 기대되는 도시를 발간하였다. 주요 내용은 다음과 같다.

강원권에서는 강원특별자치도 홍천군이다. 가족여행 핫플로 뜨고 있는 홍천으로 소개한다. 가족 단위로 놀기 좋은 장소가 많은 편으로 평가한다. 외지인 방문자가 21% 증가하였다. 여름 휴가철인 6~8월 방문이 31% 증가하였다. 가을 캠핑 시즌인 9~11월 방문도 29% 증가하였다. 주요 추천 여행장소는 공작산 수타사 생태숲, 용오름 계곡, 더파크 등의 증가율이 높다.

홍천군은 자연이 아름다운 곳으로 인근에 인제군을 통해 설악산으로 이동할 수 있는 곳에 위치한다. 홍천강은 한강의 주요한 지류이다. 예전부터 사람들이 많이 찾는 곳이며 캠핑, 낚시 등으로 방문한다. 그리고 최근에는 홍천강 꽁꽁축제에서 송어 얼음낚시 등을 즐기기 위해 방문하고 있다.

수도권에서는 인천광역시 중구 오션로드와 경기도 수원시 장안구 일일투어이다. 인천은 바닷가를 중심으로 신상 명소가 늘고 있는 도시로 인스파이어 엔터테인먼트 리조트 오픈 이후에 인근 해수욕장의 관광객이 증가하는 추세로 평가한다. 외지인 방문자가 32% 증가하였다. 상상플랫폼, 하나개해수욕장, 인스파이어 아레나가 주요 추천 여행장소로 방문 증가율이 높다.

상상플랫폼은 차이나타운, 개항장과 인접한 아시아 최대의 곡물창고였다. 그러나 현대적인 감각을 더하여 인천에 문화와 예술을 공급하는 새로운 공간으로 거듭났다. 미술 전시 등 복합문화관광시설로서 역할하고 있다(대한민국 구석구석).

방문하면 이러한 공간의 변화에 놀라며 층고도 높고 휴식공간으로 이용되기도 한다. 주위에 월미바다열차를 이용하면 좋다. 모노레일에 탑승하여 월미도 주변을 약 40분간 문화관광해설사의 설명을 들으며 힐링 관광의 기회를 가질 수 있다. 주변에 한국이민사박물관, 국립 인천해양박물관도 관람할 수 있다.

▲ 상상플랫폼 내부: 현재는 쉬는 공간도 있고 미술 등 전시관도 있고 식당, 카페 등도 있다. 원래는 곡물창고였으나 현재는 문화공간으로 변신한 케이스로 의미가 있다.

수원시 장안구는 떠오르는 퀵턴 여행의 성지로 쇼핑몰 등 당일치기 놀러 가기에 풍부한 도시로 평가한다. 2024년 당일여행 비중이 95.6%로 나타났다. 스타필드 수원, 광교저수지, 일원수목원이 증가율이 높고 추천된다. 외지인 방문자는 20%의 증가율을 나타낸다.

스타필드 수원은 쇼핑복합시설이다. 종류가 다양하고 가성비가 좋고 매장이 넓으며 친절한 안내 등에 만족도가 높은 장소로 평가된다. 참고로 스타필드 고양, 스타필드 하남, 스타필드 시티 부천, 스타필드 코엑스몰, 스타필드 시티 위례, 스타필드 안성, 스타필드 명지(부산 강서구) 등이 영업 중에 있다.

▲ 수원 화성 행리단길 거리: 이곳은 젊은이들이 많이 방문하는 맛집 등이 있는 거리로 주말에는 많은 사람들이 방문하고 있다.

충청권에서는 충북 충주시가 낭만여행으로 그리고 보은군은 산캉스로 선정되었다. 충주시는 물멍하고 온천하고 충주호 따라 낭만적인 여행이 가능한 도시로 평가된다. 외지인 방문자는 19% 증가하였다. 악어봉, 수주팔봉[13], 수안보온천 족욕체험장이 방문 증가율이 높고 추천되는 장소이다. 충주시는 충북에서 청주시 다음의 제2의 도시이다. 충주댐 벚꽃길, 충주박물관, 활옥동굴, 충주 세계무술공원, 탄금호, 중앙탑사적공원, 충주커피박물관, 천등산 고구마 축제, 능암 온천랜드, 수안보온천 등이 잘 알려져 있다.

▲ 수안보 파크호텔: 수안보에 위치한 수질이 우수하다고 평가되는 수안보 파크호텔의 입구 전경이다. 한국도자기에서 운영한다.

13) 유서 깊은 산책로(트립어드바이저)이다.

보은군은 등산, 물놀이, 템플스테이까지 속리산 바캉스를 즐길 수 있는 도시로 평가하였다. 외지인 방문자는 18% 증가하였다. 속리산 조각공원, 서원계곡, 속리산 세조길이 방문 증가율이 높고 추천되는 여행장소이다. 특히 2023년 5월 문화유산(문화재) 관람료 폐지 이후 속리산 탐방객 증가의 영향도 큰 것으로 평가된다. 속리산 및 속리산 명소 내비게이션 목적지 검색 건수 증가율은 29%를 나타내고 있다.

한편 경남 함양군은 한국관광공사에서 운영하는 빅데이터 플랫폼 한국관광데이터랩의 빅데이터로 알아본 뜨는 도시로 선정[14]되었다. 함양군은 경상권에서 외지인 방문자 증가율이 16%로 가장 높게 나타났다. 8월과 11월에 방문자가 크게 증가하였다. 여름과 가을의 아름다운 자연 경관이 주효한 영향을 미친 것으로 분석되고 있다.

함양군은 한 달 여행 등 장기여행이 권장되고 있다. 지리산의 북쪽에 위치하고 있다. 함양 대봉산 휴양밸리(모노레일), 상림공원, 지리산 자연휴양림, 대봉스카이랜드, 지리산 등이 주효한 장소이다.

빅데이터 분석을 통해 최근에 부각되는 관광지가 소개되고 있다. 이동통신 데이터 분석, 내비게이션 목적지 검색 건수 등을 통해 방문객들이 많이 찾고 방문하는 관광지는 실제적으로 관광지로 선호도가 높아지고 있는 장소라는 점에서 눈여겨볼 장소로 판단된다.[15]

▲ The K-지리산 가족호텔(구례군 소재) 전경: 지리산은 우리나라에서 가장 먼저 국립공원으로 지정된 지역이다. 1967년 12월 29일에 지정되었다. 제1호 국립공원이다. 해발 1,915m(천왕봉)이다. 경남 함양군, 산청군, 하동군과 전북특별자치도 남원시 그리고 전남 구례군에 걸쳐 있다(나무위키). 사진에 있는 지리산 가족호텔은 한국교직원공제회에서 운영하는 3성급 호텔이다.

---

14) 이동통신 데이터 분석, 내비게이션 목적지 검색 건수, 소셜 데이터 분석 등을 종합해 2023년 대비 지난해 외지인 방문자 증가율이 높은 지자체를 평가한 결과이다. 함양군의 대봉스카이랜드는 주효한 레저 및 테마를 위한 방문 장소이다(뉴시스, 2025.4.9).

15) 한국관광데이터랩; 뉴시스, 2025.4.9; 트립어드바이저

〈참고〉 클룩, 외국인 지역관광 증가와 이용 교통기관

문체부와 한국관광공사의 지역관광 활성화 정책에 부응해 지방여행 상품 개발과 이동 서비스 확장에 나선 전 세계 숙박 · 교통 · 액피비티 예약 플랫폼 클룩(Klook)[16)]은 2024년 지방 관광상품 매출이 2023년 대비 42% 증가했다고 15일 밝혔다. 클룩은 한국관광공사의 협업 파트너사이다.

2024년 외국인 대상 고속버스 실시간 예매 서비스의 경우, 올해 1분기 예약 건수가 전년 동기 대비 약 5배(380%) 가까이 성장하였다. 올해 1분기 고속버스를 가장 많이 예약한 국가는 미국이었고 유럽과 일본, 싱가포르 등 모든 국가에서 전년 대비 세 자릿 수 이상의 성장세를 기록하였다. 많이 예약된 노선은 서울-부산, 서울-속초, 서울-여주, 서울-경주, 부산-전주로 나타났다.

KTX 노선별 승차권 예약 건도 서비스 론칭 시점인 지난해 3월 대비 17배(1,600%) 증가하였다. 올해 1분기 가장 많이 예매한 톱3 국가는 미국, 말레이시아, 싱가포르였다. 많이 예약한 노선은 서울-부산, 부산-경주, 서울-전주, 서울-강릉, 서울-여수였다.

관광택시 상품 수는 약 3배(170%) 증가하였다. 올해 1분기 영주, 홍성, 남해, 하동으로 서비스 지역을 확대했다. 2분기에는 안동, 단양, 대전, 포항 상품 등을 추가할 예정으로 알려졌다.

클룩은 국내 각 지역의 특색을 살린 여행상품을 발굴하기 위해 노력한다. 그 결과 2023년 대비 2024년 클룩의 지방관광상품 수는 535개 증가하였다. 상품 수가 가장 많이 증가한 곳은 부산이다. 171개가 추가되었다. 제주, 경기, 강원, 충북, 경북 등이 뒤를 이었다.

외국인의 다양한 교통기관을 통한 지역관광 이용은 매우 바람직한 투어로 주목된다. 부산시도 국제도시로 많은 관심을 받아 상품이 증가하는 것을 확인하게 된다. 제주, 수도권 그리고 강원권의 상품이 증가하는 것도 확인된다.

공항에서 고속버스를 이용하는 외국인의 증가도 보게 된다. 부산, 속초, 여주, 경주, 전주 등이 인기를 얻는 지역으로 보인다. 미국인, 유럽인, 일본인, 싱가포르인 등의 이용이 많다.

KTX의 경우 미국인, 말레이시아인, 싱가포르인의 이용이 많은 것으로 나타났다. 부산, 대구, 경주, 전주, 강릉, 여수의 방문이 많은 것으로 보인다.

택시는 대만인, 싱가포르인, 호주인이 많다. 영주, 홍성, 남해, 하동으로 이동한다. 2분기에는 안동, 단양, 대전, 포항으로 확대된다는 점에서 지역관광의 활성화에 도움이 된다는 차원에서 매우 긍정적이다.

이미 관광활성화를 추구하는 충북 제천 같은 지방도시의 경우, 내국인 중심의 관광택시 상품을 만들어 운행해 오고 있다. 외국인을 위한 관광택시의 확대도 필요하다고 사료된다.[17)]

---

16) 즐길거리와 서비스를 쉽게 예약할 수 있는 전 세계 숙박 · 교통 · 액티비티 예약 플랫폼이다. 2014년 홍콩에서 설립된 클룩은 현재 전 세계 2,700여 개 여행지에서 50만 개 이상의 액티비티를 갖추고, 웹사이트와 모바일 앱을 통해 서비스를 제공한다. 항공은 아직 서비스하지 않고 있다(헤럴드경제, 2025.4.15).

17) 헤럴드경제, 2025.4.15; 여행신문, 2024.4.16

▲ 하동의 케이블카: 케이블카 탑승을 통해 남해바다가 눈앞에 아름답게 조망된다.

▲ 한택식물원 입구: 경기도 용인시 처인구 백암면 소재이다. 산책로가 잘 되어 있고 신기한 식물이 많으며 볼거리가 많다는 평가를 받는다.

▲ 세종대왕릉 전경: 여주시 소재의 세종대왕릉은 영릉으로도 불린다.

관광거점도시 육성

CHAPTER 07

CHAPTER 7

관광거점도시 육성

1. 관광거점도시 육성방법

1) 부산

부산은 국제관광도시로 문화체육관광부가 선정하였다. 2020년부터 본격적인 사업을 시작하였다. 5년간 500억 원이 투입됐다. 부산광역시는 한국관광의 미래 원더풀 부산을 비전으로 하여 관광거점도시 육성 사업에 선정되었다.

부산광역시는 기본적인 관광시설이 가장 우수하고 우리나라의 새로운 관문도시 기능을 담당할 수 있는 국제관광도시로 발전할 수 있는 가능성을 높게 평가 받은 것으로 알려진다.

2020년 관광거점도시 육성 예산은 159억 원이 투입되는 것으로 알려진다. 부산시에는 43억 원[1)]이 배정된다.

1) 전략 수립 3억 원, 도시관광 수용태세 및 환경정비에 40억 원 투입된다(세계일보, 2020.1.28; segye.com).

여행 플랫폼 트립닷컴의 2024년 1~11월 한국 여행 트렌드 데이터에 따르면 부산은 외국인이 가장 많이 방문하는 세 번째 도시이며 국내여행자들이 많이 방문하는 세 번째 도시(라이프, 2025.1.10; m.wikitree.co.kr)이기도 하다.

그리고 부산은 국내 여행객 지역 검색 순위 1위이다. 올해 대한민국 구석구석에서 가장 많이 검색한 지역이 부산 1위로 나타났다(라이프, 2025.1.7; m.wikitree.co.kr).

부산은 제주와 함께 우리나라 사람들이 선호하는 가장 대표적인 관광지로 인식되고 있다.

2) 강릉

강릉은 2020년부터 지역관광거점도시[2)]에 선정되어 사업을 시작하였다. 문화체육관광부가 선정하였다. 강릉시는 Go East Beautiful City, 강릉을 비전으로 하여 육성 사업에 선정되었다. 5년간 총사업비 1천억 원이다. 국제관광 서비스 향상을 위한 인프라 확충, 콘텐츠 개발, 홍보마케팅 등 사업개선을 통해 아름다운 도시 강릉을 만들고, 외국 방문객 유치활동 스펙트럼을 넓혀 나가기로 계획을 잡고 있다. 아울러 KTX철도, 양양공항, 동해항 등 교통 인프라를 기반으로 대한민국 동북권 관광 국제 허브도시를 만들기 위한 노력을 기울이고 있다.

강릉시의 지역관광거점도시 선정에는 평창동계올림픽 유산을 활용한 관광자원 기반을 장점으로 선정되는 데 도움이 된 것으로 평가된다.

2) 외국인 관광객 수요를 반영하여 도시관광 전반의 계획을 세우고 관광환경과 안내체계를 정비하는 등 필수적인 사업부터 추진한다. 관광객 입출국 시 환승 편의 제고, 접근성을 높이기 위한 스마트 안내체계 및 관광지 순환 교통체계 등의 구축, 숙박시설 확충과 면세점 즉시 환급 같은 쇼핑 편의 제공 등이 포함되는 내용이 지역관광거점도시와 국제관광도시의 2020년 주요 구축 내용이다(세계일보, 2020.1.28).

▲ 강릉 선교장: 국가민속문화유산으로 지정된 선교장의 전경이다. 강릉시 운정동에 있는 고가로 조선시대의 유적건조물, 주거생활, 주거건축, 가옥을 잘 보존하고 있다.

3) 전주

전주는 2020년부터 지역관광거점도시에 선정되어 사업을 시작하였다. 문화체육관광부가 선정하였다. 전주시는 가장 한국적인 한(韓)문화 거점도시, 전주를 비전으로 하여 육성 사업에 선정되었다. 전주시는 5년간 1,300억 원이 투입되는 것으로 알려졌다. 한옥마을, 팔복동예술공장, 서학동예술마을이 중심이 된다.

전주시는 한옥마을의 관광성과 전북 지자체와 협력하여 관광상품을 계획하는 등 지역관광거점으로서의 역할을 높게 평가받은 것으로 전해진다.

4) 안동

안동은 2020년부터 지역관광거점도시에 선정되어 사업을 시작하였다. 문화체육관광부가 선정하였다. 안동시는 글로벌 No.1 유교중심의 전통문화 관광도시를 비전으로 하여 육성 사업에 선정되었다.

안동시는 유교문화자원을 활용한 사업 비전이 특징으로 좋은 평가를 받은 것으로 평가된다. 그리고 경북권 인근의 지자체와 협업 체계를 구축한 내륙관광거점으로의 발전 잠재력도 인정받은 것으로 알려진다.

▲ 안동 임청각 전경: 독립운동가 이상룡의 생가인 임청각의 모습이다. 보물 제182호로 지정되었다. 전통한옥 및 고택의 가치를 지니고 있고 특히 훌륭한 애국지사의 가옥으로 의미가 크다.

▲ 병산서원 전경: 가장 아름다운 서원이며 서원건축의 백미로 평가된다. 안동시 풍천면 병산길에 위치한다. 사적 260호이다. 입교당은 가르침을 바로 세운다는 의미이다. 이곳에 앉으면 앞에 낙동강이 흐르고 만대루가 눈에 들어온다. 여름에는 배롱나무의 꽃이 아름답다.

▲ 만대루 전경: 입교당에서 바로 보면 보인다. 앞에는 낙동강이 흐른다. 하회마을이 가까운 거리에 위치한다.

5) 목포

목포는 2020년부터 지역관광거점도시에 선정되어 사업을 시작하였다. 문화체육관광부가 선정하였다. 목포시는 대한민국 서남해안권 관광거점 목표를 실현하는 비전으로 육성 사업에 선정되었다.

목포시는 근대역사문화와 음식문화, 섬 등 지역 특화자원의 잠재력을 높게 평가받은 것으로 평가된다.

참고로 2020년 지역관광거점도시 4곳에는 각 21억 5천만, 총 86억 원이 책정되었다. 관광거점도시 홍보 및 컨설팅에는 약 30억 원의 예산이 책정(세계일보, 2020.1.28; segye.com)된 것으로 알려진다.

2. 지역별 관광 특화[3)]

1) 수도권

(1) 한국민속촌

조선시대의 생활상을 재현, 전시한 야외민속박물관으로 한국의 전통문화를 배우고 체험하며 즐길 수 있는 전통문화 테마파크이다. 한국민속촌 내에는 편의시설인 상가마을, 조선시대 가옥 등으로 구성된 민속마을, 어트랙션이 있는 놀이마을, 먹거리가 있는 장터로 구성된다. 홍과 얼을 담은 전통예술공연도 펼쳐진다. 한국민속촌은 1974년에 설립되었다(www.koreanfolk.co.kr; 여행의 설렘 용인).

교육적 · 관광적 가치가 높이 평가되는 곳이다.

▲ 한국민속촌: 외국인들도 한국문화와 전통가옥에 대한 관심 등으로 이곳을 많이 찾고 있다. 사진은 관아 입구이다.

3) 특화 장소는 최근에 매체 등을 통해 보도되는 지역, 인터넷 등을 통해 가볼 만한 곳 등으로 추천되는 지역과 장소를 중심으로 정리하였다. 우리나라의 가장 대표적인 관광자원임에도 불구하고 누락될 수 있음을 명시하고자 한다.

▲ 한국민속촌 탈공방: 탈을 만드는 장인이 운영하고 있다. 외국인들에게는 특히 인상적인 장소로 인기가 많다.

(2) 서울랜드

우리나라를 대표하는 대형 테마파크이다. 가족과 함께 가기 좋은 다양한 어트랙션과 화려한 공연이 펼쳐지는 곳이다. 야간개장 시 불꽃놀이, 레이저쇼, 도심 속 불빛축제 루나파크가 볼 만하다는 평가이다. 과천에 위치하며 주위에 청계산 등으로 둘러싸여 자연경관이 좋다. 근처에 국립현대미술관 과천관이 위치하고 있다.

▲ 코끼리열차: 서울랜드 안을 순회하는 코끼리열차의 모습이다. 노약자나 도보가 어려운 방문객들에게는 유용한 이동수단이다.

(3) 아침고요수목원

경기도 가평에 위치한 명소이다. 힐링하기 좋은 곳이다. 축령산의 울창한 잣나무숲에 둘러싸여 있다. 풍경이 좋고 탑곡계곡의 물소리도 좋다. 영화 편지의 배경 장소이다. 테마공원은 곳곳에 각양각색의 들꽃과 원예종 수목들이 흐트러져 있어서 이국적인 풍경을 연출한다는 평가를 받는다(고종원 외, 2024: 89).

가평군 상면에 있는 원예수목원으로 삼육대학교 원예학과 한상경 교수가 설계 및 조경하여 1996년 5월에 개원하였다. 총 10만 평으로 5,000종의 식물을 관람할 수 있다(나무위키; www.morningcalm.co.kr).

(4) 에버랜드

용인시 처인구 포곡읍에 위치한다. 향수산 자락에 있다. 국내의 최초 및 최대 테마파크이다. 짜릿한 스릴을 즐기는 어트랙션, 동물과 교감할 수 있는 주토피아, 국내 최대 생태형 사파리 로스트 밸리, 자연과 함께하는 힐링정원 플랜토피아 등 즐길거리가 많다. 계절마다 다른 축제도 열린다(www.everland.com; 여행의 설렘 용인).

1년 365일 개장하는 만족도가 높은 주제공원이다. 5개 테마존의 40여 종의 최신 어트랙션을 갖추고 있다. 1976년에 개장하였다. 면적은 1,488,000㎡로 삼성물산이 소유주이다. 처음에는 용인자연농원의 명칭으로 시작하였다. 1996년 3월 24일 에버랜드로 명칭을 변경하였다. 현재는 사파리, 급류타기, 눈썰매, 미술관, 레이싱, 수영[4], 숙박시설, 오락실, 캠핑장 등이 운영된다. 2001년 누적 방문객 수 1억 명 돌파, 2013년 8월 9일 누적 방문객 수 2억 명을 돌파하였다(나무위키; 대한민국 구석구석; 고종원 외, 2024: 109).

(5) 종묘

세계문화유산이다. 종로구 종로에 위치한다. 종로 3가역 11번 출구로부터 180m 거리이다. 대인기준 입장료가 1,000원이다.

종묘는 서울특별시 종로구 훈정동에 자리한 조선시대의 역대 왕과 왕비 및 추존된 왕과 왕비의 신주(神主)를 모신 조선 왕실, 대한제국 황실의 유교 사당이다. 면적은 186,786㎡이다. 태묘(太廟)라고도 한다. 1963년 사적으로 지정되었다. 1995년 12월 6일 독일 베를린에서 개최된 제19차 세계유산위원회에서 유네스코 세계유산으로 등재되었다. 국가유산청에서 소유하며 국가유산청 궁능유적본부 종료관리소에서 관리한다(나무위키).

문화관광해설사를 통해 안내를 받게 되면 50분 정도 소요된다. 면적은 5만 6천 평으로 소개한다. 사당인 정전, 별도사당인 영령전 중심으로 안내를 받을 수 있다.

---

4) 워터파크인 캐리비안 베이는 국내 최초의 워터파크이다. 실내외가 연결된 세계 최대 규모의 워터파크로 가치가 크다. 카리브 해안을 테마로 한 최고급 시설과 다양한 어트랙션을 갖추고 있다(www.everland.com/caribbean).

(6) 국립수목원

포천시 소흘읍 광릉수목원로에 위치한다. 식물원 및 수목원이다. 어른 기준 입장료는 1,000원이다. 유네스코 생물권 보전 지역이기도 하다. 대한민국산림청 산하의 정부기관이다. 총 1,124ha 규모이다.

국립수목원은 광릉시험림의 천연림을 이용하여 수목원을 조성하였다. 수목원 내에는 산림에 관한 모든 자료를 전시한 산림박물관이 있다. 수목원과 박물관 공사는 1985년에 착수하여 1987년 4월 5일 개장하였다. 뒤를 이어 1989년 삼림욕장을 개장하였다. 1991년에는 산림동물원을 개원하여 산림에 대한 대국민 홍보에 지대한 역할을 하여 왔다. 그러나 숲의 보존이 큰 문제로 대두되면서 1997년부터 산림욕장을 폐쇄하였으며, 주말과 공휴일 입장을 제한하고 5일 전 예약제를 도입하여 1일 입장객을 5,000명 이하로 제한하였다(나무위키; 대한민국 구석구석).

방문을 하면 공기가 매우 신선하다. 특히 비가 온 이후에는 나무 등으로부터 나오는 향취가 인상적인 지역으로 가치가 있다.

(7) 국립중앙박물관

문화체육관광부에 속해 있다. 관람시간은 수요일과 토요일을 제외하고 10시~18시까지이다. 수요일과 토요일은 야간개장으로 21시까지 관람[5]이 가능하다. 상설전시와 어린이 박물관은 입장료가 무료이며 특별전시는 유료이다. 디지털 실감 영상관도 운영된다.

신라 5세기 후반의 국보인 경주시 황남대총 북분에서 출토한 금관, 신라 6세기의 국보인 기마 인물형 토기, 삼국시대의 국보인 반가사유상, 고려시대(12세기)의 국보 청자참외모양병, 조선시대(18세기) 보물인 백자 달항아리가 주효한 문화유산으로 관람이 가능하다.

상설전시관에는 구석기시대 주먹도끼부터 삼국시대의 화려한 금관, 고려시대의 정교한 청자와 조선시대 거장의 회화까지 다양한 소장품이 전시되어 있다.

---

5) 경천사 삼층석탑은 고려시대(1348년)의 국보이다. 삼층석탑에 새겨진 다양한 조각에 대한 이야기가 영상으로 소개된다. 야간개장 시간에 관람 가능하다(국립중앙박물관 안내 브로슈어).

전시해설 안내는 한국어, 영어, 중국어, 일본어로 매일 정기 해설코스가 운영된다. 약 1시간 소요된다. 단체를 위한 박물관 명품 해설 코스는 사전 예약이 필요하다. 이야기가 있는 전시해설인 스마트 큐레이터도 사전 예약이 필요하다(국립중앙박물관 안내 브로슈어).

(8) 롯데월드 어드벤처

세계에서 가장 큰 실내테마파크[6)]로 의의를 가진다. 그동안 중국관광객을 중심으로 외래관광객에게도 어필해 온 관광자원으로 의미가 크다. 물론 내국인에게도 많은 인기를 유지하고 있다.

송파구 올림픽로에 위치한다. 잠실역 4번 출구에서 144m에 위치한다. 성인 종일 종합이용권은 64,000원이다. 대부분 야간 22시까지 영업을 한다. 볼거리가 많고 놀이기구가 다양하며 아이와 가기 좋으며 먹거리가 풍부하다는 방문자 리뷰가 많다.

개장은 1989년 7월 12일이다. 대지면적은 128,246㎡, 연면적은 581,645㎡이다. 롯데월드사업부가 운영한다. 실내의 어드벤처, 실외의 매직아일랜드로 구성된다(나무위키).

▲ 롯데월드타워(롯데타워): 롯데월드타워는 서울시 송파구 올림픽로에 위치한 마천루로, 웅장한 전경을 자랑한다. 이 공간에는 롯데월드몰(쇼핑몰), 백화점, 영화관, 콘서트홀, 아쿠아리움, 그리고 서울의 전경을 감상할 수 있는 전망대 등 다양한 레저 및 문화 시설이 집약되어 있다.

6) 1995년 기네스 세계기록(기네스북)에 이름을 올렸다. 그러나 2010년 대지면적 기준으로 페라리 월드 아부다비에게 최대규모 타이틀을 넘겨주었다. 연간 800만 명이 방문하는 대한민국 대표 테마파크 중 하나다(나무위키).

(9) 경복궁

우리나라의 대표적인 왕의 궁전이다. 많은 관광객들이 경복궁을 방문한다. 종로구 사직로에 위치한다. 경복궁역에서 5번 출구로 나오면 약 200m 거리에 있다. 1963년 1월 21일 사적으로 지정되었다. 면적은 432,703㎡이다. 경복궁이 위치한 한양은 북쪽에 주산인 백악산(북악산)이 자리를 잡고 있고, 서쪽은 인왕산, 남쪽에는 남산, 동쪽에는 낙산이 둘러싸고 있다. 좌묘우사의 원칙에 따라 경복궁의 우측에는 사직단을 두었고, 좌측에는 종묘를 두었다(두산백과).

경복궁은 관리가 잘되어 있다는 평가가 많다. 최근 입구에 월대[7]가 복원되어서 많은 사람들이 더 많은 관심을 갖고 찾아오게 한다. 경복궁은 특히 조선왕조의 법궁(정궁)이며 1963년 1월에 사적으로 지정되었다(위키백과).

▲ 경복궁 경회루: 경회루와 주변 모습이 운치 있는 전경으로 보인다.

(10) 화담숲

경기도 광주시 도척면(곤지암)에 위치한다. 식물원, 수목원으로 구성되어 있다. 산책로가 좋다. 걷는 사람들의 모습이 보인다. 생태수목원이다. LG상록재단이

---

7) 궁궐의 건물 앞에 두는 섬돌이다. 중국말에서는 주변보다 땅이 평평하게 솟아 있도록 만든 곳을 의미한다(나무위키). 궁궐의 정전과 같은 중요한 건물 앞에 설치하는 넓은 기단 형식의 대(臺)이다. 궁중의 각종 행사가 있을 때 이용된다.

우리숲 생태계 복원에 중점을 두고 약 5만 평 대지, 4천3백여 종 국내외 자생 및 도입식물을 17개 테마공원에 조성하였다(고종원, 2022: 426).

방문하면 자연의 경관이 매우 좋다. 특히 비 온 전후에는 공기가 매우 좋다. 모노레일을 탑승하며 전체적인 조망을 하면 좋다.

▲ 화담숲 전경: 아름다운 전경이 펼쳐진다. 여름철 비 온 뒤의 공기가 상쾌하게 느껴지는 곳이다.

(11) 창경궁

종로구 창경궁로에 위치한다. 안국역 3번 출구에서 약 700m 거리이다. 내국인 성인 입장료는 1,000원이다. 창경궁은 서쪽으로 창덕궁과 붙어 있고 남쪽으로는 종묘와 통하는 곳에 위치한다. 원래는 1418년 세종이 즉위하면서 상왕인 태종을 모시기 위해 지은 수강궁이 있던 곳이다. 1483년(성종 14)에 수강궁을 확장하여 세운 별궁이 창경궁이다(한국 미의 재발견-궁궐 · 유교건축).

조선시대에는 창덕궁과 함께 동궐로도 불렸다. 한국관광 100선이다(나무위키; 대한민국 구석구석). 야간개장 시 가볼 만한 곳으로 추천된다. 물빛연화 등 미디어아트가 진행된다. 궁에서의 새로운 느낌을 경험할 수 있다.

〈참고〉 창덕궁 돈화문/인정전

창덕궁의 돈화문은 보물 제383호로 지정되었다. 창덕궁의 정문을 지칭한다. 돈화(敦化)는 백성을 화목하게 교화시킨다는 의미이다. 조선시대 1412년에 창건하고 1608년에 중건하였다.

창덕궁의 인정전은 왕이 외국의 사신을 접견하고 신하들이 임금에게 새해 인사를 드리는 곳이다. 공식적인 국가행사를 치르는 곳이다. 국보 제225호로 1985년 1월 8일에 지정되었다(위키백과; 나무위키).

▲ 창덕궁 정문인 돈화문 전경: 외국인 등 방문객들이 입장하고 있다.

▲ 창덕궁 인정전 전경: 왕의 공식적인 행사를 치르는 장소였던 인정전에 방문객들이 관람하고 있다.

(12) 두물머리

양평군에 위치한다. 북한강과 남한강 두물이 만나서 천혜의 풍광을 자랑하는 대표적인 생태관광지이다. 한국인이 꼭 가봐야 하는 한국관광 100선에 선정된 아름다운 생태명소이다(방방곡곡 경기여행 관광안내지도).

주말에는 수도권에서 많은 사람들이 찾아오고 있다. 자연을 즐길 수 있는 곳이다. 주변의 세미원에도 방문객들이 많이 찾아온다.

▲ 두물머리 전경: 자연의 모습을 보러 방문하는 사람들이 특히 주말에 많다. 가족들과 나들이하는 모습이 눈에 많이 띈다.

(13) 자라섬

가평군에 위치한다. 4개 섬으로 이뤄진 자라섬은 레저 및 생태공원 시설이 갖춰져 있다. 캠핑으로도 유명하다. 자라섬 국제페스티벌이 열리는 곳으로도 유명하다(방방곡곡 경기여행 관광안내지도).

(14) 행주산성

고양시에 위치한다. 국가지정문화재 사적 제56호로 지정되었다. 임진왜란 시 행주대첩으로 나라를 구한 호국 전적지이다. 권율 장군의 업적이 빛나는 곳이다.

신년 해맞이 등 다양한 행사와 프로그램을 즐길 수 있는 관광명소이다(방방곡곡 경기여행 관광안내지도).

▲ 행주산성: 멀리 서울 시내가 보인다. 고양시 소재이며 서울 가깝게 위치한다.

(15) 물향기수목원

'물과 나무와 인간의 만남'이라는 주제로 2000년부터 2005년까지 조성되어 2006년 5월 개원하였다. 수목원은 경기도 오산시 수청동 일대에 있다. 규모는 34ha이고 24개 주제원으로 구성된다. 보유식물은 총 1,987종이다(경기도 산림환경연구소).

연간 35만 명 이상이 방문하는 경기도의 대표적인 수목원이다. 예부터 맑은 물이 흐르는 곳이라 하여 수청동의 지명에서 유래하여 물향기수목원이라 이름이 지어졌다. 무장애여행지이다(대한민국 구석구석). 경기도의 관광명소이다.

(16) 서울숲

서울시 성동구 뚝섬로에 소재한다. 숲 및 숲길로 생태숲이다. 뚝섬 일대 15만 평의 면적에 조성된 시민공원이다. 서울특별시가 뚝섬 숲 조성 기본계획에 따라 기존의 뚝섬체육공원 일대를 대규모 도시 숲으로 만들기 위해 2004년 4월 6일부터 공사를 시작하고 2005년 6월에 문을 열었다. 뷰가 좋고 사진이 잘 나오며 볼거리가 많고 피크닉하기 좋다는 리뷰가 많다(두산백과).

봄에는 튤립, 벚꽃이 만개하여 걷기 좋다는 평가이다. 가족소풍을 하기에 좋은 장소로 추천된다. 도시의 정원으로 가치가 높다. 테마공원으로 의미가 크다.

(17) 송도 센트럴파크

센트럴파크역 3번 출구에서 708m 거리에 있는 근린공원이다. 전망이 좋고 관리가 잘 되어 있으며 산책로가 좋다는 리뷰가 많다.

면적은 370,748㎡로 약 11만 평이다. 인공수로에는 수상 택시, 카누 등 수상레저시설이 갖춰져 있다. 송도의 랜드마크로 휴식공간이기도 하다(나무위키; www.insiseol.or.kr).

송도 국제도시는 마천루가 많고 웅장하다. 인천광역시 경제자유구역으로 국제도시를 표방하며 건설이 현재도 진행 중이다. 이곳의 일몰 시 경관은 아름답다.

▲ 인천 송도 아트센터: 송도국제도시 내에 위치한 예술공연장인 인천 아트센터의 전경이다.

(18) 월미도

지명은 섬의 생김새가 반달의 꼬리처럼 휘어져 있는 데에서 유래되었다. 인천광역시 중구 북성동에 위치한다. 서울에서 가장 가까운 바다의 한 곳으로 인기가 많다. 카페, 횟집 등이 이어져 있고 해질 무렵에 유람선을 타면 서해의 낙조를 감상할 수 있다(대한민국 구석구석; 고종원 외, 2024: 90).

월미도에는 바이킹 등 유원시설이 있다. 해발 23.75m의 월미공원 전망대는 2005년에 준공되었고 나선형 유리건물로 날씨가 좋으면 인천연안의 섬들과 송도국제도시까지 조망이 가능하다(www.icjg.go.kr; 한국여행발전연구회, 2013: 157).

현재는 월미바다열차가 생겨서 월미도를 모노레일로 40분간 돌면서 주위를 보며 관광할 수 있다. 특히 문화관광해설사의 설명을 들으며 유익한 시간을 보낼 수 있다. 중간에 하차하는 역을 통해 이민박물관, 해양박물관도 방문하여 인천의 역사와 해양자원에 대한 지식을 넓힐 수 있다. 월미바다열차는 국내 최장 도심형 관광모노레일로 의미가 있다. 인천교통공사에서 운영한다.

▲ 월미바다열차 탑승을 하면서 보게 되는 사일로 벽화: 높이 48m로 아파트 22층의 높이다. 외벽에 새겨진 벽화는 세계에서 가장 큰 야외벽화로 2018년 12월 기네스북에 등재되었다. 이 벽화는 전문가 22명이 약 100일 동안 투입되어 작업을 하였다(월미바다열차 안내 브로슈어).

(19) 프티프랑스

경기도 가평군 청평면 호반로에 위치한다. 작은 프랑스의 의미이다. 청평호수 북쪽 11만 7천357㎡ 부지에 조성되었다. 연중무휴로 09시부터 18시까지 운영된다. 마리오네트와 오르골 엔틱 도자기, 전통 가옥 등 유럽의 감성을 느낄 수 있는 주제공원으로 가치가 있다(고종원 외, 2024: 110).

(20) 광명동굴

최근에 가장 대표적인 관광명소화된 자원으로 가치가 높다. 1972년 폐광된 이후 40여 년간 창고로 쓰였던 곳이다. 다채로운 문화공간으로 변신하여 관광객을 유입하고 있다. 역사 및 문화 관광명소로 변모시켰다. 동굴 내부에는 웜홀광장, 빛의 공간, 예술의 전당, 황금궁전 등 문화공간이 다채롭다(방방곡곡경기여행 경기도 관광안내지도). 특히 와인을 저장하는 와인동굴이 있고 와인을 구입할 수 있어서 특색을 더한다.

〈참고〉 서울 시티투어

노랑풍선 시티버스는 승차권 1회 구입으로 하루 종일 자유롭게 모든 정류장에서 승 · 하차가 가능한 도심 순환형 버스이다. 지정좌석제는 아니며 선착순 탑승이다. 만차 시 다음 차량을 이용하면 된다. 야간투어는 무정차 운행으로 중간 정류소에서 발권이 불가능하다. 유의사항 가운데 반려동물의 동반 탑승은 불가하다는 내용이 있다.

전통문화코스, 한강잠실코스, 야간코스(도심), 야간코스(한강)가 운행된다. 전통문화코스 및 한강잠실코스는 성인(19세 이상) 기준으로 23,000원이다. 야간운행코스는 18,000원이다. 매표소는 동대문 디자인플라자이며 출발과 도착 장소이다. 전통문화코스(80분 소요)는 서울의 역사와 문화를 느낄 수 있는 코스로 도심, 고궁, 시장을 탐방한다. 한강잠실코스(100분 소요)는 도심, 한강, 강남을 아우르는 코스로 서울의 다양한 면모를 볼 수 있다. 야간운행코스는 60분 소요되며 도심, 고궁, 시장 등 서울의 전통과 현대가 공존하는 코스로 서울의 야경을 즐길 수 있다(노랑풍선 시티버스안내도).

▲ 서울 시티투어버스: 경복궁 앞을 지나는 서울 시티투어버스의 모습이다. 2층은 개방형으로 관광객들에게 좋은 조망을 주기 위해 설계되어 운영 중이다.

〈참고〉 화성 국제테마파크

신세계그룹과 미국의 종합 엔터테인먼트 기업인 파라마운트가 경기도 화성시에 화성국제테마파크를 조성하고 있다. 127만 평 부지에 테마파크, 호텔, 쇼핑몰, 주거단지 등이 들어선다. 사업비 규모는 4조 6,000억 원이다. 2029년 개장을 목표로 한다.

경기도 화성시 송산면 일대 약 418만 9,000㎡ 부지로 여의도 면적 14배 정도의 규모이다. 복합 리조트형 테마파크로 조성되며 주위에 주거단지도 공동주택, 단독주택 약 6,800가구의 규모이다.

테마파크는 미션임파서블, 트랜스포머 등 파라마운트 영화 콘텐츠를 활용한 놀이기구 및 시설로 채워진다. 파라마운트 IP를 활용한 테마파크 조성은 북미권을 제외하고는 한국이 처음인 것으로 알려진다(뉴시스, 2024.11.22).

착공은 2026년 예정이다. 전체 면적은 127만 평이고 테마파크 면적은 36.3만 평이다. 신세계그룹이 단독응찰을 통해 사업자로 선정되었다. 경기도 남양읍 신외리와 문호리 일원, 송산그린시티 내 약 127만 평 부지 중 119만㎡에 테마파크와 워터파크가 들어설 예정이다. 총 사업비는 9조 4,684억 원 중 약 1조 4천억 원가량이 테마파크에 투입 예정이다(나무위키).

우리나라 수도권인 경기도에 영화와 관련된 테마파크가 들어선다는 것이 의미가 크다. 그리고 지역관광의 발전이 요청되는 상황에서 화성 국제대마파크는 화성시가 속한 경기도의 관광위상이 확대될 것으로 기대된다. 나아가 우리나라 관광의 경쟁력을 제고할 가치있는 현대적 관광자원의 확충이라는 점에서 고무적으로 사료된다(뉴시스, 2024.11.22; 나무위키).

2) 경상권

(1) 포항

포항시는 여행 플랫폼 부킹닷컴이 발표한 5월 황금연휴 국내 여행 트렌드 조사에서 국내 여행지 검색 증가량 1위를 차지하였다. 최근 포항시는 체험형 조형물인 스페이스워크와 호미반도 해안둘레길 등을 조성하며 관광기반을 확충하였다. 그리고 다양한 해양레저 프로그램도 제공한다. 포스코 야경, 해안풍경, 탁 트인 바다를 즐길 수 있는 다양한 명소 등이 매력을 제공한다(BP NEWS; 2025.4.29). 포항시는 해양관광자원의 경쟁력을 지니고 있다.

스페이스워크는 관광명소로 333m의 트랙 길이와 717개의 계단으로 구성되었다. 360도로 펼쳐지는 전경에서는 포항의 아름다운 풍경과 제철소의 야경을 감상할 수 있다. 특히 영일만의 일출과 일몰을 감상할 수 있는 명소로 일출시간에 많은 관광객이 찾는다. 포항의 랜드마크가 된 스페이스워크는 포스코의 사회환원 취지로 기증된 작품이기도 하다. 그리고 호미반도의 둘레길은 한반도의 최동단에 위치한 트레킹 코스이다. 동해면과 호미곶면을 잇는 약 58km의 구간이다. 아름다운 자연을 만끽할 수 있다. 호미반도 해안 둘레길은 일출과 일몰의 명소로 알려져 있다. 호미곶을 방문하면 상생의 손이라는 조형물을 볼 수 있다. 그리고 1908년에 건립된 국내 최대 규모의 호미곶 등대, 등대박물관을 방문할 수 있다(www.balpumnews.com, 2025.4.29).

인근 식당을 방문하여 과메기, 대게, 물회 등 포항의 대표 먹거리도 경험할 수 있다. 구룡포 가옥거리 등 최근 드라마 촬영장소도 인기 방문장소가 되고 있다.

▲ 포항 호미곶 등대 전경: 해안 둘레길 입구에 있는 호미곶 등대의 모습이 보인다.

(2) 청송

청송의 주왕산은 유네스코가 지정한 세계지질공원이다. 자연경관과 지질명소로 인기를 끌고 있다. 탐방로가 개방되면 용추협곡, 용연폭포, 기암단애와 같은 아름다운 자연의 경치를 감상할 수 있다. 주왕산(720.6m)은 백두대간의 등줄기에 위치하여 고산지대의 풍경과 함께 계곡과 암봉이 어우러지는 명소이다. 특히 용추협곡은 1억 년 이상 역사를 자랑하는 화산 폭발로 형성된 응회암이 자연의 침식작용을 거쳐 현재의 절경을 이루었다. 1987년에 주왕산은 국립공원으로 지정되었다. 2025년 봄 발생한 대형산불로 일부 탐방로가 폐쇄된 상태로 다시 탐방로가 순차적으로 개방된다(발품뉴스, 2025.4.24).

(3) 경주

가. 양동마을

2010년 7월에 세계문화유산으로 지정된 곳이다. 경주시 강동면 양동리에 소재한나. 성인 개인 입장료는 4천 원이다. 사진이 잘 나오고 볼거리가 많다는 리뷰가 많다. 주차하기도 편하며 붐비지 않는다는 방문자 리뷰도 많다. 전통 한옥과 초가집이 조화롭게 어우러진 공간이다.

1984년 12월에 국가민속문화재로 지정되어 있다. 유서깊은 면적 969,115㎡의 조선시대의 양반 집성촌이다. 2013년에는 유네스코 세계문화유산협약 선포 40주년 기념 세계 최고의 모범유산(The Best Model Case)으로 선정되었다(위키백과).

나. 항성공원

경주시 용담로에 위치한다. 신라 때 화랑들의 훈련장으로 쓰일 만큼 역사가 오래된 숲에 자리해 있다(대한민국 구석구석).

공원 및 스포츠 시설 단지이다. 경주시민운동장, 경주축구공원, 경주실내체육관 등의 시설이 설치되어 있고 숲으로 조성된 공원이 갖춰져 있다. 경주시 시설관리공단에서 운영한다(위키백과).

▲ 양동마을 전경: 방문 시 걸으며 양동마을을 천천히 둘러보며 들판의 식물들도 볼 수 있다. 가옥에서는 실제로 거주민들이 살고 있다.

다. 경주월드

경주시 보문로에 위치한다. 어른 기준 종일권은 52,000원이다. 놀이기구가 다양하며 볼거리가 많고 주차가 편리하고 아이와 가기 좋다는 방문자 리뷰가 많다.

라. 첨성대

신라시대에 건립된 천문대이다. 1962년 12월 20일에 국보로 지정되었다. 높이 9.17m, 밑지름 4.93m, 윗지름 2.85m이다.

사진이 잘 나오고 산책로가 잘 되어 있으며 볼거리가 많다는 방문자 리뷰가 많다. 봄에 벚꽃이 절정일 때 방문하면 풍경이 아름답다는 평가이다.

신라 제27대 선덕여왕[8] 때 건립된 것으로 추정한다. 경주를 상징하는 랜드마크의 하나이다(대한민국 구석구석).

마. 국립경주박물관

경주시 일정로에 위치한다. 국립박물관으로 성덕대왕신종(국보)을 비롯한 신라시대의 유물을 전시하고 있다. 1913년 경주고적보존회가 결성되고 1915년 옛 객사 건물을 이용하여 신라유물을 수집 및 전시하였다. 1929년 총독부박물관 경주분관이 되었고 1945년 8·15광복과 함께 국립박물관 경주분관으로 출범하였다(두산백과).

바. 불국사

경주시 불국로에 위치한다. 무료입장이 가능한 곳이다. 봄철에는 겹벚꽃 등이 아름답게 만개한 모습을 볼 수 있다. 1995년에 유네스코 세계문화유산에 등재되었다.

구름을 마시고 토한다는 토함산(745m)의 중턱에 자리한다. 찬란한 신라 불교문화의 핵심이다. 신라 법흥왕 15년에 그 어머니 뜻에 따라 나라의 안정과 백성의 평안을 위해 세워졌다. 그 후 신라 경덕왕 10년(751)에 재상 김대성이 다시 지어 절의 면모를 새롭게 하였다. 2009년 12월에 사적으로 지정되었다. 무장애여행지이다(대한민국 구석구석).

사. 천마총

경주시 황남동에 위치한다. 어른 기준 입장료는 3,000원이다. 청마총은 경주시 황남동 고분군에 속하는 제155호 고분이다. 1973년 4월 16일 발굴이 시작되어 8월 20일에 발굴되었다. 장신구류 8,766점, 무기류 1,234점, 마구류 504점, 그릇류 226점, 기타 796점 등 모두 1만 1,500여 점의 유물이 출토되었다. 이 중 일부가 국립경주박물관 별관에 보관되어 있다. 특히 금관과 천마도장니는 관심을 끌고

---

8) 삼국유사에 신라 선덕여왕 때 축조되었다는 기록이 있다(한국민족문화대백과사전).

있다(두산백과).

면적은 602,314㎡(약 20만 평)이다. 유네스코 세계유산으로 경주역사유적지구로 2000년에 등재되었다. 대한민국 사적으로는 2011년 7월에 지정되었다. 천마총은 신라 21대 소지왕 혹은 22대 지증왕 중 잠정적으로 지증왕의 능으로 추정되는 고분이다. 지름 47m, 높이 12.7m이다(나무위키; 위키백과).

아. 석굴암

1995년 유네스코 세계문화유산으로 등재되었다. 신라시대 건축뿐 아니라 한국 건축을 대표한다. 신라 경덕왕 10년(751)에 재상이었던 김재상이 공사를 시작하여 혜공왕 10년(774)에 완성하였다. 2023년 5월 4일부터 무료입장이 가능하다.

세계 유일의 인조 석굴이다. 신라 과학기술과 예술의 집대성으로 평가된다. 불국사에서 산등성이를 타고 등산로로 3km, 신도로로는 9km 거리에 있다. 1962년 12월 국보로 지정되었다. 한국관광 100선, 무장애여행지이기도 하다(대한민국 구석구석).

토함산 중턱에 위치한 암자로 호국불교를 상징하는 대표적인 통일신라의 건축물(나무위키)로 가치를 더한다.

자. 무열왕릉

경주시 서악동에 위치한다. 신라 29대 태종무열왕의 능이다. 1963년 1월 21일 사적으로 지정되었다. 지정면적은 14,169㎡(약 5천 평)이다(두산백과). 봄철에 개나리, 벚꽃이 좋다는 평가이다.

무열왕릉(신라 제29대 태종무열왕, 재위 654~661)은 김춘추의 능이다. 태종무열왕의 능 앞에 세워진 태종무열왕릉비는 국가유산청에 의해 1962년 12월 국보로 지정되었다(한국민속문화대백과사전).

▲ 경주의 힐튼호텔: 숙박시설은 관광객의 수용을 위해 중요한 인프라로 역할한다. 그러므로 수용태세는 중요한 관광의 요소이다.

3) 전북권

(1) 임실군

임실군은 최근에 관광지로 부각되고 있다. 이미 아름다운 옥정호의 경쟁력을 지녀온 곳으로 인기가 높아지고 있는 지역이다. 특히 임실치즈 테마파크는 주위의 머루 와이너리와도 매칭된다. 주요한 방문 권장지역은 붕어섬 생태공원, 옥정호 출렁다리, 전북특별자치도 119 안전체험관, 사선대(문화유적지)이다.

임실군의 인구는 2만 5천 명이다. 천만 관광객을 위해 노력한다. 2025년을 임실군은 임실 방문의 해로 정하고 천만 관광객 유치를 목표로 사계절 축제를 통해 관광을 활성화하려는 목표를 세운 것으로 알려진다. 이미 2024년 약 888만 명이 임실을 방문하였다. 임실군의 대표적인 축제는 임실 N치즈축제, 벚꽃축제, 필봉마을 굿축제 등 다양한 문화축제가 있다. 옥정호는 섬진강 다목적댐이 만든 거대한 인공호수이다. 호남정맥을 따라 오봉산, 국사봉, 회문산과 연계되어 사계절 내내 각기 다른 풍경을 제공한다는 평가이다. 붕어섬은 이곳에서의 유명한 명소로 420미터의 출렁다리와 함께 멋진 경관을 자랑한다. 붕어섬과 옥정호는 아침 물안개가 피오오르는 장면이 유명하다. 옥정호 주변의 물안개길은 13km에 이른다(BP NEWS, 2025.4.20).

임실군은 지리산 자락에 있는 지역으로 자연환경이 매우 자연친화적이다. 옥정호의 아름다운 모습이 경쟁력을 지닌다. 치즈가 유명한 지역으로 좋은 경험을 할 수 있다. 주변에 가까운 남원시, 부안군, 구례군 등과 연계한 관광이 권장된다. 전주에서 접근성이 좋아 많이 찾아오는 지역이기도 하다.

▲ 그랑게 카페: 임실군 운암면 종운로 소재이다. 옥정호의 뷰가 좋다는 방문자 뷰가 많은 장소이다.

(2) 전주가정식백반

전주는 한국관광데이터랩의 세대별 인기관광지 데이터를 활용해 분석한 데이터[9]에 의해 선정된 지역이다. 전주의 명소인 전주한옥마을은 전국 최대 규모의 한옥촌으로 700채가 넘는 한옥이 들어서 있다. 전주월드컵경기장도 인기 있다. 전주동물원에는 수달, 표범, 토끼, 에조불곰, 사막여우, 몽구스 등 동물이 있다. 최근에는 도심에서 포획된 마블포스가 입식되었다. 도심을 돌아다니던 떠돌이 수컷 여우로 키우다 잃어버렸거나 유기된 것으로 추정된다(여행플러스, 2025.3.23).

전주의 추천명소는 폐공장을 개조한 팔복예술공장, 생태공원인 아중호수, 전북문화재자료 제2호인 동고사, 전북 기념물 제107호 전라감영, 전주역사박물관, 국립전주박물관, 전주한지박물관이 있다. 최근에는 MZ세대들이 즐겨찾는 핫플레이스인 객사길(객리단길)이 알려져 있다.

전주는 전주비빔밥, 순대국밥, 전주콩나물국밥, 전주한정식, 전주가정식백반, 전주막걸리 한상 등 음식이 유명하다. 축제에 관련해서는 전지한지문화축제, 전주국제영화제, 전주문화재야행, 전주대사습놀이, 전주세계소리축제, 전주비빔밥축제가 있다. 경기전 역사투어, 향교 선비길 투어, 태조 이성계 로드 투어, 한옥마을 골목길 투어, 전라감영 정기 및 야간해설투어 등 전주 한옥마을투어가 진행된다(전주 Travel Map).

(3) 군산

군산은 근대도시의 문화를 간직하고 있는 곳이다. 예전부터 교통의 요지였다. 특히 선유도해수욕장은 천연 해안사구 해수욕장으로 투명한 물빛이 특징이다. 수심이 얕고 높은 파도가 없어 해양활동을 하기에 좋다. 선유도의 8경 중 하나이다(여행플러스, 2025.3.23).

---

9) 2024년 3월부터 2025년 2월까지 20대부터 60대 이상 국민의 티맵 모빌리티 내비게이션 데이터를 활용한 검색 건수 합계가 높은 관광지의 비율이 높은 지역으로 선정되었다. 전주한옥마을, 전주월드컵경기장, 전주동물원, 군산시 선유도해수욕장, 전남 담양군 죽녹원, 여수 오동도, 여수 향일암, 구례군 구례화엄사, 충북 진천군 진천농다리, 충주 활옥동굴, 청주 떼제베CC, 단양군 만천하스카이워크, 청주 오창호수공원, 충남 보령 대천해수욕장, 당진 삽교호 관광지, 천안 독립기념관, 공주시 동학사, 태안반도 삼길포항이 선정되었다(여행플러스, 2025.3.23).

▲ 군산 근대문화유산 안내판: 전북의 대표도시인 군산에는 근대문화유산 유적지가 많다. 이성당 빵집도 전국적으로 유명하다.

(4) 고창

고창군은 복분자가 유명하다. 그리고 유명사찰 선운사도 알려져 있다. 수선화과의 꽃인 석산과 단풍이 아름다워 많은 방문객이 찾아오는 곳이다.

고창읍성은 조선 1453년에 축성된 자연석 성곽이다. 백제와 고려시대를 거쳐 오늘까지 이어 온 역사를 간직한다. 철쭉이 만개하는 봄철에 아름다움이 절정에 이른다. 성곽 안쪽에는 500년 이상의 노송들을 보게 된다. 고창읍성에서 시가지 풍경을 조망할 수 있다. 고창읍성 주변에는 고창문화의 전당, 판소리박물관, 신재효판소리공원 등이 있다(www.balpumnews.com, 2025.4.25).

4) 대구권

(1) 서문시장

대구시 중구 달성로에 위치한다. 지하철 서문시장역 2번 출구에서 11m 거리이다. 먹거리가 많은 곳으로 알려져 있다. 그리고 볼거리도 많고 친절하다는 평가가 많다.

대구 최대의 재래시장이다. 그리고 정치인들이 많이 방문하는 장소이기도 하다.

(2) 팔공산 케이블카

대구시 동구 팔공산로에 위치한다. 대인 기준 왕복 탑승권은 14,000원이다. 경사가 있고 긴 코스이기에 경치를 구경하면서 스릴도 함께 누릴 수 있다. 정원은 6인승이다. 24대가 40초 간격으로 자동 왕복 순환한다. 이곳은 무장애여행지이기도 하다(대한민국 구석구석).

팔공산 케이블카는 아름다운 자연을 감상할 수 있는 코스로 선호된다. 팔공산과 대구 시내를 한눈에 볼 수 있다. 해발 820m의 케이블카 정상역까지 오르면 전망이 좋다(대구관광안내).

(3) 대구 수성못

대구 수성구 두산동에 위치한다. 유원지이다. 면적은 1,215만㎡이다(두산백과). 가족들의 나들이가 많다. 야경도 좋다. 수변 산책하면 좋고 분수쇼도 즐길 수 있다. 주위에 연꽃, 갈대, 왕벚나무, 버드나무 등을 볼 수 있다. 전국 철인 3종 경기대회도 이곳에서 열린다.

(4) 김광석다시그리기길

김광석 거리는 고인을 추모하는 사람들이나 그의 노래를 사랑하는 사람들이 관심을 갖고 의미를 부여하며 방문하는 곳이다. 그의 동상이나 벽화로 그를 그린 그림들이 곳곳에서 보여진다. 방문하면 들리는 그의 노래가 진한 감동을 준다. '거리에서' 등 인기곡들이 많다.

(5) 계산성당

1886년 로베르 신부가 경상도 지역에 천주교를 전파하다가 1897년에 현재의 계산동 성당 자리에 있던 초가집을 임시 성당으로 사용하였다. 1899년에 한식 목조 십자형의 성당을 지었으나, 다음 해에 화재로 불 타 1902년에 현재의 성당을 짓게 되었다(국가유산청 국가유산포털).

경상도에서 가장 오래된 성당이다. 범어대성당과 함께 천주교 대구 대교구의 공동 주교좌성당이다(열린관광 모두의 여행).

(6) 83 타워

대구 달서구 두류공원로에 위치한다. 전망대, 뮤지컬뮤지엄, 아이스링크를 갖추고 있다. 입장료는 10,000~15,000원이다. 뷰가 좋고 사진이 잘 나오며 야경이 멋지고 볼거리가 많다는 방문자 리뷰가 많다.

완공 시기는 1992년이며 우리나라에서 세 번째로 높은 탑이다. 시공사는 우방이다. 높이 202m이다. 도심 속에 우뚝 솟은 대구의 랜드마크 두류공원 내에 위치한 유럽형 테마공원에 조성된 타워이다. 대구 전경을 한눈에 내려다볼 수 있다(나무위키; 대구관광안내).

봄철의 주위에 벚꽃이 아름답다. 공룡 전시회 등 아이들이 관심을 갖는 행사도 열린다.

▲ 대구의 인터불고 호텔 내부: 5성급의 호텔로 좋은 서비스와 시설을 갖춘 호텔로 좋은 평가를 받는다.

5) 충북권

(1) 단양

단양은 힐링여행지로 인기가 많다. 단양군은 전통적으로 관광활성화를 위해 특화하기 위한 노력을 경주해 온 것으로 알려진다. 온달관광지, 고수동굴, 다누리 아쿠아리움, 노동동굴, 도담삼봉, 만천하스카이워크, 소백산 자연휴양림 등 많은 관광자원을 갖고 있다.

만천하스카이워크는 남한강 수면의 80여m 위에 세워진 전망대 겸 체험시설이다. 스카이워크 주변에 980m 길이의 짚 와이어, 최대 시속 40km 레일을 따라 달려 내려오는 만천하 알파인코스터, 264m 길이의 충북 최장 길이 미끄럼틀인 만천하슬라이드 등 놀이시설이 있다(여행플러스, 2025.3.23). 만천하스카이워크는 천천히 오를 수 있고 전망대에서 내려보는 주위의 풍경이 푸르고 아름답다. 유리 밑을 보면 공포감을 느낄 수 있는 전망대 공간도 있다. 만천하 알파인코스터는 성인이 즐길 만큼 스릴감도 느낄 수 있는 유원시설이다.

최근에는 유네스코 세계지질공원에 최종 등재되며 단양의 지질학적 가치를 세계에 알리는 결과를 낳았다. 4월 11일 프랑스 파리에서 열린 유네스코 집행이사회는 단양군 전역(약 781.06㎢)을 유네스코 세계지질공원으로 공식 승인하였다. 충청권에서는 최초로, 국내에서는 일곱[10] 번째 세계지질공원 도시로 이름을 올리게 되었다(www.balpumnews.com).

단양군 전체가 세계지질공원으로 승인된 것은 매우 의미있고 이 지역의 지질학적 가치가 큰 것으로 평가된다.

단양은 13억 년의 시차를 지닌 지층, 카르스트 지형, 동굴 생성물 속 고기후의 흔적, 지구 대멸종 증거 등 과학적 및 학술적으로 국제적인 주목을 받아왔다. 2024년 단양 보발재의 겨울 사진이 세계기상기구(WMO)의 달력 12월 대표 사진으

10) 제주도, 한탄강, 청송, 무등산, 전북 서해안, 경북 동해안에 이어 금번에 단양이 지정되었다. 참고로 백두산도 세계지질공원에 속한다. 국가별로 보면 중국이 41곳, 스페인 16곳, 이탈리아 11곳, 인도네시아, 일본이 10곳, 영국, 그리스가 8곳이다(나무위키, 2024.4.15).

로 선정되며 단양의 사계절 사진이 전 세계에 소개되기도 하였다. 단양군은 디지털 관광주민증 발급자 수 18만 명으로 전국 1위, 관광발전지수에서도 인구소멸지역 중 유일하게 1등급에 올랐다. 단양역 복합관광단지 개발도 추진 중이다(BP NEWS, 2025.4.13).

단양은 관광마인드가 매우 탁월한 지자체로 3만 명이 안 되는 인구를 지닌 지자체로 관광을 통한 지역경제 활성화 그리고 발전을 도모해 온 이상적인 지역도시로 차별화하는 노력을 기울이고 있는 것으로 여겨진다.

(2) 진천

진천군의 진천농다리가 인기 있다. 고려 초엽 시대에 장군이 놓았다는 28칸의 역사적인 교각을 말한다. 지방유형문화재로 지정되어 있다. 농다리 일대에 출렁다리, 하늘다리, 메타세쿼이아길, 인공폭포 등 볼거리가 많다(여행플러스, 2025.3.23).

(3) 충주

최근 충주에 활옥동굴이 인기가 많다. 특히 여름철 많은 관광객이 방문한다. 1922년 일제강점기에 개발된 국내 유일의 활석 광산[11]으로 최근에는 관광지로 변모하였다. 내부 2.5km를 관광지로 개발하였다. 방문하면 타 동굴에 비해 한참 동안 넓은 길을 걸을 수 있다. 와인레스토랑 등이 구축되어 있다. 와인도 전국의 국내 와인을 판매한다. 와인터널, 빛 조형물, 게임방 등을 조성해 놓고 있다(여행플러스, 2025.3.23). 바닥이 투명한 동굴 카약이 잘 알려져 있다. 카약을 타면서 체험도 할 수 있다.

11) 활석은 마그네슘을 포함한 규산염 광물이다. 내부 광산길이는 57km에 이른다. 지하 수직고는 711m로 국내 최대 규모를 자랑한다(여행플러스, 2025.3.23).

▲ 활옥동굴 내 와인판매장: 시원한 공간 안에서 와인판매 부스에 관심있는 방문자들이 와인을 구입하고 있다.

(4) 청주

최근 오창호수공원이 인기를 얻고 있다. 현지주민들이 선호하는 공간이다. 호암 저수지를 중심으로 공원을 조성하여 약 1km에 이르는 산책로가 특징이다.

청주는 청남대, 문암생태공원, 미동산 수목원, 상담산성, 초정행궁, 무심천 유채

꽃밭이 잘 알려져 있다. 청주는 국제공항이 있다. 민간공항은 1997년 4월 28일 개항하였다. 민군겸용 국제공항이다. 중국인 등 외래관광객의 유치와 수도권의 해외관광을 위한 이용객을 유치하는 역할도 하고 있다는 평가이다.

6) 충남권

(1) 대전

대전이 관광지로 부상하고 있다. 산업도시의 이미지인 대전은 빵지순례[12)]라는 트렌드에 힘입어 여행수요가 급증하였다. 이러한 빵지순례의 수요가 대전의 관광 수요를 높이는 것으로 평가되고 있다. 한화이글스의 볼파크와 인공호수 등은 야구와 레저를 즐기고자 하는 관광객들을 끌어들이는 것으로 평가된다. 대전은 스포츠, 문화, 자연을 모두 경험할 수 있는 도시로 발전하고 있고 관광객 수가 증가될 것(BP NEWS, 2025.4.20)으로 예측되고 있다.

대전은 우리나라의 중간 지역에 위치하여 수도권이나 지방도시에 쉽게 갈 수 있는 지리적 이점을 지니고 있는 곳이다. 서울역에서 KTX로 약 30분에 갈 수 있는 접근성도 좋은 지역으로 이점을 지닌다.

대전의 주요 관광장소는 테미공원, 한밭수목원, 대전엑스포 과학공원, 국립중앙과학관, 대전오월드(테마파크), 대전아쿠아리움, 대청호, 한국조폐공사 화폐박물관, 대전중앙시장 등이다.

(2) 대천해수욕장

보령의 대천해수욕장이 인기 있다. 예전부터 우리나라의 5대 해수욕장으로 평가를 받아왔다. 해수욕장의 사구가 길고 바다가 완만하여 안전성에도 좋다는

---

12) 유명 빵집에서 빵을 구매하기 위해 여행을 떠나는 현상을 말한다. 대전의 유명 제과점인 성심당은 이 트렌드를 선도하며 전국적인 인기를 끌고 있다. 성심당은 대전에서만 영업을 이어가는 유명 빵집이다. 최근 매출이 2천억 원에 육박하는 큰 성공을 거두었다(www.balpumnews.com). 군산의 이성당, 안동의 맘모스 제과점, 서울의 중구에 위치한 태극당 등을 주효한 장소로 볼 수 있다.

평가를 받아왔다.

서해안 최대 해변으로 백사장 길이만 3.5km에 이른다. 진흙체험 명소로 매년 7월 말경 보령머드축제를 개최한다. 바다 위 레일을 따라 달릴 수 있는 스카이바이크와 19층 높이에서 바다를 건너는 짜릿한 체험을 할 수 있는 짚트랙 등 놀이시설이 있다(여행플러스, 2025.3.23).

우리나라 최고의 축제로 외국인 선호도 1위인 보령머드축제의 장소이기도 한 대천해수욕장은 지속적으로 관광개발이 이뤄지며 숙박시설, 음식점 등이 확충되고 있는 지역이다.

(3) 삽교호 관광지

당진시의 삽교호 관광지가 인기 있다. 서해를 한눈에 담을 수 있는 전망대이자 다목적 호수이다. 해군 퇴역 군함, 전차 등 해군 관련 장비도 구경할 수 있다. 삽교호 놀이동산과 수산물 먹거리 시장 등이 근처에 있다(여행플러스, 2025.3.23).

(4) 독립기념관

천안시 소재의 독립기념관은 우리나라 독립의 역사를 알 수 있는 전시관이다. 예약 시 전시해설사의 설명을 들을 수 있다.

(5) 삼길포항

태안반도 북단에 위치한 항구이다. 배 위에서 회를 맛볼 수 있는 식당이 많다. 회 뜨는 선상이라는 정박구역으로 배들이 줄지어 늘어서 있다. 벚꽃으로 유명한 서산 삼길나루길의 시작 및 종점으로 산책하기도 좋다(여행플러스, 2025.3.23).

(6) 동학사

공주시의 사찰이다. 계룡산에 자리한 동학사는 중부권 최대 벚꽃의 군락지이다. 매년 계룡산 벚꽃축제가 열리고 있다. 다채로운 거리 및 문화공연이 개최된다(여행플러스, 2025.3.23).

7) 전남권

(1) 담양

전남은 많은 섬과 먹거리 그리고 볼거리가 많은 지역이다. 담양군의 대나무 숲인 죽녹원은 인기있는 관광지가 되었다. 약 5만 평에 이르는 대나무 숲길을 걸을 수 있다. 담양군에서는 담양대나무축제를 5월 초 진행하고 있다. 대나무 연 만들기, 대나무 뗏목과 카누 타기 등 체험행사가 진행된다(여행플러스, 2024.3.23).

(2) 여수

여수시는 국내에서도 선호되는 관광지로 경쟁력을 갖추고 있다. 바다와 음식 등 경쟁력을 지닌다.

가. 오동도

동백나무가 많고 아름다워 인기가 있는 장소이다. 동백섬이라는 별칭도 있다. 보통 4월까지는 동백꽃을 볼 수 있다. 25m의 등대, 맨발산책로, 기암절벽 등 다양한 장소가 있다.

나. 향일암

여수의 대표적 관광장소이다. 이곳에서 보는 일출과 일몰이 아름다운 곳으로 유명하다. 신라 원효대사가 창건했다는 향일암은 사찰 내 바위 사이의 비좁고 가파른 길을 따라 오른다. 비경 덕분에 템플스테이의 명소로 불린다(여행플러스, 2025.3.23).

다. 아쿠아플라넷 여수

여수시 오동도로에 위치한다. 대인 기준 입장료가 36,400원이다. 볼거리가 많고 규모가 크며 관리가 잘 되어 있으며 공연이 재미있다는 방문자 리뷰가 많다.

여수 세계박람회장 내부에 위치한다. 총 6,030톤의 수조, 300종 34,000마리의 수중동물들을 보유하고 있다. 2012년 5월 12일에 개장하였다(나무위키).

▲ 여수의 야경: 해상케이블카를 탑승하면서 조망하는 경치가 매우 인상적이다. 여수는 아름다운 항구도시로 방문이 권장된다.

(3) 구례

구례의 화엄사는 국내에서 잘 알려진 고찰이다. 사찰안에 홍매화나무가 있어서 개화시기인 봄에 방문하면 좋다. 구례는 우리나라에서 장수하는 대표적인 곳이다. 비결은 지리산 자락의 맑은 공기 그리고 산수유를 많이 먹어서 그러하다는 평가가 있다.

▲ 전남 구례군 화엄사 각황전: 각황전은 화엄사의 주불전으로 우리나라 국보(구) 제67호로 1962년 12월 20일 지정되었다. 조선시대의 불전으로 본래 이름은 장육전이다. 장육전은 신라 문무왕 10년(670)에 의상대사가 건립하였다. 임진왜란 때 소실된 후 조선 숙종 25년(1699) 계파대사가 중건하였다. 현재의 건물은 1643년(인조 21)에 재건한 것이다. 현존하는 중층불전 중에서 가장 큰 규모이다. 건물이 웅장하면서도 안정된 균형감과 엄격한 조화미를 보여준다(한국민족문화대백과사전; 위키백과).

(4) 순천

순천시 순천만습지는 환경부가 발표한 2024년 생태관광 지역 방문객 만족도 조사[13])에서 가장 가고 싶은 생태관광지 1위로 선정되었다. 자연의 가치를 이야기하는 생태의 중심지로 주목받고 있다. 참고로 응답자 17.6%로 1위를 차지한 순천만습지에 이어 제주 저지곶자왈, 철원 DMZ가 순위를 이었다. 순천만습지는 세계가 주목한 생태의 보고이다. 거대한 해수역 습지이다. 총면적 75㎢에 달한다. 간조 시 드러나는 갯벌만 12㎢, 전체 갯벌 면적은 22.6㎢에 이른다. 순천만은 유네스코 세계자연유산에 등재되어 있다. 국제적으로도 중요한 조류 서식지로 인정받고 있다. 매년 수많은 철새가 찾아와 번식하고 쉬어간다. 생태교육장으로 손색이 없다(D채널, 2024.4.22).

방문하면 드넓게 펼쳐지는 습지를 걸으면서 자연의 위대함을 경험하는 것도 가치 있다. 방문객도 연간 778만 1,426명[14])으로 방문객이 가장 많은 관광지로 지역명소이기도 하다. 자연 및 생태공원인 순천만습지는 성인기준 입장료가 1만원이다. 산책로가 잘 되어 있고 볼거리가 많고 주차하기도 편하며 뷰가 좋다는 평가가 많다. 사진도 잘 나오며 피크닉하기 좋다는 평가도 뒤를 잇는다.

8) 강원권

여행 플랫폼 여기어때에서 지난 2025년 4월 23일 기준 5월 한 달 동안 강원도 내 숙박 예약이 3만 3,000박을 넘어서며 전국 1위를 차지한 것으로 집계되었다(m.wikitree.co.kr; 2025.4.29).

강원도는 연휴기간 등 내국인이 가장 선호하고 많이 방문하는 지역이다. 자연자원과 문화자원 그리고 축제[15]) 등 많은 콘텐츠를 갖고 있는 지역이기도 하다.

---

13) 28개의 전국 생태관광지 중에서 1위를 차지하였다.

14) 한국문화관광연구원에 따르면 2023년 전국 2,752개의 주요 관광지점 입장객을 집계한 결과, 순천만국가정원 · 순천만습지에 778만 1,426명이 방문해 2023년 한 해 입장객이 가장 많이 몰린 관광지로 나타났다(광주일보, 2024.6.9).

15) 강원도에서 5월에 많은 축제가 열린다. 태백 천상의 산나물 축제, 홍천 산나물 축제, 춘천마임

(1) 양구

양구에는 곰취축제가 5월 추천여행지이다. 5월초 양구 레포츠공원 일원에서 열린다. 양구는 박수근 미술관, 백자 박물관, 수목원 튤립축제가 잘 알려져 있다. 한우도 좋다는 평가이다. 파로호 한반도섬과 곰취축제, 양구중앙시장, 양구천문대도 잘 알려진 곳이다.

(2) 횡성

횡성에서는 호수길 축제가 알려져 있다. 5월 초순-중순 사이에 열린다. 호수길 구간도 좋다. 전통적으로 한우가 유명하다. 그리고 안흥찐빵도 잘 알려져 있다.

▲ 횡성호수 전경: 저녁 해가 지기 전 호수의 모습이다. 강원도에서 특별하게 만날 수 있는 횡성호수의 전경이다.

축제, 삼척 장미축제, 강릉단오제 등 다양한 축제가 진행된다(위키트리). 춘천마임축제와 강릉단오제는 오랜 전통을 지닌 대표적 축제로 평가된다.

9) 제주권

제주에는 많은 곳이 방문할 만하다. 그래서 여기에서는 나름 경쟁력 있다고 판단되는 장소를 선정하여 설명하고자 한다. 제주의 가장 대표적인 장소를 모두 포함하고 있지 않다는 점도 명시하고자 한다.

(1) 아쿠아플라넷 제주

제주 서귀포시 성산읍에 위치한다. 볼거리가 많고 규모가 크다는 평가이다. 공연이 재미있고 주차가 편리하다는 방문자들의 의견이 많다. 한화그룹에서 운영한다. 제주도의 유일한 수족관이며 우리나라에서 최대의 아쿠아리움이며 세계에서는 8번째로 큰 수족관이다(나무위키). 2012년 7월 13일 개장하였다. 아시아에서는 최대의 규모로 연면적 2만 5,600㎡, 1만 800톤을 자랑한다. 63 씨월드의 약 11배에 달하는 규모이다(제주관광정보 공식사이트; www.visitjeju.net).

방문하면 주위에 성산일출봉이 보인다. 가족 단위로 방문하면 좋고 어린이들에게 특히 인상적인 장소로 재미있게 관람할 수 있다.

(2) 오설록 티 뮤지엄

제주여행의 필수코스로 평가되기도 한다. 서귀포시 안덕면에 위치한다. 이곳을 방문하면 차밭을 보는 것도 좋다. 보성의 차밭과는 다른 느낌[16]을 가질 수 있다. 그리고 제주 말차를 카페에서 시음할 수 있다. 이곳은 우리나라 최초의 차 전문박물관으로 의미가 있다.

공간이 넓고 사진이 잘 나오며 주차도 편하고 유익하다는 방문자 리뷰가 많다. 특히 5월 전후 녹차밭의 경치가 좋고 연둣빛의 초록색 녹차잎을 싱그럽게 감상할 수 있다는 점에서 방문이 권장된다. 입장료는 녹차시음을 포함하여 8천 원이다.

16) 평지 스타일이다. 보성차밭은 언덕의 느낌을 받게 되는 것과는 다르다.

▲ 오설록 녹차밭 전경: 여름에 보는 녹차밭의 모습이 싱싱하고 푸르른 모습이다.

(3) 카멜리아힐

카멜리아힐은 동백꽃을 볼 수 있는 아름다운 정원으로 구성된 곳이다. 겨울에도 꽃이 붉게 피는 동백꽃은 매우 진귀하며 아름답다. 그리고 다른 종류의 식물과 수목을 감상할 수 있는 식물원 및 수목원이다.

서귀포시 안덕면에 소재한다. 입장료는 성인 10,000원이다. 산책로가 잘 되어 있고 볼거리가 많으며 사진이 잘 나오고 뷰가 좋다는 방문자 리뷰가 많다(방문자 리뷰).

이곳은 세계에서 가장 큰 동백꽃, 가장 일찍 피는 동백꽃, 향기를 내는 동백꽃까지 전 세계 500여 종, 총 6,000여 그루의 동백나무가 모여 있다(대한민국 구석구석).

방문하면 아름다운 정원을 거닐며 힐링할 수 있는 아름다운 장소로 방문이 권장된다.

▲ 카멜리아힐의 동백꽃: 겨울에도 피는 생존력이 돋보이는 꽃이 동백꽃으로 제주의 겨울에 볼 수 있는 꽃으로 인상적이다.

▲ 동백나무 전경: 동백꽃에 관한 각종 종류를 만날 수 있는 카멜리아힐이다. 나무에 달려 있는 동백꽃이 겨울임에도 상대적으로 따뜻한 제주도의 날씨에서 잘 자랄 수 있다.

(4) 에코랜드 테마파크

제주시 조천읍 번영로에 위치한다. 성인 입장료는 19,000원이다. 볼거리가 많고 사진이 잘 나오며 주차가 편리하다는 방문자 리뷰가 많다. 아이와 함께 가기 좋은 장소라는 평가도 많다.

(5) 테지움 제주

제주시 애월읍 평화로에 위치한 테마파크이다. 성인기준 12,500원, 어린이 10,500원 입장료가 부과된다. 제주공항에서는 차로 약 20분 거리에 위치한다.

세계 최초로 야생동물과 수중동물 꽃과 새들을 모두 봉제인형으로 제작하여 전시되는 새로운 개념의 박물관이다(대한민국 구석구석).

어린이와 청소년에게 인기가 많고 가족단위로 방문이 많은 장소이다. 연중무휴로 전시되는 곳이다.

(6) 한담해안산책로

곽금올레길이라고도 부르는 한담해안산책로는 애월항에서 곽지과물해변까지 해안을 따라서 조성된 산책로이다. 주변경관과 조화를 이루고 있어서 아름답다. 총길이 1.2km이며, 바로 옆에 파도가 철썩이는 해안길을 따라 걷을 수 있다. 제주도의 해안을 따라 걷는 숨은 비경이다(대한민국 구석구석).

코로나 이후 많은 사람들이 걷기를 통해 힐링과 건강을 추구한다. 제주도는 특히 트레킹이 활성화된 곳으로 이곳도 좋은 산책로로 꼽힌다.

(7) 신창 풍차해안도로

드라이브하기에 좋은 도로이다. 제주시 한경면 신창리에 위치한다. 이곳은 해상풍력단지가 조성되어 있어서 해안도로를 따라 줄지어 서 있는 풍차를 만날 수 있다. 구불구불 해안선을 따라 보이는 하얀풍차와 에메랄드빛 바다는 상쾌한 풍경을 보여준다(대한민국 구석구석).

(8) 한림공원

제주시 한림읍 한림로에 위치한다. 식물원 및 수목원이다. 일반인 입장료는 15,000원이다. 산책로가 잘 되어 있고 신기한 식물이 많다는 평가이다. 10만 평 대지 위에 펼쳐지는 환상적인 테마파크이다.

1971년에 문을 연 한림공원은 창업자 송봉규가 한림 일대의 광활한 벌판을 일구어 조성한 곳이다. 황무지 모래밭에 야자수 씨앗을 파종하여 육묘함으로써 탄생하게 된 비경지대이다(제주관광정보 공식사이트; 대한민국 구석구석).

걸으면서 볼거리도 많다는 평가이다. 그리고 한림공원 안에 있는 협재동굴과 쌍용동굴은 용암동굴이면서 석회동굴에서만 볼 수 있는 석순과 종유석이 자라는 신비한 지하동굴(대한민국 여행사전)로 가치가 있다.

(9) 비자림

제주시 구좌읍 비자숲길에 위치한다. 휴양림 및 산림욕장이다. 개인 방문자는 입장료가 3천 원이다. 천연기념물로 지정보호하고 있는 비자림은 448,165㎡의 면적에 500~800년 비자나무 2,800여 그루가 밀집하여 자생하는 곳이다. 나무의 높이는 7~14m, 직경은 50~100cm 그리고 수관 폭은 10~15m에 이르는 거목들이 군집한 세계적으로 보기 드문 비자나무 숲이다(대한민국 구석구석).

산책로가 잘 되어 있고 뷰가 좋으며 조용히 쉬기 좋다는 방문자 리뷰가 많다.

방문하면 걸으며 힐링을 할 수 있다. 산책로를 따라 고목의 풍광과 신비한 느낌을 체험할 수 있다.

(10) 협재해수욕장

제주시 한림읍 협재리에 소재한다. 제주시 서쪽 32km 거리의 한림공원에 인접해 있다. 조개껍질 가루가 많이 섞인 백사장과 앞 바다에 떠 있는 비양도, 코발트빛깔의 아름다운 바다와 울창한 소나무 숲이 한데 어우러진 풍광이 매우 아름답다. 수심이 얕고 경사가 완만하여 가족 단위의 해수욕장으로 적합하다(대한민국 구석구석)는 평가이다.

제주에서도 손꼽히는 해수욕장으로 평가된다. 바다 색깔이 아름다워 선호도가 높다. 하얀 모래도 좋은 평가를 받는다. 일몰의 풍경도 좋다.

(11) 월정리해변

월정리 해수욕장을 말한다. 제주시 구좌읍 월정리 소재이다. 제주도의 동쪽에 있는 마을인 월정리는 달이 머문다는 의미를 지닌 서정적인 풍경의 마을이다. 아름다운 에메랄드빛 바다가 한 폭의 그림처럼 펼쳐져 있고 그 위에는 밝은 달이 비친다. 풍경화처럼 아름답다.

달과 바다 그리고 바람이 머무는 곳으로 평가된다. 모래사장이 아름답고 수심도 낮아 수영하기에도 좋다는 평가이다. 주위에 맛집과 카페에서 바다를 조망하며 휴식을 취할 수 있는 곳이다.

(12) 이호테우 해변

제주시 이호일동에 위치한다. 제주 시내에시 서쪽으로 약 7km 지점에 있어 도심에서 가장 가까운 해수욕장이다. 백사장 길이는 약 250m, 폭은 120m이며 검은색을 띠는 모래와 자갈로 덮여 있다. 경사가 원만하다. 조수의 차가 심하다. 해수욕장 길목에는 아카시아 숲이 우거져 있다. 모래사장 뒤에는 소나무숲이 형성되어 있다. 시내에서 가깝고 교통이 편리하다는 장점이 있다(두산백과).

야영하기에 좋은 소나무숲이 형성되어 있다. 이곳에 있는 이호테우 조랑말등대가 인상적이다. 각각 백색과 붉은색으로 되어 있다. 낮과 밤이 모두 아름답다는 평가이다.

(13) 제주 절물 자연휴양림

제주시 명림로에 위치한다. 휴양림 및 산림욕장이다. 입장료가 일반 성인은 1,000원이다. 1995년 7월 23일에 개장하였다. 구역면적은 300만㎡이다. 1일 최대 수용인원은 1,000명이다. 제주시청에서 관리한다(두산백과).

편백숲, 삼나무 등으로 공기가 청정하다. 숲이 주는 힐링을 느낄 수 있는 곳이다. 안개가 끼면 몽환적인 분위기가 연출되어 비가 오는 날씨에도 방문하는 관광객이 많다. 총 300ha[17]의 면적에 30~45년생 삼나무가 주종을 이룬다(제주관광정보; www.foresttrip.go.kr).

(14) 해녀박물관

제주시 구좌읍 해녀박물관길에 위치한다. 어른 기준으로 입장료가 1,100원이다. 방문리뷰를 보면 유익하며 전시구성이 알차고 설명이 잘 되어 있다. 그리고 주차하기 편하다는 의견이 많다.

제주의 상징인 해녀를 주제로 그들의 생활습관, 무속신앙, 세시풍속, 해녀공동체뿐만 아니라 제주민의 역사, 생업, 경제, 해양, 연희 등 제주의 전통문화를 총망라하여 전시하고 있다(대한민국 구석구석).

(15) 헬로키티 아일랜드

헬로키티 박물관에서는 40년의 역사를 가진 캐릭터 헬로키티의 역사와 이야기를 만날 수 있다(제주관광정보 공식 사이트). 서귀포시 안덕면 한창로에 위치한다. 기념품 가게도 운영된다.

참고로 제주도에서 많은 박물관이 운영되고 있는 점도 차별화된 관광콘텐츠로 사료된다.

(16) 만장굴

제주말로 아주 깊다는 의미에서 만쟁이거머리굴로 불려온 만장굴이다. 약 10만 년 전~30만 년 전에 생성되었다. 제주도는 180만 년 전에 형성된 곳으로 추정된다. 동굴계의 길이[18]가 약 15km이며 용암동굴 가운데서는 세계에서 12번째로 길다. 유네스코 자연유산에 2007년 등재된 곳이다. 제주도의 동북쪽 거문오름에서 김녕굴에 걸쳐서 위치한다. 제주시 구좌읍에 소재한다. 우리나라에서는 천연기념물로 등록되어 있다(나무위키; 제주관광정보 공식사이트).

특히 여름철에 만장굴에 들어가서 걸으면 시원하며 동굴의 길이가 매우 길다는

---

17) 3,000,000㎡으로 약 100만 평 정도이다. 매우 큰 면적으로 볼 수 있다.

18) 동굴계에서 만장굴의 길이는 약 7.416km이다(나무위키).

것을 체험할 수 있는 가치있는 동굴이다.

(17) 동문 재래시장

제주시 관덕로에 위치한다. 볼거리가 많고 야시장이 잘 되어 있다는 평가이다. 실제로 방문하면 시장에 많은 관광객들이 방문하여 먹거리를 주고 구매하고 있는 것을 알 수 있다.

제주에서 제일 크고 오래된 시장으로 1945년에 형성되었다. 야채, 과일, 수산물, 약초, 곡물, 의류 등을 취급한다. 신선한 해산물이 인기를 끈다. 갈치회, 모둠회를 저렴하게 구매할 수 있다. 전복내장밥 삼합이나 통전복이 들어간 떡갈비 등 퓨전 음식이 주목받는다(대한민국 구석구석).

이곳에서는 제주도의 특산물인 오메기떡도 인기가 많다. 흑돼지 김밥, 전복 김밥, 한라봉 주스, 딱새우 회 등도 동문시장의 대표 먹거리이다(투어코리아 뉴스, 2025.2.5).

이외에도 닭강정 등 고객이 선호하는 음식을 판매하는 점포에 대기하는 사람들이 많은 것을 확인하게 된다.

(18) 산굼부리 분화구

제주시 조천읍 비자림로에 소재한다. 제주시 조천읍 교래리 해발 400m 고지에 발달한 기생화산의 분화구이다. 1979년 6월에 천연기념물로 지정되었다. 뷰가 좋고 사진이 잘 나온다는 방문자 리뷰가 많다.

한라산의 기생화산 분화구로 낮은 평지에 커다란 분화구가 생성되어 화구의 모양이 진기하다(나무위키)는 평가이다. 겨울철에는 억새와 어우러진 풍경도 좋고 산책하기도 좋다는 평가이다.

분화구 모습의 오름으로 제주도 유일의 함몰형 측화산이다(위키백과). 5월에는 억새 명소로 많은 사람들이 찾는다.

(19) 제주김녕미로공원

제주특별자치도 제주시 구좌읍 만장굴길에 위치한다. 성인은 입장료가 8,800원이다.

관엽식물 미로공원으로 키 큰 나무 사이로 길을 만들어 방향 감각을 잃게 하는 미로로 이루어져 있다. 제주대 객원교수로 재직한 미국인 프레드릭 H. 더스틴이 1987년부터 미로디자이너 애드린 피셔의 설계를 바탕으로 조성해 1997년에 일반에 개방하였다(두산백과).

사계절 푸르름을 유지하는 상록수 랜란디(Leylandii)가 수벽을 이루고 있는 우리나라 최초의 미로공원(제주관광정보)으로 가치가 있다.

(20) 용두암

제주도 제주시 용두암길에 위치한다. 자연의 명소이다. 제주시 용담동 해안에 있는 기암이다. 용연 부근의 바닷가에 용머리의 형상을 하고 있는 이 바위의 높이는 약 10m나 되며, 제주에 온 관광객들이 즐겨 찾는 명승지이다(두산백과).

중국 관광객 등 외래 관광객, 국내 관광객이 많이 찾는다. 제주관광의 상징과도 같다. 제주공항과 가장 가까운 관광지이다. 오랜 세월에 걸쳐 파도와 바람에 씻겨 빚어진 모양이 용의 머리를 닮았다 하여 용두암(대한민국 구석구석; 제주관광정보)으로 부르게 되었다.

(21) 함덕 서우봉 해변

제주시 조천읍 조함해안로에 위치한다. 푸른 잉크 속으로 풍덩 고운 백사장과 얕은 바다 속 패사층이 만들어내는 푸른 빛 바다가 아름다운 해수욕장이다. 제주시에서 14km 동쪽에 위치해 있고 시내버스도 자주 운행된다(죽기 전에 꼭 가봐야 할 국내여행 1001).

물색이 신비로운 함덕해수욕장이고 사계절 예쁜 곳으로 평가된다. 해변 둘레길 유채꽃도 아름답다는 평가이다. 제주도의 가장 대표적인 해수욕장이기도 하다.

(22) 이중섭 미술관

서귀포시 이중섭로에 위치한다. 갤러리 및 화랑이다. 이중섭 화백은 서귀포시에 거주하면서 서귀포의 아름다운 풍광과 넉넉한 이 고장 인심을 소재로 하여 서귀포의 환상 등 많은 작품을 남겼다. 2024년 10월 31일 이후에는 철거 및 확충공사가 진행되며 2027년 재개관 목표이다. 재개관까지는 이중섭미술관 창작스튜디오로 이전 후 임시 운영된다(www.visitjeju.net).

▲ 제주시 해안도로: 제주는 사면이 바다로 아름다운 전경이 펼쳐진다. 낚시하는 사람들의 모습과 방파제가 보인다.

〈참고〉 템플스테이

템플스테이는 사찰에 머무르며 예불을 드리며 108배의 절 수행을 하며 명상과 사유의 시간을 갖는 것이다. 그리고 사물체험[19], 스님과의 차담, 걷기 명상을 하는 것을 말한다.

템플스테이에서는 사찰음식을 경험한다. 사찰음식은 수행자의 마음을 채우는, 세상에서 가장 평화로운 밥상이다. 식재료를 재배하는 일부터 음식을 만들고 먹는 일까지 모두 수행의 연장이며 정성껏 만든 음식을 평등하게 나누어 먹는 시간을 갖는다.

템플스테이는 당일형, 체험형, 휴식형 프로그램으로 진행된다. 참가자의 준비물은 세면도구, 수건, 속옷, 양말 등이 필요하다. 운동화나 등산화 착용도 권고된다. 평소보다 긴 옷 또는 두꺼운 옷을 준비하는 것이 좋다.

외국인 템플스테이 전문사찰은 다음과 같다. 서울에는 진관사, 금선사, 화계사, 조계사, 묘각사, 국제선센터, 봉은사이다. 경기권은 연등국제선원, 전등사, 용주사이다. 강원권은 월정사, 낙산사이다. 충청권은 구인사, 마곡사, 법주사이다. 전라권은 금산사, 내소사, 선운사, 화엄사, 미황사이다. 경상권은 직지사, 동화사, 해인사, 골굴사, 불국사, 범어사이다. 제주는 약천사이다(대한불교 조계종 한국불교문화사업단; www.kbuddhism.com).

▲ 김천 직지사 대웅전 전경: 대웅전은 보물 제1576호로 2008년 지정되었다. 직지사는 천년고찰로 템플스테이가 가능한 곳이다. 휴식형, 체험형 등 선택해서 체험할 수 있다. 직지사는 대한불교조계종 제8교구본사이다. 경상북도 김천시와 충청북도 영동군 사이에 위치한 황악산 동남쪽에 있다(www.templestay.com>fe).

19) 범종과 법고, 운판, 목어 4가지를 이르는 말이다. 타악기처럼 두드려서 소리를 낸다. 범종은 지옥 중생, 법고는 가축이나 동물, 목어는 물속의 생명, 운판은 하늘을 떠도는 생명을 기원하는 소리를 의미한다(대한불교 조계종 한국불교문화사업단).

참고문헌

■ 제3장 외국의 지역관광정책 및 마케팅

고종원 외 6(2018), 세계의 축제와 관광문화, 신화전산기획

김진만 · 최유경 · 최규완 · 장수청(2024.3), 일본이 사례로 본 지역관광 활성화를 위한 DMO의 역할, 야놀자리서치, Vol. 13

김철원(2003), 지역관광 개발의 방향과 전략, 관광학연구, 27(2): 57-74

김현정(2022), 호주 방문자 경제 재건을 위한 전략, 한국관광정책, 90호, 겨울호

김현주 · 윤주 · 이성빈(2024), 지방시대, 방한 외래관광객 지방관광 활성화 방안, 한국문화관광연구원

문화체육관광부(2014), 3대 문화권 문화생태 관광기본 조성사업 중간평가 연구

문화체육관광부(2015), 서부내륙권 광역개발 기본구상 및 계획수립

문화체육관광부(2016), 충청유교문화권 광역관광개발 기본구상 및 계획

문화체육관광부(2018), 균특회계 포괄보조사업 가이드라인

문화체육관광부(2021), 제4차 관광개발기본계획

문화체육관광부(2022), 제6차 관광진흥기본계획

유창열 외(2013), 관광축제론, 백산출판사

이형근(2025), 2000년대 이후 일본 관광정책의 주요 내용과 시사점, 대외정책연구원

이훈(2009), 지역관광론, 대왕사

제21회 관광입국추진 각료회의 자료(2023.10.18)

한경수 · 김의영 · 김현아(2014), 지역관광 활성화를 위한 지속가능한 관광자원, 한국문화관광연구원

한국관광공사(2009), 평화-생태지대(PLZ)광역관광개발계획 수립

한국관광공사(2010), 중부내륙권 광역관광개발 기본구상 및 계획수립, 문화체육관광부

한국관광공사(2023.5.23), 여행이 활짝! 일상이 반짝! 대한민국은 절찬 여행 중: 풍성한 혜택 · 즐길거리 가득한 '6월 여행가는 달' 실시

한국관광공사(23.10.24), 10월 일본지역관광시장동향일본의 오버투어리즘 주요 사례와 정부 대책

한국관광공사(2024), 2024년도 지역관광추진조직(DMO)사업자 공모 계획(안)

한국관광공사(2025), 2025년도 지역관광추진조직(DMO)사업자 공모 계획(안)

한국관광데이터랩(2022.5.25), (프랑스)지속가능한 관광지 조성을 위한 프랑스관광업계의 변화

한국문화관광연구원(2018), 지역관광추진조직 육성 기본계획 수립 및 연구 보고서

한국문화관광연구원(2019), 관광거점도시 기본계획 수립 및 지정방안 연구, 문화체육관광부

한국문화관광연구원(2022), 2021년 계획공모형 지역관광개발사업 컨설팅 결과 보고서
한국문화관광연구원(2022), 관광거점도시 육성사업 컨설팅 및 성과관리연구, 문화체육관광부
Australian Government. THRIVE 2030: THe Re-Imagined Visitor Economy
Hall, C. M. & Page, S. J.(1999), The Geography of Tourism and Recreation: Environment, Place and Space, Routledge
Murphy, P. E.(1985), Tourism: A Community Approach, Methuen
Tourism Australia(2022). Come and Say G'day Fact Sheet; Destination NSW(2022). Find Your Path Campaign Fact Sheet; Queensland Australia(2022). Seize the Days Campaign Fact Sheet; Queensland Australia Youtube Channel
UNWTO & UNEP.(2005), Making tourism more sustainable: A guide for policy makers. World Tourism Organization
観光庁Press Relese(2023.3.28), 高付加価値旅行者の誘客に向けて集中的な支援なとを行うモデル観光地11地域を選定しました
国土交通省観光庁(2023b, 2023c, 2023d)
伊勢志摩観光コンベンション機構(2024.2.29), 伊勢志摩及び周辺地域マスタ ープラン

■ 홈페이지 및 기타

관광개발정보시스템, www.tdss.kr
광주일보, 2024.6.9
김주현(2023.5.2), 동해안을 국제서핑 메카로 만들자: 서핑특구에 스마트 덧입혀 글로벌 발돋움, 설악신문
농민신문(2023.12.12), 문체부, 밤이 더 아름다운 '야간관광 특화도시' 공모
대한민국 구석구석, 방한 도시관광의 선도모델 육성을 위한 관광거점도시 5곳 선정, 문화체육관광부, https://www.mcst.go.kr
서충섭(2024.05.07), 함평나비대축제 18만 5500명 다녀가 … 경제효과 16.6억. 뉴스1
양양군 서핑협회, ysakoreaofficial.com
외씨버선길(2025), 자연의 소리가 시가 되는 길! 외씨버선길. Retrieved from https://www.beosun.com/
일본 NHK(2023.10.23) 및 국토교통성(2023.10.17) 홈페이지
프랑스 관광청, www.france.fr
한국관광공사(2022), 버려진 간이역에서 신상 핫플레이스로, 정선군 나전역카페, https://korean.visitkorea.or.kr
한국관광공사(2024), 함평나비대축제, https://korean.visitkorea.or.kr
한국관광산업포털(2025.02.28), 프랑스의 수공예 및 지역 특산품을 활용한 관광, https://touraz.kr
한국관광협회중앙회, www.ekta.kr

제4장 국내 지역별 국내관광 발전사례
관광시장안정화대책(2024.12.16, 관계부처 합동 보도자료)
제4차 관광개발기본계획(2022-2031, 문화체육관광부)
제7차 강원권 관광개발계획(2022.5, 강원도)
제7차 경남권 관광개발계획(2022-2026, 경상남도)
제7차 서울시 관광개발계획(2021, 서울특별시)
제주관광미래전략보고서(2020.12, 제주관광공사)
지역관광활성화방안(2018.7.11, 관계부처 합동 보도자료)
한국문화관광정책, 봄호(2025.3.25, 한국문화관광연구원)

■ 제5장 해외 대륙별 지역관광 발전사례
강주연(2013), 캐나다 미술 여행, 토담
고종원 외(2021), 국제관광, 백산출판사
고종원 외(2023), 주제여행상품(주제여행포럼), 백산출판사
고종원 외(2024), 관광자원 이해와 해설, 신화MB
고종원 외(2025), 해외여행안내(주제여행포럼), 백산출판사
고종원(2003), 세계관광, 대왕사
고종원(2022), 주제여행상품에 관한 연구, 연성대 논문집, 제58호
김규원(2006), 축제 세상의 빛을 담다, 시공아트
김상근(2010), 천재들의 도시 피렌체, 21세기북스
김춘식 외(2002), 세계축제경영, 김영사
닝왕(2004), 관광과 근대성, 일신사
류승희(2016), 빈센트와 함께 걷다, 아트북스
류승희(2017), 화가들이 사랑한 파리, 아트북스
박종호(2008), 박종호의 황홀한 여행, 웅진지식하우스
서경식(2011), 나의 음악 순례, 창비
송정임(2015), 블루 플라크, 스물세 번의 노크, 뿌리와이파리
오종우(2010), 예술 수업, 어크로스
우정아(2017), 우정아의 아트 스토리-로덴 분화구에서 보이는 것은 오직 하늘뿐, 조선일보
유경숙(2011), 유럽축제사전, 멘토르
이가진(2025, 미술 저널리스트), 나오시마 미술관 네트워크의 새로운 허브, 노블레스
이소(2017), 화가가 사랑한 미술관, 다독다독
최상운(2013), 플랑드르 미술여행, 샘터
한국건설기술인협회지(2017), 건설기술인

■ 홈페이지 및 기타
로시니 오페라 축제, http://www.rossinioperafestival.it/?IDC=16&ID=357
베네치아 카니발(Carnevale di Venezia), http://www.carnevale.venezia.it/
베니스 베엔날레, http://www.labiennale.org/en
베로나 오페라, https://www.arena.it/arena/en
보얼예술특구(Pier-2 Art Center), https://en.pier2.org/map/
브레겐츠 페스티벌, https://bregenzerfestspiele.com/en
서울건축사신문, http://www.siranews.co.kr
스페인 산 페르민 축제, http://www.sanfermin.com/en/
아비뇽 페스티벌(Festival d'Avignon), http://www.festival-avignon.com/fr/
알굴렘 국제 만화 페스티벌 공식 웹사이트, http://www.bdangouleme.com/
에든버러 프린지 축제, https://www.edfringe.com/, https://www.eif.co.uk/
옥토버페스트(Octoberfest), https://www.oktoberfest.de/en/
옥토버페스트, https://en.wikipedia.org/wiki/Oktoberfest
우리는 아비뇽에 가지 않을 거야, http://www.gareautheatre.com/spectacle.php?id=1683
우파파블릭(Ufa Fabrik), https://ufafabrik.de/
위키피디아
일본 유산 공식 사이트, https://www.japan.travel/japan-heritage/
잘츠부르크 페스티벌, https://www.salzburgerfestspiele.at/summer
〈전북일보〉, 김은정 기사 참고(2008), https://www.jjan.kr/article/20080124256075
카셀 도큐멘타, http://www.documenta14.de/en/
콜룸바 뮤지엄(Kolumba Museum), https://www.cologne-tourism.com/
쿤스트실로, https://www.kunstsilo.no/no
투모로우랜드(Tomorrowland), https://www.tomorrowland.com/en/festival/welcome
푸치니 페스티벌 공식 웹사이트, http://www.puccinifestival.it/
현대미술관 'M+', https://www.mplus.org.hk/en/
홍콩 PMQ, http://www.pmq.org.hk
홍콩관광청, https://www.discoverhongkong.com/kr/index.html
Depot Boijmans van Beuningen, https://www.rotterdamcentrum.nl/
http://www.biennialfoundation.org/biennials/skulptur-projekte-muenster/

■ 제7장 관광거점도시 육성
고종원 외(2023), 주제여행상품(주제여행포럼), 백산출판사
고종원 외(2024), 관광자원 이해와 해설, 신화MB
고종원 외(2025), 해외여행안내(주제여행포럼), 백산출판사
고종원(2003), 세계관광, 대왕사

고종원(2022), 주제여행상품에 관한 연구, 연성대 논문집, 제58호
김현주 · 윤주(2024), 지방시대 방한외래관광객 지방관광 활성화 방안, 한국문화관광연구원
최정규 외(2010), 죽기 전에 꼭 가봐야 할 국내 여행 1001, 마로니에북스
한국여행발전연구회(2013), 국내관광자원답사, 대왕사

■ 홈페이지 및 기타

경기도관광협회, 방방곡곡경기여행 경기도 관광안내지도
광주일보, 2024.6.9
국가유산청국가유산포털
국제문화홍보정책실(2024.8.9), 서울, 전 세계 최고 도시 10위, 코리아넷뉴스
가나자와시 시민예술촌, http://www.artvillage.gr.jp/
국가유산청 국가유산포털
나무위키
나오시마, Benesse Art Site Naoshima 홈페이지
뉴시스, 2024.11.22, 2025.4.9
당진 문화관광 사이트, https://www.dangjin.go.kr/tour.do
대구관광안내
대외경제정책연구원
대한민국 구석구석, https://korean.visitkorea.or.kr
대한민국 여행사전
대한불교 조계종 한국불교문화사업단
두산백과
라이프, 2025.2.21, 2025.4.29
로덴 분화구 속 천문대 '로덴 크레이터', https://rodencrater.com/about/
매일경제, 2024.5.28, 2024.7.21, 2025.5.9
미모스 마임축제, www.ville-perigueux.fr/mimos
발품뉴스, 2025.4.25
산림환경연구소
서울 시티투어 버스안내도 브로슈어
여행의 설렘 용인
여행플러스, 2025.3.23
연합뉴스 TV, 2025.4.13
열린관광 모두의 여행
위키백과
인천교통공사, 월미바다열차 관광안내도
전주 Travel Map

제주관광정보 공식 사이트
제천시, 제천여행 길라잡이, 2024.12
조선일보, 2022.11.22, 2022.6.29, 2025.3.1
종묘 안내 브로슈어
참좋은여행 상품상세정보
투어코리아 뉴스, 2025.2.5
트래블데일리, 2025.4.2, 2025.4.3
트립어드바이저
한국 미의 재발견- 궁궐 · 유교건축
한국경제, 2025.1.31
한국관광데이터랩
한국민족문화대백과사전
헤럴드경제, 2025.4.15
access.visitkorea.or.kr
BP NEWS, 2025.4.20, 2025.4.29
KOICA(2021.12.24), [협력국 돌아보기] 아제르바이잔 파라과이 알제리, 네이버포스트
m.news.nate.com
m.wikitree.co.kr
royal.khs.go.kr
tour.daegu.go.kr
www.balpumnews.com
www.everland.com
www.foresttrip.go.kr
www.hani.co.kr
www.heritage.go.kr〉heri
www.icjg.go.kr
www.insiseol.or.kr
www.kbuddhism.com
www.koreanfolk.co.kr
www.morningcalm.co.kr
www.stubbyplanner.com〉guide
www.templestay.com〉fe
www.visitjeju.net

저자약력

고종원

경희대학교 일반대학원 국제경영전공(경영학박사)
천지항공여행사/계명여행사 과장 및 부서장
이스라엘 오피르투어 서울사무소장
오네트투어(Honnete tour) 대표
대원대학교 여행정보서비스과 학과장
현) 연성대학교 호텔관광과 교수
　주제여행포럼 회장, 공동위원장
　한국관광서비스학회/한국호텔리조트학회 부회장
　M 이코노미 뉴스 칼럼니스트

김경한

경희대학교 대학원 호텔경영학전공(관광학박사)
더 프라자호텔 연회팀장
(주)투어리즘코리아 대표이사
한국와인소믈리에학회장
호텔지배인자격증시험 출제위원
건양대학교 글로벌경영대학 학장
현) 한국호텔리조트학회장
　건양대학교 호텔관광학과 교수

주성열

파리1대학 예술철학 기초박사
성균관대학교 공연예술학 박사 수료
모던 라이프 아트디렉터
단국대학교 서양화과 겸임교수 & 산학연구원
연성대, 극동대 호텔관광 외래교수
세종대학교 예체능대학 겸임교수 역임

박종하

프랑스 그르노블2대학 석사(DESS, 보건경제학)
보건복지부 한의약산업과장
보건복지부 사회보장조정과장
질병관리청 운영지원과장
질병관리청 호남권질병대응센터장
현) 한국보건의료연구원 기획조정실장

조문식

경기대학교 대학원 관광경영학(경영학박사)
대한관광경영학회 부회장
한국관광산업학회 부회장
한국관광경영학회 회장
세명대학교 호텔관광학부장
호텔지배인자격증시험 출제위원
현) 한국관광서비스학회 회장
　세명대학교 항공서비스학과 교수

전창록

고려대학교 행정학과 학사 · 석사
University of Texas at Austin MBA
경북 경제진흥원장
삼성전자 글로벌 마케팅 상무
조선일보, 한국경제신문, 영남일보 등 칼럼니스트
현) 영주비전경제연구원장

지역관광

2025년 8월 15일 초판 1쇄 인쇄
2025년 8월 20일 초판 1쇄 발행

지은이 고종원 · 김경한 · 주성열 · 박종하 · 조문식 · 전창록
펴낸이 진성원
펴낸곳 (주)백산출판사
교　정 성인숙
본문디자인 오행복
표지디자인 오정은

등　록 2017년 5월 29일 제406-2017-000058호
주　소 경기도 파주시 회동길 370(백산빌딩 3층)
전　화 02-914-1621(代)
팩　스 031-955-9911
이메일 edit@ibaeksan.kr
홈페이지 www.ibaeksan.kr

ISBN 979-11-7385-060-8　93980
값 32,000원